LIBERTÉ ET FORME

DU MÊME AUTEUR
DANS LA MÊME COLLECTION
SÉRIE ERNST CASSIRER
ŒUVRES

L'Idée de l'histoire, 1988.
Logique des sciences de la culture. Cinq études, 1991.
Écrits sur l'art, 1995.
Le Problème de la connaissance, t. IV, 1995.
Éloge de la métaphysique, Axel Hägerström, 1996.
Trois essais sur le symbolique, 1997.
L'École de Marbourg, 1998.
Le Problème de la connaissance, t. III, 1999.
La Théorie de la relativité d'Einstein, 2000.
Liberté et forme, 2001.

À paraître

Idée et figure.
Écrits de philosophie pratique.

ERNST CASSIRER

LIBERTÉ ET FORME

Traduit de l'allemand par
Jean Carro, Martha Willmann-Carro et Joël Gaubert

*Publié avec le concours
du Centre national du Livre*

Passages

LES ÉDITIONS DU CERF
www.editionsducerf.fr
PARIS

2001

ŒUVRES DE CASSIRER
éditées en français, en collaboration avec la
INTERNATIONALE ERNST CASSIRER-GESELLSCHAFT,
sous la direction de
FABIEN CAPEILLÈRES ET HEINZ WISMANN

Les chiffres en marge renvoient au texte
de l'édition de la Wissenschaftliche Buchgesellschaft (Darmstadt 1961)
Les interventions entre crochets,
dans le texte comme dans les notes, sont dues aux traducteurs

Tous droits réservés. La loi du 11 mars 1957 interdit les copies ou reproductions destinées à une utilisation collective. Toute représentation ou reproduction intégrale ou partielle faite par quelque procédé que ce soit, sans le consentement de l'auteur et de l'éditeur, est illicite et constitue une contrefaçon sanctionnée par les articles 425 et suivants du Code pénal.

Titre original : Freiheit und Form.
Studien zur deutschen Geistesgeschichte.

© *Yale University Press*, tous droits réservés
(302 Temple Street – 92A Yale Station
New Haven, Connecticut 06520)

© *Les Éditions du Cerf*, 2001
pour la traduction française
(29, boulevard La Tour-Maubourg – 75340 Paris Cedex 07)

ISBN 2-204-06756-3
ISSN 0298-9972

AVANT-PROPOS

Les premières ébauches et études préliminaires de cet ouvrage datent de bien des années, mais au fur et à mesure que la forme du plan d'ensemble devenait peu à peu plus précise, sans cesse affluaient des matériaux nouveaux qui retardaient l'exécution et l'achèvement définitif de l'ouvrage. Aujourd'hui encore, je n'aurais pas eu suffisamment de résolution et de courage pour le publier si les expériences et les événements vécus des deux dernières années ne m'avaient inspiré la conscience toujours plus aiguë que ce qui dans la conception originelle de cet ouvrage m'apparaissait uniquement comme un thème philosophique abstrait touchait en fait de très près aux intérêts directs et vivants de notre présent. On citera plus tard comme un des traits les plus étonnants de l'image laissée par notre temps le fait que, au beau milieu des luttes sans merci pour l'existence politique et matérielle du peuple allemand, le problème de la nature de son essence spirituelle et de sa détermination dans l'histoire du monde n'ait cessé d'être posé d'une manière de plus en plus insistante et générale. De plus en plus, la conviction s'impose que dans de tels problèmes et dans le retour sur soi-même qu'ils sont destinés à provoquer, il ne s'agit pas uniquement de fixer et de renvoyer dans la réflexion théorique l'image d'un acquis spirituel existant, mais de bien voir que nous nous trouvons ici au véritable point de rencontre des forces actives et créatives sur lesquelles reposera pour l'essentiel la configuration future de notre existence. On peut glorifier ou honnir ce trait « métaphysique » de l'esprit allemand, s'en émerveiller ou le rejeter : il appartient en tout cas aux facteurs déterminants et efficients de l'histoire allemande elle-même et, sous une forme ou sous une autre, s'est manifesté visiblement à chaque grand tournant de cette histoire.

Il faudrait, il est vrai, voir clairement que sitôt que l'on pose la question de la spécificité de l'« essence » spirituelle d'un peuple, on touche aux plus profonds problèmes de la métaphysique et de la critique universelle de la connaissance. Non seulement interviennent alors tous les doutes et les scrupules qui s'attachent à l'intérieur de la philosophie systématique au rapport entre « essence » et « phénomène », mais également les grandes questions principielles dans lesquelles la méthodologie de la science de la nature et celle des sciences de l'esprit coïncident et qui attendent d'être tranchées. « En effet, à proprement parler – dit Goethe dans sa préface à la *Farbenlehre* [*Traité des couleurs*] –, c'est en vain que nous entreprenons d'exprimer l'essence d'une chose. Ce sont des effets dont nous prenons conscience, et une histoire complète de ces effets pourrait à la rigueur cerner l'essence de cette chose. C'est peine perdue que de nous efforcer de décrire le caractère d'un homme ; que l'on fasse en revanche la somme de ses actions et de leurs effets, et une image de son caractère se dessinera pour nous. » Ce qui est ici exprimé à propos d'un problème précis de la philosophie de la nature vaut, dans un sens encore plus affiné et précis, pour toute présentation d'un ensemble structuré relevant de l'histoire universelle de l'esprit. De même que, selon les mots de Goethe, nous ne pouvons décrire l'essence de la lumière autrement qu'en la manifestant dans les couleurs en tant que formes « actives et passives de la lumière », cette nécessité a encore plus nettement sa raison d'être quand il s'agit de déterminer l'être et la spécificité d'entités historiques. Ce qu'« est » une telle entité ne peut être exprimé comme un absolu indépendamment des effectuations dans lesquelles elle se manifeste et s'extériorise ; c'est au contraire uniquement en elles et à travers elles qu'on peut la rendre connaissable. C'est aussi la raison pour laquelle le présent ouvrage, dans la mesure où il s'efforçait à sa manière de déterminer l'essence de l'esprit allemand, n'a pas cherché à la décrire d'emblée par une formule philosophique abstraite mais à en faire une présentation indirecte à travers l'« agir et le pâtir » de l'histoire de l'esprit en Allemagne elle-même. L'unité du principe ne devait pas uniquement être affirmée et transcrite dans des concepts historico-philosophiques universels, mais être mise en évidence dans la multitude des dérivations et la richesse des configurations particulières, car c'est uniquement là que réside le critère nécessaire à ce que cette unité signifie plus qu'une abstraction arbitraire, à ce qu'elle signifie une force idéelle fondamentale et constante de l'advenir spirituel lui-même.

Dans le même esprit, l'opposition entre « principe de liberté » et « principe de forme », qui est demeurée l'idée directrice dans les considérations qui vont suivre, vise uniquement à décrire un *problème* permanent, non le *résultat* qui clôture l'examen. La signification de cette opposition, la manière de la surmonter de l'intérieur pour qu'elle s'efface dans une pure corrélation, tout cela ne devait pas être conçu d'avance comme une thèse universelle mais se manifester progressivement au cours du développement lui-même, tel un objectif immanent. C'est pourquoi j'ai à dessein évité d'opposer dès le début les deux termes de cette relation fondamentale dans une définition logiquement achevée et articulée. Il ne s'agissait pas en effet ici d'appliquer un principe historico-philosophique qu'il aurait simplement fallu mettre à l'épreuve de faits spécifiques, mais de concevoir concrètement ces faits eux-mêmes ainsi que le système de leurs rapports spirituels. Comment les motifs fondamentaux qui en Allemagne jouent un rôle dans l'histoire des religions et l'histoire de la philosophie, dans l'histoire de la littérature et dans celle de l'idée d'État, sont-ils liés les uns aux autres, alors qu'ils semblent tout d'abord n'exercer leurs effets que sous une forme strictement cloisonnée ? Faut-il admettre entre eux l'existence d'une unité quelconque qui les rassemblerait ou bien chacun de ces domaines n'existe-t-il que pour lui seul et ne doit-il être compris qu'à partir de lui-même ? Tel est avant tout le problème qu'il convenait de résoudre. Même les catégories de « forme » et de « liberté », telles qu'elles sont ici mises en œuvre, renvoient sans doute pour cette raison à la plus universelle des antithèses, à une loi fondamentale du comportement spirituel lui-même, mais à l'intérieur de la recherche présente, cette antithèse ne pouvait être inventoriée que dans la mesure où elle permettait d'éclairer et de rendre transparente la structuration de l'histoire de l'esprit en Allemagne et le rapport entre ses moments décisifs particuliers. Il convenait de déterminer pour ainsi dire une aire relationnelle commune sur laquelle se projettent, de manière identique, les évolutions religieuse, philosophique et littéraire, afin de mettre ainsi en évidence aussi bien ce qu'elles ont de spécifique dans leurs lois propres que le système universel des rapports que ces domaines entretiennent entre eux. Aussi ne considérerai-je pas du tout comme une objection à la présentation qui va suivre le fait de lui reprocher que les concepts de « liberté » et de « forme » qu'elle prend pour fondement ne sont pas parvenus d'emblée à une fixation nette et univoque, car leur teneur se précise au fur et à mesure que se précise l'intuition historique elle-même. Si ces concepts ne devaient pas être posés à l'avance puis collés aux faits eux-mêmes en tant que schéma fixe et uniforme, ils devaient se configurer progressivement et se former à leur contact et avec eux. Ce n'est en effet que dans de tels symboles, mobiles et malléables, que peut être décrit le caractère de ces processus spirituels dont l'être se dissout dans leur devenir constant. La compréhension de l'individualité de ce devenir – on ne devait pas nourrir d'illusions à ce sujet – ne se profile finalement que dans la perspective d'un « universel » suprême, cependant que, d'un autre côté, le sens tout entier de cet universel consiste à ne pas éloigner les rapports et les corrélations du particulier, mais à les amener à un épanouissement et une découverte toujours plus riches. Si donc on devait s'accorder avec moi sur la *direction* du développement désignée ici par l'opposition puis la réconciliation de la « forme » et de la « liberté », je ne discuterais pas plus longtemps sur les concepts et les noms servant à cette désignation car, à vrai dire, il n'est pas besoin sur ce sujet de démontrer quoi que ce soit puisque jamais un mot particulier ou une formule particulière ne saurait embrasser la plénitude des problèmes que recèle l'histoire de l'esprit en Allemagne.

Sans doute est-il également à peine nécessaire de dire que dans ce qui suit, il s'agit de mettre en évidence une *forme* unitaire de l'histoire de l'esprit en Allemagne, mais que, en même temps, il n'y avait là aucune aspiration à une « exhaustivité » du *matériau*, au sens de l'histoire littéraire et de l'érudition. Seuls les grands phénomènes et les grandes lignes de développement représentatifs devaient être ici évoqués et saisis dans leur complémentarité comme dans leurs contradictions. Il y a peut-être un seul point où j'ai, en parlant du développement de la conception théorique de la nature chez Goethe, enfreint cette règle de la présentation et franchi les limites étroites qui m'étaient imparties. Cependant, si quelque chose m'a déterminé à le faire, ce n'était pas en fin de compte un intérêt personnel mais également la nécessité de la chose. L'évolution du problème était en effet précisément arrivée là en un point où dans le particulier devenait clairement visible tout ce qu'il y a de plus universel et où chaque trait pouvait et devait en être interprété à la fois comme quelque chose de purement individuel et de purement typique. Chez Goethe, ce rapport se vérifie dans chaque direction de sa création, car chacune d'entre elles naît de la loi interne à la vie de Goethe en même temps qu'elle permet à une tendance fondamentale de l'histoire de l'esprit en Allemagne de s'accomplir et de s'achever ; c'est pourquoi, dans ce qui suit, l'analyse de la vision goethéenne du monde constitue le centre de gravité idéal auquel se rattachent toutes les autres lignes de force de l'examen et vers lequel elles convergent d'elles-mêmes.

À côté de Goethe cependant, il y a Kant, et le rapport entre les deux ainsi que la signification que chacun d'entre eux représente en tant que puissance fondamentale du développement de l'esprit en Allemagne font encore problème, malgré toutes les discussions déjà consacrées à ce sujet. Certes, les relations et les oppositions entre les deux personnalités et les deux conceptions du monde ont souvent été présentées en détail ; mais toutes ces considérations ne suffisent pas à rendre compte de ce rapport profond qui, même médiatisé, s'établit entre eux du fait que, en dépit de l'originalité fondamentale de leur essence spirituelle individuelle, ils se trouvent cependant dans une seule et même sphère universelle de problèmes et de conceptions fondamentales de l'histoire de l'esprit. Ce n'est que lorsqu'on les considère à l'intérieur de ce médium universel qu'apparaît en pleine lumière ce qui les lie et ce qui les sépare alors que, en même temps, la ligne générale de développement de l'esprit en Allemagne, ainsi rattachée à ces deux pôles, y gagne une nouvelle clarté et une nouvelle détermination. Ainsi se trouve désignée la deuxième tâche principale que se proposent les considérations qui suivent, tâche qui oriente le regard vers un autre complexe d'idées. Ce que Kant a reçu du système national de rapports culturels dans lequel il s'enracine, et ce qu'il lui a donné en retour peut être résumé dans le *seul* concept fondamental d'autonomie, dans l'idée de spontanéité et d'autolégislation de l'esprit. L'idéalisme allemand a formulé comme son principe fondamental qu'une véritable consistance spirituelle n'est présente que lorsqu'elle est reconnue consciemment dans son origine et son fondement originaire, dans la loi spécifique de sa construction. Mais cette exigence systématique universelle ne trouve dans la vie historique concrète qu'un accomplissement conditionné et progressif. C'est en effet justement la loi à laquelle est subordonné le développement historique qui veut que l'idée de l'autonomie du spirituel, dans la mesure où, dans l'absolu, elle peut être saisie dans ce développement, ne puisse tout d'abord devenir effective qu'à l'intérieur d'une sphère particulière déterminée et limitée. Dans la mesure où une sphère particulière, comme par exemple celle du religieux, s'élève jusqu'à la conscience de son autonomie, elle revendique pour elle-même, en même temps, une validité absolue et universelle qui exclut en revanche du même coup de ce processus d'autolibération justement tout ce qui se situe hors d'elle-même. Toute détermination positive inclut par conséquent en même temps en elle, au cours de ce développement historique réel, une détermination négative ; toute dissociation s'exprime aussitôt en même temps comme une nouvelle liaison. Ce n'est qu'une fois que cette exigence fondamentale de l'autonomie est affranchie de cette limitation et retrouve son caractère global, en étant à nouveau posée et satisfaite à l'intérieur de chaque domaine particulier, que l'unité relative de cet ensemble, que nous appelons culture spirituelle moderne, sort de ces mouvements contradictoires. C'est la façon dont cette lutte s'extériorise et se réfléchit dans l'histoire de l'esprit en Allemagne, la façon dont ici les forces qui sont à l'œuvre dans cette lutte sont petit à petit reconnues et haussées jusqu'à la claire conscience d'elles-mêmes, que cet ouvrage cherche à dépeindre en détail. Mais le mouvement qui, à son origine première et son point de départ, pouvait apparaître comme purement national, va dans son but et son résultat dépasser toute détermination et toute limitation spécifiquement nationales. Le pur épanouissement des tendances nationales fondamentales conduit en un point où elles renvoient à quelque chose au-delà d'elles-mêmes. Si on ne saisit et n'honore pas ce second moment fondamental de l'histoire de l'esprit en Allemagne, on nie ce qu'il y a de plus spécifique dans sa valeur. Au beau milieu des luttes qu'elles devaient livrer pour l'indépendance de la culture nationale, les natures vraiment créatrices de l'histoire de l'esprit en Allemagne ont toujours été exemptes de l'arrogance qui aurait fait croire que cette culture pouvait totalement se suffire à elle-même. Plus elles étaient pénétrées de la grandeur de la tâche qu'elles assignaient au peuple allemand dans le domaine intellectuel et moral, et plus elles cultivaient simultanément en profondeur le don de percevoir et d'interpréter la spécificité des « voix des peuples ». Ceci n'est pas simplement vrai de Lessing, Herder ou Goethe, c'est aussi le cas d'un penseur comme Fichte qui constamment insiste, dans l'exposition de son idéal politique et national, sur le fait que celui-ci « n'avait pas à faire valoir une quelconque spécificité nationale en particulier mais devait réaliser le citoyen de la liberté ». Aujourd'hui encore, la culture allemande ne se laissera pas détourner de cette voie originaire qui est la sienne, que ce soit par la méconnaissance ou l'invective qu'elle souffre de la part de ses adversaires ou par un chauvinisme spirituel étroit. Les exposés historiques de cet ouvrage n'ont eux-mêmes, pour cette raison, jamais cherché à masquer ni à diminuer l'importance des rapports existant entre l'évolution spirituelle de l'Allemagne et celle des autres grandes nations européennes ; certes, ce n'était pas là l'intention essentielle : l'ouvrage voulait rendre visibles les grandes lignes constantes de cette évolution elle-même et parvenir à la connaissance des forces autonomes sur lesquelles se fonde son unité intérieure.

En ce qui concerne la *présentation*, elle a partout aspiré, compte tenu de la signification universelle des problèmes qui sont ici exposés, à une libre configuration du matériau et, par suite, renoncé au langage et aux moyens conceptuels de la recherche philosophique spécialisée, et cela afin de bien dégager uniquement les lignes de force essentielles de l'évolution des idées en renonçant à tout détail purement érudit. Ceci a entraîné sur bien des points la nécessité de produire les résultats de la recherche sans les soutenir en détail par des considérations critiques et polémiques ; j'espère malgré tout que le spécialiste ne regrettera pas l'absence de fondation de ces résultats là où, conformément au plan de cet ouvrage, elle n'a pu être fournie qu'indirectement. Quand d'ailleurs il s'agissait d'exposer des rapports d'idées purement philosophiques, je n'ai nulle part cherché pour une plus grande « popularité » de la présentation à restreindre en quoi que ce soit la rigueur du développement des concepts ou la difficulté des problèmes, même si j'ai constamment tenté ici aussi de remonter à partir des résultats aux motifs les plus universels dans lesquels le mouvement des idées s'articule avec les forces configuratives de l'ensemble de la culture de l'esprit. La présentation que j'ai choisie aurait atteint son but si elle avait réussi à communiquer au lecteur, à côté des résultats particuliers de cet ouvrage, également une part du climat intellectuel dans lequel il a été esquissé et conçu, si elle avait ancré en lui la conviction que la teneur de l'histoire de l'esprit en Allemagne constitue une des médiations nécessaires, sans lesquelles nous ne pouvons entrer en possession de l'ensemble du monde spirituel ni nous approprier historiquement ce monde de manière toujours plus profonde.

Berlin, juin 1916,

ERNST CASSIRER.

INTRODUCTION

1

Le siècle de la Renaissance, en offrant aux peuples de l'Europe la ligne directrice commune d'un idéal de formation libre et sécularisé, a créé par-delà toutes les barrières nationales une nouvelle unité. Une forme d'universalité différente de celle qui s'était incarnée dans la « catholicité » du Moyen Âge était maintenant conquise et se dessinait sous des formes sans cesse plus déterminées. Dans la relation avec ce nouvel universel, les personnalités individuelles, de même que les individualités des peuples, acquièrent désormais leur expression caractéristique et une autonomie plus profonde. Les grands artistes de la Renaissance, de même que les grands penseurs et les grands chercheurs, se rencontrent sur un nouveau concept et un nouveau sentiment de l'« humanité » ; mais, de même qu'ils deviennent ainsi sûrs de la richesse inépuisable de leur propre subjectivité, chacun d'entre eux offre en même temps une vision nationale originale et, à travers celle-ci, une façon particulière d'envisager la vie dans son aspect spirituel.

Ce sont avant tout trois types fondamentaux qui se différencient les uns des autres au cours de l'évolution de la Renaissance en Italie, en France et en Allemagne, et qui, grâce à leur opposition, présentent l'ensemble idéel de cette époque. C'est, dans la Renaissance italienne, une nouvelle position à l'égard de la réalité politique qui sert de base et de médiation à la métamorphose universelle de l'esprit. C'est d'abord dans la configuration de l'État en œuvre d'art que la personnalité moderne prendra conscience de l'ensemble de ses énergies créatrices. C'est encore l'antique idée romaine de l'Empire qui survit dans les têtes des grands Italiens de ce temps. Ils se considèrent eux-mêmes comme les héritiers directs de l'esprit romain. De barrières solides et inamovibles, telles que les avait élevées la forme de société médiévale avec sa hiérarchie et son système féodal, il n'en est plus pour freiner désormais la volonté de puissance et de domination. Les condottieri du XVe siècle donnent naissance aux fondateurs d'États italiens et la lignée marchande des Médicis aux seigneurs de Florence. Le rapport qui se manifeste ainsi dans l'histoire nationale a son exacte et profonde analogie dans la vie de l'esprit. Dante est la plus grande nature de seigneur que connaisse l'histoire de la littérature mondiale. Il donne au cosmos une nouvelle forme, il pénètre le monde en l'appréhendant comme une légalité ordonnée d'une unité sans faille. Son imagination de poète tire sa grandeur de cette extraordinaire force d'organisation pour laquelle les barrières entre l'ici-bas et l'au-delà, entre le sensible et l'intelligible, ont disparu, car cette imagination embrasse dans une intuition globale ce qu'il y a de plus proche et de plus lointain, de plus élevé et de plus bas. Ce qui confère leur vérité aux figures qu'elle crée, c'est en dernier ressort la souveraineté d'une volonté personnelle qui subordonne l'univers à elle-même en lui donnant forme. La poésie universelle sera le tribunal universel pour les vivants et les morts. Et comme cette domination idéelle s'affirme dans son esprit sur la totalité de l'Être et de l'advenir, elle cherche en même temps à avoir prise directement sur la vie effective de l'histoire. Les plans politiques alternent continuellement avec le projet poétique ; de même que *La Divine Comédie* dévoile le plan divin de l'univers, le *De monarchia* dessine l'idéal achevé du pouvoir séculaire. Il règne partout, au-delà des rêves cosmologiques grandioses, une brûlante nostalgie de transformation nationale : au beau milieu de la traversée du purgatoire, dans la vision du jugement et de la réconciliation éternels, retentissent la plainte du destin de l'« Italie esclave » et l'appel à son libérateur et son sauveur.

Sur le sol italien, l'humanisme franchit lui aussi les limites d'un simple courant érudit. Le renouveau de la littérature de l'Antiquité est censé ressusciter l'ensemble de la vie antique et avec lui le passé de la nation. Beaucoup des grands humanistes italiens sont en même temps totalement disponibles aux tâches politiques du présent ; la galerie des célèbres chanceliers d'État florentins, de Brunetto Latini et Coluccio Salutati jusqu'à Machiavel, constitue l'exemple le plus célèbre de cette double incarnation. La correspondance diplomatique de la chancellerie de Salutati crée un nouveau style de diplomatie et une nouvelle et moderne forme de la politique en général. Les idéaux de l'humanisme, les grands modèles de l'Antiquité jouent un rôle déterminant dans l'élaboration du nouveau modèle d'homme d'État, tel qu'il est décrit dans *Le Prince* de Machiavel. Mais ce profil double prend un caractère plus marqué encore là où il est en apparence nié ou annulé. À l'intérieur de la sphère de l'humanisme italien, c'est Pétrarque qui représente la plus parfaite illustration de cet impérieux besoin de pure intériorité subjective qui, libre de tous les liens extérieurs professionnels et sociaux, n'appartient qu'à elle-même et rebâtit à partir d'elle-même la totalité du monde spirituel. Ses œuvres poétiques et ses *Lettres familières*, son ouvrage sur la vie solitaire et le livre traitant du « combat secret de ses peines de cœur », ne font pas que témoigner objectivement d'un changement dans la direction fondamentale de la vie de l'âme, mais développent un art complet de l'analyse psychologique grâce auquel une expression achevée et des plus différenciées est créée en même temps pour ce contenu nouveau. La présentation de la vie érémitique de Pétrarque dans la vallée du Vaucluse est restée un modèle des descriptions modernes de la nature, et cela jusqu'à Rousseau. Mais à travers toutes ces descriptions, en dépit de cet apparent retour à la nature, c'est toujours l'affect dominant de cette époque qui se fait entendre, nettement perceptible. C'est lui-même et l'image de sa propre renommée que cherche Pétrarque et c'est ce dont il jouit dans cette présentation « *quid enim habet locus ille gloriosius habitatore Francisco ?* » [Ce lieu a-t-il quelque chose de plus glorieux que le fait d'être habité par Francisco ?]. Et ce n'est pas simplement une vanité personnelle accidentelle qui s'exprime ; il y a là l'expression d'un trait caractéristique du développement global du concept de personnalité à l'intérieur de cette sphère. Dans la configuration que l'individu se donne ici, il est nécessaire que d'autres lui renvoient constamment son image telle qu'elle lui est impartie par la renommée. Ce n'est que par cette réflexion qu'il accède à lui-même, à la force et à la sûreté de sa propre conscience. Le moi se révèle à lui-même dans la domination sur le monde, que cette domination se présente sous la forme de l'effectivité historique et politique ou sous des formes spirituelles et idéelles plus complexes. La personnalité n'est maîtresse d'elle-même qu'en fonction de l'effet qu'elle exerce sur d'autres mais, en même temps, cet effet inclut nécessairement l'effet en retour qu'elle subit de leur part et qui la rend intérieurement dépendante de ces autres.

Le concept de personnalité tel que le forge la Renaissance française apparaît comme un affranchissement de cette barrière ultime. Montaigne, le plus profond et le plus éclectique des penseurs de cette époque, n'est ni un savant ni un homme d'État, ni un poète ni un philosophe au sens habituel du mot. Le contenu de ses *Essais*, c'est tout simplement lui-même, sous sa forme et sa singularité « privées ». Ce livre veut être non pas un produit du moi, mais ce moi lui-même dans toute la multiplicité de ses aspirations et de ses souhaits, de ses pensées, de ses humeurs et de ses contingences individuelles.

Je n'ay pas plus faict mon livre, que mon livre m'a faict, livre consubstantiel à son autheur, d'une occupation propre, membre de ma vie ; non d'une occupation et fin tierce et étrangère comme tous autres livres [1].

Partout ailleurs, on peut louer ou critiquer l'ouvrage en faisant abstraction de son auteur, mais ce n'est pas le cas ici : si l'on parle de l'un, on parle de l'autre. Même l'idole de la renommée a perdu ici

---

1. M. DE MONTAIGNE, *Essais*, liv. II, chap. XVIII, *Œuvres complètes*, Paris, Gallimard, « Bibliothèque de la Pléiade », 1962, p. 648 (N.d.T.).

son pouvoir sur les hommes. Ce que Pétrarque n'a pu atteindre en dépit des plus sévères de ses luttes intérieures, le sentiment d'une véritable « autarcie », d'une autosuffisance intérieure, échoit d'emblée à Montaigne comme l'aimable don originaire de sa nature et de son destin. Il se suffit à lui-même et peut se permettre de refuser tous les critères extérieurs. Ses visées littéraires tout entières sont orientées sur la « forme naifve » de son moi. Et c'est avec un étonnement toujours renouvelé, avec un émerveillement naïf, qu'il s'enfonce dans ce monde nouveau qui s'ouvre à lui. Il ne quitte pas les choses et leurs effets, mais tout cela n'est pour lui que la matière dont il a besoin pour prendre conscience du polymorphisme et de la mobilité infinis de son monde intérieur. Il lui est en apparence permis de se perdre dans les objets car il est certain de pouvoir à chaque instant se reprendre. Il ne dédaigne rien d'extérieur, mais dans ce jeu d'une sérénité souveraine avec la réalité, rien d'extérieur non plus ne le conditionne ou ne le restreint. Pour le sceptique qu'est Montaigne, il n'existe plus en effet ni Être absolu, ni vérité éternelle, ni normes qui soient catégoriquement contraignantes. La vie individuelle dans toute sa relativité, son infinie diversité, voilà ce qu'il cherche. Il n'y a pas à en tirer quelque chose d'universel, une abstraction conceptuelle ou une règle quelconque ; elle doit en revanche être elle-même revécue et reconfigurée par l'imagination et l'intellect dans sa globalité au premier abord contradictoire. Aussi n'est-ce pas l'Être mais le passage qu'il veut peindre, et encore, pas le passage d'une époque de la vie à une autre mais le passage d'un jour à un autre, d'une minute à une autre.

Je donne à mon ame tantost un visage, tantost un autre, selon le costé où je la couche. Si je parle diversement de moy, c'est que je me regarde diversement. Toutes les contrarietez s'y trouvent selon quelque tour et en quelque façon. Honteux, insolent ; chaste, luxurieux ; bavard, taciturne ;
5 laborieux, délicat ; ingenieux, hebeté ; chagrin, debonaire ; menteur, véritable ; sçavant, ignorant, et liberal, et avare, et prodigue, tout cela, je le vois en moy aucunement, selon que je me vire ; et quiconque s'estudie bien attentifvement trouve en soy, voire et en son jugement mesme, cette volubilité et discordance. Je n'ay rien à dire de moy, entierement, simplement et solidement, sans confusion et sans meslange, ny en un mot. *Distinguo* est le plus universel membre de ma logique [1].

L'infini de cette source jaillissante est pourtant maintenu cohérent par un principe structurant. Si les *Essais*, dans un étrange imbroglio, sautent d'un objet à l'autre, tandis que s'affirme et s'exprime néanmoins dans ce tourbillon une incomparable unité intérieure de style, il en va de même pour l'homme Montaigne. Il se fait l'artiste d'une nouvelle forme de vie. À la place de la volonté de domination dont

---

1. *Ibid.*, chap. I, p. 319 (N.d.T.).

les grands hommes de la Renaissance italienne étaient habités, c'est ici la pure volonté de forme esthétique qui parle. La prétention de donner à un monde réticent la propre forme de son moi est totalement abandonnée. Selon Montaigne, en effet, il n'est pas d'autre voie pour se libérer du monde que de se soumettre sans conditions à ses exigences et à ses contraintes extérieures. Toute tentative pour s'abstraire de ces normes relève plus de la sottise et d'une orgueilleuse affectation que de la raison vraie. Le sage doit soustraire son âme à la pression des choses et la maintenir dans la puissance et la clarté du jugement libre ; en ce qui concerne l'extérieur, il doit obéir aux usages et aux formes établis. C'est là le principe des principes et la loi universelle entre toutes. Ce qui est en effet déterminant pour une véritable autonomie interne du moi, ce n'est pas ce qui est fait mais la manière dont cela est fait. Rien n'est en soi bon ou mauvais, plaisant ou déplaisant, tout dépend de ce que j'en fais. Le destin ne nous cause ni bien ni mal, il nous livre seulement la matière et les semences que notre âme, plus puissante que lui, utilise et colore à son gré. Moins cette matière met de souplesse et de grâce à se plier, et plus notre capacité à la configurer de l'intérieur révèle de sa force. La personnalité libre peut se mouvoir dans chaque milieu, qu'il soit haut ou bas, avec le même naturel et la même placidité, car un centre de gravité sûr lui garantit la maîtrise de ses faits et gestes. Sa loi, qui s'accomplit sans vouloir ni contrainte, est tout entière dans cette mesure intérieure qui est la sienne, dans cette grâce qui se communique d'elle-même à tout, là où elle vit et agit. De même que les grands hommes de la Renaissance italienne s'appuient sur une nouvelle culture et de nouveaux principes politiques, c'est dans les *Essais* de Montaigne une nouvelle culture de la forme de vie esthétique qui s'exprime. Le retour à la « nature » est bien, ici encore, le maître mot, mais cet idéal présente déjà les traits indubitables de cette éducation aristocratique qui a trouvé son achèvement dans la littérature française classique.

À l'opposé de la direction prise par la Renaissance en France et en Italie, le renouveau de l'Antiquité est encore en Allemagne étroitement lié à des tendances nationales. Érasme est pendant un temps, avec Luther, l'homme le plus populaire d'Allemagne : des adages et des vers allemands louent le « seigneur de Rotterdam » comme celui qui a ressuscité le vrai droit de l'humanité. Et pour Ulrich von Hutten en particulier, l'idéal humaniste se confond totalement avec son idéal de la liberté allemande. La nouvelle éducation est pour lui le point de départ et l'instrument d'une autolibération nationale et religieuse : « Autrefois manquait l'éducation et seuls les clercs étaient instruits, aujourd'hui Dieu nous donne aussi savoir tant que livres aussi comprenons ; allons ! il est temps, mettons-nous à l'ouvrage ! » Partout domine l'idée que le retour à l'authentique Sainte Écriture est la condition nécessaire pour retrouver le chemin de la forme simple et originaire de la vie religieuse elle-même.

L'humanisme et le nouveau concept d'une libre éducation de l'homme qu'il contient est invoqué contre la scolastique qui, par son érudition extérieure et foncière, aurait de plus en plus terni l'image pure de l'Antiquité et de la chrétienté. Aussi Érasme accompagne-t-il son édition du texte grec original du Nouveau Testament de son *Enchiridion militis Christiani*, dans lequel il développe l'idéal d'une religion libre pour le simple croyant. La Bible doit, pour tous les peuples et toutes les conditions, être à nouveau le bien commun, ouvert à tous. Elle n'est en effet elle-même rien d'autre que la pure doctrine de la morale telle que, concordant sur les traits fondamentaux, elle s'est manifestée dans toute culture authentique, véritablement humaine et universelle. Le Christ et Platon, Moïse et Socrate sont, dans cette perspective, tous égaux, de même qu'il n'existe pas de contradiction interne et essentielle entre la « *philosophia Christi* » et la sagesse stoïcienne d'un Cicéron et d'un Sénèque. Celui qui a eu la capacité à partir de son propre moi interne de configurer la religion, selon sa teneur spécifique fondamentale, et de vivre en accord avec elle la saisit en même temps dans sa véritable universalité et peut la reconnaître dans chacune de ses extériorisations historiques particulières. La nouvelle conscience de soi qui naît là n'a plus ses racines dans les sphères politique ou esthétique, mais dans la sphère religieuse. Étant donné que, chez Luther, le problème est concentré sur ce seul point, l'unité qui semblait pendant un temps s'être faite pour l'ensemble de la culture spirituelle et temporelle est certes rompue. Ce n'est que progressivement et indirectement, à travers de longues luttes intérieures, que cette unité se refait, mais elle repose désormais sur des bases entièrement modifiées. La nouvelle formulation du concept de liberté et du concept de personnalité que la Réforme va établir suivant une direction exclusivement religieuse débordera néanmoins en même temps le domaine spécifique de la religion ; elle contient en elle-même une question que, dans la marche de l'évolution, chaque direction fondamentale particulière de l'esprit avait dû se poser et résoudre pour son propre compte.

2

Ce qui conféra à la vision du monde du Moyen Âge sa force et son énorme influence spirituelle, c'est le fait que la contradiction entre fini et infini semblait en elle surmontée. Une voie était tracée là qui conduisait dans une séquence ininterrompue de l'inférieur au supérieur, de l'imparfait au parfait, et au terme de laquelle tout être limité et dépendant était installé dans l'éternel et le durable. La métaphysique aristotélicienne et néoplatonicienne fournissait le schéma général de cette dérivation. Elle montrait comment, partant de Dieu, l'Être suprême le plus pur, on descend vers le multiple et le particulier. Toute chose particulière est à l'égard de l'Un et de l'universel de l'origine quelque chose de limité, une négation de ce qui est inscrit dans le fondement substantiel originaire en tant que tel. Mais à tout ce qui est dérivé, négatif par conséquent, est inhérente une pulsion de retour à l'unité originaire d'où il est sorti. Cette nostalgie l'amène à se dépasser jusqu'au niveau de la perfection supérieure et de là, à nouveau, jusqu'à l'Être au-dessus de lui, à parcourir finalement dans la direction inverse l'ensemble du processus de descente. Aucun des termes intermédiaires parcourus par ce cycle de configurations ne doit dans cette élévation et ce retour être omis. Mais une fois l'ensemble de ce cycle accompli, vers le bas puis vers le haut, l'Être est revenu à son pur point de départ et le mouvement qui le possédait est achevé. En effet, la fin de chaque mouvement coïncide avec son début ; le but auquel il vise et dans lequel il trouve le repos est le point d'où il est parti. De telle sorte que Dieu, en tant que créateur de la nature, est en même temps le but ultime en qui se résument tous ses mouvements : l'amour qui s'adresse à un objet singulier et fini, une fois qu'il s'est lui-même bien appréhendé et pénétré, reconduit à l'infini. À cette vision fondamentale d'échelle ascendante et descendante de l'Être correspond celle d'une séquence analogue de la création et de l'agir. D'en haut, de l'Un suprême jaillit toute force, mais celle-ci diminue au fur et à mesure qu'elle s'éloigne de son point de départ et se divise dans le monde du créé. La « *divisio naturae* », telle que l'explique par exemple Scot Érigène, conduit de la nature qui crée et n'est pas créée à la nature qui est créée et crée, puis de celle-ci à la nature qui est créée et ne crée pas, pour arriver finalement à la nature qui ne crée pas et n'est pas créée. Mais même ce terme ultime et le plus éloigné n'est pas purement prisonnier de la sphère de l'insignifiance absolue, et de lui également partent des voies qui le rattachent dans une liaison continue au supérieur et à l'intelligible.

La doctrine médiévale de la nature suit le schéma fondamental de cette métaphysique. Le système astronomique physicaliste suit l'ensemble des mouvements partant du premier « moteur immobile » et, de là, conformément à l'ordonnance des sphères célestes, se poursuivant dans le monde sublunaire inférieur. La force divine originaire se communique d'abord au « *primum mobile* » de la sphère extérieure mobile de l'univers puis, de là, à la sphère des étoiles fixes. Et comme ces deux sphères sont les plus proches de l'archétype, leur ronde s'exécute de la manière la plus parfaite, celle, pure, d'un cercle récurrent. Ensuite, en cercles concentriques toujours plus bas, nous tombons dans le monde du terrestre, au mouvement caractérisé par la droite « infinie », monde sans limites, y compris dans ses altérations et son altérabilité. Entre les deux se situe le monde des planètes en tant qu'intermédiaire participant aux deux autres mondes et dont les formes orbitales géométriques constituent de ce fait un mélange de droites et de courbes. Toute la consistance du monde inférieur et toute la force vivifiante découlent ici également du cercle supérieur avec lequel il a tout d'abord contact. C'est cette vision abstraite et spirituelle que se fait le Moyen Âge du cosmos que nous retrouvons dans une présentation poétique due à l'immédiateté des sens et qui s'exprime dans *Le Paradis* de Dante par la bouche de Béatrice qui mêle merveilleusement les deux motifs :

> À l'intérieur du ciel de la paix divine
> tourne un corps dans la vertu duquel
> est fondé l'être de tout ce qu'il contient.
>   Le ciel suivant, qui a tant de lumière
> répartit cet être en plusieurs essences,
> par lui séparées et par lui contenues.
>   Les autres cieux, selon leurs différences,
> disposent les vertus qu'ils ont en eux-mêmes
> selon leurs fins et selon leurs influx.
>   Les organes du monde vont ainsi,
> comme tu vois, de degré en degré ;
> prenant d'en haut, agissant au-dessous.
>   Regarde bien à présent par quelle voie
> je vais vers le vrai que tu désires
> pour que tu saches ensuite passer seul le gué.
>   Le mouvement et la vertu des cercles saints
> comme l'art du marteau du forgeron,
> proviennent des moteurs bienheureux,
>   et le ciel, embelli par tant de lumières,
> prend l'image de l'esprit profond
> qui l'anime, et en devient le sceau.
>   Et comme l'âme dans votre poussière,
> par différents membres qui sont conformes,
> se résout en diverses puissances,
>   ainsi l'intelligence déploie sa bonté
> multipliée par les étoiles
> et se tournant vers son unité [1].

Mais maintenant, avec les débuts de la pensée moderne, des forces dissolvantes et destructrices assaillent de tous côtés la perfection et la sérénité de cette représentation du monde. Depuis Copernic, ce monde n'a plus de centre fixe. Livré à lui-même et à ses propres forces, il oscille dans l'espace infini ; il n'est plus maintenu dans son ordonnance par un système d'intelligences qui le guident et lui montrent le chemin ; il n'est plus enserré dans une forme et des contours géométriques fixes. On atteint ainsi à un nouveau pathos éthique et idéel, à un nouveau concept de la perfection elle-même. Giordano Bruno loue en Copernic le libérateur de l'humanité qui a, pour ainsi dire, délivré l'esprit de sa prison et lui a montré la voie de

---

1. DANTE, *La Divine Comédie*, *Le Paradis*, II, v. 112-138, trad. J. Risset, Paris, Flammarion, 1990, p. 35 (N.d.T.).

l'incommensurable étendue de l'univers. Mais le sentiment qui règne ici sera véritablement efficient le jour où, dans la doctrine de Kepler, il accédera à la clarté de la pensée et à la sûreté de la science exacte. Pour Kepler également, le monde est unité, en vertu non pas de sa forme géométrique mais de l'harmonie de ses forces créatrices. Comme ces forces sont quelque chose qui est en soi déterminé par des lois, leurs effets peuvent se faire sentir jusque dans l'infini sans que la cohésion du monde échappe à la pensée. Car cette cohésion est maintenant garantie pour l'esprit par une autre façon de penser : à la place de la figure géométrique achevée de l'univers et des orbites des planètes, entre en scène la fonction mathématique du mouvement, telle qu'elle est formulée et démontrée par Kepler dans ses trois lois. Cette fonction accomplit ce qui auparavant paraissait impossible : elle permet d'embrasser et de penser l'infini comme un ensemble. La détermination théorique de l'Être revêt tout entière de ce fait une autre forme. Elle ne repose plus sur notre espoir de remonter aux frontières de cet Être dans l'espace et à son origine dans le temps, mais sur le fait que nous concevons la totalité de ses forces qui, étant donné son contenu, est illimitée, comme une unité dynamique, comme un ensemble assujetti à des règles et principes internes qu'il ne peut transgresser. L'« harmonie du monde », telle qu'elle se présente dans l'ouvrage philosophique majeur de Kepler, de l'Être aux conditions et aux rapports de l'advenir se déplace et cherche à acquérir indirectement à travers ceux-ci, comme à travers des fondements sûrs de la détermination, les limites de la sphère de configuration de l'Être. Les orbites parfaites du mouvement des planètes, que Copernic conserve encore, seront abandonnées, mais la pensée tolère l'absence d'uniformité des orbites et des mouvements, car elle a trouvé en elle-même une nouvelle mesure constante de l'hétéromorphisme.

Le changement dans l'ordre universel de la vie, qui se poursuit de manière toujours plus résolue et consciente depuis la Réforme, se trouve maintenant en accord avec la métamorphose de l'image théorique du monde. Le cosmos politico-ecclésiastique du Moyen Âge reposait, lui aussi, sur la conviction fondamentale que ce qui fait le sens spirituel et la substance spirituelle de la vie serait donné d'en haut et transmis jusqu'aux degrés inférieurs de l'Être en passant par une série fixe de degrés intermédiaires. L'organisation étatique et sociale du système féodal, l'organisation hiérarchique de l'Église, enserrent l'individu et lui assignent une fois pour toutes sa place. Cette limitation est la base de la sécurité de son existence et de la possibilité de son intégration à l'ensemble. L'individu ne peut au fond pas plus échapper à cette articulation que la Terre ou un corps céleste quelconque ne peuvent échanger contre une autre la place déterminée pour eux dans l'univers. Sa finalité est tracée par des normes fixes : en même temps qu'il y obéit à l'intérieur de sa sphère, il remplit et parfait le *telos* unificateur de l'univers. À travers la limitation qu'elle subit de l'extérieur du fait du dogme religieux établi et des liens sociaux existants, la personnalité hérite d'une forme fixe ; abolir cette puissance signifierait se rejeter soi-même dans le chaos. Avec les idées fondamentales de la Réforme religieuse, ce chaos cependant semble bien maintenant déferler sur le monde moderne. En remplaçant tout le système de la doctrine de la foi du Moyen Âge, système fait de médiations religieuses, par des moyens de salut nettement déterminés et objectivement transmissibles, Luther place l'individu devant une nouvelle et immense tâche. C'est en lui-même désormais que sans aucun secours matériellement calculable doit se conclure l'entente avec l'infini. Cette idée d'un acte fondamental absolument autonome et non interchangeable constitue dans le concept luthérien de « foi » un moment essentiel : « Qui peut en effet recevoir à la place d'un autre la promesse de Dieu, qui exige la foi de chaque individu en particulier, et la lui transmettre ?... Que cela soit par conséquent établi envers et contre tout : là où il y a promesse de Dieu, chaque individu est face à lui-même, sa foi est exigée, chacun doit rendre des comptes et porter son fardeau lui-même. » C'est uniquement la force de cet isolement qui est la source du sens nouveau et de la valeur nouvelle de la « personne ». Tout travail autrefois accompli par l'Église en tant que communauté objective, ou par la tradition agissant au nom de l'individu, est désormais réduit à néant par la radicalité d'un nouveau problème. À l'égard du monde et de ses organisations, à l'égard de la vie politique et sociale, l'individu entretient maintenant le seul rapport qu'il choisit lui-même en vertu du principe de sa certitude religieuse. Ce n'est pas, à vrai dire, un acte originaire et autonome d'autodétermination, mais l'effet transcendant de la grâce par laquelle lui échoit cette certitude ; une fois qu'elle est acquise, il importe de construire par soi-même à partir de ce point la teneur et l'ensemble de l'organisation de l'Être spirituel. Comme la volonté se sent liée dans la perspective de l'absolu, elle conquiert précisément ainsi la liberté à l'égard de la réalité empirique : à l'égard de la contrainte des choses et des autorités extérieures. La détermination par Dieu se révèle comme la non-détermination à l'égard des choses finies et des stimulations changeantes qui en émanent. Seule l'union des deux moments restitue l'ensemble caractéristique du concept luthérien de liberté, tel qu'il s'exprime dans la version pure et originaire des premiers écrits réformateurs.

Certes, du point de vue du pur examen historique, toute ligne de démarcation fixe, tracée précisément en ce point entre ce qui appartient « au Moyen Âge » et ce qui appartient « à la Réforme et aux Temps modernes », paraît caduque, car c'est justement là que, entre Luther et l'individualisme religieux du Moyen Âge tel qu'il s'exprime en particulier dans la *mystique*, le rapport est le plus étroit. Mais d'un autre côté, il apparaît que le concept dans lequel ce rapport se présente avant tout abrite en même temps le critère décisif de la différence. L'élévation du « soi » au-dessus des « choses » est le but et le sens de toute contemplation mystique : « Quand donc on en vient à se séparer des choses, est-il dit dans la *Deutsche Theologie*, c'est la confession la meilleure, la plus parfaite, la plus pure et la plus noble qui puisse survenir en l'homme, et c'est aussi l'amour, la volonté et le désir les plus nobles et les plus purs. » Ce qui se présente ici comme l'opposition entre le « moi » et le « monde », entre la « personne » et la « chose », se retrouve chez Luther dans l'opposition fondamentale qu'il établit entre « foi » et « œuvre ». Et c'est ici qu'émerge la tendance nouvelle et décisive, dans une pureté parfois presque abstraite. L'œuvre est écartée parce qu'elle nous cache et dans la mesure où elle nous cache le véritable maître d'œuvre. « Les œuvres sont des choses mortes, ne peuvent contribuer à l'honneur de Dieu ni à sa louange quoiqu'elles puissent arriver ou être faites pour honorer et louer Dieu. Mais nous cherchons ici celui qui n'est pas fait, comme les œuvres, mais celui qui agit lui-même, le maître d'œuvre qui respecte Dieu et accomplit l'œuvre : et ce n'est rien d'autre que la foi du cœur ». Ainsi la critique de Luther s'adresse-t-elle à l'œuvre faite, à l'« *opus operatum* », parce qu'il aspire à pénétrer jusqu'à l'authentique principe de tout agir dans l'intériorité libre de l'esprit. Ce n'est qu'ainsi que l'œuvre acquiert sa valeur et son sens relatifs, en devenant l'expression de quelque chose d'autre et de plus profond qui est derrière elle et qui, de par sa signification fondamentale, ne se fige ni ne se dissout jamais dans le résultat simplement objectif de « ce qui a été fait ». L'itinéraire ne va pas de la périphérie vers le centre, mais du centre vers la périphérie. « Aucune œuvre ne fait un maître d'après qui l'œuvre est, mais tel est le maître, ainsi est l'œuvre... Aussi, celui qui veut faire œuvre bonne ne doit-il pas partir des œuvres mais de la personne qui doit œuvrer. » Dans cette séparation entre la sphère des choses et celle des personnes, la relation entre les deux n'est pas rompue : le détachement à l'égard de tout être objectif laisse en même temps la voie ouverte par laquelle nous pouvons revenir dans l'énergie de l'agir personnel vers cet être et nous lier à lui. Et c'est dans ce moment que Luther se sépare intérieurement de la mystique. En abolissant la dépendance par rapport aux choses objectives, la mystique abolit en même temps tout principe de configuration objective : le « moi » qu'elle cherche est quelque chose qui est purement informel et s'est dépouillé de toute mesure et de toute frontière finies. Il sera d'autant plus purement saisi qu'il sera déterminé dans un sens exclusivement négatif. De même que Dieu est en dehors de toutes les contradictions, car il est la source de toute contradiction, de même que, selon le mot d'Eckhart, il est un pur « néant », de même la pure forme originaire du moi est-elle à la fois pure non-forme. En dépassant la singularité des choses particulières, l'esprit a du même coup surmonté également toute singularité en lui-même, toute nature spécifique de ses propres actes : « Par-delà toute manière, image et forme », par-delà toutes les forces, il doit se perdre et « se débarrasser des images [1] ». Plus le moi se conçoit ainsi en profondeur selon sa pure essence et plus la diversité des objets et de ses propres déterminations s'efface. Le concept luthérien de la liberté et de la personnalité n'est au contraire pas attaché au simple principe de la négation du monde mais, en lui et grâce à lui, au principe de la configuration du monde. Quand la valeur propre des *œuvres* particulières est anéantie, celle de l'*agir lui-même* ne l'est pas : si l'œuvre singulière est rejetée en tant que critère religieux et moral, c'est parce que le « maître d'œuvre », la direction originaire de la conviction et de la volonté d'où découle tout acte, n'est jamais parvenue purement et complètement à se manifester en elle. L'« œuvre » qui, envisagée de manière purement matérielle comme simple résultat, aurait pu être accomplie par un autre, un tenant-lieu, s'est changée en « acte » dans lequel l'agent lui-même est présent en tant qu'élément spécifique et autonome indissociable.

Ainsi la diversité du monde est-elle reconquise, non pas comme une diversité de choses mais comme la diversité vivante de tâches morales concrètes. L'ensemble du monde éthique s'organise diversement en états particuliers, c'est-à-dire en professions et « fonctions » particulières, mais chacune de ces fonctions, si elle est exercée dans le pur don de soi, possède en elle-même, et sans aucune relation avec une fin extérieure, son authentification religieuse : « Un cordonnier, un forgeron, un paysan ont chacun la fonction et le travail correspondant à leur métier, mais tous sont cependant de la même manière prêtres et évêques élus. » Ce n'est qu'avec ce dernier trait du concept luthérien de foi que s'achève définitivement la démarcation par rapport à la mystique. Même celle-ci ne se fige pas dans la seule contemplation, elle possède une tendance pratique au sein de laquelle elle cherche à se relier au monde. Aussi partout, particulièrement chez Eckhart et Tauler, cet idéal de contemplation débouche-t-il, pour finir, sur l'idéal de l'action et de l'effectuation : « Dans l'unicité de la contemplation, l'intention divine est la fécondité de l'action, car dans la contemplation tu ne sers que toi-même tandis que dans les œuvres vertueuses tu sers le grand nombre. » La « vie contemplative » rompt ses digues et conduit à la « réalité », tout comme la réalité conduit à la vie contemplative [2]. Cependant, même dans cette conception de la mystique, on n'atteint pas encore à une complète et pure corrélation des deux moments fondamentaux. À la place de l'unité des contraires à laquelle aspire la mystique, il ne

---

1. Voir J. TAULER, *Predigten*, 131 [Sermons] ; PREGER, *Geschichte der deutschen Mystik im Mittelalter* [Histoire de la mystique allemande au Moyen Âge], Leipzig, 1874, vol. III, p. 209 s.
2. Maître ECKHART, *Deutsche Mystiker des vierzehnten Jahrhunderts* [Les mystiques allemands au XIVe siècle], Leipzig, éd. Pfeiffer, 1857, vol. II, p. 18 ; voir J. TAULER, sermon 63.

reste finalement qu'un simple va-et-vient entre les deux. La forme de la vie mystique oscille entre la contemplation du divin et l'abandon de soi aux choses terrestres auquel le mystique se résigne dans une aliénation volontaire, entraîné qu'il est par les devoirs immédiats à l'égard de la société. L'âme humaine a deux yeux : le premier lui permet le regard sur l'éternité, l'autre sur le temps, mais tous deux ne peuvent accomplir simultanément leur tâche ; si l'âme doit avec l'œil droit contempler l'éternité, l'œil gauche doit alors renoncer à tous ses travaux et se comporter exactement comme s'il était mort [1]. Cette dualité de la vie du mystique affecte également son idéal éthique d'une déchirure caractéristique. S'il reste en effet lui-même affranchi dans son travail social de toute liaison avec les objets et les besoins empiriques, il maintient au fond les autres dans cette sphère qu'il nie pour lui-même. Alors qu'à l'image de ce qui se présente dans la figure du moine mendiant il s'applique à lui seul l'exigence de l'« ascèse », il semble, d'un point de vue purement matériel, n'être que celui qui donne et non celui qui reçoit, mais dans un sens idéel le rapport connaît un étrange renversement. Le devoir religieux, consenti unilatéralement, fonde également une prééminence unilatérale, d'ordre religieux, qui se concrétise dans le fait que la présentation de l'idéal religieux et moral, dans toute sa pureté et sa rigueur, est réservée à un état particulier. Sans doute le mystique descend-il ainsi par son efficience sociale dans le « monde » et parmi les hommes, mais il n'élève à lui ni l'un ni l'autre. Face à cette déchirure, le principe protestant cherche depuis le début une forme nouvelle d'union et de rapports mutuels. Si dans la mystique alternaient le service de « soi-même » et le service du « grand nombre », on voit ici miroiter l'idée et l'exigence qu'ils se réalisent dans une seule et même modalité de l'agir. Du principe de liberté religieuse naît maintenant celui de l'égalité religieuse. Cette égalité ne concerne pas la matière de l'agir mais le moment qui recèle sa signification et sa fondation spirituelles. La perfection inhérente à la vie du monde ne s'exprime plus par conséquent dans une unique singularité mais dans la totalité de toutes ses directions dont chacune possède un besoin et une capacité identiques de s'élever dans la sphère spirituelle et religieuse. Ce n'est qu'ainsi que cette nouvelle conception fondamentale peut s'épanouir à travers toute la dimension de la vie du monde : dans le fait même qu'elle ne privilégie ni ne revendique exclusivement aucune partie précise de cette vie, elle peut les pénétrer toutes et les configurer en une nouvelle unité. Entre les différents états et individus, action et réaction sont désormais équitablement partagées. Chacun d'entre eux, en donnant, reçoit en même temps, et c'est dans cette réciprocité que la vie de l'ensemble se constitue, à supposer que cela repose sur une fondation religieuse et éthique. À nouveau se reconstitue ici entre les sphères subjective

---

1. *Theologia* (version allemande), chap. 7, éd. Pfeiffer, p. 13.

et objective, entre le monde des personnes et le monde des choses, la double relation caractéristique. Invité à agir sur un objet, le moi ne se fige cependant pas dans le lien avec un objet particulier précis. C'est justement dans l'inégalité entre les tâches et les conditions propres au travail des individus que se manifeste l'égalité de cette valeur qui s'attache à l'agir en tant que tel et en tant qu'expression pure de la conviction intérieure. Le don actif de soi à la réalité ne tire pas sa justification de la sphère particulière d'objets à laquelle il se consacre mais, placé au cœur de la personnalité, c'est lui au contraire qui confère de là à cette sphère sa signification et sa sanction religieuse.

Nous voici à nouveau parvenus en un point d'où l'on peut entrevoir, en dépit de l'opposition de contenu entre le point de vue théorique et le point de vue religieux modernes, un trait fondamental qui leur est commun. La nouvelle science de la nature et la théorie rationnelle qui se construit à partir d'elle sont pénétrées du présupposé que l'expérience est elle-même un système de lois et que, par conséquent, le cosmos de l'Être est un cosmos d'idées. La « réalité » n'est pas un complexe d'êtres particuliers sans rapports mutuels, mais un ensemble dont la structure peut s'exprimer en principes universels qui permettront d'établir, grâce à une détermination progressive, la particularité de l'existence et des objets particuliers. Si la théorie se trouve précisément prouvée et confortée, c'est uniquement que, sans se dissoudre dans le particulier, elle le pénètre de plus en plus de ses lois fondamentales et transforme ce qui apparaît tout d'abord dans l'expérience comme une simple juxtaposition d'impressions particulières en un système génétique de concepts corrélatifs et, ce faisant, en un ordre fixe de « faits » exactement reconnus. C'est un intérêt absolument différent qui commande à la vision religieuse du monde, mais il existe pourtant dans la forme universelle de la tâche une certaine correspondance entre les deux. Le travail qu'exige le mode d'examen théorique de l'énergie de la pensée doit être ici accompli pour des problèmes d'une autre nature et d'un autre niveau à l'aide de l'énergie du sentiment et de la « foi ». Il s'agit d'édifier progressivement à partir de ce centre unificateur la réalité spirituelle dans laquelle les grands systèmes objectifs – tels que l'État et le droit, la science et la morale – obtiennent d'abord leur place précise et, à travers elle, leur justification. Certes, tous ces systèmes ne sont pas là appréhendés dans leur pure autonomie ni reconnus à partir de leurs « fondements » spécifiques, mais empruntent leur valeur à la certitude du principe religieux qui préside à l'ensemble de cette dérivation. C'est pourquoi à ce qui fait la force de cette dérivation est en même temps intérieurement inhérente une barrière infranchissable. Dans les différentes configurations qu'a connues la pensée de la Réforme chez ses pères fondateurs, ce rapport fondamental se manifeste également sous ses divers aspects. On peut, sous cet angle, chercher par exemple à définir ce qui oppose plus généralement Luther et Zwingli. Par-delà toutes les différences dogmatiques qui les séparent, telle la querelle de la transsubstantiation, existe déjà une différence fondamentale qui a ses racines dans leur conception du problème religieux. La position religieuse de Luther s'enracine dans l'expérience vécue individuelle, la position de Zwingli dans sa conception de la communauté des fidèles comme ensemble politico-religieux. Si le premier considère que tout repose sur le rapport originaire dans lequel l'âme individuelle se convertit à Dieu à travers l'acte de « foi », le second dirige, pour ainsi dire, l'exigence religieuse fondamentale vers un sujet plus universel, mêlant intimement l'idée de la réforme religieuse et celle de la réforme politique et sociale. Église et État doivent être ramenés à leur simplicité et à leur pureté naturelles, doivent en matière d'éthique revenir à leur « état primitif ». La forme fondamentale de la « communauté des fidèles » est donc pour Zwingli un donné déjà déterminé par son état original et ses premiers pas, alors que pour Luther, elle est encore à trouver et ne peut être conquise et fondée que par l'expérience médiate du salut des individus. Cette différence, dont les racines plongent dans l'affect religieux des deux personnages, s'étend à l'ensemble de leur mode d'examen de la théorie religieuse. Étant donné que Zwingli part d'une forme morale caractérisée, ce sera partout cette détermination formelle qu'il verra dans la nature et dans l'histoire. Il est proche de la sphère d'idées de l'académie platonicienne de Florence, du cercle de Ficin et Pic de La Mirandole qui tentent de comprendre le monde comme un cosmos physique et téléologique cohérent. Une image divine unique et originaire y est morcelée en une multitude de configurations dans chacune desquelles la vie divine originaire se manifeste. Rien de vivant, rien d'agissant n'échappe à ce plan fondamental de la « Providence ». Le destin même des grands philosophes païens en fait partie ; Platon, Sénèque et Pindare ont eux aussi bu à la source divine. Dans l'harmonie de cette conception fondamentale, les abrupts contrastes qui marquaient la nature et la tâche de Luther n'ont pas leur place. C'est la raison pour laquelle, au fur et à mesure que progresse la querelle théologique, Zwingli apparaît presque partout comme une nature plus mesurée et un esprit plus libre, alors que Luther brandit de manière sans cesse plus précise et plus impérieuse l'autorité inconditionnelle de la « parole » de Dieu et des articles de foi dogmatiques bien établis. Considéré d'un point de vue historique, ce dogmatisme n'est pourtant lui-même que l'envers négatif de son individualisme religieux. C'est précisément parce qu'il avait été plus radical que Zwingli dans la dissolution des liens que Luther avait maintenant besoin d'une discipline extérieure plus solide. Il lui restait en effet à accomplir ce que Zwingli avait déjà anticipé : le germe qui pour ce dernier avait été au point de départ de l'édification de sa vision du monde était un ensemble déjà configuré, tandis que pour Luther il ne s'agissait que de la force primitive et encore non figurée d'une expérience vécue fondamentale, d'ordre religieux. La voie qui conduisait de cette subjectivité à des normes objectives du savoir et de la vie en communauté devait tout d'abord être tracée. Plus Luther devenait dans son développement profondément conscient de l'ampleur de la tâche, et plus il réclamait, face aux spiritualistes et aux « mystagogues », le solide critère objectif de la Bible : « Si la parole devait être pécheresse ou injuste, quelle voudrait ou pourrait être la direction de la vie ? Si le fil à plomb ou l'équerre étaient faux ou de travers, comment le maître d'œuvre voudrait-il ou pourrait-il les utiliser ? »

Dans cette consécration objective qu'il recherche pour son principe de certitude en matière de religion, il a certes renoncé à un moment essentiel qui fonde la force révolutionnaire proprement dite de ce principe. En effet, la « liberté » de l'âme qu'il avait proclamée signifiait que cette dernière était au-dessus du monde des choses, que celui-ci soit compris comme monde physique ou historique ; or désormais, une partie de ce monde des choses lui-même – quelle autre signification pouvait en effet avoir un document, même le plus sacré, transmis historiquement et authentifié par la tradition ? – se voit affranchie de toutes ses conditions empiriques et dotée d'une validité contraignante absolue. Nous ne discuterons pas ici plus avant la signification pour Luther lui-même de la dichotomie qui en résulte, ni la manière dont l'ensemble de son développement intérieur en est marqué. Pourtant, au fond, la problématique individuelle de la vie de Luther et de son agir renvoie à une problématique universelle qui se précise de plus en plus dans l'évolution de l'histoire moderne de l'esprit. Une fois dissoute la contrainte qu'avait représentée pour le Moyen Âge son système autoritaire de doctrine et de vie, il convenait de la rétablir dans un esprit nouveau sur la base du concept de liberté. Mais cette tâche dépasse dans sa globalité les frontières du principe religieux et de la problématique religieuse. Son accomplissement exigeait auparavant que les directions fondamentales particulières, dont l'action conjuguée constitue la base de la culture spirituelle moderne, se soient appréhendées dans leur autonomie, se soient conçues et constituées dans leur légalité spécifique. Il ne suffisait pas que les « formes » objectivement spirituelles, telles que la société et l'État, la science et le droit, soient simplement établies sur une nouvelle base juridique, aussi longtemps que celle-ci ne leur appartenait pas en propre mais renvoyait à un principe qui apparaissait malgré tout par rapport à elles comme quelque chose d'extérieur et d'hétéronome. Pour l'essentiel, le cosmos spirituel présente au Moyen Âge l'image d'une articulation hiérarchique des substances spirituelles qui se subordonnent les unes aux autres en fonction d'une hiérarchie fixe de l'Être : aux yeux des modernes, il apparaît comme un ensemble d'énergies spirituelles autonomes qui ne se réduisent pas les unes aux autres mais sont réciproquement en liaison les unes avec les autres. Une diversité extensive de niveaux de l'Être, ordonnés suivant leur degré descendant de perfection, a fait place à la conception d'une diversité intensive de fonctions configurantes qui se connectent les unes aux autres pour former un système d'action conjuguée. Les différentes directions de la vie spirituelle n'ont plus entre elles ce rapport de complémentarité de contenu qui faisait qu'elles partageaient leur validité entre différents domaines de l'Être, mais chacune d'entre elles revendique pour elle-même l'ensemble de la réalité dans la mesure où elle se réfère, de manière spécifiquement qualitative toutefois, à cet ensemble. Leur diversité n'est pas dans l'objet auquel elles trouvent à s'appliquer, mais dans le principe qui agit en elles. La condition préalable pour l'établissement de ce rapport était cependant que chacune des énergies spirituelles créatrices trouvât auparavant en elle la conscience de sa loi fondamentale. À l'intérieur des domaines particuliers, l'autonomie devait être conquise avant que ne se mette en place et ne se fonde véritablement le nouveau système spirituel de rapports. La Renaissance et la Réforme ont préparé la voie mais ne purent apporter au problème une solution véritablement universelle. On pouvait, en effet, partir indifféremment de l'énergie de la conscience religieuse ou de celle de la conscience théorique, d'un nouveau « principe de connaissance » ou d'un nouveau « principe de foi », ce principe passait toujours pour la puissance maîtresse fondamentale à laquelle devaient se subordonner de la même manière tous les autres domaines. Il revenait au développement ultérieur de l'histoire spirituelle de faire disparaître également cette ultime forme de mainmise unilatérale grâce à une formulation plus approfondie et plus universelle du concept de liberté : il a fallu les luttes menées dans ce but pour que la vie de l'esprit en Allemagne parvienne elle aussi à sa véritable unité et à sa maturité interne.

I

LEIBNIZ

1

Durant ces premières et prometteuses années de la Réforme, marquées par *Von der Freiheit eines Christenmenschen* [La liberté du chrétien] et *An den christlichen Adel deutscher Nation* [À la noblesse chrétienne de la nation allemande] de Luther, la science allemande semblait, elle aussi, s'épanouir à une nouvelle vie. Mouvement religieux et mouvement humaniste agissaient de concert avec, pour même fin, une nouvelle conception du monde qu'on voulait affranchir une fois pour toutes des méthodes scolastiques. L'œuvre de Luther fut en ce sens comprise et proclamée par les meilleurs esprits de la nation. « Ô siècle, s'écriait von Hutten, les études fleurissent, les esprits s'éveillent : c'est un plaisir que de vivre ! » Mais plus le mouvement religieux allait de l'avant, plus il ressentait le besoin de se mettre à l'abri de tous les doutes et scissions internes en édifiant une doctrine stable, et plus l'antique conflit, entre « foi » et « raison » resté sans solution, reprenait de la vigueur. Dans cette lutte, on ne pouvait renoncer à l'immense et ingénieux travail accompli par la scolastique pour discipliner la raison humaine. C'est pourquoi le système théologique de Melanchthon ne se distingue des doctrines qu'il combat que par le contenu et non par l'essence ou le caractère de sa méthode. La science est utilisée et tolérée dans la présentation et l'explicitation d'une vérité religieuse toute faite, mais elle n'est nulle part envisagée dans la perspective de son autonomie spirituelle. Il règne certes une sincère aspiration à embrasser ses résultats dans toute leur étendue et à les incorporer au système théologique, mais rien ne subsiste du principe vivifiant et configurant duquel ils découlent. Dans l'étude de la nature, les propositions fondamentales de la physique d'Aristote sont admises sans examen et on tente de les étayer par de nouvelles « expériences » tirées d'observations faites isolément et sans méthode, de données transmises par les anciens et de récits imaginaires ; en ce qui concerne les sciences de l'esprit, pour autant qu'on admette encore, à côté de la référence à l'autorité divine de la Bible, une fondation propre, on ne va pas au-delà des premiers balbutiements d'un « droit naturel » et d'une « morale naturelle ». Le manuel de physique de Melanchthon cherche bien à embrasser et à dominer la nouvelle matière de ce savoir, qui afflue de toutes parts, mais il manque absolument de compréhension pour sa nouvelle forme qui s'exprime dans les concepts modernes de causalité et de loi naturelles. Avant d'être à proprement parler découverts et élaborés par Copernic, Galilée et Kepler, ces concepts avaient été pressentis par la Renaissance italienne : l'ouvrage écrit contre l'astrologie par Pic de La Mirandole opère pour la première fois une nette délimitation entre la vision « symbolique » de la nature du Moyen Âge et la tâche de la nouvelle méthode empirico-causale d'examen et de recherche. Or, c'est précisément contre cet ouvrage que se dresse Melanchthon. Il ne cesse de défendre, contre l'autorité même de Luther, le droit de l'astrologie. Et ce n'est pas une inclination personnelle, accidentelle, qui s'exprime de cette façon, car ce trait est en rapport le plus étroit avec l'ensemble de son intuition de la nature. Partout le miracle intervient sans médiation dans le cours de l'advenir. Un agir libre et contingent s'exerce à travers tout l'univers où il peut en tous lieux en violer les lois universelles. L'univers est le jouet de forces mystérieuses, freinées et guidées par la volonté divine supérieure, mais qui demeurent impénétrables à l'entendement humain. Ce n'est que dans les images de nos rêves et dans nos pressentiments que se découvre parfois à nous le rapport qui unit ce qui est séparé dans l'espace et le plus éloigné dans le temps. Les événements à venir s'expriment dans de menaçants signes précurseurs et les effets de la magie flottent partout autour de nous et interviennent dans notre vie. L'observation empirique crée sans doute une image déterminée de la manière dont l'advenir naturel s'accomplit selon des règles universelles ordinaires, mais au-delà de cet advenir s'étend toujours un royaume fantomatique capable de violer la simple législation de la nature et de l'infléchir dans sa direction [1].

22 La figure de la science allemande était ainsi déterminée pour longtemps. Depuis la controverse entre Luther et Érasme, la Réforme avait rompu avec l'humanisme ; les plus importants parmi les humanistes du cercle d'Erfurt, qui avaient pris une part profonde et personnelle aux débuts de Luther, cherchaient pour finir, déçus et découragés, à séparer leur destin du protestantisme. Dans la médecine et dans la science empirique de la nature, Paracelse, le « *Lutherus medicorum* » [Luther des médecins], était apparu qui renouvelait avec une énergie et une fraîcheur naïves l'appel à se libérer de la tradition et de l'autorité.

---

1. Au sujet de la physique de Melanchthon, voir SCHMIDT, *Philipp Melanchthon. Leben und ausgew. Schriften* [Vie et œuvres choisies], Elberfeld, 1861 ; MAIER, *Melanchthon als Philosoph* [Melanchthon philosophe] ; W. DILTHEY, *Das natürl. System der Geisteswiss. im 17. Jahrhundert* [Le système naturel des sciences de l'esprit au XVIIe siècle].

Qui est l'ennemi de Luther ? Je hais moi aussi une telle clique. J'ai des raisons de me réjouir d'avoir pour ennemi des filous, car la vérité n'a d'ennemis que les menteurs.[…] Parce que je suis seul, parce que je suis nouveau, parce que je suis allemand, ne méprisez pas mes écrits [1].

Mais cette aspiration à l'autonomie du regard et du savoir ne put se maintenir durablement face au système d'école de Melanchthon et à son habile exploitation éclectique de la matière du savoir transmis. Après la mort de Kepler en particulier, l'Allemagne ne possédait plus de savant dont l'importance et l'originalité fussent de premier ordre. C'est aussi ce qui explique que, dans la conscience philosophique universelle, le problème de la connaissance scientifique n'ait été abordé et conceptuellement pénétré que relativement tard. Sitôt cependant que cela se produisit, la formation universelle de l'esprit se trouva à un tournant décisif. Le problème de la méthode scientifique devient désormais le centre d'un système idéel à l'étendue et à la fécondité tout simplement universelles. Science de la nature et de l'esprit, droit et morale, histoire et religion, acquièrent dès lors un nouveau contenu : ils ont désormais pour idéal une nouvelle logique à laquelle ils aspirent uniformément à obéir et dans laquelle ils aspirent à s'unir. C'est dans la philosophie de Leibniz que s'exprime cette nouvelle unité spirituelle.

Depuis les temps de la Réforme, on peut observer un trait commun à toutes les tendances spirituelles à l'œuvre dans l'édification de la culture allemande. Les forces qui y déploient leur activité ne veulent pas uniquement se vérifier et se présenter dans une œuvre objective mais aspirent à une vue claire sur elles-mêmes, sur leur origine et leur raison d'être. Tel est le retournement vécu par l'idée luthérienne de la justification dans le domaine de la culture séculière. Ce n'est que grâce à cette réflexion sur elles-mêmes que les énergies spirituelles particulières parviennent à leur intensification constante et à leur perfection finale. Tout acte créateur s'accomplit ici dans une double direction : à tout progrès de l'agir correspond une conscience plus profonde des raisons de cet agir. Nulle part les forces configurantes ne se satisfont de leur efficience en quelque sorte naïve mais, dans tout ce qu'elles accomplissent, elles cherchent en même temps à se justifier à l'égard d'elles-mêmes. Dans la philosophie allemande, c'est chez Leibniz que ce double rapport caractéristique s'exprime de la manière la plus pure. De son inlassable travail consacré aux disciplines particulières, émerge pour lui une idée de la science qu'il est le premier à saisir dans toute sa signification et son étendue et dans laquelle sa philosophie découvre le centre de gravité à partir duquel elle poursuivra son épanouissement.

Ceci demande, il est vrai, à être mieux précisé, car tous les

---

1. Voir PARACELSE, *Das Buch Paragranum* [Paragranum], Leipzig, éd. F. Strunz, 1903, p. 18.

systèmes philosophiques d'importance qui sont apparus depuis la Renaissance semblent au même titre avoir part à l'élaboration de cette idée. Dans les idées fondamentales de sa méthode, Leibniz s'appuie sur Descartes, dans les principes et les lois de sa dynamique, sur Galilée : il a lui-même déclaré que l'humanité devait à ces deux hommes plus qu'à l'Antiquité tout entière. Aux premiers temps de son évolution, le jeune homme s'est à plusieurs reprises nommément référé à Bacon et Hobbes, et il a également approfondi dans une lecture critique la doctrine de Spinoza. C'est ici qu'intervient le moment décisif qui lui fait dépasser tous ses prédécesseurs. Tous poursuivaient le concept universel du savoir mais, dans la présentation concrète qu'ils en faisaient, ils restaient entièrement prisonniers des barrières d'une « science » particulière. « *Ingenii limites definire* », déterminer les frontières de l'esprit : telle était la tâche nouvelle que Descartes s'était fixée. Or, dans l'application de son idée fondamentale, ces frontières vont progressivement devenir synonymes de celles de la mathématique, voire de méthodes mathématiques déterminées. Sa nouvelle géométrie exclut toutes les courbes dont on ne peut donner l'expression analytique sous la forme d'une équation algébrique de degré déterminé, et comme il n'existe au sein de la méthode cartésienne aucun moyen de mesurer exactement ces courbes, elles seront, d'une manière générale, bannies pour cette raison du domaine de la connaissance exacte. Cette restriction est encore plus évidente dans la mécanique. Celle-ci ne peut en effet être fondée et confirmée comme science que si on réduit ou transforme artificiellement son objet : la « masse » de la mécanique est assimilée à la pure « extension » de la géométrie. Hobbes et Spinoza dépassent cette conception, mais il est visible que tous deux empruntent à nouveau à certains domaines du savoir la norme de leur philosophie. Suivant l'exemple de la doctrine de l'animal-machine, qui fait son admiration, Hobbes cherche à concevoir la doctrine de l'homme, du droit et de l'État. Et l'idéal de la connaissance pour Spinoza semble certes planer dans le sublime et l'universalité purs de son concept de Dieu et se référer à lui comme à quelque chose de « fixe et éternel », mais comme l'ordre divin coïncide avec l'ordre de la nature, c'est plutôt ici l'image du monde de la physique et de la mécanique qui domine la conception d'ensemble. La logique de Spinoza porte, comme son éthique, les traits du naturalisme. Leibniz au contraire confirme dans son esquisse de la *Scientia generalis*, qui du début à la fin accompagne sa philosophie, l'idée qui fait la spécificité et l'essence de son système. Cet universel qu'il poursuit ne doit pas faire disparaître le particulier, mais le laisser subsister dans sa signification autonome et l'y fonder. L'unité du savoir exige l'épanouissement en une multiplicité et une diversité de formes scientifiques dont chacune soit subordonnée à une loi spécifique. Se conformant à cette conception fondamentale, Leibniz cherchera par exemple dans la « caractéristique géométrique » un nouvel instrument de la connaissance de ce domaine, dont l'avantage sur la géométrie analytique se fonde pour lui dans le fait que cette fois, ce ne sont ni des chiffres ni des équations mais uniquement des éléments spatiaux qui en constituent les fondements et qu'ainsi l'objet géométrique, sans aucune réduction, est conservé dans toute sa spécificité. À l'inverse cependant, l'idée que Leibniz se fait de la science n'atteint alors sa véritable universalité que grâce à ce sentiment de l'individualité de chaque forme de savoir particulière. Le primat du « mathématique » est préservé mais les principes de la métaphysique, comme ceux de la physique elle-même, ne peuvent être trouvés dans la seule mathématique. Les « vérités éternelles » de la logique, de la morale, de la doctrine du droit, constituent les fondements et le prototype de toute connaissance, mais à côté de la logique de la vérité, il existe une logique de la probabilité qui régit selon des lois particulières l'ensemble du domaine des sciences descriptives de la nature comme celui des sciences historiques. Ce qui sépare Leibniz de ses prédécesseurs et fait de lui le créateur d'une nouvelle ère, c'est que l'exigence de savoir qu'il formule ne peut plus, par conséquent, être ni satisfaite ni annulée par un exemple particulier quelconque et donc ne se confond plus avec aucun. Elle se maintient, non sous la forme d'un contenu déterminé, mais sous la forme d'un critère spirituel universel. De la totalité des modes et directions de recherche particuliers jaillit l'idée de « la » science, en tant qu'identité rigoureuse, qui ne peut nulle part se manifester visiblement et se révéler à elle-même, si ce n'est dans la diversité.

C'est dans cet esprit que Leibniz définit le concept de vérité dont il fait le fondement de son système. Là, disait-il lui-même, il avait trouvé le point d'Archimède qui lui permettait d'entreprendre de mettre en mouvement l'ensemble du cosmos spirituel. Mais à vrai dire, ce point de départ, ainsi qu'il se présente d'abord, manque d'éclat : il se résume en effet uniquement à une banale proposition fondamentale disant que tout jugement, quelle que soit sa nature, doit toujours être vrai ou faux. Ainsi qu'il est ensuite expliqué, est vraie toute proposition dans laquelle le concept qui s'exprime dans le prédicat est contenu dans le concept du sujet. Ce rapport peut ou bien se manifester de manière explicite et directe, comme c'est le cas dans les propositions purement identiques, ou seulement être mis en évidence au terme d'une série de transformations progressives. C'est cela le but proprement dit de toutes les opérations de la pensée. En mettant en œuvre des termes intermédiaires, elles visent toutes à changer des identités cachées en identités clairement déterminées et connues. La manière dont ceci s'accomplit se manifeste dans la démonstration de toute proposition géométrique, mais le procédé lui-même n'est nullement limité à la géométrie. Partout, au contraire, où en général un « système » de contenus nous est donné dans lequel un terme du système « dépend » de l'autre et est « en rapport » avec lui selon une règle, une forme spécifique de dérivation doit être possible qui mette en lumière ce rapport, au terme d'une série ininterrompue et sans faille d'avancées successives de la réflexion. Instaurer une telle connexion est la tâche universelle de la science. On ne peut ici objecter que le principe posé comme suprême ne serait valable que pour les sciences déductives et non pour les disciplines de l'observation empirique. En effet, aucune connaissance scientifique ne se contente d'établir le « quoi » d'un fait mais cherche au-delà le « pourquoi ». L'authentique analyse des faits, seule capable de mettre ceux-ci en lumière dans leur pure consistance et leur intégralité, ne s'obtient jamais qu'au terme de l'analyse des « raisons » de ces faits. Mais cette analyse des raisons, dans sa forme universelle, ne se distingue pas de l'analyse des concepts et des vérités car, dans un cas comme dans l'autre, règne le même principe suprême décrit par Leibniz comme le principe de raison suffisante.

26   Ce n'est qu'avec ce principe que la proposition selon laquelle tout jugement doit être vrai ou faux reçoit sa détermination achevée et se présente dans l'essentiel de sa signification. Si un jugement quelconque est prononcé, affirme Leibniz, il doit contenir en lui-même certaines marques et caractéristiques internes permettant de reconnaître sa vérité ou sa fausseté. L'intuition sensible commune se contente d'accoler à un « sujet » déterminé quelconque un « prédicat » déterminé, à une « chose » quelconque, une certaine « qualité ». La connaissance scientifique, elle, ne peut s'en tenir là. Elle doit exiger que la simple juxtaposition se transforme en une imbrication, que la « coexistence » des éléments se révèle, après un examen plus approfondi, être l'expression d'un rapport interne de conditions. Là où ce rapport de conditions n'apparaît pas d'emblée dans l'intuition simple, il faut alors trouver un ensemble d'intermédiaires conceptuels, grâce auquel la liaison concrète entre éléments du jugement devienne connaissable. Le jugement est conçu comme vrai lorsque ce processus est parvenu à son terme, par conséquent lorsque, à la place de la simple assertion selon laquelle a « est b », intervient la certitude que b « est fondé » en a, de manière directe ou indirecte. L'exigence radicale ici contenue s'étend tout aussi bien au monde des choses et des événements qu'au monde des concepts et des axiomes. Pour déclarer qu'un processus déterminé est en cours ou qu'un objet déterminé existe, il est nécessaire que se manifeste la « raison suffisante », de la même façon que pour valider des vérités déterminées purement idéelles. Quelle que puisse être par conséquent la nature particulière de la réalité effective, sa structure universelle est d'avance définie par le fait qu'elle doit dans sa totalité présenter une analogie avec un pur rapport rationnel. Les objets et les événements doivent présenter par eux-mêmes un enchaînement qui corresponde très exactement à la manière dont proposition mineure et proposition majeure s'articulent et se conditionnent dans le raisonnement par inférence. L'univers équivaut à un unique syllogisme

dans lequel on ne peut se passer d'aucun terme ni en déplacer un seul sans que l'ensemble ne soit anéanti dans son résultat[1].

Ainsi le postulat contenu dans la définition leibnizienne de la vérité détermine-t-il à l'avance la vision d'ensemble de l'être et de l'advenir. Logique et mathématique créent dans leur imbrication mutuelle les contours de la métaphysique.

> Que tout soit engendré par un enchaînement bien établi est aussi sûr que trois fois trois font neuf. L'enchaînement, en effet, consiste en ce que toutes choses sont liées les unes aux autres comme en une chaîne et qu'il est sûr que tout adviendra avant qu'il soit advenu, aussi sûr qu'il est que cela est advenu une fois advenu.
>
> Les poètes anciens, tel Homère et d'autres, ont appelé cela la chaîne d'or, celle que Jupiter laisse pendre du ciel, chaîne impossible à rompre, quoi que ce soit qu'on y suspende. Et cette chaîne consiste dans la séquence des causes et des effets. Chaque cause précisément a un certain effet qui, fût-elle seule, serait par elle produite ; mais comme elle n'est pas seule, le concours de l'ensemble engendre un effet inévitable, une explosion relative à la mesure des forces en jeu, et cela est vrai, qu'il y ait non seulement deux, dix ou mille, mais encore une infinité de choses agissant ensemble, comme cela se produit véritablement dans le monde. [...] On voit par là maintenant que tout se produit mathématiquement, c'est-à-dire survient inévitablement dans tout le vaste monde, de telle sorte même que si quelqu'un pouvait avoir une vue suffisante des parties internes des choses, et à côté de cela suffisamment de mémoire et d'entendement pour embrasser toutes les circonstances et les prendre en compte, il serait prophète et verrait l'avenir dans le présent pour ainsi dire comme en un miroir[2].

L'intelligibilité devient ainsi la mesure et le critère de la réalité. Cette intelligibilité ne connaît pas de frontières car le réel lui-même se réfère à un entendement suprême qui est son instigateur. Certes, s'il faut définir par une image ce rapport fondamental, cet entendement est lui aussi dans sa création lié à une « matière » déterminée. Mais cette « matière » elle-même n'est pas de nature physique : elle est purement logique. Elle tire sa consistance non pas d'un substrat matériel absolu que la volonté créatrice divine devrait plier et surmonter, mais de la nature des vérités éternelles que leur validité rend intangibles. De ces vérités, en tant que conditions suprêmes de toute connaissance et de toute existence, Dieu reste lui-même dépendant, mais il n'obéit en elles qu'aux propres lois de son essence.

---

1. Ici et dans ce qui va suivre, la présentation s'appuie sur des recherches antérieures auxquelles je dois renvoyer en ce qui concerne la fondation détaillée : *Leibniz' System in seinen wissenschaftlichen Grundlagen* [Le système de Leibniz selon ses fondements scientifiques], Marbourg, éd. Elwert, 1902 ; *Das Erkenntnisproblem* [Le problème de la connaissance], 2ᵉ éd., Berlin, Bruno Cassirer, 1911, II, p. 126-190.

2. G. W. LEIBNIZ, *Inititia et Specimina Scientiae novae Generalis*, K., *Die philosophischen Schriften*, 7, éd. Gerhardt, Hildesheim-New York, G. Olms Verlag, 1965, p. 117 s. (N.d.T.).

L'idée que la vérité des propositions rationnelles universelles, des « axiomes » logiques, mathématiques ou éthiques, ne reposerait que sur le fait qu'ils ont été introduits et décrétés par Dieu, est tout simplement absurde. Si on voulait en effet franchir ne serait-ce qu'un pas de plus dans l'exploitation de cette idée, si on voulait tenter de se placer, ne serait-ce qu'un moment, en dehors et au-dessus du cercle de ces vérités, on se fermerait ainsi à tout jamais toute possibilité de retour dans le domaine de la certitude. Si, ainsi que Descartes l'avait considéré, d'accord en cela avec une direction déterminée de la scolastique, ces axiomes sont les résultats d'une détermination divine arbitraire – ce qui rendrait aussi pensable et possible leur être autre –, il n'y a alors absolument plus rien qui soit certain en soi et uniquement par soi, puisque c'est sur eux que reposent toutes les connaissances médiates. Aucune proposition ne serait plus rigoureusement et intégralement démontrable, aucune affirmation à propos d'un être, quel qu'il soit, ne pourrait plus être fondée d'une manière ou d'une autre. Même une déclaration sur l'être divin ne pourrait plus être faite avec certitude, ce qui rend évident le cercle vicieux de la démarche de pensée que nous suivons ainsi. La « raison » que nous trouvons exprimée et incarnée dans ces vérités éternelles n'est pas le produit ou la conséquence de l'existence divine, elle n'est que l'expression de ce qui est pensé par Dieu lui-même dans le pur concept et ce qui constitue au premier chef le contenu de ce concept.

Un nouveau sentiment fondamental du monde moderne, le pathos de la pure connaissance, s'exprime avec toute sa force et sa profondeur dans l'ensemble de ces développements. Le problème de la liberté s'en trouve en même temps intérieurement transformé et déplacé sur un autre terrain. Dans la sphère purement religieuse où se meuvent la mystique allemande et la Réforme, l'idée de liberté se réfère essentiellement à l'autonomie et l'indépendance internes qu'acquiert l'« âme » face aux « choses » et qu'elle doit préserver en elle-même. Leibniz lui-même demeure totalement à l'intérieur de ce motif universel, même s'il lui confère, dans l'ensemble de sa philosophie, un aspect nouveau. Mais le point de départ déterminant de son monde idéel a changé. La souveraineté de l'« âme » est essentiellement et originairement affirmée sous la forme de la souveraineté de la « raison ». Il n'existe aucune tradition, aucune autorité, aucune instance dans et au-dessus du monde, qui soit en mesure de limiter cette prétention inconditionnée. Le mot d'ordre « *sapere aude* », « Aie le courage de te servir de ton propre entendement », dont Kant a fait la devise spécifique des « Lumières », atteint ici pour la première fois à sa vérité totale et illimitée. L'authentique liberté est synonyme d'émancipation de la raison. La raison n'a d'autre juge d'elle-même et ne doit pas en avoir d'autre que celui qu'elle reconnaît elle-même en suivant ses propres lois. Certes, la proposition fondamentale de l'autonomie de la pensée avait déjà été précisément formulée avant Leibniz : l'ouvrage d'Herbert de Cherbury, *De veritate* [De la vérité], l'avait défendue et mise en œuvre en Angleterre, de même que Cornheert aux Pays-Bas [1]. Mais partout où ce principe intervenait, il s'agissait essentiellement de cantonner la raison dans un domaine séparé où elle pouvait s'affirmer plus sûrement face aux prétentions théologiques. Descartes lui-même ne dépasse pas cette conception. Il veut grâce à l'invention de sa méthode pénétrer le monde fini, le monde de la nature et le monde de la science, mais fait preuve de modestie en face des secrets de l'infini, du mystère de la foi. L'infinie divisibilité de la matière, ainsi que la liberté du vouloir humain, sont mêmement impénétrables à l'entendement ; il convient ici d'accepter de bon gré la décision de la Révélation, au lieu de ruminer et d'analyser en vain. La doctrine de la « double vérité » n'a donc au fond connu ici qu'un autre avatar. Rien ne sera en revanche combattu avec plus de détermination et de conviction profonde par Leibniz que cette doctrine. L'unité absolue de la raison ne souffre aucune gradation ni aucune limitation venant des objets : la raison doit être acceptée ou rejetée dans son entier. Là où un règne inconditionnel lui est refusé, elle est déjà condamnée à une insignifiance inconditionnelle.

Ce qui fait encore la spécificité de la philosophie de Leibniz, c'est qu'elle est convaincue de pouvoir maintenir ce règne sous sa forme intacte sans avoir à modifier sur des points décisifs et essentiels ce qui avait été jusque-là le contenu de la vérité religieuse. Étant donné que rien ne peut entrer en contradiction avec les lois fondamentales de la pensée, le mystère doit, lui aussi, dans la mesure où dans un sens quelconque une part de vérité peut lui être attribuée, se révéler être, grâce à l'art logique de l'analyse, quelque chose que ces lois puissent saisir et démontrer. Ce n'est qu'avec cette maîtrise de ce qui paraît être le plus hétérogène que s'achève pour Leibniz le triomphe de la raison. Elle n'a nul besoin de laisser quoi que ce soit en dehors de sa sphère puisqu'elle est sûre de pouvoir, depuis son centre de gravité, embrasser parfaitement du regard et configurer le tout de l'existence naturelle et spirituelle. C'est de ce sentiment souverain du logicien que découle chez Leibniz cet enthousiasme de la preuve, à l'aide duquel il va bientôt s'efforcer d'étayer le dogme de la Trinité par de nouvelles découvertes logiques et soumettre les doctrines fondamentales du christianisme à sa « caractéristique universelle ». « Le temps viendra, et bientôt, écrit-il à Oldenburg, où nous aurons pour Dieu et l'esprit humain des propositions non moins sûres que pour les figures et les nombres. » Vouloir renoncer à la raison en matière de religion, est-il dit à un autre endroit, « est auprès de moi une marque presque certaine ou d'un entêtement approchant de

---

1. À propos d'Herbert de Cherbury, voir mon ouvrage *Erkenntnisproblem* [Le problème de la connaissance], 2ᵉ éd., II, p. 202 s. – Voir W. DILTHEY, *Ges. Schriften* [Œuvres complètes], Leipzig et Berlin, 1914, II, p. 90 s., 246 s.

l'enthousiasme ou, qui pis est, d'une hypocrisie. On ne croit à rien en religion ou ailleurs, si ce n'est en se fondant sur la raison ».

On mesure toute la distance qui sépare cette conception du monde idéel du protestantisme naissant lorsqu'on jette ici un regard en arrière sur le monde de la magie et du miracle dans la physique de Melanchthon. Le caractère religieux de la réalité ne pouvait y être préservé et exprimé qu'en laissant ouverte en permanence la possibilité d'interventions et de décisions divines arbitraires et irrationnelles. Mais, pour Leibniz, tous les miracles particuliers se sont fondus dans l'unique miracle universel, celui de la raison elle-même. Ce n'est pas la disparition de l'ordonnance de l'advenir mais la persistance de cette ordonnance, inviolable et intangible, qui manifeste que l'univers repose en Dieu. Leibniz, le premier, exprime ici la vision fondamentale de la religion qui domine le siècle de l'humanisme allemand, celui de Lessing et de Herder. « Le miracle suprême est que les vrais, les authentiques miracles puissent, doivent pour nous, devenir quotidiens. Sans ce miracle universel, un penseur aurait eu certes peine à appeler miracle ce qui ne devrait ainsi s'appeler que pour des enfants, qui, bouche bée, ne suivent que le plus insolite, le plus nouveau. »

La véritable religiosité n'exige selon Leibniz aucun signe ni révélation particuliers ; elle se sent d'autant plus près du divin qu'elle l'est de l'universel et du nécessaire. Elle consiste à croire qu'elle découvrira la légalité universelle, même là où elle se cache derrière des irrégularités apparentes. De même que Copernic a découvert l'ordre du cosmos en enseignant à s'abstraire de toutes les singularités contingentes propres au lieu et à prendre le soleil pour centre de gravité pour embrasser les mouvements des planètes, nous devons placer nos yeux dans le soleil de la connaissance, de la science. Ceci met fin à toute contradiction susceptible de restreindre ou d'égarer les individus dans leurs aspirations et leur agir. Même l'optimisme de Leibniz, qui est l'affect fondamental duquel découle sa philosophie, est marqué de ce fait au sceau de la logique.

Mais après que l'on a enfin trouvé qu'on devait placer son regard dans le soleil si l'on veut contempler correctement le cours des astres, et qu'alors tout apparaît merveilleusement beau, on voit que c'est le désordre et la confusion de notre entendement qui ont été coupables et non ceux de la nature. Il faut maintenant juger équanimement de toutes les choses que notre regard rencontre. Et si par l'entendement on ne trouve pas d'emblée à chaque fois le point de vue qui convient, on doit cependant se satisfaire de savoir que l'on pourrait trouver plaisir en toutes choses si on les comprenait comme il se doit. […] S'il n'en était pas ainsi, il s'ensuivrait que la connaissance de la vérité touchant l'œuvre suprême ne serait pas si bonne que l'ignorance, car les hommes ignorants et superstitieux prennent plaisir à toutes sortes de représentations fausses ; si donc, pour ce qui est de la raison et de la vertu, rien n'était à attendre de la nature, il vaudrait mieux s'illusionner avec d'autres choses que chercher à connaître la vérité. S'il se découvrait pour finir que l'absence d'entendement pût donner avantage à celui qui en est affecté, cela serait absurde au-delà de toute mesure et contraire à tout ordre [1].

Tel est le type de raisonnement caractéristique de Leibniz : le monde doit de bout en bout être ordonné, être bon, sinon le savoir ne serait pas un bien absolu et illimité. Qu'il soit un *cosmos*, qu'il possède une beauté et une bonté intérieures, signifie qu'il est totalement conforme aux exigences de la connaissance :

Mundus est κόσμος, plenus ornatus seu ita factus, ut maxime satisfaciat intelligenti. [Le monde est un cosmos, pleinement adapté, ou encore ainsi conçu qu'il satisfait au plus haut point l'homme éclairé.]

La satisfaction de la raison est le thème de la théodicée. Certes, la volonté individuelle ne peut échapper à l'« enchaînement », à la suite immanquable des choses selon les causes et les effets. Mais cet enchaînement n'est plus pour lui une puissance inconnue et mystérieuse décidant depuis les profondeurs ténébreuses du destin des âmes, il se dresse au contraire devant lui dans toute la clarté et la transparence des lois fondamentales de son propre entendement. Dans la nécessité des choses, il redécouvre la nécessité de son moi : tout être physique et tout être spirituel demeurent pour lui inclus dans cette suprême harmonie.

La nouvelle forme de la mathématique découverte par Leibniz dans l'analyse de l'infini entretient avec cette conception fondamentale un double rapport : d'une part, elle la présuppose et de l'autre elle constitue pour elle une confirmation concrète. En effet, sans entrer dans les détails techniques du nouveau calcul, on peut exprimer son principe général en disant qu'il décompose une figure complexe ou un advenir complexe en ses conditions élémentaires et les détermine à l'aide de la légalité ainsi mise en évidence. Une altération qui se produit en tant que processus d'ensemble sur un espace de temps déterminé, par conséquent sur une infinité de moments, est fixée dans *un* de ces moments pour être, grâce à la règle qui se manifeste ici, calculée et embrassée du regard dans toute son étendue. Si l'état momentané, comme par exemple la vitesse ou l'accélération d'un corps en mouvement, est entièrement connu et donné, alors l'ensemble des états successifs et le résultat total qui les résume peuvent trouver leur expression dans une formule exacte grâce à la méthode universelle dont dispose le calcul. Ainsi se présente la manière dont le passé est conservé et le futur préfiguré dans le moment présent. La nouvelle mathématique n'est plus une simple mathématique de grandeurs mais, plus profondément envisagée, une

---

1. G. W. LEIBNIZ, *Inititia et Specimina Scientiae novae Generalis*, K., *Die philosophischen Schriften*, 7, p. 120 s. (N.d.T.).

mathématique des causes et des effets. Elle compare et mesure non seulement des quantités données, comme le font la géométrie et l'arithmétique élémentaires, mais elle fixe les conditions dont l'imbrication fait naître des grandeurs particulières et leurs rapports mutuels. La nouvelle analyse éclaire et confirme ainsi sous un angle nouveau l'idée de la détermination omniprésente du réel tout entier. Elle crée l'outil qui va permettre d'exprimer et d'appliquer dans le calcul la proposition fondamentale qui commande toute la métaphysique de Leibniz : le présent qui enclôt en lui-même le passé est gros de l'avenir. Le rapport entre les éléments de l'être est maintenant devenu « mathématique, c'est-à-dire infaillible ». En même temps, s'ouvre la voie permettant de référer les apparentes dissemblances de la nature aux pures uniformités du concept. La géométrie nous présente, elle aussi, des figures qui, mesurées à l'aune de la simple intuition sensible, apparaissent tout bonnement irrégulières. Mais l'analyse conduit à une formule selon laquelle on peut déterminer l'irruption même des irrégularités et y voir à l'œuvre une loi. Ce qui est ici obtenu dans un cas spécial doit être exigé et postulé pour l'univers dans sa globalité. Si, grâce à une caractéristique supérieure, on pouvait fixer l'un quelconque de ses modes d'être essentiels, on pourrait alors en extraire les états successifs de toutes ses parties pour tous les temps déclinables. À la vérité, toute irrégularité n'est en effet qu'une uniformité d'ordre supérieur et plus complexe. De même que dans le déplacement d'un corps non seulement sa position mais aussi sa vitesse changent d'un instant à l'autre, alors que son accélération reste néanmoins constante et susceptible de constituer pour son mouvement la base d'une règle fixe, de même peut-on affirmer d'une manière générale que toute variété et diversité apparemment incalculable doit, si on remonte suffisamment loin en arrière, se résoudre en harmonie et régularité. Dans le langage du calcul différentiel, on peut dire que dans les quotients différentiels de degré supérieur tous les changements qui figurent dans le degré inférieur doivent être intégralement exprimables. C'est certes pour notre connaissance empirique un problème qui ne peut jamais se résoudre complètement mais uniquement avec une approximation infinie ; il nous suffit cependant de savoir que, dans la nature des choses elles-mêmes, une limite ne peut nulle part être assignée à cette approximation. Si le réel est d'un bout à l'autre imprégné d'idéel, le matériel imprégné de mathématique,

c'est parce que tout se gouverne par raison et qu'autrement il n'y aurait point de science ni règle, ce qui ne serait point conforme à la nature du souverain principe [1].

---

1. G. W. LEIBNIZ, lettre à Varignon du 2 février 1702, original français dans *Mathematische Schriften*, 4, éd. Gerhardt, Hildesheim-New York, G. Olms Verlag, 1971, p. 94 (N.d.T.).

Ainsi semble achevée la réconciliation que Leibniz s'était fixée pour but entre « mécanisme » et « idéalisme », entre l'intuition du monde de Platon et celle de la science moderne de la nature. En effet, le « mécanique » est en même temps l'authentique « intelligible », puisqu'il signifie à lui seul ce qui est totalement déterminé et connaissable. Et pourtant, arrivé en ce point où il semble que nous ayons atteint une première conclusion du système leibnizien, nous nous trouvons encore, à vrai dire, loin de son véritable début. En effet, la solution présente, qui reste certes impossible à remettre en question et dans laquelle plus rien n'est à marchander, n'est que le germe d'un problème plus profond et plus ardu. L'idée de liberté, ce motif qui semblait tout d'abord refoulé par Leibniz, s'impose maintenant irrésistiblement : à l'autonomie de la raison s'oppose l'autonomie de l'individu. Mais, pour la métaphysique de Leibniz, c'est en même temps un second point de focalisation qui est ainsi créé et une voie plus ardue et plus complexe qui se dessine pour elle, seule susceptible de lui permettre de parvenir à sa propre perfection interne.

2

Le miracle universel de la rationalité du monde, tel que Leibniz l'exprime lui-même lorsqu'il juge le système de l'« harmonie préétablie » par rapport à celui de l'« occasionnalisme », a dans sa philosophie absorbé tous les miracles particuliers et les a fait disparaître. Les règles de la nature, tout autant que celles de la logique, ne souffrent pas d'exception. Les cycles de l'existence et de la vie s'accomplissent selon de grandes lois d'airain éternelles. En effet, la vie, elle aussi, suit tout à fait des voies tracées à l'avance par les principes de la pure doctrine cinétique. Aucune force propre donatrice de vie n'intervient dans l'advenir naturel, mais à partir de germes préfigurés, existant depuis les tout débuts, chaque figure dérivée s'épanouit selon la proposition fondamentale de l'égalité mathématique de l'effet et de la cause. Ce ne sont pas les « natures plastiques » particulières dont le platonisme moderne avait rêvé qui donnent au développement organique sa direction et l'y maintiennent, mais le mécanisme qui, livré à lui-même, accomplit dans le royaume du vivant tous les miracles de l'édifice téléologique et des interactions finalisées. Les phénomènes de la volonté, pas plus que les phénomènes de la vie, ne forment eux non plus un « État dans l'État » distinct qui échapperait à la forme de l'ensemble. Il est vain de vouloir briser, « prétextant le libre vouloir humain, la chaîne d'acier des causes dont les unes découlent des autres ». Le mécanisme est en effet la condition *sine qua non* de toute compréhension des phénomènes : même un ange descendu du ciel envoyé vers nous ne saurait nous faire saisir un processus autrement qu'en le ramenant à une grandeur, une forme et un mouvement.

Mais cette image en soi cohérente et achevée du monde objectif laisse voir encore une faille : l'idée du moi lui est étrangère. L'individualité n'est rien d'autre qu'un cas particulier des lois universelles qui, dans leur multiplicité infinie, sont capables d'une singularisation sans limites. Le factum de la conscience de soi est certes reconnu en tant que tel – le « cogito » de Descartes reste la vérité de fait suprême, égale en droit aux plus hautes vérités de raison –, mais rien n'indique encore qu'à ce factum puisse être inhérente une teneur principielle spécifique sans égale. Ce n'était pourtant pas de la connaissance théorique, des seules mathématique et science de la nature, qu'était partie la philosophie de Leibniz. Sa doctrine a ses racines dans la vie de sa nation tout entière, pour qui, depuis l'époque de la Réforme, le problème de l'« esprit » était resté intimement lié à ceux de la « nature ». Le plus grand savant allemand du XVIIe siècle est la vivante incarnation de ce rapport interne. Kepler reste fermement attaché à la conception mécaniste de la nature qu'il voit s'incarner sous ses yeux dans l'exemple le plus grand et le plus noble : la légalité du cours des planètes. Dans une constante lutte idéelle, il se sépare d'avec la physique des « formes substantielles » et de la conception d'intelligences guidant les corps célestes. Il veut comprendre l'univers selon de pures lois de grandeur, non pas comme un divin être vivant, mais comme un mécanisme divin. Et pourtant, les révolutions harmonieuses des astres, comme les rapports harmonieux à l'intérieur de l'advenir naturel, ne sont aussi pour lui qu'un symbole et un miroir de l'harmonie plus profonde « interne à l'esprit ». Toutes les relations et proportions du monde extérieur doivent être jugées en fonction de l'analogie avec l'archétype de cette « harmonie la plus vraie » que nous portons en nous [1]. Ainsi sont encore curieusement mêlées, dans cet examen de la nature dominé par le concept et les lois rigoureuses du nombre, les émotions du cœur et les intuitions artistiques. La contemplation du ciel est la nourriture de l'esprit qui, pour sa propre croissance, ne peut s'en dispenser. Tout comme il serait insensé de demander en raison de quelle fin extérieure l'oiseau chante, puisque nous savons que son plaisir de chanter vient de ce qu'il a été créé pour cela, de même n'avons-nous pas à nous demander pourquoi l'esprit de l'homme se tourne vers les mystères de l'astronomie [2]. Ce n'est en effet qu'ainsi qu'il acquiert ce qu'il y a de plus profond et de plus intime dans sa vie : la richesse et la plénitude cachées de son propre moi se découvrent à lui dans l'intuition du cosmos. Ainsi donc, ce n'est pas comme un moment hétérogène et révolutionnaire que le

---

1. J. Kepler, *Harmonia mundi*, liv. IV, chap. 1.
2. Voir J. Kepler, *Mysterium Cosmographicum, dedicatio editionis prioris, Opera*, éd. Frisch, I, p. 98.

regard de la science de la nature sur le monde vient ici s'opposer aux présupposés spirituels du passé, mais tous les contraires se rejoignent et se réconcilient dans l'unité d'une image esthétique d'ensemble close sur elle-même.

Cependant, la tâche philosophique proprement dite n'était ainsi pas vraiment satisfaite. Ce que Kepler s'était représenté en image attendait toujours d'être consolidé et couronné par un pur concept. C'est Leibniz qui hérita de ce problème infiniment plus difficile et complexe. Il ne suffisait pas pour cela de pressentir et d'embrasser ainsi une unité supérieure de la « nature » et de l'« esprit » ; il fallait auparavant développer ce qui les oppose avec la plus grande précision méthodique. Au lieu d'une simple combinaison du contenu des deux domaines, c'est une véritable synthèse idéelle, se référant à leur forme et leur principe, qui devait être trouvée. Niveler et surmonter le dualisme métaphysique du corps et de l'âme, de la substance étendue et de la substance pensante, constitue certes le but de la doctrine de Leibniz, mais il ne pense pas pouvoir y atteindre en gommant les différences logiques. Le point de départ de la pensée leibnizienne se situe plutôt partout dans la preuve que le contenu de la pure doctrine de l'esprit et de la pure doctrine du corps, que la conscience et le mouvement, appartiennent à des dimensions tout à fait distinctes. La « perception », directement accessible à chacun en tant que factum de l'expérience intérieure, ne peut être dérivée de causes mécaniques, de grandeur, forme et changement de lieu. L'idée de Locke suivant laquelle, par un miracle de la toute-puissance divine, la force de pensée peut bien être également adjointe à la matière en tant que telle, est pour cette raison tout simplement un contresens. Si nous imaginions une force intuitionnelle sensible qui soit capable d'élucider avec la plus grande clarté jusqu'aux plus petites parties de la matière, et une force de pensée qui soit capable de parcourir sans solution de continuité toutes les relations légales entre les mouvements de ces infimes parties, on n'aurait pas encore fait le plus petit pas vers une explication de la conscience. On n'aurait pas plus de chance de trouver dans ce mécanisme infiniment subtil l'origine de la « perception » que dans une montre ou un moulin dont les engrenages et les rouages nous seraient entièrement rendus visibles. « Quelque hypothèse mécanique qu'on puisse par conséquent invoquer, on n'approche pas davantage de la conscience mais on en reste toujours éloigné à l'infini, comme c'est toujours le cas pour des choses absolument hétérogènes, et comme par exemple une étendue, quelque multipliée qu'elle soit, ne produira jamais un corps. » Quel que soit le nombre de figures et de mouvements qu'on puisse juxtaposer, le « moi » subsiste toujours devant nous comme le même phénomène fondamental à la fois évident et mystérieux qui, intégralement connu, ne peut pourtant jamais être reconnu par un autre que lui-même, et qui, intégralement certain, ne garantit cependant aucun savoir au sens d'explication mathématique et physique de la nature.

Une fois ceci parfaitement compris, le doute critique doit cependant continuer à s'exercer à l'égard de la validité exclusive de ce mode d'explication. Est-ce, en effet, en réalité uniquement la conscience éduquée et développée de l'homme dans laquelle se manifeste cet élément nouveau qui tranche par rapport au simple mécanisme, ou bien, à y regarder de plus près, ne serait-ce pas que chaque phénomène de la *vie* nous conduit en un point où une autre forme d'explication se révèle indispensable ? Certes, à s'en tenir à l'idée fondamentale de la philosophie de Leibniz, il ne peut être question que la légalité de l'advenir mécanique puissent être troublée et enfreinte en un point quelconque par l'irruption de puissances étrangères. Tout l'advenir dans l'espace et le temps constitue un système de grandeurs unique et intangible, déterminé de manière univoque par de solides règles de conservation. Ce n'est pas seulement le maintien de la « force vivante » mais aussi celui de la direction du mouvement qui règnent sans limitation, si bien qu'aucune énergie ne peut être soutirée à la globalité du monde physique par quelque chose qui se trouverait en dehors de lui-même, pas plus qu'une nouvelle énergie ne peut lui être imprimée. Si nous comparons deux états successifs de l'univers, ils sont constamment liés l'un à l'autre par une équation causale stable. Chacun d'entre eux est caractérisé par certaines valeurs qui peuvent changer dans leur distribution relative, mais dont la somme globale doit en tout temps afficher le même résultat. Les purs principes de grandeur sont certes inviolables, mais cependant incapables de rendre compte de manière complète et exhaustive de tous les phénomènes de la vie. Sans doute lient-ils en effet le passage d'état à état, d'un moment du temps à un autre, à des conditions déterminées impossibles à lever, mais ils n'offrent aucune explication positive de la raison pour laquelle, d'une manière générale, ce passage se produit et doit se produire. *Si* quelque chose se produit, cela doit à vrai dire être conforme aux règles qui découlent des principes mathématiques et mécaniques suprêmes ; mais *que* quelque chose se produise ne peut être de leur seul fait. Pour rendre cela compréhensible, nous devons plutôt considérer le moment donné, non pas seulement en fonction de ce qu'il est, et de ce qui peut être exprimé de cet être en valeurs mathématiques fixes, mais nous devons poser en lui d'une manière générale une tendance à la modification. Le mode d'examen géométrique et physique nous montre un grand nombre de configurations qui semblent naître les unes des autres selon certaines lois universelles. Nous avons certes là une diversité mais, au fond, pas une évolution. Celle-ci, en effet, n'est pas épuisée par un simple changement des états, elle exige l'identité d'un sujet qui reste stable dans cette variation de ses déterminations. Ce n'est que lorsque nous ajoutons ces idées que la série des configurations mécaniques et matérielles finit par constituer à nos yeux l'unité d'une série vitale. Le processus de la vie est plus que la somme des formations organiques particulières sujettes à variation en fonction du temps. Et ce « plus » est ce qui invite à aller au-delà de la simple étendue, au-delà de la « matière » de la physique cartésienne. La mathématique et la mécanique se limitent à la comparaison et à la mesure des configurations particulières, c'est-à-dire à la détermination des « accidents » variables et contingents. La métaphysique, en revanche, cherche au sein de cet inlassable flux du devenir un quelque chose qui s'y modifie tout en demeurant identique à lui-même. Elle ne pourrait certes pas l'y chercher s'il ne lui était connu depuis le commencement. Dans la conscience de notre moi, nous possédons la garantie infaillible de cette indissociable imbrication de l'un et du multiple, de l'identique et du divers. La vie de la conscience ne consiste pas uniquement en un devenir autre, dans le changement des états et des contenus qu'elle subit, mais vit activement un « se transformer » et un « se conserver », dont nous sommes alors sûrs. Les déterminations ne se dévident pas simplement de sorte que l'irruption du nouveau fasse s'évanouir l'ancien, mais le présent contient en lui-même la teneur du passé et est déjà rempli de l'image du futur. « *Le présent est chargé du passé et gros de l'avenir* [1]. » Ce n'est qu'ainsi que nous ne sommes plus dans la comparaison du devenu auquel reste lié le mode d'examen mathématique et mécanique, mais à la source même du devenir. Et, dans la mesure où nous jetons à nouveau de là un regard en arrière sur la globalité de l'advenir naturel, il acquiert cependant pour nous, sans que dans son contenu un seul trait ne soit altéré, une signification totalement autre. Il se présente comme l'effet de forces originaires dont chacune aspire à rendre visible et à manifester en une série infinie de configurations particulières, spatiales et temporelles, ce qui est en elle caché et enclos. L'analyse a progressé de manière conséquente. Elle a commencé par la perception en tant que seul élément hors de portée du point de vue de l'explication mécaniste, puis est remontée de là à la nécessité d'un « sujet » de la perception. Désormais, le rapport mis en évidence dans les phénomènes de la conscience est étendu à l'ensemble des phénomènes de la vie. La raison interne de ce qu'ils sont extérieurement en tant que succession temporelle doit être cherchée dans une substance qui renferme en elle-même la loi du passage de chacun des points de la série au suivant. Comme cette loi est distincte pour chaque série particulière de la vie et ne se retrouve identiquement dans aucune autre, les substances présentent des unités rigoureusement individuelles. Chacune obéit avec une spontanéité inconditionnée à l'instinct d'épanouissement de la teneur qui lui est propre ; mais toutes satisfont

---

1. En français dans le texte. G. W. Leibniz, allusion à *Monadologie*, § 22, *Die philosophischen Schriften*, 6, éd. Gerhard, Hildesheim-New York, G. Olms Verlag, 1965, p. 610 (N.d.T.).

précisément ainsi à la loi universelle du cosmos en fonction de laquelle elles sont liées les unes aux autres et grâce à laquelle elles coïncident entre elles dans le résultat de leur épanouissement spontané.

On voit maintenant de quel nouveau trait s'est enrichie la perception du monde de Leibniz avec l'examen de l'advenir organique et de la réalité spirituelle. L'idée que tout être est déterminé dans son entier et possède une constitution logique achevée n'est absolument pas entamée et reçoit même une expression encore plus précise et décisive. Mais à la place d'une détermination abstraite selon des règles universelles, c'est une détermination concrète selon des « formes » et des forces individuelles qui intervient. Mathématique et mécanique réalisent leurs constructions sous le signe de l'homogénéité de l'Être. Un espace totalement unitaire, un temps qui s'écoule uniformément sont postulés et, à partir de ce tissu, la pensée bâtit des configurations universelles telles que le cercle ou le triangle, le nombre ou la droite, qui ne décrivent rien d'autre que des « possibilités » idéelles. Dans le royaume du réel, semblable homogénéité n'existe pas. Le caractère distinctif du réel repose sur sa particularité infinie. Il n'existe pas deux parties de la matière qui dans leur construction et leur articulation seraient rigoureusement et véritablement « les mêmes », non plus que deux événements temporels qui se dérouleraient de manière identique dans toutes leurs phases particulières. Un morcellement plus profond met plutôt à nu partout des différences internes en raison desquelles tout contenu spatial ou temporel donné apparaît comme tout simplement semelfactif et unique. Lorsqu'il s'agit du développement des règles abstraites de la mécanique, la « masse » peut cependant être considérée comme étant en gros uniforme mais, en réalité, elle dissimule cependant en elle une multitude infinie de partitions et de sous-partitions dont chacune se révèle être, en fonction de sa structure particulière, l'expression et le fondement d'un processus organique vital particulier. À l'individualité constante des points d'impulsion correspond l'individualité constante des règles de développement. La nature met en œuvre un processus créateur incessant qui, étant donné qu'il ne se réfère jamais aux mêmes conditions, ne se répète également jamais en un même produit. Et pourtant, cette vie qui jaillit éternellement est confinée entre des barrières internes dont elle ne peut sortir. Toute forme, dans la mesure où elle remplit et achève le cycle qui lui est imparti, est à la fois libre et liée. Elle est liée parce que tout ce qui naît d'elle en sort selon une stricte légalité ; elle est libre parce que ce qui s'exprime dans ses œuvres n'est que la loi de son essence propre. Plus aucune contrainte extérieure ne la pousse, mais c'est son incomparable spécificité elle-même qui lui prescrit son agir et le marque au sceau de la nécessité.

Aussi longtemps que cette conception fondamentale s'incarne dans le système de la monadologie, elle appartient spécifiquement à l'histoire de la métaphysique. Si cependant on considère la philosophie de Leibniz du point de vue des rapports qui la lient à la culture spirituelle universelle, ce ne sont pas tant les résultats de la monadologie que les nouveaux postulats sur lesquels elle se fonde qui présentent un intérêt décisif. Lorsque l'on considère uniquement le contenu de la doctrine des monades, il semble qu'on ne puisse porter sur elle d'autre jugement que ce que disait Frédéric le Grand dans son ouvrage à propos de la littérature allemande, qu'elle est le « roman d'un homme de beaucoup de génie [1] ». Mais ce contenu recèle en même temps une nouvelle forme. Pour la première fois dans l'histoire de la philosophie moderne, la monadologie a déterminé universellement les catégories de la réalité psycho-spirituelle et les a distinguées de celles de la connaissance mathématique de la nature. C'est en cela que réside son mérite essentiel qui a de loin survécu à la figure étrange du système leibnizien. Ni Lessing, ni Herder, ni Goethe n'ont été des tenants de ce système, mais tous utilisaient consciemment ou inconsciemment dans la construction de leur image du monde des formes qui avaient été créées là pour la première fois. Leibniz a créé pour ainsi dire le langage et les outils spirituels d'expression, non seulement des Lumières, mais aussi de l'époque classique de la littérature et de la philosophie. C'est ce travail qui constitue, à la différence de son concept d'école, le concept mondain proprement dit de sa philosophie, celui sans lequel elle n'aurait pu exercer complètement son influence historique.

C'est l'idée de l'unité qui intervient en tant que première catégorie décisive du spirituel. Elle appartient, depuis Platon et les néoplatoniciens, à la substance fondamentale du monde intelligible ; cependant, la vieille opposition entre l'« *un* » et le « *multiple* » a acquis dans la confrontation aux problèmes de la science moderne un contenu concret nouveau. Si nous considérons le monde des choses et des processus objectifs de la nature, nous découvrons qu'ils obéissent entièrement et sans exception à la loi de la divisibilité infinie. En effet, en tant que phénomènes inclus dans le temps et l'espace, ils sont subordonnés à la loi fondamentale de ces deux ordres. L'atomistique est un vain effort pour maintenir dans l'espace un objet objectif, un élément qui soit en contradiction avec les conditions de la forme même de l'espace. Mais il est dans le caractère de l'espace en tant que tel que toute union qui est en lui possible signifie en même temps une séparation. La « juxtaposition » des parties de l'espace est en même temps leur « dissociation » ; toute partie est ce que l'autre n'est pas et est là où l'autre n'est pas. Leur union, si proche soit-elle dans sa localisation, ne peut permettre de surmonter cette étrangeté et cette indifférence des unes par rapport aux autres. En effet, face à ce qui y entre, la forme de l'agrégation reste en tant

---

1. FRÉDÉRIC II, roi de Prusse, *De la littérature allemande* (1780), Paris, Gallimard, 1994, p. 60 (N.d.T.).

que telle contingente. Elle n'y ajoute concrètement et essentiellement rien et donc ne lui enlève rien si, ce qui peut se produire à tout moment, le système se défait à nouveau. Si l'on se demande par conséquent ce qui fait la consistance d'un « tout » spatial, la réponse ne peut venir que d'un retour aux parties qui le composent ; mais comme ces parties elles-mêmes sont des totalités spatiales et, par conséquent, selon leur nature toujours décomposables, la tentative pour établir une ultime et véritable unité n'aboutit jamais. Nous nous retrouvons engagés dans une régression sans fin dans laquelle toute prétendue unité se rompt et se décompose toujours en une multiplicité de fragments sans relation les uns avec les autres. Étant donné que chaque élément n'est et ne peut être pensé qu'avec un autre, aucun ne conserve finalement un être autonome qu'on puisse nommer. L'espace est, en tant qu'union, union de... rien : en effet, dire que là où *un* être n'est pas vraiment disponible, un *être* n'existe pas vraiment est une tautologie. Sitôt que la pensée tente d'établir les éléments de l'être au sein de l'ordre spatio-temporel, elle perd toute assise ; elle cherche à saisir quelque chose sans forme ni figure qui échappe à toute possibilité de détermination.

S'il s'agit donc de trouver et de préserver quelque chose qui soit véritablement essentiel, il faut que la pensée emprunte une tout autre voie. Ce qui est exigé, c'est une partie qui ne « compose » pas le tout en union avec d'autres, mais qui, figée sur elle-même, « soit » cependant déjà le tout. Cela semble une énigme et un paradoxe, mais tout phénomène vital et toute réalité spirituelle en constituent la solution directe. Le monde de la conscience nous montre une variété dans laquelle chaque membre n'a pas les autres à l'extérieur de lui mais les saisit intensivement en lui-même. La « conscience » n'est possible que parce que mon contenu de représentation actuel est différent de celui qui l'a précédé et que, en dépit de cette différence, il contient cependant en lui-même ce dernier dans sa teneur intégrale. Tout contenu particulier est ici la totalité et n'est qu'en vertu de la totalité qu'il présente en lui-même. Ce que nous appelons l'unité de l'âme ne se partage pas en une multitude d'expressions diverses, mais est intact et vivant, actif en chacune d'elles. Le corps est l'un composé à partir du multiple ; la conscience est l'expression du multiple dans l'un. À la place de la forme de l'agrégat, c'est la forme de la synthèse qui intervient. La « partie » est engagée dans une nouvelle liaison indissoluble avec le « tout » et garde pourtant, d'un autre côté, son autonomie face à lui. Dans la conscience, tout contenu n'existe que parce qu'il se réfère à la globalité de tous les autres, mais précisément cette référence ne peut elle-même être présentée comme un être fixe et isomorphe ; c'est au contraire le résultat d'une vie infiniment diverse qui engendre à nouveau constamment son identité. Cette unité, qui s'exprime dans l'agir et non dans le simple être passif, est le noyau de toute réalité authentique et spirituelle. De la globalité des phénomènes du monde qui s'étend sous nos yeux dans l'espace et le temps se détache maintenant le « sujet » auquel tous ces phénomènes sont donnés comme ses contenus. En tant que point de référence nécessaire, ce sujet est intérieurement présent à toute la série des contenus objectifs ; il n'a cependant en même temps sa consistance que parce qu'il se distingue de tout ce qui est simplement objectif. Contrairement à ce qui se passe pour la chose, le simple « être-là » ne suffit pas pour le soi, qui doit se référer à lui-même et se saisir comme identique à lui-même. Il n'« est » plus dès l'instant où on lui refuse cette forme d'activité. Cette « réflexion » spécifique se manifeste tout particulièrement dans la forme la plus haute de la vie personnelle, dans la conscience morale de soi. L'âme douée de raison, « qui sait ce qu'elle est et peut formuler ce "moi" si éloquent », se situe au sommet dans l'ordre du royaume des esprits. Elle accomplit son être dans cet achèvement de son savoir, dans l'acte qui lui fait embrasser et comprendre la variété de ses états.

Cependant, pour Leibniz cette détermination en contient directement en elle-même une autre, non moins fondamentale. Si tout « moi » se réfère à la diversité de son contenu, et se constitue en la clarifiant progressivement pour lui-même, en dehors de ce qui lui appartient là spécifiquement, il n'a plus besoin de rien d'autre, de rien d'extérieur. Tout sujet spirituel est par conséquent un monde achevé en lui-même. Toute « influence » extérieure entre les sujets retombe au niveau de la simple apparence : elle est l'application d'une catégorie, qui a dans le monde des choses son origine et son droit relatif, à un domaine qui ne peut être saisi, sans parler d'être épuisé, par des analogies réifiantes. Effet et contre-effet, impulsion et choc en retour, existent dans le monde des corps dont chacun doit perdre en force vive autant qu'il en communique à l'autre. Les corps, par la seule vertu de cette relation exacte entre « cause » et « effet » exprimée dans la loi de conservation de l'énergie, composent un univers interrelationnel et soumis en lui-même à des lois. Mais ni l'image sensible de l'impulsion, ni la règle mathématique qui régit l'échange et le transfert de l'énergie motrice ne sont applicables à la sphère spirituelle. Si tout individu doit être l'ensemble, comme postulé, ceci n'est possible que si en lui-même sont réunies les conditions intégrales permettant à son activité d'emplir l'ensemble. Ainsi chaque sujet, non pas grâce à l'« influence physique » qu'il subit de la part d'autres sujets, mais de par sa propre nature, devient intégralement le « miroir de l'univers ». Il lui suffit d'amener à la clarté et à la précision le contenu de représentation qu'il possède en lui-même pour épuiser avec lui tout le savoir. Ce n'est pas par bribes, par un contact de plus en plus étroit avec les choses, par une saisie progressive qui les incorpore, que s'accroît pour le moi le contenu de sa connaissance ; il ne s'assimile celui-ci que par une analyse progressive qui décompose en ses postulats particuliers et « raisons », lui conférant ainsi une forme purement conceptuelle, ce qui lui est d'abord donné uniquement comme une vision globale et désordonnée des choses, sous la forme de la « perception confuse ». Étant donné que l'esprit acquiert de cette manière ce qu'il possède, il ne reconnaît dans le flux de matière constamment renouvelé que le reflet de sa propre essence. Il est le « résumé », le concept intégratif de la globalité de tous les rapports et lois selon lesquels l'univers est ordonné. Cette conception est exprimée de la manière la plus percutante dans l'expression selon laquelle tout advenir à l'intérieur de l'âme et pour l'âme se déroule comme si en dehors d'elle et de Dieu rien n'existait présentement. Ce n'est pas par une succession de médiations étrangères, mais directement et de manière autonome, que l'individu acquiert son rapport à la divinité, à l'harmonie cosmique. On aperçoit ici de la manière la plus précise combien la philosophie de Leibniz, malgré toute son autonomie, est cependant liée et intimement mêlée aux intérêts et problèmes universels de la vie spirituelle allemande ; c'est le climat fondamental de la Réforme qui doit être formulé dans le langage du concept métaphysique et justifié grâce à lui en regard du savoir. Le moi n'est pas un membre isolé, discret, pas un simple fragment de l'univers, mais concentre en lui-même absolument tout ce qui fait la teneur de cet univers. Est véritablement individuel ce qui est tout simplement universel : « à notre essence propre s'attache un infini, une empreinte, un portrait de l'omniscience et de la toute-puissance divines. »

Si donc nous pouvons à la rigueur pour décrire un advenir extérieur juxtaposer une partie à une autre de manière atomistique, tout essai de ce genre échoue d'emblée dans la configuration de la vie intérieure. Il règne là un rapport fondamental qui exprime que le tout ne se réduit pas à ses parties et ne naît pas de leur globalité mais « préexiste aux parties ». Si l'on prend cependant pour base la définition aristotélicienne, dans ce rapport se trouve exprimé le point de vue et le concept de la « finalité ». De sorte qu'une nouvelle contradiction surgit : à la causalité, qui représente la forme des changements objectifs dans la nature, s'oppose la finalité en tant que catégorie de tout être « subjectif ». Les deux principes ne se partagent pas la réalité de telle sorte que le premier vaudrait exclusivement pour un domaine de cette réalité, le deuxième pour un autre, mais la globalité de tout devenir, en fonction du point de vue qui servira à la juger, doit être pensée à la fois comme déterminée dans la causalité et conforme à une finalité. En effet, à la succession des figures dans les corps correspond le changement dans les perceptions et les aspirations des substances individuelles. L'observation objectivement orientée ne découvre dans la nature rien d'autre que des formations qui sont déterminables en tant que grandeurs et maîtrisables par des lois bien établies relatives à ces grandeurs. Elle prend place en effet dans la série des phénomènes : elle examine comment d'un phénomène donné en naît et s'ensuit un autre. Mais il existe également un autre examen qui, sans être la négation du premier, dépasse pourtant celui-ci puisque, au lieu de poursuivre la détermination de membre à membre à l'intérieur de la série, il interroge la raison de la détermination de la série d'ensemble elle-même. C'est ici que se manifeste ce qui auparavant n'apparaissait que comme une simple succession de configurations matérielles, comme l'expression d'une « forme » organique qui, dans les formations plus tardives, se révèle plus pure et plus claire que dans les premières. Ce qui jusque-là passait pour un cours régulier d'événements révèle maintenant une direction précise, une « évolution » vers un but. Pour cet examen de la finalité, il ne s'agit pas de transgresser ni de supprimer l'examen causal en un point quelconque de l'advenir mais, partant des équations causales universelles de la mécanique abstraite, de poursuivre jusqu'à une compréhension des séries causales individuelles de l'advenir naturel concret. On peut dire d'une manière générale que la modification est la catégorie commune qui désigne l'advenir spirituel et corporel, l'advenir dans les substances et l'advenir dans les phénomènes. Mais si dans un domaine elle est déterminée quantitativement, elle l'est dans l'autre de manière purement qualitative ; parallèlement à l'échange de certaines grandeurs du mouvement et de l'énergie se déroule du côté de l'esprit la modification du contenu de la représentation. Ce qui est « mécaniquement et extensivement » répandu dans les phénomènes de la nature est, ainsi que l'écrit Leibniz dans une lettre à Christian Wolff, contenu concentré et vivant » dans les monades en tant que sujets de ces phénomènes. Si l'on considère la nature comme elle nous est donnée en tant que *produit* du processus vital, elle se présente alors à nous partout comme une suite ininterrompue de causes et d'effets ; si au contraire on se place au centre du *processus* lui-même, tout apparaît alors plutôt comme déterminé de l'intérieur et en même temps comme membre d'un ordre téléologique. C'est dans la connaissance scientifique de la nature que nous adoptons la première position, la seconde dans l'expérience que nous possédons de notre propre moi. Mais elles ne s'excluent pas l'une l'autre, elles se mêlent harmonieusement : tout « extérieur » en effet sous-entend un « intérieur », toute nécessité issue des lois renvoie à la liberté des forces créatrices originaires sans laquelle elle ne trouverait pas son explication complète. Idéalisme et matérialisme sont ainsi intérieurement unis et réconciliés. Tout se passe dans les corps comme s'il n'y avait dans le monde rien d'autre que la matière et ses mouvements ; mais si nous remontons aux raisons ultimes, rien dans le monde ne peut être compris ni dérivé à partir de cette seule source.

Ainsi s'achève la tâche que la philosophie de Leibniz s'était fixée. Ses deux idées fondamentales, l'autonomie de la raison et l'autonomie de l'individu, se sont fondues en une seule. On ne peut échapper à l'« enchaînement » étant donné la légalité universelle et partout dominante de la raison ; mais plus la conscience de cette légalité s'approfondit, plus devient claire pour nous une image du monde dans laquelle la spontanéité du moi se découvre à nous de manière étonnante. Toutes les représentations de la contrainte exercée par les choses sur l'âme s'évanouissent ; elles se révèlent n'être que les résidus indistincts d'une appréhension sensible qui substitue de simples images à de vrais principes idéels. Dans la mesure où tout individu se comprend comme une expression autonome de la légalité universelle, il trouve dans l'accomplissement de l'univers le sien propre. Pour exprimer cette idée, Leibniz a recours au concept aristotélicien d'« entéléchie ». Étant donné qu'il est inscrit dans l'idée de la substance individuelle que tout ce qui peut un jour lui arriver a en elle sa propre raison d'être et doit être dérivable de son concept intégral, elle se suffit à elle-même.

On pourrait donner le nom d'Entéléchies à toutes les substances simples, ou Monades créées, car elles ont en elles une certaine perfection (ἔχουσι τὸ ἐντελὲς), il y a une suffisance (αὐτάρκεια) qui les rend sources de leurs actions internes et pour ainsi dire, des Automates incorporels [1].

L'« autarcie » que la doctrine stoïcienne avait affirmée et exigée pour le sage vaut pour tout individu qui a compris correctement ce qu'il est et quelle est sa place dans le plan d'ensemble de l'univers. Et maintenant, à cette expression éthique vient s'ajouter dans l'édification de la doctrine leibnizienne de la connaissance une expression logique non moins caractéristique de ce rapport. Si l'on cherche à comprendre les concepts fondamentaux sur lesquels repose toute connaissance, on trouve en chacun d'entre eux un moment qui dépasse les sens, voire l'« imagination » pure sur laquelle reposent les propositions de la géométrie. Unité et multiplicité, identité et diversité, cause et effet sont des idées indispensables à l'édification du monde des objets, mais ne sont pas le fruit de l'examen des choses ; elles sont la propriété originaire de l'« intellect lui-même ». L'idée du *moi* est le modèle et prototype de tous les purs concepts intellectuels.

Cette pensée de moi, qui m'aperçois des objets sensibles, et de ma propre action qui en résulte, ajoute quelque chose aux objets des sens. Penser à quelque couleur et considérer qu'on y pense, ce sont deux pensées très différentes, autant que la couleur même diffère de moi qui y pense. Et comme je conçois que d'autres Êtres peuvent aussi avoir le droit de dire moi, ou qu'on pourrait le dire pour eux, c'est par là que je conçois ce qu'on appelle la substance en général, et c'est aussi la considération de moi-même, qui me fournit d'autres notions de métaphysique, comme de cause, effet, action, similitude, etc., et même celles de la Logique et de la Morale.

---

1. G. W. Leibniz, *La Monadologie*, § 18, édition annotée par Émile Boutroux, Paris, Delagrave, 1880, p. 151 (N.d.T.).

Ainsi on peut dire qu'il n'y a rien, dans l'entendement, qui ne soit venu des sens, excepté l'entendement même, ou celui qui entend [1].

Le cercle se ferme maintenant par une autre extrémité ; en effet dans les purs concepts rationnels et dans les vérités de raison éternelles, le moi se retrouve et se reconnaît « lui-même ». La pure activité de l'esprit conscient de lui-même se révèle être la source et la condition du fait même de penser des rapports nécessaires. En effet, et c'est là l'idée médiatrice, la connaissance du nécessaire ne peut être elle-même un produit du cours mécaniquement nécessaire de la représentation, mais exige que le moi s'oppose librement à l'ensemble de ce cours. Une conscience qui s'abandonnerait simplement au flux de ses représentations, sans porter de jugement sur cette série à l'aide de critères précis, universellement valides, ressemblerait à celle des animaux qui en fait nous égalent totalement pour tout ce qui est des performances purement réceptives. Même l'animal n'est pas simplement limité à percevoir le stimulus directement présent et donné, mais possède une forme déterminée de mémoire empirique et d'associativité des représentations qui lui rend possible l'attente de cas à venir analogues à ceux du passé. Seul le degré, et non le mode et le principe de leur fondation, distingue les conclusions purement empiriques de l'homme de ce comportement. Dans les trois quarts de notre savoir et de notre agir, nous nous contentons de suivre la liaison habituelle de nos perceptions. Nous attendons le matin que le soleil se lève, pour aucune autre raison sinon que jusqu'ici il en a toujours été ainsi. Quel que soit cependant le nombre de vérifications effectivement imposées à un rapport, cela n'entraîne aucune conclusion à propos de sa nécessité et de son inéluctabilité. Si donc nous en restions à ce cercle, toute certitude inconditionnée comme toute science véritablement démonstrative nous seraient interdites. Or en réalité, nous sommes déjà au-delà du fait de la simple pensée de notre « moi », car pour penser le moi nous devons l'opposer à la banale succession en nous de simples impressions sensibles comme quelque chose qui demeure identique à lui-même. C'est là le premier pas vers la différenciation de ce qui reste et de ce qui change, du nécessaire et du contingent, et cela nous permet de maintenir ce distinguo et de l'appliquer jusque dans l'ensemble des phénomènes et des vérités objectives. Le concept du moi s'épanouit en un système de purs concepts de raison qui, bien qu'ils ne proviennent pas de la simple contemplation des faits particuliers, sont cependant valides pour l'ensemble du domaine du factuel et seuls capables de rendre parfaitement compte de ses enchaînements. Cet acte de l'« aperception », par lequel nous découvrons tout d'abord notre moi, nous fait en même temps rencontrer une forme nouvelle de

---

1. G. W. LEIBNIZ à la reine Sophie Charlotte, « Lettre touchant ce qui est indépendant des sens et de la matière », *Die philosophischen Schriften*, 6, p. 502 (N.d.T.).

certitude en général et un nouveau concept intégratif des outils de connaissance grâce auxquels nous découvrons et embrassons progressivement le monde de l'effectif en tant que système de la raison.

Et dans cette idée théorique suprême, le moi conçoit en même temps sa tâche pratique idéelle. Le concept de conscience de soi s'accomplit dans le concept de personnalité morale. Ce n'est qu'ainsi que se découvre à nous la liberté sous sa forme suprême et parfaite ; c'est le privilège des « personnes » de ne se gêner mutuellement en aucune façon dans cette aspiration à la perfection ; chacune au contraire, poursuivant son propre but intelligible, exécute en même temps la tâche de l'ensemble. La « République des esprits » est la véritable « *societas divina* ». Rien dans la nature des choses ne peut être susceptible de léser ou troubler le droit suprême des personnes, leur perfectionnement de soi dans une communauté spirituelle universelle.

> [...] d'où il s'ensuit manifestement que Dieu qui va toujours à la plus grande perfection en général, aura le plus de soin des esprits, et leur donnera non seulement en général, mais même à chacun en particulier, le plus de perfection que l'harmonie universelle saurait permettre. [...] les seuls esprits sont faits à son image, et quasi de sa race ou comme enfants de la maison, puisque eux seuls le peuvent servir librement et agir avec connaissance à l'imitation de la nature divine : un seul esprit vaut tout un monde, puisqu'il ne l'exprime pas seulement, mais le connaît aussi, et s'y gouverne à la façon de Dieu [1].

L'idée d'immortalité, qui selon Leibniz peut être métaphysiquement prouvée à partir de concepts universels, acquiert ici son empreinte éthique particulière, car les esprits doivent non seulement survivre, mais doivent aussi préserver par là même leur spécificité fondamentale d'individus moraux

> afin que sa cité (celle de Dieu) ne perde aucune personne, comme le monde ne perd aucune substance [2].

Ce sont des motifs religieux et éthiques fondamentaux fort anciens qui constituent les dernières notes du système de l'harmonie, mais ils ont acquis une force et une signification nouvelles car ils ont grandi dans une construction méthodique rigoureuse à partir d'une nouvelle façon de voir le monde et la science.

---

1. G. W. LEIBNIZ, *Discours de métaphysique*, art. 36, Paris, Vrin, 1970, p. 74 (N.d.T.).
2. *Ibid.*, p. 75 (N.d.T.).

3

Ce que nous désignions comme la teneur historique la plus universelle de la doctrine des monades, à savoir qu'on y découvrait les catégories de la réalité spirituelle effective et qu'on les déterminait face aux catégories de la connaissance objective de la nature, s'est confirmé dans l'ensemble des développements que nous avons évoqués. Le concept d'une unité qui est et signifie en même temps l'ensemble, le concept de spontanéité et d'activité finale interne, le concept logique d'aperception et le concept éthique de personnalité ne sont que les diverses réalisations concrètes d'une seule et même idée fondamentale dominante. Le problème de la liberté est à chaque fois abordé et dépeint sous un aspect particulier. Dans la mesure cependant où Leibniz recourt, pour exprimer le sujet spirituel individuel, au concept aristotélicien de « forme substantielle », il amène l'attention à se tourner vers une nouvelle série de problèmes qui sont intimement liés à ce point de départ. Un système de forces, d'activités se déployant librement : tel était pour lui le fondement originaire de toute réalité effective. Le fait cependant que ces forces soient en même temps décrites comme des formes montre qu'elles comportent en elles-mêmes une loi qui régit leur liaison et leur autolimitation internes. Leur aspiration se satisfait dans des configurations objectives qui s'édifient selon un ordre fixe les unes sur les autres. Le processus vital infini qu'est le cosmos, ainsi que nous l'avons compris, n'aspire pas à diverger de tous côtés mais conserve, en dépit de toute la multiplicité et de toute la spontanéité des impulsions, une rigoureuse unité de direction. De la forme particulière jusqu'aux plus hautes formes objectives globales dans lesquelles se présente le monde en tant que cosmos spirituel, la voie suivie est toujours constante. Un moment, il peut sembler qu'on assiste uniquement dans cette « hiérarchie des formes » à une reprise de la conception aristotélicienne du Moyen Âge, mais selon les postulats généraux de la philosophie leibnizienne l'idée prend une autre tournure. L'individu n'est pas en effet purement et simplement situé à l'intérieur de ces ordres dont chacun empiète sur les autres, il a à s'y situer lui-même en les engendrant pour lui-même, pour sa propre conscience. Il est essentiel pour toute conscience supérieure de n'être subordonnée qu'à des liens qu'elle conçoit elle-même dans leur nécessité en reconnaissant en eux l'accomplissement de ses propres tâches intelligibles.

Pour avoir du développement de ce rapport une vue d'ensemble, il est au préalable nécessaire de revenir sur le monde de la « nature », sur le tout du devenir organique. D'une manière générale, à l'intérieur de la doctrine leibnizienne, règne l'idée que les rapports entre les « phénomènes » expriment et reflètent de manière symbolique les rapports entre les « substances ». L'« extérieur » reproduit l'« intérieur » et le « complexe » le « simple », de sorte que c'est, quoique dans une matière différente, une seule et même configuration, un seul et même rapport qui apparaît. De ce point de vue, il est significatif que tout advenir manifeste déjà dans le monde matériel et organique une double tendance. Il semble que nous soyons en présence d'un processus continuel de création et de dissolution de figures. Le processus du devenir aspire à se consolider en des formes déterminées aux contours nets, mais une fois qu'il semble avoir atteint ce but, il s'empresse de le dépasser pour aller vers de nouvelles formations. Il est inutile de chercher à décrire cette dynamique de la vie en décomposant les formations de l'instant présent en « espèces » aux contours fixes pour en faire des critères de distinction. L'espèce n'est pas un concept essentiel mais un concept de secours provisoire facilitant la classification et la description. En effet, le monde des formes constitue un continuum dans lequel il n'existe nulle part de délimitations vraiment fixes. Comme il y a entre des figures géométriques déterminées – par exemple des types différents de troncs coniques – un rapport qui permet de passer en des gradations insensibles d'une formation à une autre, il en va de même pour les espèces d'êtres vivants. L'intuition sensible a beau entrevoir là de grandes différences, des mutations soudaines, ces êtres ne sont pourtant dans les « Idées de Dieu » que les variantes d'une seule et même règle fondamentale à laquelle tous obéissent. Ils se comportent comme les différentes coordonnées d'une seule et même courbe, et s'ils se distinguent certes par leur propre valeur numérique, cette distinction est cependant précisément comprise dans la loi de fonction unificatrice et peut en être dérivée. Tous les ordres qui règnent dans la nature ne constituent qu'une chaîne unique dans laquelle les différentes classes, comme autant de membres et d'anneaux, sont maillées les unes aux autres et se touchent de si près que l'observateur ne peut distinguer entre elles de frontières. De la même manière, les hommes ont des rapports avec les animaux, les animaux avec les plantes et celles-ci à leur tour avec ces formations que nous avons coutume de qualifier d'inorganiques. De même qu'on peut distinguer dans une ligne continue une quantité infinie de points mais nulles sections séparées les unes des autres – si ce n'est celles que nous posons dans l'abstrait et que nous pouvons à chaque instant supprimer –, de même, selon la conception d'ensemble de Leibniz, chaque individu est distinct des autres, mais tout regroupement en classes et toute distinction par genres demeurent provisoires. Ce qui est ici sous-jacent, c'est simplement le fait que, grâce à la variation constante dans l'advenir naturel, il doit exister entre les membres de l'univers pris deux à deux des relations déterminées de « parenté » et d'« analogie », qui peuvent cependant, en fonction du point de vue choisi pour la comparaison, être différemment conçues et décrites. C'est la pensée qui aspire à embrasser et à dominer la multiplicité du devenir en posant certaines frontières.

Mais elle sait, à partir du moment où elle conçoit son activité de manière critique, que les formes et caractéristiques figées qu'elle crée ne sont capables ni de mesurer ni d'épuiser le devenir de la nature. Ces tentatives de la pensée pour poser des bornes à l'infini n'ont de vérité essentielle que dans la mesure où en elles s'exprime la certitude qu'en dépit de toutes les différences incalculables entre les figures achevées il existe cependant une transition harmonieuse des types de configuration eux-mêmes. Grâce à cette harmonie, chaque forme est en rapport avec les autres tout en préservant son caractère original. Ce n'est pas la doctrine moderne de l'évolution mais le concept goethéen de « métamorphose » qu'il faut anticiper si l'on veut se représenter cette vision fondamentale qui gouverne la biologie de Leibniz. « Toutes les figures sont analogues et aucune n'est identique aux autres et ainsi le chœur laisse présager une loi cachée, une sainte énigme. » C'est une énigme identique qui transparaît partout dans le rapport entre l'universel et le particulier : le particulier ne peut parvenir à une véritable universalité en abandonnant sa détermination spécifique, mais uniquement en permettant à celle-ci de s'épanouir de plus en plus purement. La mystique qui aspire à faire disparaître et se dissoudre le singulier dans l'« océan de la divinité » est partout combattue par Leibniz : l'individuel n'accède au divin qu'en s'affirmant tel qu'il est face au divin.

Une fois encore, on passe en ce point sans transition de l'examen de la vie de la nature à l'examen de la vie spirituelle. Celle-ci est distincte de la vie de la nature en ce qu'elle sait les forces qui règnent en elle et les maîtrise grâce à ce savoir. Elle est guidée par un modèle précis ébauché dans la pensée qu'elle aspire à imposer à la réalité effective. Non seulement les traits de cette dernière sont ici rassemblés et pour ainsi dire unis en un point focal, mais quelque chose de nouveau, jusque-là non disponible, est établi, vers quoi toutes les forces particulières seront dirigées. L'agir ne suit pas une direction prescrite à l'avance, mais se montre créateur en se donnant lui-même sa direction. Les formes d'ordre inférieur sont le vivant miroir de l'univers des créatures ; les esprits, eux, sont de plus des images de la divinité puisqu'ils sont capables de connaître le système de l'univers et de l'imiter dans des « essais architectoniques », car chaque esprit agit à l'intérieur de sa sphère comme un petite divinité. Déjà le monde du rêve et surtout le monde de l'art nous montrent cette puissance librement créatrice de l'imagination qui dépasse toute liaison simplement mécanique du donné et fait naître, pour ainsi dire à partir du néant, une multitude de figures qui lui sont propres. Mais la pensée de Leibniz ne s'arrête d'habitude que brièvement sur cette confirmation esthétique, car la beauté n'est pour lui qu'un « avant-goût et un petit spécimen » d'un ordre intellectuel supérieur. C'est pourquoi la force et l'autonomie de l'« imagination pure » se constatent pour lui plus amplement et plus purement dans la science exacte de la figure, du nombre et du poids, que dans l'art lui-même. La mathématique saisit dans les choses cette proportion et cette mesure interne que dans la musique seul un pressentiment nous fait appréhender et goûter.

La musique nous charme, quoique que sa beauté ne consiste que dans les convenances des nombres, et dans le compte dont nous ne nous apercevons pas, et que l'âme ne laisse pas de faire, des battements ou vibrations des corps sonnants, qui se rencontrent par certains intervalles. Les plaisirs que la vue trouve dans les proportions sont de la même nature ; et ceux que causent les autres sens reviendront à quelque chose de semblable, quoique nous ne puissions pas l'expliquer si distinctement [1].

La connaissance scientifique devient ainsi le véritable accomplissement de ce que l'art ne pouvait que promettre. Elle est seule à manifester l'architectonique la plus profonde de l'esprit dans la mesure où le savoir ne s'arrête pas à la description des faits mais poursuit le devenir et l'édification de ces faits jusqu'à leur raison première. Tout se passe comme si nous devions, dans la compréhension de ce monde, le recréer pour nous et pour notre conscience. Le savoir authentique nous met au-dessus de toute conditionnalité de l'empirique « tout comme si nous pouvions voir à nos pieds depuis les étoiles les choses de la terre ». Cependant, le dernier et suprême degré sera franchi ici pour la première fois avec le passage du savoir à l'agir. L'instinct d'unité et d'harmonie trouve dans la configuration du monde des hommes son objet le plus élevé et le plus digne. La communauté des personnes, la cité de Dieu intelligible, n'existe pas purement et simplement, mais elle doit à chaque moment être à nouveau établie. Tout quiétisme rentré en lui-même et mystique est, devant le précepte de l'action, condamné au silence ; sans songer à la prédétermination divine comme à quelque chose d'impossible à étudier et à sonder, chacun d'entre nous doit agir en fonction du devoir qu'il se connaît et qui procure à son être une assise solide. Par-delà tous les problèmes et les doutes de la connaissance s'ouvre ici à nous le vrai sens de notre existence. C'est l'activité qui imprègne l'univers et que nous devons reconnaître dans chaque objet singulier comme la raison de son essence ; c'est elle en même temps qui nous garantit l'être spirituel authentique et la valeur spirituelle suprême. En elle, l'individu entre dans un ordre global qu'il a contribué de manière autonome à créer. Agir pour d'autres et pour l'établissement d'ordres spirituels objectifs constitue l'achèvement et la confirmation de sa personnalité.

Ainsi se trouve maintenant décrit l'ensemble de la conception que Leibniz se fait de la religion. En effet, la religion ne continue pas pour lui d'exister comme un domaine au contenu propre qui, à côté

---

1. G. W. LEIBNIZ, *Principes de la Nature et de la Grâce fondés en raison*, *Die philosophischen Schriften*, 6, p. 605 s. (N.d.T.).

de l'art et de la science, de la connaissance et de la morale, mènerait une existence à part. Certes, la « théologie » occupe dans l'ensemble de la création philosophique et scientifique de Leibniz une place encore importante : la présentation et la « démonstration » des dogmes semblent constituer une tâche autonome à laquelle il se consacre avec tous les moyens que lui offre sa perspicacité philosophique. Mais le sens et le type spécifiques de sa religiosité ne sont ainsi ni décrits ni précisés. Il n'est pas injuste de dire, comme on l'a fait, que c'est justement sa virtuosité à prouver et à construire les dogmes qui démontre le plus clairement combien il en était détaché[1] : ce n'est plus à la configuration et à la transformation d'une norme de la foi servant de trait d'union intérieur qu'il prend plaisir à exercer son art et sa dextérité dialectiques propres mais à celles d'une matière évolutive. La religion cependant continue d'exister pour Leibniz, non certes comme un domaine à part, éloigné, coupé de tous les intérêts et directions du monde, mais bien comme un principe spécifique qui embrasse l'ensemble de ces directions et les pénètre de sa teneur. L'énergie religieuse est l'ultime confirmation de toutes les modalités d'action particulières dirigées vers un but unique et précis. Elle leur garantit que leur travail n'est pas inutile, que ces modalités ne s'évanouissent pas dans une différenciation et une décomposition sans fin, mais que tout résultat particulier conservera sa place et sa valeur dans l'ensemble. Le sens le plus profond de la « foi » se résume pour Leibniz à cette conviction fondamentale que tout agir véritable doit atteindre finalement son but et sa détermination par-delà les entraves de l'existence extérieure et du moment. L'« harmonie » de l'univers mène également toute impulsion particulière vers son accomplissement, à condition qu'elle ait été entreprise uniquement pour l'ensemble et dans la perspective de cet ensemble. Faire halte et faire fond sur cette intuition : telle est dans cette conception la teneur véritable de la religion. La doctrine de Leibniz parachève ainsi une idée qui, enracinée dans le principe du protestantisme, n'était cependant pas parvenue à son terme dans l'œuvre historique de Luther. Elle écarte toute séparation dualiste entre le terrestre et le spirituel, entre le monde et le surnaturel. Il n'y a pas d'idée de Dieu plus pure et plus profonde que celle qui est manifestée par l'agir dans le monde et pour le monde : « *idem est amare omnes et amare Deum, sedem harmoniae universalis* » [c'est la même chose d'aimer tous les hommes et d'aimer Dieu, siège de l'harmonie universelle]. L'idéal religieux se coule par conséquent directement dans le nouvel idéal culturel qu'il établit pour ne plus faire qu'un avec lui. Le concept de Dieu est uniquement déterminé à conférer au contenu de cet idéal culturel sa plus haute

---

1. Voir E. TROELTSCH, *Leibniz und die Anfänge des Pietismus, Der Protestantismus am Ende des 19. Jahrhunderts*, p. 358 s. [Le protestantisme à la fin du XIXe siècle. Leibniz et les débuts du piétisme].

sanction. Il n'est plus aucun mode d'activité authentique qu'on puisse montrer qui ne soit apte à cette consécration, aucun non plus qui, en dernier ressort, n'en ait besoin. Tout nouvel approfondissement scientifique est un hymne à Dieu ; ceux qui cherchent et ceux qui découvrent sont en quelque sorte les vrais « poètes de la réalité » qui « pour l'honneur de Dieu discourent et poétisent *ipsis factis* ». Tout travail qui s'attache à la communauté morale renvoie de même à Dieu, car ce qui fait progresser la communauté des êtres raisonnables prépare le terrain à la véritable « *civitas Dei* ». Ce n'est donc pas tant que l'optimisme leibnizien *vienne* de son concept de Dieu mais plutôt qu'il *est*, de par sa teneur spécifique, ce concept lui-même. Nous acquérons la certitude et la garantie de l'infini dans l'achèvement sans limites dont le fini est susceptible. « Il y a partout à reconnaître un progrès constant et des plus libres de l'univers vers le summum de beauté et de perfection universelles qui l'amène à une formation toujours plus parfaite. » La croyance à la persistance d'une loi suprême de la forme de l'univers, grâce à laquelle toutes ses forces libres particulières concourent à une unité de l'efficience et du but, constitue le noyau de la religion de Leibniz, tout comme elle était le noyau de sa métaphysique. Mais, finalement, il trouve la garantie de cette loi dans la force formatrice de la conscience elle-même qui se manifeste dans le savoir comme dans l'agir.

Si, partant de là, on en revient à la première phase du problème de la liberté que nous avions rencontrée dans la Réforme, en dépit de la différence profonde qui existe, on aboutit néanmoins à une profonde analogie. Dans l'un et l'autre cas, la liberté de l'individu ne signifiait pas un factum établi à l'avance, mais elle devait être conquise et préservée. Le moi ne se trouve que dans une lutte contre une puissance qui s'oppose à lui. Mais cette puissance est chez Leibniz différente de ce qu'elle est chez Luther ou Calvin. Dans le langage religieux, c'est la volonté divine qui accorde ou refuse sa grâce à l'âme dans un choix libre. L'individu s'abandonne dans une passivité totale à cette détermination mais, en le sachant et en le reconnaissant, il établit son rapport à l'infini et connaît en lui son salut et sa justification. En revanche, dans la conception philosophique, le moi n'est pas en face d'un insondable décret divin mais de la légalité rationnelle de l'univers elle-même. Ce n'est pas l'irrationalité de la volonté divine mais la rationalité continue de l'Être qui menace d'engloutir la personnalité. Son contenu particulier, ses finalités particulières semblent devenir caducs face au caractère immuable des vérités éternelles et à l'inviolabilité de la loi naturelle. C'est en fait la conclusion à laquelle aboutit la philosophie de Spinoza. En tant qu'être impersonnel et supra-individuel, Dieu ne peut être appréhendé qu'à travers le sacrifice du moi, à travers l'abandon de toutes les déterminations et valeurs « anthropologiques ». Qui aime Dieu comme il sied ne peut réclamer d'être aimé en retour. Toute détermination est négation ; toute individualité est seulement la barrière qui nous sépare de la substance infinie. Ce qui caractérise l'« *amor Dei intellectualis* » de Spinoza, c'est par conséquent la soumission à l'ordre éternel de la nature : la compréhension intime de la nécessité sans faille de l'Être apaise tous les désirs et penchants contradictoires. Il semble qu'ainsi on parvienne à une paix profonde, à une atténuation de tous les affects et de toutes les passions, mais dans cette paix tout élan vers l'action et la connaissance est annihilé. La contemplation mystique a absorbé en elle toutes les énergies vivantes du vouloir et les a anéanties. Dans certains des résultats particuliers de sa métaphysique, Leibniz s'est rapproché de Spinoza, mais ce qui l'en distingue d'emblée, c'est le pathos totalement différent de son examen du monde. Il appréhende l'Être du point de vue de l'agir et ne le connaît que sous cette forme. Même l'infini n'existe de ce fait pour lui que dans la mesure où il est efficient et actif. Aussi, pour ne pas laisser s'évanouir l'énergie de l'agir, l'individualité doit se maintenir et s'affirmer dans l'Être. Spinoza aurait raison, écrit Leibniz lui-même, s'il n'y avait pas de monades, c'est-à-dire pas de centres spécifiques de force et de conscience. Mais étant donné leur présence, étant donné que la conscience de soi est un factum fondamental qu'aucune spéculation ne peut laisser de côté ni réduire à néant, il ne reste que cette voie pour déterminer à partir de ce point central absolument sûr les limites du cosmos. Puisque toute force finie emplit sa sphère, l'infini en surgit non comme un être inerte mais comme une vie qui s'engendre elle-même à nouveau constamment. L'affect qui préside à cette vision du monde n'est pas la soumission paisible à la loi d'ensemble du monde sur laquelle la Stoa, ainsi que Descartes et Spinoza avaient fondé leur éthique, mais la confiance joyeuse dans un ordre final universel, dans lequel chaque personnalité individuelle doit pouvoir faire valoir ses droits et se développer pleinement. Le stoïcisme, juge Leibniz, ne procure qu'une patience forcée et artificielle : l'authentique amour de Dieu en revanche anime toutes les forces de la conscience, leur donne des ailes et les conduit vers une étendue illimitée du vouloir et de son exécution ; l'essence de Dieu, en tant qu'infini, ne peut en effet être épuisée dans un acte passif de contemplation :

> Ainsi notre bonheur ne consistera jamais, et ne doit point consister dans une pleine jouissance, où il n'y aurait plus rien à désirer, et qui rendrait notre esprit stupide, mais dans un progrès perpétuel vers de nouveaux plaisirs et de nouvelles perfections [1].

La teneur proprement dite de la théodicée de Leibniz est contenue dans ces propos. Si l'on isole le motif principal de l'ensemble dialectique, d'une complexité si riche et si raffinée, il ne reste pour

---

1. G. W. LEIBNIZ, *Principes de la Nature et de la Grâce fondés en raison*, *Die philosophischen Schriften*, 6, p. 606 (N.d.T.).

56 l'essentiel qu'*une* seule idée décisive. Un monde simplement et absolument parfait serait en soi une contradiction car il serait en opposition avec l'essence de la « créature ». Tout ce qui est créé est, en tant que tel, borné en soi et donc marqué d'une limitation nécessaire et originaire. Mais cette limitation recèle en même temps la racine de sa force ; c'est d'elle en effet qu'il reçoit la direction déterminée de son agir et donc celle de l'accomplissement de soi. La véritable perfection ne peut être exprimée dans un état de repos particulier de l'univers mais elle réside dans la constante « élévation de l'être » que les individus connaissent. La valeur la plus spécifique, la plus riche et la plus profonde du monde est par conséquent la valeur du devenir lui-même. Tout devenir cependant exige des oppositions ; il ne réclame pas purement et simplement l'harmonie, il veut qu'elle s'installe à partir du défaut et de la controverse. La théodicée n'exprime dans cette idée, sous un travesti métaphysique certes étrange et baroque, que le climat fondamental qui, depuis la Renaissance, règne dans le monde moderne. Luther lui-même n'échappe pas entièrement à ce climat, même si en général son sentiment religieux prend une autre direction : « Cette vie n'est pas une essence mais un devenir. Ce n'est encore ni fait, ni arrivé, mais encore en marche et en balance. Ce n'est pas la fin, mais le chemin, cela ne luit ni ne reluit encore dans son entier, mais se fourbit. » La théodicée de Leibniz pousse cette conception à son paroxysme et à son terme ; elle renonce au but pour le chemin qui y mène. Non seulement les barrières et les imperfections du fini doivent être tolérées, on doit même y consentir et leur faire bonne figure, car ce n'est qu'en les affrontant et à partir d'elles que la volonté morale s'appréhende dans l'infini de sa tâche et de sa force.

En ce point cependant, où la philosophie de Leibniz semble avoir, à l'intérieur d'elle-même, sa propre conclusion, les conditions qui la limitent et la restreignent ressortent avec une netteté particulière. On se souvient en effet de la construction métaphysique sur laquelle repose l'ensemble de la démonstration de la théodicée, l'ensemble des arguments en faveur du « meilleur des mondes ». Au sein de la richesse infinie des possibilités sur lesquelles les idées de son entendement lui donnaient une vue claire et complète, Dieu a choisi et fait se réaliser la série qui contenait la quantité la plus réduite relativement du mal physique et moral. Toutes les conséquences qui devaient un jour se produire dans le monde étaient prévues de toute éternité dans cet acte originaire de l'« admission à l'existence », car le concept intégral de toute substance particulière présente dans le
57 savoir divin contient une fois pour toutes ce qu'elle est susceptible de rencontrer un jour. Pour Leibniz, la liberté n'est pas supprimée par ce type de prévision et de prédétermination divines. Sans doute est-il tout à fait certain que tel ou tel individu, à un moment précis du temps, puisse entreprendre telle ou telle action, une fois admise une volonté divine universelle de voir se réaliser ce monde déterminé,

mais ce n'est pas métaphysiquement d'une nécessité absolue. En effet, n'est « nécessaire » en ce sens que ce dont le contraire implique une contradiction ; ici cependant, un autre individu et une autre action auraient en soi été « possibles », même si Dieu, en vertu de son choix du meilleur, c'est-à-dire d'un choix téléologiquement déterminé, leur a refusé l'effectuation. On voit cependant aisément que cette solution n'est en réalité qu'une vaine tentative d'émousser, par une distinction logique et métaphysique, l'acuité du problème éthique de la liberté. Il est indifférent au sujet éthique agissant de savoir, du point de vue du simple concept et de la simple logique, qu'il eût pu être un autre puisqu'il comprend en même temps que dans le monde réel, donné, ordonné et admis par Dieu à l'existence, il doit bien être ce qu'il est effectivement. L'exigence morale de la liberté n'est pas dirigée contre la nécessité du concept pur mais contre la nécessité causale de l'advenir ; cependant, en ce qui concerne cette dernière, il est, dans le système de Leibniz, établi de manière intangible qu'une fois que le premier point de départ d'un certain « monde » est posé, la globalité des états conséquents y est intégralement et de manière univoque déterminée. La différence globale entre nécessité absolue et nécessité hypothétique, entre nécessité mathématique et nécessité téléologique, débouche par conséquent sur une méconnaissance de la question, une « *ignoratio elenchi* ». Le logicien qu'était Leibniz n'aurait certes pas commis une faute de raisonnement de ce genre si, dès le début, son concept de liberté n'avait été entaché d'une difficulté interne profonde qui, ici, au terme de l'ensemble du développement philosophique, se manifeste avec une acuité particulière. Leibniz avait cherché à réconcilier le postulat de la liberté avec celui d'une légalité globale et omniprésente de l'univers, en transformant toute détermination externe au moi en une détermination interne. Toutes les forces et impulsions qui déterminent ses actions n'ont leur source qu'en lui-même ; il ne remplit son concept propre qu'en développant pour lui-même la multiplicité sans bornes de ses expressions. Mais ce concept, qui est pour le moi lui-même un devenir, qu'il ne connaît par conséquent que dans la mesure où il le met en œuvre, est donné comme un être stable pour l'entendement infini de Dieu qui embrasse du regard la série des possibilités. Dans cette précession temporelle et concrète de l'être par rapport au devenir, tous les conflits que recèle en lui-même le concept de liberté se présentent à nous sans médiation. Le développement que l'âme croit expérimenter en elle retombe en somme au niveau de la simple apparence car ce qui, pour nous, du point de vue du savoir fini, se nomme développement est en réalité la préformation intégrale du sujet individuel dans l'entendement divin. Pour cet entendement infini, rien de nouveau n'arrive, mais ce qui auparavant lui était donné intégralement sous la forme du concept pur s'explicite pour lui seulement sous la forme du temps.

Là où nous voyons vie et activité, il ne voit que le déroulement d'une série d'événements existant de toute éternité. Par conséquent, la certitude logique et la certitude éthique suprêmes ne sont finalement pas parvenues, en dépit de toutes les tentatives faites par Leibniz, à une véritable réconciliation. L'accomplissement de la logique anéantit le sens et le contenu du postulat fondamental de l'éthique.

C'est plus profondément encore jusqu'au fondement et au contenu du concept leibnizien de Dieu lui-même que l'on peut suivre cette contradiction. Il y a chez Leibniz à la base du concept de Dieu deux significations fondamentales et aucune ne peut être laissée de côté dans l'édification de sa conception d'ensemble. D'un côté, il est l'expression et la garantie du rapport téléologique du devenir ; il désigne cet ordre universel de l'Être qui se configure et s'établit progressivement dans l'aspiration et l'activité des sujets singuliers. C'est la vision religieuse fondamentale, telle qu'elle s'épanouit chez Herder et Fichte : Dieu doit être conçu non pas comme « *ordo ordinatus* » mais comme « *ordo ordinans* ». De ce point de vue, c'est à Dieu lui-même que la catégorie de développement trouve à s'appliquer ; il n'est pas seulement figé dans le même et unique état, toujours sublime, de la perfection, mais il possède en lui-même un analogon du devenir et du progrès. Cependant, si nous jetons un coup d'œil en arrière sur l'origine logique et mathématique du système, nous nous trouvons en présence d'un autre motif du concept de Dieu. Certes, ici aussi, Dieu décrète et exécute l'« ordre du meilleur » ; mais il procède en cela comme un grand géomètre qui doit résoudre un problème de calcul différentiel. La grandeur du mal est mise en balance avec la grandeur du bien et le résultat sans équivoque de cette opération est ce qui se présente à nous sous la forme du « monde ». Ainsi qu'on le voit, Dieu n'est plus ici le terme ultime, mais le point de départ de l'advenir, non plus son « *terminus ad quem* », mais son « *terminus a quo* ». Et ce départ achevé contient déjà en lui toutes les conséquences à venir, pareillement achevées : de même que le mathématicien connaît et maîtrise sans failles dans la loi générale d'une série tous les termes dans leur multiplicité infinie, l'entendement infini qui pense l'univers sur le mode d'un syllogisme unique et en soi cohérent ne voit plus en lui d'avant ou d'après, d'*antecedens* ou de *consequens*. Selon la vérité, tout devenir n'échoit pas à cet entendement absolu, mais seulement à nous, aux spectateurs subjectifs. On peut néanmoins voir dans la conception du Dieu de la théodicée de Leibniz, et dans la représentation d'un choix entre divers mondes également possibles, un simple anthropomorphisme et une accommodation à des représentations populaires ; toujours est-il que l'image elle-même dont se sert Leibniz révèle une difficulté interne. Elle montre que la « substantialité » de Dieu ne s'est pas dissoute dans l'« actualité » pure et que, contrairement à la vision fondamentale qu'exprime le concept leibnizien de force, l'« être » divin ne s'est pas intégralement fondu dans l'« agir » divin.

C'est donc justement si on se place du point de vue de l'œuvre fondatrice spécifique de la philosophie de Leibniz que la contradiction interne, finalement non résolue, peut être clairement désignée. Ce qui, en effet, était justement caractéristique de cette philosophie, c'est qu'elle cherchait à réconcilier la conception mathematico-causale du monde avec la conception éthico-téléologique non pas en mêlant de manière éclectique les résultats de l'une et l'autre de ces conceptions, mais en distinguant beaucoup plus nettement et précisément qu'auparavant les catégories de l'esprit et de la nature, du « subjectif » et de l'« objectif ». Pourtant, la théodicée ramène le rapport de Dieu au monde à un point de vue qui, pour des raisons générales, s'était déjà révélé insuffisant à déterminer la réalité spirituelle. L'action créatrice de Dieu, de laquelle naît l'harmonie de l'univers, se présente maintenant sous l'image d'un simple échantillon de calcul : « *cum Deus calculat, fit mundus* ». Et cette appréhension de l'ensemble rejaillit sur celle du singulier. Apparaît une dangereuse tendance à peser et mettre en balance avec le bien universel les maux physiques et moraux, en somme à les soumettre à un examen purement quantitatif. L'idée que, en particulier, la valeur morale intrinsèque des « personnes » échappe à toute conception de ce genre, qu'elle ne rentre pas dans le cadre de ce type d'appréciation par « plus » et « moins », mais soit qualitativement tout simplement unique et incomparable, est maintenant menacée de disparition. L'affirmation équivoque et problématique selon laquelle toute perfection et imperfection « ont leur prix » en ce monde semble maintenant devoir représenter l'ultime solution de l'énigme. Elle est impuissante à affaiblir le doute à l'égard de la divinité du cours du monde ; elle soulève au contraire un doute plus profond encore. Une nouvelle fois s'affrontent de manière brutale et irréconciliable les principes que la doctrine de Leibniz aspirait à unifier harmonieusement. Mais ce qui devient ici évident, ce n'est pas, comme on l'a souvent prétendu, un défaut de la personnalité et du caractère de Leibniz, mais un défaut de méthode. Leibniz ne se contente pas de la foi confiante dans le fait que le monde, en tant qu'expression d'une aspiration infinie à la perfection, soit « bon », mais il exige de lui-même la démonstration irréfutable que ce monde est le meilleur. Le mathématicien et le logicien doivent fonder ce que le moraliste et le philosophe de la religion ne peuvent que prétendre. L'optimisme de Leibniz n'est au fond rien d'autre qu'un amour neuf pour le monde et l'existence finie qu'il convient maintenant d'approuver quelles que soient ses limites, mais il ne peut devenir certain de cet amour ni s'en réjouir qu'en entreprenant de se le prouver à lui-même. S'abandonner en effet purement et simplement à cet amour sans s'interroger plus avant sur le « pourquoi » signifierait violer le principe de raison suffisante. Une fois encore se manifeste clairement la force de l'esprit analytique de Leibniz. Une fois encore la passion de la connaissance pure qui gouverne et imprègne son système se fait sentir dans toute sa force et sa pureté. En même temps cependant, une barrière apparaît, que la philosophie de Leibniz n'a pu surmonter sans enfreindre son propre principe. Il faudra attendre le XVIIIᵉ siècle, le siècle de la religion de l'humanité, pour que soit franchie cette barrière. Pour ce siècle, le monde n'est plus un parmi « plusieurs possibles » ; il n'est plus le cas particulier d'un concept universel, mais le résultat de l'action unique et vivante du divin dans la nature et dans l'histoire. Cependant, la certitude de ce divin ne nous échoit pas en partage dans la spéculation théorique mais uniquement dans l'action et l'effectuation : « Tu dois croire, tu dois oser, car les dieux ne donnent pas de gage [1]. » C'était un gage de ce genre que la théodicée avait réclamé et cherché. Là où Bayle voyait un triomphe de la foi, elle voyait plutôt un « triomphe de la raison démonstrative sur les raisons apparentes et trompeuses que l'on oppose injustement aux preuves ». La raison tout entière et dans ses activités spirituelles les plus hautes se trouva finalement enfermée dans la sphère de la preuve et du syllogisme. Si elle a cependant pu finalement se libérer à nouveau de cette sphère, si elle a pu se reconstituer dans sa totalité qui embrasse tout et dans sa différenciation précise, elle le doit en grande partie aux forces que la philosophie de Leibniz avait libérées. Si Descartes avait mis au même rang dans son concept de *substantia cogitans* le domaine du spirituel et le domaine de la pensée, Leibniz a, lui, remplacé le concept de pensée par celui plus riche et plus universel de *vie*. C'est cependant uniquement sa métaphysique et non sa doctrine de la méthode qui a développé dans toute son envergure la conséquence qui y était incluse. Sa caractéristique universelle est pour l'essentiel demeurée une doctrine systématique des formes de pensée : ce n'est qu'au développement ultérieur qu'il était réservé d'étendre l'exigence établie ici pour la connaissance à l'ensemble de toutes les forces créatrices de la conscience.

---

1. Fr. VON SCHILLER, *Sehnsucht, Gedankenlyrik* (*Nostalgie, Poèmes philosophiques*, trad. R. d'Harcourt, Paris, Aubier, 1954, p. 263) [N.d.T.].

II

LA DÉCOUVERTE DU MONDE DE LA FORME ESTHÉTIQUE

1

Le système logique de la science créé par Leibniz trouve sa conclusion dans un hymne pur à la joie du monde et de l'action. Si ce qu'il avait recherché était une nouvelle fondation pour la connaissance, il avait en même temps découvert, dans la décomposition abstraite du concept de vérité et des problèmes théoriques du savoir, l'harmonie plus profonde et plus ample qui relie l'esprit en tant que tout au tout de la réalité effective. La pensée a ainsi acquis la totale sûreté de soi et y a en même temps gagné la certitude qu'elle était capable de percer et de mettre en forme l'Être jusqu'en ses ultimes éléments. Pourtant, si l'on examine l'œuvre accomplie par Leibniz durant sa vie non seulement du point de vue de sa teneur objective mais dans les rapports personnels et historiques où elle se situe, une ombre épaisse vient obscurcir cette image du monde tout entière baignée de clarté et de lumière intérieure. Plus la sphère des idées philosophiques gagne chez Leibniz en richesse et en ampleur, et plus cet esprit entièrement tourné vers l'agir immédiat ressent profondément son isolement grandissant. Dans ses lettres, si réservées soient-elles dans l'expression du sentiment personnel, perce de plus en plus la plainte concernant son isolement spirituel. Elle ne se fonde pas uniquement sur des circonstances extérieures et contingentes de sa vie. Le contenu même de la tâche concrète que s'est fixée Leibniz recèle le conflit qui se dévoile de plus en plus clairement à mesure qu'il avance en âge. C'est en homme seul qu'il a affronté les problèmes qui ne pourront trouver leur solution que dans les siècles suivants grâce aux travaux conjugués de la philosophie et de la science. Il n'a pas seulement conçu un nouvel idéal de connaissance rationnelle mais exigé de lui-même qu'il soit accompli jusqu'au bout. La vie spirituelle en Allemagne n'offrait cependant nulle part un point d'appui sûr qui permît de mettre en œuvre ce schéma idéel universel. La pensée de Luther s'enracinait dans les tendances générales de son peuple et de son temps, et c'est à ce rapport qu'il devait la force et l'immédiateté incomparables de son influence. La doctrine de Leibniz, en revanche, ne connaît pour la première fois une large influence que par une médiation qui lui rend certes possible un épanouissement dans l'étendue du savoir, mais en trouble par là la teneur essentielle. Historiquement, l'éloge adressé par Kant à la philosophie de Wolff, qui aurait propagé et maintenu en Allemagne l'esprit de minutie, est certes fondé. Mais dans son aspect schématique disparaît précisément ce qui est le résultat le plus original de la monadologie, le point de vue nouveau qu'elle introduit dans l'appréhension globale de la réalité spirituelle. Aussi convenait-il d'égaler ce résultat dans une autre approche. Et c'est en cela, et non pas dans les répercussions à l'intérieur de son école, que s'accomplissent le destin et l'influence historiques de la philosophie de Leibniz. Ce qu'elle contenait de force de pensée n'était pas cantonné aux querelles académiques à propos du simple et des monades, de l'harmonie de l'âme et du corps, de la liberté du vouloir et de la prédétermination. Cette force se manifestait seulement tout entière là où le contenu des problèmes autour desquels se bat le XVIIIe siècle avait déjà dépassé les limites du système leibnizien. Dans la puissance dominatrice qu'elle exerce sur ces problèmes nouvellement configurés, l'intuition fondamentale de la monadologie ressort une nouvelle fois dans sa plénitude et son caractère originaire. Si l'on examine la multiplicité des stimulations que la vie de l'esprit en Allemagne a reçu au XVIIIe siècle de l'extérieur, si l'on regarde l'influence de Locke et Shaftesbury, Voltaire et Rousseau, des Encyclopédistes français et des philosophes anglais de l'analyse psychologique, on pourrait être tenté de considérer la culture de cette époque comme une mosaïque faite de morceaux extérieurs et étrangers les uns aux autres de par leur origine. Mais en réalité, dans la profondeur des phénomènes historiques, règnent une continuité et une unité rigoureuses. Face à toute la richesse d'une matière si abondante, une forme spirituelle autonome s'affirme. Elle n'est certes pas un tout figé, mais mouvant et malléable ; elle se développe à partir de la conception philosophique d'ensemble de Leibniz, transformant en retour cette conception elle-même. Sitôt que les concepts fondamentaux de la monadologie passent à nouveau du stade de résultats achevés à celui de lignes directrices de la pensée et de la recherche, leur propre teneur reprend vie et redevient accessible à une nouvelle formation libre et autonome.

C'est en effet un nouveau monde de la forme qui se presse vers la lumière, qui exige avec de plus en plus d'insistance d'être reconnu et compris conceptuellement. Dans l'édification de la philosophie de Leibniz, le motif esthétique n'a pas de rôle déterminant à jouer. Leibniz connaît et aime les œuvres de l'Antiquité, et la part qu'il prend à tout ce qui est spirituellement vivant autour de lui en fait quelqu'un de familier avec la littérature de presque tous les peuples contemporains. Mais en tant qu'ensemble, son univers d'idées n'est pas affecté par cet intérêt de l'homme du monde et de l'homme de cour cultivé. Là où il rencontre, en tant que philosophe ou en tant que métaphysicien, la jouissance et la configuration artistiques, il n'y voit qu'une nouvelle preuve de l'ordre idéel qui régit tout le cosmos. La beauté constitue le symbole d'une harmonie intellectuelle plus profonde qu'elle proclame à l'avance. Ce qu'elle promet ne sera véritablement accompli et exaucé que dans le monde de la connaissance. Ce qui, dans l'impression esthétique, n'était qu'à l'état confus et embryonnaire s'épanouit dans ce monde en concept pur. L'explication métaphysique du beau renferme ainsi en elle-même le germe de sa dissolution ; depuis les hauteurs libres du savoir, nous apercevons en dessous de nous le phénomène de la beauté. Dans le système établi de la philosophie allemande, le concept de poésie, tel qu'il surgit au XVIIIe siècle, ne trouva pas une place déjà préparée, mais dut tout d'abord la définir et se l'octroyer. Dans cette tâche, cependant, était en même temps incluse une partie de la vie et du développement de la poésie elle-même. En effet, une fois encore, s'affirme ici cette tendance universelle de la vie de l'esprit en Allemagne où les domaines particuliers développent simultanément et conjointement leur croissance et leur justification idéelle. Ils acquièrent la richesse de leur contenu uniquement dans une clarification progressive de leur pure loi formelle. La véritable liberté de l'agir ne leur échoit qu'à travers le savoir ; ils doivent tout d'abord résoudre le problème de leur droit et de leur place dans l'ensemble de la réalité effective de l'esprit avant de s'abandonner aux forces créatrices qui règnent en eux. C'est pourquoi la naissance de la poésie allemande présente un rapport original qui, ainsi déterminé, n'a son équivalent à aucune autre époque de la littérature ; la réflexion et la critique esthétiques, parce qu'elles remontent jusqu'à ces ultimes profondeurs spirituelles d'où la création elle-même reçoit sa détermination, deviennent la condition déterminante du processus de création. C'est le jour où Herder rencontre à Strasbourg le jeune Goethe et interprète alors en sa présence le nouveau concept de poésie non pas comme « l'héritage privé de quelques hommes fins et cultivés », mais comme un « don universel et national », que les sources d'où jaillit la poésie de Goethe deviennent vivantes. Et ce rapport ne tourne pas court, il se manifeste à chaque niveau du développement avec un sens nouveau, comme le montre une fois encore dans l'expression la plus pure la correspondance qu'échangent Goethe et Schiller, où création artistique et réflexion esthétique vont de pair.

Certes, ces débuts d'où sortiront la théorie et la critique esthétiques en Allemagne sont assez misérables et sans éclat. Partout transparaît l'étroitesse de la vie allemande ; l'érudition, qui développe là les « éléments premiers des belles lettres », manque encore de la véritable intuition des grandes œuvres d'art ainsi que de profondeur de vues sur la nature et l'histoire. Derrière ses doctrines, on ne trouve ni le sentiment développé pour une vie psychique différenciée qui distingue les psychologues anglais du XVIIIe siècle, ni cette conscience sûre et claire qu'une société de cour a de la forme, telle qu'elle imprègne tous les écrits des esthéticiens français. Le soin et l'exactitude dans la décomposition des concepts sont censés compenser le manque de teneur intuitionnelle. Et pourtant, ces arides décompositions elles-mêmes possèdent leur propre charme ; l'examen historique pressent combien, dans tous ces détails, un nouvel ensemble s'éveille et se forme. Pas à pas, la voie menant à cet ensemble devait être tracée ; cela supposait d'étranges détours et impasses. Avant que puisse être posée la question de l'*origine* du monde des formes de l'art, il fallait d'abord redécouvrir, au siècle de Gottsched, pour qui la poésie est encore un élément essentiel de l'« érudition galante », son véritable *sens*. Cependant, cette découverte recelait pour les problèmes universels de la vie spirituelle une fécondité plus profonde que celle qu'aurait pu comporter la défense d'un bien quelconque octroyé et achevé. À l'origine, plus les premiers essais sont primitifs et plus se révèle profonde la force de la configuration qui sut former à partir de tels éléments quelque chose de nouveau et de spécifique. C'est ce développement autochtone, cette élaboration d'une nouvelle poétique, et concurremment d'une nouvelle poésie, à partir des tendances générales de la vie de l'esprit en Allemagne, que nous voudrions tenter de présenter.

2

66   Les débuts de la poétique et de la critique littéraire en Allemagne appartiennent en un premier temps exclusivement à l'histoire de l'érudition. Quelle que soit l'ardeur de la discussion entre Gottsched et les Suisses autour des principes de l'art poétique, le résultat de la controverse n'est en rien à la mesure du zèle qui y fut déployé. C'est un spectacle étrange que de voir ici exigée et postulée pour la discussion de problèmes techniques particuliers – celui par exemple du bien-fondé et de la nécessité de la rime – la participation de la vie littéraire de la nation dans son ensemble. Si on suit dans ses détails cette discussion, qui se plonge avec une véritable passion dans les choses les plus petites et les plus insignifiantes, elle semble, pour un juge historique plus détaché, se confondre avec une authentique « *querelle allemande* ». L'histoire a pourtant elle-même témoigné de ce qu'ici l'antinomie était plus profonde qu'elle ne s'est directement exprimée dans les écrits que les deux parties ont échangés. La tradition historico-littéraire a coutume de traduire ce conflit en voyant dans Gottsched le représentant du rationalisme et de la règle, et dans les Suisses les défenseurs du droit à la liberté de l'imagination poétique. Cette formule est pour le moins imprécise. En effet, là où les Suisses prennent parti pour la « fête de l'imagination » qu'ils refusent de voir troublée par une quelconque « prédilection pour des êtres de raison », ils sont encore entièrement sur le terrain du rationalisme. Les lois du bon goût sont pour eux des vérités fondamentales

qu'on peut démontrer. Ils espèrent arriver en appliquant la méthode mathématique à un nouveau canon de l'art poétique. Une de leurs premières œuvres, *Von dem Einfluß und Gebrauche der Einbildungskraft* [De l'influence et de l'usage de l'imagination] (1727), est dédiée à Wolff et promet d'exposer avec une certitude mathématique toutes les parties de la rhétorique. Les règles de l'éloquence, exigent-ils, doivent jusque dans leurs plus infimes parties être rattachées à des propositions universelles ayant leur fondement dans la nature de l'homme et des choses, de sorte qu'on soit amené à inventer jusqu'à un certain « critère et fil directeur » pour « déterminer les degrés et les limites d'une métaphore ou d'un discours métaphorique ». L'objection qui veut que la nature précède l'art et le « génie » les « règles » ne déconcerte là en rien Bodmer. Homère, Sophocle ou Démosthène ont certes écrit sans avoir connaissance de traités de poétique, mais ces grands écrivains n'y parvinrent que parce qu'ils avaient acquis les règles à partir de la nature elle-même, en contemplant son être constant et en méditant ses effets toujours identiques sur les cœurs : « Pour qui considère avec quel caractère immanquable les écrits de ces anciens orateurs et poètes produisent en tout lieu de la manière la plus précise l'effet même qu'ils sont censés avoir, et au degré voulu, celui-là se rendra compte sans peine que ces effets sont à l'avance déterminés par leurs auteurs et que les moyens qui servent à les produire sont précisément mis en œuvre à cette fin avec une pleine conscience et un propos bien médité ; ceci nous dit assez qu'ils n'ont pas construit leurs écrits uniquement sur des expériences équivoques et incertaines, mais sur le fonds inébranlable de la connaissance du cœur humain ainsi que sur les impressions constantes et concordantes que les choses font sur lui selon sa nature. » Ce sont donc des principes rationnels de l'esthétique, conceptuellement démontrables et par conséquent universellement valides, que cherchent les Suisses, ainsi que le fait Gottsched, mais ce qui les distingue c'est que, là où Gottsched part d'œuvres existantes – des œuvres dramatiques du classicisme français –, ils cherchent, eux, à mettre en évidence dans le « cœur » le fondement constant valant pour toutes les règles.

Tel est donc leur problème spécifique : enracinés dans le rationalisme et fermement attachés à ses postulats, ils cherchent avec les outils du rationalisme lui-même à établir les droits de l'imagination et du monde des objets poétiques. Point de départ et but visé tracent ainsi la voie dans laquelle s'engage leur esthétique. Il est en fait étonnant de voir avec quelle assurance ils privilégient désormais à l'intérieur même du système leibnizien le moment auquel leur nouveau problème peut se rattacher. L'opposition logique entre « réel » et « possible » qu'ils empruntent à la doctrine leibnizienne devient pour eux le point de départ d'une réflexion destinée à dépasser les frontières de la simple logique. C'est pour les Suisses comme pour Gottsched une chose établie que la poésie ne peut être autre chose que l'imitation de la nature. Partant de là, ils développent dans de vastes exposés l'analogie générale entre la manière de procéder du poète et celle du peintre. Tous deux ne cherchent rien d'autre qu'à montrer les choses de manière vivante et impressionnante, mais si l'art du peintre s'adresse à l'œil, celui du poète peint pour tous les sens. Ce qui par conséquent lie entre eux tous les arts, c'est qu'ils « prennent la nature pour modèle, l'étudient, la copient, l'imitent » ; seul l'objet de l'imitation et les moyens dont elle se sert sont de nature à faire la distinction dans les détails. La supériorité de l'art poétique sur la peinture et la sculpture se manifeste ici dans le fait qu'il n'est pas limité à des objets visibles, mais embrasse, à côté de la nature sensible des corps, la nature non sensible des pensées et représentations, et au-delà le monde suprasensible des intelligences pures. Encore ceci n'épuise-t-il pas le domaine de l'imitation poétique, car son contenu n'est pas uniquement fait de tout l'être réel, mais aussi de tout l'être possible : « La nature, ou plutôt le Créateur qui agit dans et à travers celle-ci, a choisi entre toutes les constructions possibles du monde la présente pour la faire passer à l'état de réalité car, dans son jugement infaillible, il l'a trouvée […] la meilleure de toutes […]. Si maintenant le poète imite l'original, que ce soit séparément ou dans son rapport avec la nature, cet original que la grande artiste nature lui présente sur la scène infiniment vaste de ce monde réel, il ne fait qu'agir en bon imitateur et ne se distingue de l'historien que par la finalité et l'art de ses tableaux. Cependant, parce que ce rapport entre les choses réelles que nous appelons le monde présent n'a pas une nécessité exclusive et pourrait être modifié à l'infini, il doit pouvoir exister en dehors de celui-ci une quantité innombrable d'autres mondes qui font place à un autre rapport et une autre liaison entre les choses, à d'autres lois de la nature et du mouvement, à plus ou moins de perfection dans les parties prises isolément et même à des créatures et des essences d'un genre tout à fait nouveau et particulier. Tous ces mondes possibles, même s'ils ne sont ni réels ni visibles, possèdent cependant une vérité spécifique qui, dans sa possibilité, est ainsi exempte de toute contradiction et fondée dans la force omnipotente du créateur de la nature. Ces mondes sont, eux aussi, disponibles et ouverts au peintre en poésie et lui offrent le modèle et la matière de son imitation […] puisque celle-ci, c'est-à-dire l'imitation de la nature dans le possible, constitue la tâche spécifique essentielle de la poésie. »

On voit clairement se manifester dans ces propos l'œuvre accomplie par la philosophie leibnizienne dans la doctrine esthétique des Suisses : elle leur permet d'acquérir la possibilité d'établir et de préserver au sein du schéma traditionnel de la théorie de l'imitation la distinction entre « nature » et existence empiriquement réelle, entre la « vérité » poétique et la « réalité » concrète. Étant donné que la poésie est une « imitation de la création et de la nature, non seulement dans le réel mais aussi dans le possible », elle n'est en tout cas pas liée à cet ordre particulier des choses ni à cette succession contingente des événements qui nous sont donnés dans l'espace et le temps effectifs. Le poète, qui va au-delà des limites du monde, reste ce faisant rigoureusement à l'intérieur des limites de la vérité ; en effet, la vérité logique elle-même n'a rien à voir avec la réalité effective, mais avec la possibilité des choses. Les considérations des Suisses renvoient ici à un problème théorique fondamental de la plus haute universalité. La référence au concept leibnizien des mondes possibles, parmi lesquels Dieu aurait choisi le meilleur, semble tout d'abord n'être que l'utilisation extérieure d'une image métaphysique connue et commode. Mais en même temps que cette image, la véritable teneur conceptuelle spécifique pour laquelle elle tient lieu d'expression symbolique reprend vie elle aussi. De même que l'ensemble de la doctrine de Leibniz est né d'une analyse du concept de vérité et s'enracine dans les résultats de cette analyse, la distinction entre « réel » et « possible » repose également chez lui sur une séparation pratiquée originellement dans le domaine des jugements et propositions. Alors que le jugement empirique se contente, en tant que simple « vérité de fait », d'amener à l'expression ce qui est donné ici et maintenant, ce qui est le seul réel dans l'espace et le temps, toutes les vérités nécessaires ont une validité complètement différente et un tout autre but. Elles ne décrivent pas le contenu accidentel et changeant de notre expérience et de notre réalité empirique, mais expriment les relations idéelles qui dans *tout* « monde », c'est-à-dire dans tout ordre de choses et d'événements, quelle que puisse être la configuration de leurs détails, doivent tout simplement et inconditionnellement être satisfaites. Aussi longtemps que nous demeurons dans le domaine de ces vérités éternelles et nécessaires, aussi longtemps que nous avons affaire par exemple aux propositions de la logique pure et de la mathématique pure, notre connaissance n'est pas dirigée sur la copie du donné disponible et du factuel, mais elle appréhende là les principes configurateurs et les postulats de tout être en général. Ces propositions sont l'expression de « pures possibilités » : elles présentent des lois fondamentales universelles qu'aucune réalité effective ne peut violer, mais qui, d'autre part, outrepassent, pour ce qui est de leur sens et de leur signification, toutes les limitations telles qu'elles se présentent inévitablement dans le réel empirique. Ainsi, par exemple, tout le réel effectif obéit aux lois pures de l'espace et du nombre, telles que les développent l'arithmétique et la géométrie ; cela n'épuise cependant jamais la totalité des constellations spatiales et numériques possibles dans l'absolu, mais n'en saisit qu'une partie, qui est, par rapport au tout, infiniment petite. Parcourir et dominer cette totalité est le privilège de la pensée qui, par-delà toute simple restitution et classification du donné sensible, recèle en elle-même la connaissance des fondements « architectoniques » sur lesquels repose tout ordre des concepts de même que tout ordre de l'existence particulière. C'est pourquoi le

« monde » n'est pour la pensée que le cas singulier d'effectuation d'une loi qu'elle découvre en elle-même grâce à son universalité et à sa nécessité. La force et l'autonomie ainsi attribuées à la pensée dans cette conception sont maintenant transposées dans la théorie des Suisses à l'imagination et à la configuration artistique. C'est cela qui confère à cette théorie, en dehors de tout l'intérêt qu'elle présente pour l'histoire littéraire, une signification véritablement historico-spirituelle : elle est le premier exemple de la manière dont se développe directement à partir de l'idéalisme logique la nouvelle intuition fondamentale de l'esthétique du XVIIIe siècle.

Ainsi s'explique en même temps le paradoxe que les Suisses, qui s'engagent pour l'antériorité originaire de l'imagination, repoussent cependant la sensation et cherchent à l'exclure de la fondation de l'esthétique. La proposition selon laquelle le jugement de goût reposerait sur une simple sensation, écrit Bodmer dans l'introduction à la *Critische Dichtkunst* [Poétique critique] de Breitinger, « condamne, ainsi que le principe fanatique de la lumière intérieure, la voie de la recherche et conduit à la croyance aveugle et à une soumission irréfléchie ; entêtement, parti pris, violence et persécution sont, comme elles sont celles de la superstition, les armes avec lesquelles ce principe tente de se protéger contre la raison ». Cependant, selon Bodmer, cette protection a perdu son efficacité depuis que, dans son système, Leibniz a porté à la sensation un « coup mortel » en lui retirant sa juridiction pour en faire une simple « *causa ministrans* » du jugement de l'âme. On ne cherche donc plus à fonder l'originalité et la valeur intrinsèque de l'imagination du côté des sens mais du côté de la fonction universelle du jugement. La spontanéité de l'entendement sert de point de départ à la découverte et à la constatation de la spontanéité de l'imagination. L'entendement doit d'abord donner pour ainsi dire bonne conscience à l'imagination poétique ; il lui ouvre le royaume du « possible » qu'elle peuple de ses figures. Aussi, malgré les nombreuses déterminations particulières que les Suisses empruntent aux esthéticiens français et anglais, malgré, en particulier, les nombreux recours à Dubos et Addison, l'échafaudage conceptuel fondamental de leur doctrine renvoie cependant à un système de pensée d'un autre genre. Eux-mêmes considèrent leur travail comme le prolongement direct de ce que Luther et Leibniz ont apporté, l'un dans le développement religieux, l'autre dans le développement philosophique. La religion doit donner à l'art les matériaux de son contenu et la métaphysique la fondation de son principe. C'est ce qui permet à Bodmer d'espérer en Allemagne la domination prochaine du bon goût en tant que « fruit en quelque sorte de la percée universelle réussie par la philosophie de Leibniz ». Avec l'éviction de l'« imitation » poétique de la nature du domaine du réel et son transfert dans celui du « possible », le premier pas est franchi qui mène du sensualisme à l'idéalisme dans la fondation de l'esthétique.

Mais, à vrai dire, ce n'est là qu'une tentative hésitante et timide qui est entreprise dans cette direction. La *Poétique critique* de Breitinger s'effraie aussitôt de l'audace des conclusions que fait entrevoir ce point de départ. Leibniz avait exprimé l'idée que là où l'homme procède de façon véritablement « architectonique », il est à égalité non pas tant avec le monde qu'avec son créateur : ce qu'il fait s'épanouir alors, à l'intérieur du domaine qui lui est assigné, ne serait pas une simple copie mais une véritable création. Et la poétique de la Renaissance avait défini le poète comme un « second Dieu » qui fait naître de son for intérieur une nouvelle nature et une nouvelle réalité effective : « *videtur sane res ipsas non ut aliae artes, quasi histrio, narrare, sed velut alter deus condere* [1]. » Mais cette analogie avec la divinité fait prendre peur à l'esprit pieux des Suisses. Ils récusent les « orgueilleuses expressions » qui élèvent ici l'art du poète, en tant que « non seulement démesurées, mais de nature à porter hautement atteinte à la gloire du Créateur de la nature et à la réduire ». Si ce monde est le meilleur, il s'ensuit que nous ne pouvons lui ajouter, fût-ce par la pensée, une quelconque beauté qu'il ne porte pas réellement en lui-même. Tout ce que nous pouvons faire se limite plutôt à « rassembler dans l'imagination et à relier selon notre gré » les beautés spécifiques de la nature que nous y trouvons dispersées. Avec cette doctrine de l'« *abstractio imaginationis* », de la « faculté abstractive de l'imagination », l'idéal esthétique est certes ravalé à nouveau au rang d'un simple concept abstrait qui est le fruit de l'examen comparatif du donné empirique. Le concept plus profond de « possibilité », tel qu'il avait été conçu auparavant, est écarté au profit de la conception traditionnelle et schématique qui ne voit dans la création artistique rien d'autre qu'une sélection adroite et un regroupement des éléments que nous propose l'existence. L'horizon étriqué de la religion a ici empêché l'idée fondamentale de la théorie esthétique des Suisses de se développer librement. Mais à l'intérieur de cette frontière tracée par les intentions et les postulats historiques de leur doctrine, Bodmer et Breitinger cherchent à nouveau constamment à pénétrer jusqu'à ce qu'il y a d'originaire et de spécifique dans l'imagination poétique. Cette spécificité, selon eux, ne tient pas uniquement à ce que, comme dans *Le Paradis perdu* de Milton, un nouveau monde d'objets se découvre à nous, mais aussi au fait que grâce à la poésie même le familier et le quotidien revêtent un caractère de « merveilleux ». Ce qui distingue l'artiste authentique, c'est qu'il donne au merveilleux la couleur de la vérité et au vraisemblable la couleur du merveilleux. En tissant ses figures dans la trame de la réalité, il libère le réel lui-même de ses rapports empiriques et le relie à un nouvel ordre de la contemplation. Dans cette imbrication, ce qui

---

1. J. SCALIGER, *Poétique*, Lyon, 1561 ; à propos de la préhistoire et des répercussions de cette idée, voir O. WALZEL, *Das Prometheussymbol von Shaftesbury zu Goethe* [Le symbole de Prométhée de Shaftesbury à Goethe], Leipzig, 1910, p. 30 s.

est connu revêt lui-même un brillant et un poids qu'il ne possédait pas jusque-là. Mais, même dans cette intensification dynamique, tout comme auparavant dans l'élargissement de la sphère des matériaux artistiques, le fondement « rationnel » sur lequel repose l'esthétique des Suisses demeure intact. Pour eux, en effet, animer grâce à l'art le monde de la représentation n'est pas une simple illusion qui substituerait à l'être véritable un autre être, inventé, mais revient à mettre plus fortement et consciemment en évidence les traits même du vrai. Ce que nous appelons la « beauté poétique » est « la lumière étincelante du vrai, qui exerce une telle force sur les sens et le cœur que nous ne pouvons nous empêcher de la ressentir, si grande soit notre inattention ». Mais la vérité, dont l'art est pour nous le médiateur primordial, n'est pas tant celle de l'être que celle de la vie. Ce n'est pas sur la représentation des « œuvres mortes de la nature » mais sur le récit des mouvements et des actes du cœur que repose l'impact de la poésie. Cette idée représente pour les Suisses la synthèse de la théorie psychologique de Dubos, qui considère que c'est dans l'intensification des affects que gît la spécificité de l'effet artistique, et des idées fondamentales de la métaphysique de Leibniz pour qui tout plaisir esthétique vient de l'« exaltation de l'essence » que le sujet expérimente en lui-même. Le développement de la théorie esthétique en Allemagne a particulièrement accentué et privilégié ce trait. Le scrupule timoré qui avait tout d'abord fait reculer les Suisses devant le complet développement de leur intuition fondamentale fut bientôt dissipé. Dès *La Messiade* de Klopstock, le poète se tient, en tant que génie créateur, aux côtés de l'Esprit créateur des mains duquel est sorti l'ensemble de la réalité. Toute la fureur théologique, réelle ou feinte, toutes les moqueries déployées par le parti de Gottsched n'ont pu interrompre ce développement [1] : la poétique des Suisses débouche sur la poétique de la période du culte du génie.

Les Suisses, en revanche, n'ont plus aucune part à la suite de ce développement ; ils seront finalement passés à côté de la tâche qu'ils s'étaient fixée : ils ne conquièrent pas un nouveau principe formel de la poésie, mais un nouveau domaine pour la matière poétique. Leur analyse qui, selon leur conception fondamentale, était destinée à faire ressortir l'esthétique comme une forme autonome de la configuration aboutit à la circonscrire dans une zone précise du monde des objets. Au lieu de concevoir le « poétique » comme une « énergie » originale en relation avec l'ensemble de la réalité à laquelle il procure un sens qualitativement spécifique, on aboutit finalement à en faire, de manière purement quantitative, une partie déterminée du monde des objets. N'est véritablement poétique que ce qui, aux yeux de l'observateur, apparaît comme inhabituel et nouveau ; rien cependant ne peut être plus neuf que le « merveilleux ». Selon cette exigence de nouveauté de l'objet, la spécificité de l'appréhension

---

1. Pour les détails, voir O. WALZEL, p. 21 s.

esthétique n'est décrite que de manière confuse et lointaine. Il existe désormais des choses et des processus qui sont en soi inaccessibles au traitement artistique : « Comment un tableau représentant un paysan qui pousse devant lui deux animaux de bât serait-il susceptible d'attirer notre regard si l'action qui est imitée dans ce tableau est incapable de l'attirer ? » D'autre part, à certaines matières en tant que telles, nature et effet poétiques sont déjà inhérents : « Si la matière élue par le poète est douée d'une nouveauté originale et susceptible d'émerveiller, elle capturera et charmera le cœur par sa force propre sans même le secours de l'art, à condition qu'elle soit naïvement représentée par des images ressemblantes et des expressions conformes. » Même là où les phénomènes esthétiques paraissent contredire cette interprétation, on cherche tout au moins à préserver indirectement la précellence du principe matériel : en effet, ce ne serait pas seulement ce qui est réellement nouveau qui serait poétiquement efficace et stimulant, mais aussi l'apparence du nouveau. La fable d'Ésope a, par suite, valeur de genre poétique suprême parce que, en tant que « merveilleux riche d'enseignement », elle satisfait de la manière la plus parfaite qui soit à cette exigence. Et sur le plan subjectif également, le même défaut de caractéristique demeure. La simple intensification des affects semble suffire à leur conférer leur signification et leur valeur esthétiques. Selon Breitinger, est poétique tout ce qui a le don de toucher notre cœur et de susciter en nous un mouvement passionnel. C'est pourquoi on ne doit jamais écrire que lorsqu'on ressent un affect et cesser d'écrire sitôt qu'on ne le ressent plus. Même ici, par conséquent, le rapport est conçu de telle sorte que l'affect saute pour ainsi dire directement, et parce qu'il est ainsi fait, de celui qui crée l'art à celui qui le goûte, si bien que la médiation déterminante assurée par la « forme » esthétique disparaît de la contemplation comme non essentielle. Ceci marque en même temps clairement le point où devait s'amorcer le développement futur de l'esthétique. Le principe matériel des Suisses devait être remplacé par un principe formel, mais de même que les Suisses n'avaient trouvé que progressivement leur direction spécifique en partant du système philosophique du rationalisme lui-même, la tâche nouvelle qui s'offrait ici ne pouvait aller au-devant de sa solution que dans la même continuité idéelle. De même que les premiers avaient découvert l'imagination poétique comme un analogon de la raison, c'est maintenant à partir de la logique elle-même que se développe l'exigence d'un élargissement dans lequel elle intègre la « logique de l'imagination » comme un terme autonome. C'est à l'école de Wolff qu'il revint d'accomplir cette tâche qu'en 1725 déjà Bilfinger avait au sein de cette école définie de manière précise. Dans sa *Kritische Abhandlung von der Natur, den Absichten und dem Gebrauche der Gleichnisse* [Traité critique de la nature, des finalités et de l'usage des symboles], de même que dans sa *Poétique critique*, Breitinger avait tenté d'apporter quelques contributions de détail à cette nouvelle forme de logique, mais ce n'est que dans l'esthétique de Baumgarten qu'elle a acquis sa forme systématique cohérente.

3

Ce n'est pas d'une nouvelle intuition de l'art ou de la réalité que naît le système esthétique de Baumgarten, mais il doit son essor à une nouvelle articulation des facultés de connaissance. De même que Leibniz cherchait à développer entièrement les différentes formes de l'invention et de la preuve logiques et à établir dans toutes ces formes un type fondamental commun de la liaison conceptuelle déductive, ce qu'il a accompli pour la logique doit être maintenant entrepris pour toutes les « facultés inférieures de l'âme ». La représentation et l'intuition sensibles, la mémoire et l'imagination doivent, elles aussi, obéir à des règles déterminées qui leur sont spécifiques. L'esthétique est conçue comme la science de ces règles : elle se présente comme l'accomplissement d'une exigence de la théorie de la connaissance. L'achèvement du système même de la connaissance scientifique conceptuelle ne peut être atteint que par une définition complète de ses limites, laquelle exige une théorie des forces sensibles inférieures. Dans cette théorie, dans la « *gnoseologia inferior* », la raison met un point final à l'ensemble de sa connaissance d'elle-même : ce n'est que dans l'analogon et le contretype d'elle-même qu'elle aperçoit alors que sa propre structure devient parfaitement nette et transparente.

Ce n'est pas là, ainsi que le souligne Baumgarten, une idée étrangère qui est introduite dans le système leibnizien. Le principe de continuité qui domine le système exige en effet aussi dans l'opposition méthodique fondamentale une forme de médiation entre l'entendement et la sensibilité. D'ailleurs, la conception ésotérique plus approfondie de la doctrine de Leibniz avait déjà défini et mis en relief le terme intermédiaire décisif. Dans la défense de son idée fondamentale face à la doctrine sensualiste de la connaissance, Leibniz pouvait malgré tout se contenter de délimiter les concepts fondamentaux universels et nécessaires de l'entendement en tant que domaine à l'intérieur duquel la conscience demeure purement en elle-même. Dans les idées purement intellectuelles de l'identité et de la diversité, de la grandeur et de l'égalité, de la substance et de la cause, seule s'exprime la forme fondamentale de l'esprit. La simple idée du *moi* dans son développement intégral produit l'ensemble systématique de ces concepts logiques, mathématiques et métaphysiques. Le domaine sensible cependant échappe dans ce partage à la sphère de la pure conscience : dans la perception et la représentation sensibles, nous n'appréhendons pas tant « notre » être que l'être de l'objet extérieur qui pénètre en nous et prend possession de nous.

Cette séparation cependant peut passer uniquement pour une détermination provisoire et imprécise du véritable rapport, car non seulement tel ou tel effet, mais tout simplement *tout* effet subi par l'esprit « de l'extérieur », est une fois pour toutes supprimé par l'idée fondamentale de la monadologie. Même la « réception » sensorielle de l'impression est de ce fait encore une forme de l'agir spirituel ; même la plus simple réceptivité se confond, à y regarder de plus près, avec la spontanéité. Par conséquent, s'il existe une différence entre les représentations « confuses » de la sensibilité et les représentations « claires » de l'entendement, elle ne vient pas de ce que nous nous comportons dans les premières de façon purement passive et dans les secondes de manière purement active : seul le degré de l'activité elle-même est susceptible de faire la différence entre les deux. Si l'agir définit tout simplement l'essence du spirituel, notre conscience ne peut alors être ballottée entre des états contradictoires d'activité et de passivité, mais doit demeurer toujours la même activité, partout identique à elle-même, qui se présente à nous tantôt comme entravée tantôt comme librement épanouie. Par conséquent, le facteur sensible, que dans la conception courante on a coutume de considérer comme un pur « extérieur », doit lui aussi être fondé de l'intérieur et par suite pouvoir être gouverné par ses lois internes. Le « sensible » lui-même est en effet lui aussi une forme du « spirituel ». L'opposition abstraite entre les deux laisse place à la vivante dynamique de la vie représentative qui, depuis son premier degré jusqu'au plus haut, depuis la confuse sensation primitive jusqu'au concept distinct et achevé, présente *une* série hiérarchisée et cohérente. Il n'y a là pour l'advenir psychique réel aucune cloison absolue : l'idée la plus abstraite elle-même est toujours tributaire de signes sensibles qui la représentent dans notre conscience. L'application de l'idée de « caractéristique universelle » montre combien l'ensemble de notre connaissance s'édifie à partir d'éléments spirituels sensibles. Les caractères sont de par leur simple contenu un élément sensible qui cependant, grâce aux relations que nous pensons en eux, acquiert une signification et une validité universelle déterminées. L'opposition méthodique fondamentale prend ainsi à l'intérieur même du rationalisme pur une nouvelle tournure : le sensible n'est plus maintenant la simple matière que l'on doit maîtriser en la connaissant et qui doit être élevée à la pure forme idéelle, mais devient, envisagé sous l'angle de notre savoir, un moyen indispensable pour cerner les rapports entre les concepts eux-mêmes et les définir.

L'esthétique de Baumgarten va dans cette direction et il semble effectivement tout d'abord qu'elle suive elle-même encore un but purement logique si l'on considère la part qu'elle fait à la sensibilité dans l'ensemble de la connaissance. Étant donné que la nature ne fait aucun saut, l'accession à la clarté de la représentation ne peut se faire que graduellement : « *ex nocte per auroram meridies.* » Un niveau et une gradation pour la pensée pure, c'est, semble-t-il, cela et rien d'autre que doit signifier la connaissance sensible du beau. C'est là l'intuition fondamentale, telle qu'elle s'exprime encore dans *Die Künstler* [*Les Artistes*] de Schiller :

> Ce n'est que par la porte d'aurore du Beau
> Que tu pénétras dans le pays de la Connaissance ;
> Pour s'habituer à un éclat plus haut,
> L'intelligence commence par s'exercer
> sur l'objet qui la charme [1].

Ainsi conçue, l'esthétique devient véritablement une propédeutique logique ; « le beau penser » – cette alliance de mots est déjà caractéristique – devient une condition préalable, une préparation au « clair penser ». Mais c'est en ce point que s'opère la conversion originale de Baumgarten. Nous devons reconnaître le niveau inférieur de la représentation et de l'intuition sensibles en tant que tel ; cependant, en dépit de cette démarche, nous ne devons pas le laisser se fondre dans le degré supérieur, mais le fixer et le conserver dans son imperfection. S'il s'agit là d'une contradiction, celle-ci recèle cependant toute la fécondité de la pensée de Baumgarten. En effet, à l'intérieur même du rationalisme, on aboutit alors à la conclusion hardie et inattendue que la perfection absolue de la connaissance logique elle-même ne représente pas l'unique et exclusif critère dans l'ensemble de la vie spirituelle. Elle est la norme de l'entendement infini, de l'entendement divin, mais l'idéal de l'homme n'est ni déterminé ni accompli en elle. C'est en cela que consiste désormais la tendance profonde de la science nouvelle : elle confère à cet idéal une signification propre, indélébile, et irremplaçable par quoi que ce soit. La fusion de l'intégralité de notre vie représentative en concepts intelligibles mettrait un point final à la logique en anéantissant notre humanité ; l'homme n'est en effet ce qu'il est qu'à l'intérieur des limites de ses facultés de connaissance. Ce n'est que dans cette sphère qui lui est éminemment spécifique que l'esthétique vient le rejoindre ; elle cherche à l'y maintenir. À la conscience de ces limites ne s'ajoute pas le besoin de les dépasser car la spécificité qualitative, que l'homme acquiert en elle et par elle, est pour elle une valeur autonome. En tant qu'« homme parmi les hommes » – c'est en ces termes que Baumgarten fonde et défend l'existence de la nouvelle science –, le philosophe ne peut s'abstraire de la sensibilité, de l'imagination et des affects qu'en tant que penseur il regarde certes comme inférieurs. Ce n'est donc pas l'anéantissement mais la maîtrise de ce domaine qui constitue la tâche proprement dite ; il ne s'agit pas de réprimer tyranniquement les facteurs sensibles, mais de les référer à un critère interne et à une règle immanente à

---
1. Fr. VON SCHILLER, *Poèmes philosophiques*, p. 97 (N.d.T.).

eux-mêmes. C'est une piètre éthique que celle qui se contente uniquement de nous proposer l'exigence morale abstraite sans nous indiquer le chemin qui nous permettrait, en tant que sujets sensibles empiriques, d'acquérir la force nécessaire à son accomplissement [1]. Seule la beauté nous enseigne ce chemin puisqu'en elle le sensible se conserve *en tant que tel* et s'accomplit de même [2]. Dans ce premier pas, ressort avec plus de netteté que dans les développements de concepts spécifiques de l'œuvre de Baumgarten ce qui fait la signification historique proprement dite de la nouvelle science. C'est de là que partent les fils qui relient l'esthétique en tant que discipline philosophique à la théorie classique de l'art. Dans le développement de sa conception esthétique, Schiller en passe d'abord par la doctrine de Baumgarten qui, dans *Les Artistes*, constitue encore à proprement parler l'échafaudage conceptuel ; mais, même une fois abandonnée, elle continue de faire sentir ses effets dans la conception fondamentale de *Die ästhetische Erziehung* [*Lettres sur l'éducation esthétique de l'homme*]. L'embryon méthodologique apparemment insignifiant de la théorie de Baumgarten constitue en réalité un tournant décisif pour l'ensemble de la vie spirituelle du XVIIIe siècle ; le problème de l'art, dès la première discussion théorique, se lie au problème de l'humanité. Ce n'est pas grâce à la logique mais à l'esthétique que s'accomplit la véritable formation de l'homme. Meier, lui-même disciple de Baumgarten, à vrai dire encore assez éloigné de l'idéal ici défini, écrit :

> On ne dira jamais assez que c'est un piètre érudit que celui qui n'est pas un bel esprit. C'est un simple squelette sans chair, un arbre sans fleurs ni feuilles. Il y a dans sa conduite quelque chose de si raide, de si rude, de si pédant, de si grossier et sinistre qu'il est à la fois insupportable et ridicule. Il peut rendre des services incomparables mais seulement comme un journalier savant qu'on doit enfermer dans son cabinet de travail et enterrer sous ses livres. Les belles lettres donnent vie à l'homme tout entier [3] [...].

Le libre épanouissement et la libre maîtrise du sensible sont ce qui seul établit la nature de l'homme dans sa totalité. Elle est la marque véritable de la santé spirituelle. « L'homme en qui les forces de l'entendement ont totalement anéanti et effacé les forces sensibles est comme un malade qui se dessèche en dessus et enfle en dessous. » Le développement historique ultérieur cherche à gagner à la fondation de ce concept de beauté le substrat métaphysique. La sensation de beauté définit, pour Mendelssohn, la frontière où se

---

1. Voir A. G. Baumgarten, *Aesthetica*, Francfort-sur-l'Oder, 1750, § 6, 12, [trad. J.-Y. Pranchère, *Esthétique*, Paris, L'Herne, 1988] ; G. F. Meier, *Anfangsgründe aller schönen Wissenschaften* [Éléments premiers de toutes les belles lettres], Halle, 1748, § 22.
2. Voir A. G. Baumgarten, § 14.
3. G. F. Meier, vol. I, § 15 ; voir § 5, § 20.

séparent la connaissance humaine et la connaissance divine. Le phénomène du beau n'est en effet accessible qu'à l'être grevé d'une limite originaire ; seule l'incapacité de cet être à se représenter un ensemble en même temps qu'à avoir la connaissance distincte de toutes ses parties permet à ce phénomène de se manifester. Pour le Créateur, qui saisit et conçoit avec la même netteté, sans que celle-ci puisse être intensifiée, le plus petit comme le plus grand dans l'univers, la beauté est pour cette raison un concept vide. Pour lui n'existe que la perfection métaphysique qui repose sur le fait que tous les éléments participent mutuellement et totalement d'une fondation téléologique ; mais nous devons nous garder de confondre cette Vénus céleste avec la Vénus terrestre [1]. Le double trait se manifeste à nouveau ici : le beau est en soi, du point de vue de l'absolu, une simple négation ; pour notre destination et notre tâche finales, en revanche, c'est justement ce négatif qui constitue le moment spécifique proprement dit. La nouvelle science semblait naître d'une petite modification dans l'articulation de la logique ; elle doit cependant sa fécondité historique au fait que derrière cette modification se cache un nouveau rapport de valeur entre les réalités et les forces spirituelles elles-mêmes.

Certes, la fondation de ce rapport rencontre de plus en plus de difficultés incluses dans les postulats mêmes de la nouvelle doctrine. En effet, en s'entêtant à définir la sphère sensible à l'égard de la sphère logique comme le domaine des facultés inférieures de la connaissance, ils donnent d'emblée des atouts à la critique et à la fausse interprétation de leurs adversaires. Gottsched et Bodmer se rejoignent là-dessus ; tandis qu'en effet le premier considère d'emblée que parler d'« esthétique » équivaut à se faire l'avocat d'un style confus et ampoulé, le second sent en lui se réveiller les mêmes scrupules rationalistes.

Si l'opinion venait à prévaloir – écrit-il à Hagedorn – que le goût est une faculté de jugement inférieure qui ne nous fait connaître les choses que confusément et obscurément, on ne saurait selon cette interprétation se louer grandement de posséder un tel goût et cela ne vaudrait guère la peine d'y aspirer [2].

On peut sourire de cette totale méprise sur le sens véritable de la définition de Baumgarten, mais elle contient cependant en même temps une indication sur la limite concrète de la nouvelle discipline. Ce qu'on y cherche, c'est une détermination qui, comparée à la pure

---

1. M. MENDELSSOHN, *Briefe über die Empfindungen* [Lettres sur les sensations], 1755, lettre V.
2. Voir BREITMAIER, *Geschichte der poetischen Theorie und Kritik von den Diskursen der Maler bis auf Lessing* [Histoire de la théorie et de la critique poétiques depuis les discours des peintres jusqu'à Lessing], Frauenfeld, 1888 s., vol. II, p. 54.

logique, signifie quelque chose qui est qualitativement autre et spécifique, mais cette autre chose elle-même ne peut être définie que dans le langage de la logique. Au lieu d'être comprise et déterminée comme quelque chose d'extérieur à cette logique, l'esthétique sera volontiers vue comme une logique inférieure au dernier degré. Mais, du même coup, la justification de sa spécificité emprunte une direction absolument fausse et susceptible d'égarer. Désormais, l'esthétique doit invoquer à sa décharge que, en tant que doctrine de la sensibilité, elle peut offrir à la logique et à ses règles abstraites et universelles une matière riche et multiple, une collection d'exemples individuels.

L'esthétique doit fournir sa matière à la doctrine de la raison et ainsi donner à un homme les moyens de devenir un bon logicien [1].

Ce compromis boiteux s'installe en lieu et place de la séparation critique des principes. Malgré l'étroitesse scolaire de leurs idées, Baumgarten et Meier ne restent pas étrangers à la vie artistique, et le dernier nommé en particulier a reconnu et loué en Klopstock l'annonciateur d'un nouveau style poétique. Mais si leur sentiment les pousse dans cette direction, leur conscience logique les retient de reconnaître dans son entier ce nouveau domaine qui commence à s'ouvrir à eux. Sans doute les louanges de la beauté n'ont-elles jamais été clamées de façon plus glaciale et plus maladroite que dans *Anfangsgründe der aller schönen Wissenschaften* [Éléments premiers de toutes les belles lettres] de Meier. Ce que Baumgarten définit comme « *characterem felicis aesthetici* », cette disposition artistique primitive, il ne l'a jamais possédée lui-même, pas plus que son disciple. Mais il y avait là plus qu'une insuffisance à caractère personnel. L'esthétique de Baumgarten met le doigt sur la même limite du rationalisme d'école que celle que manifestait déjà la théorie des Suisses. Les deux théories cherchent à établir à l'intérieur des postulats de ce rationalisme lui-même le droit d'un nouveau facteur. Alors que, finalement, lorsqu'ils définissent la sphère du « merveilleux » en tant que domaine proprement poétique, les Suisses cherchent ce facteur dans ce qui est objectif, le mérite de Baumgarten est de diriger strictement son analyse sur le caractère formel du beau et de l'art. Mais il a beau souligner ici la différence entre « forme » logique et esthétique, la forme universelle du « concept » se révèle malgré tout trop puissante. On ne découvre pas un principe configurant autonome, on met seulement en évidence une nouvelle classe de « concepts sensibles ». Cependant, le problème qui s'était trouvé ainsi posé ne pouvait plus connaître le repos. La tentative amorcée à l'intérieur des barrières de l'école devait prendre une signification entièrement nouvelle le jour où elle

---

1. G. F. Meier, § 5.

fut reprise dans un esprit vivant pour les forces créatrices de la poésie elle-même. Herder a vu dans la doctrine de Baumgarten l'esquisse d'une « métapoétique » accomplie et la thèse de doctorat de Baumgarten lui apparut comme « cette peau de bœuf capable, comme celle dont la reine Didon entoura sa ville royale tout entière, d'embrasser une véritable poétique philosophique ».

4

Les théories poétiques et esthétiques de la première moitié du XVIIIe siècle ne doivent pas la découverte de la sensibilité à un surgissement du sensible que sa force originaire propre tirerait des profondeurs et dont la plénitude de contenu s'emparerait de la vie de la conscience. C'est plutôt d'en haut, sur la voie du concept, qu'on cherche à le déterminer comme quelque chose qui n'est, il est vrai, pas totalement transparent pour le concept ni épuisable par lui. De même que, dans la philosophie du temps, l'effectif apparaît comme un « complément du possible », le sensible est ici exigé comme complément du rationnel. Mais en même temps, il est ainsi constamment renvoyé à une autre sphère, étrangère à lui-même, de laquelle il reçoit sa signification ainsi que sa limitation. De cette manière, la théorie des Suisses exige du poète que, par opposition aux formations arides et ternes qui résultent de la simple application des règles, il présente et stimule tous les mouvements du cœur ; mais c'est la matière du domaine religieux qui sert finalement de postulat et de médiation nécessaires à cet exercice de l'imagination poétique. L'esthétique de Baumgarten cherche sans doute à maintenir dans leur immédiateté et leur plénitude les représentations et stimulations sensibles que recèle le substrat obscur de toute vie psychique, le « *fundus animi* », et à les préserver de la fusion en « concepts intelligibles » ; cependant, même dans cette conception, la beauté n'est pas, en tant que « *perfectio phenomenon* », quelque chose de spécifique reposant sur soi-même, mais est interprétée comme la manifestation de quelque chose d'autre, comme l'analogon d'une perfection susceptible d'être déterminée conceptuellement.

La métaphysique leibnizienne comprenait cependant elle-même déjà un motif qui n'avait trouvé son épanouissement ni chez les Suisses ni chez Baumgarten et Meier. La relation entre le monde sensible et le monde intelligible, le rapport entre le « matériel » et le « spirituel », ne se résume pas, pour Leibniz, à supposer entre les deux domaines, d'ailleurs autonomes, une correspondance constante. Un tel « parallélisme », qui se contente de placer côte à côte les deux domaines en tant que déterminations de l'Être également originaires, contredit au contraire l'idée fondamentale proprement dite de la monadologie. Dans l'advenir, le physique et le spirituel ne sont pas des composantes qui s'assembleraient pour constituer, grâce à une connexion et une adaptation réciproques, l'ensemble de la réalité effective ; l'un ne peut, en fait, être d'emblée pensé qu'avec l'autre et comme expression de celui-ci. Tout ce qui est intérieur est extérieur et vice versa. Car le monde des formes, tel qu'il s'épanouit à nos yeux en une série constante dans la nature et dans la vie spirituelle, n'est en lui-même rien d'autre qu'un monde de forces. C'est pourquoi nous n'appréhendons complètement une forme de l'effectif que lorsque nous saisissons l'énergie créatrice qui l'a fait naître, de même que, d'un autre côté, nous ne pouvons jamais contempler cette énergie indépendamment de la globalité des formes dans lesquelles elle est à l'œuvre. La force ne peut être pensée que dans son effectuation elle-même et une œuvre particulière de la nature ne peut être comprise que comme l'expression d'un principe unificateur du devenir. Seul ce rapport idéel fait ressortir dans toute la profondeur de sa signification spécifique l'harmonie préétablie. Tant que le corps et l'âme sont considérés comme deux mécanismes d'horloge dont le Créateur a ajusté à l'avance le battement et la marche, ils ne sont pas unis en raison de leur essence véritable mais de la relation à une cause qui leur est commune. Leur unité ne consiste pas en ce qu'ils sont mais en ce qu'ils accomplissent grâce à une détermination imposée de l'extérieur et qu'ils partagent. À dire vrai, le système de Leibniz suppose un autre rapport : la série des causes et la série des fins, la série de l'advenir mécanique et la série de l'advenir dynamique, la série des formes corporelles organiques et la série de la vie ne sont pas ajustées de manière simplement extérieure mais sont en fait une seule et même chose. L'unité métaphysique du devenir exige nécessairement les deux moments et ne se révèle qu'à quiconque reconnaît dans toute forme l'expression de la force qui la sous-tend et dans toute force uniquement l'aspiration à une richesse de formes spécifiques. Le monde des phénomènes physiques sensibles prend ainsi une tout autre signification que celle qu'elle avait chez Descartes ou Spinoza. Il ne se présente pas comme une substance en soi consistante, mais il n'est pas non plus un simple attribut particulier de l'Être qui jouxterait, de manière indépendante, une infinité d'autres attributs. Sa multiplicité ne nous dissimule pas l'Être un et en soi *indivis*, mais nous révèle cet Être comme une totalité infinie de formes de vie individuelles. On voit clairement la signification de cette pensée en tant qu'amorce du problème esthétique. On ne peut plus, en effet, considérer la sphère sensible à laquelle l'esthétique est tout d'abord référée comme une simple retombée de la réalité spirituelle originaire ; elle est la présentation nécessaire de cette réalité elle-même. Celui qui ne l'appréhende pas uniquement dans des déterminations détachées et isolées mais comme un véritable ensemble découvre en elle la marque du « spirituel », l'image de la vie partout présente de l'univers.

Ce n'est que progressivement que le XVIIIe siècle assimile à son tour cette conception fondamentale, mais sitôt qu'est découverte la voie qui y mène, tous les problèmes particuliers de l'esthétique y gagnent une nouvelle intensité et s'inscrivent dans un nouveau rapport riche de signification. Désormais, en effet, ce n'est pas seulement l'horizon conceptuel qui s'élargit, mais aussi l'horizon historique ; derrière les formes particulières du système leibnizien, c'est la forme fondamentale pure et universelle de l'idéalisme qui s'avance. Ce n'est que plus tard, en liaison avec la conception esthétique de Winckelmann, qui a là sa véritable source philosophique, que pourra être décrite la manière dont cette forme s'introduit dans le monde des idées des Temps modernes à travers la médiation de la Renaissance, à travers la doctrine de Ficin et de l'Académie florentine. Pour le XVIIIe siècle, le platonisme moderne, malgré la multiplicité des formes qu'il a connues depuis Ficin jusqu'à Giordano Bruno et Malebranche, jusqu'à Cadworth et Norris, est cependant pour l'essentiel contenu dans la doctrine d'un seul penseur, dans la philosophie de Shaftesbury. La conception de l'univers et de la vie que Leibniz, en tant que systématicien de la métaphysique, avait cherché à déduire dans la rigueur conceptuelle se manifestait dans une configuration artistique très libre, dans les écrits à forme rhapsodique de Shaftesbury, ainsi que dans l'éclat d'un nouveau style philosophique. La pure philosophie d'idées s'était imprégnée là de la teneur du sentiment moderne de la nature. Dans l'hymne à la nature de Shaftesbury semblait s'achever l'œuvre de libération spirituelle que la Renaissance avait entamée ; l'opposition dualiste du Moyen Âge entre la nature et Dieu, entre le sensible et le spirituel, semblait définitivement surmontée. Le nouveau sentiment religieux fondamental ne connaît et n'honore encore le Créateur que dans sa créature.

Sublime nature, belle au-dessus de tout et d'une bonté sans bornes ! Toute grâce et toute divinité ! Toi dont les regards sont irrésistibles, si infiniment enchanteurs, toi qui recèles pour le chercheur tant de sagesse et pour le contemplateur tant de jubilation, toi dont la plus petite œuvre s'ouvre sur une scène plus vaste et signifie un jeu théâtral plus noble que tout ce que l'art sut inventer ! Ô puissante nature ! Sage vicaire de la Providence ! Créatrice de par la toute-puissance suprême ! Ou encore toi, divinité dispensant la toute-puissance, suprême créateur, je t'invoque et te prie, toi seule. Cette solitude, ce lieu, ces contemplations champêtres te sont consacrés, lorsque, inondé comme en cet instant de l'harmonie de la pensée, je chante et célèbre, sans être esclave des mots et sur des rythmes libres, l'ordre de la nature dans les êtres créés et les beautés qui affluent en toi, source et origine de toute beauté et de toute perfection [1].

Dans cette unité dithyrambique du sentiment, toutes les oppositions méthodologiques de forme et de concept s'évanouissent. Peu importe de quel nom nous désignons l'ordre constant de l'univers et

---

1. A. SHAFTESBURY, *Die Moralisten. Eine philosophische Rhapsodie*, trad. [allemande], introduction et notes de Karl Wollf, Iéna, 1910 [part. III, sect. I].

les rapports d'harmonie entre ses différentes parties. Les deux choses s'offrent à nous dans l'interdépendance des connaissances et des vérités tout autant que dans les règles morales de notre agir : elles se présentent dans les orbites des corps célestes aussi bien que dans la croissance du brin d'herbe ; c'est le moment déterminant de toute harmonie intellectuelle comme de toute beauté visible. Aussi bonté, perfection, vérité et beauté ne sont-elles que des variantes conceptuelles qui expriment sous différents angles un seul et même phénomène dominant dans lequel se fonde toute possibilité de connaissance et de réalité effective. Toute beauté est vérité puisqu'elle est l'accord interne entre les éléments d'une multiplicité pour former un ensemble. Cet accord cependant ne sera saisi dans sa profondeur véritable que là où nous ne l'appréhendons pas sous la forme de l'être inerte, mais dans la loi du mouvement et du devenir. Sans cesse jaillissent de nouvelles formes qui disparaissent à leur tour et semblent s'évanouir dans le néant ; mais en toutes, dans un rythme inchangé, l'éternel continue à se faire sentir. Partout s'étend l'énergie de la vie, inondant tout dans la richesse infinie de ses forces, nulle part éteinte.

Tout vit et retourne à la vie dans une succession régulière. Les êtres mortels abandonnent leurs formes empruntées et cèdent à de nouvelles venues l'étoffe matérielle de leur essence. Réveillées à la vie dans la succession des générations, elles contemplent la lumière et s'abîment dans cette vision, afin que d'autres contemplent aussi le tableau merveilleux et que des créatures sans cesse plus nombreuses jouissent des dons de la nature. Avec générosité et grandeur, elle distribue au plus grand nombre possible et multiplie à l'infini les objets de sa bonté [1].

Par conséquent, c'est la prodigalité et l'accumulation, la richesse et la mesure qui constituent le caractère fondamental de la nature, de même que celui de la beauté. La beauté de la forme visible repose sur l'équilibre des instincts qui agissent et forment de l'intérieur. La beauté est une « forme », mais pas une forme statique ; elle est une forme dynamique. Elle est inhérente à une figure déterminée dans la mesure où en elle le processus vital dont elle émane n'est pas arrêté mais se laisse encore entrevoir à l'intérieur de ses limites fixes. C'est ainsi que, pour la contemplation artistique, toute forme extérieure devient le symbole d'une forme intérieure, et toutes les proportions des grandeurs et des contours deviennent l'expression de ces « nombres intérieurs » (« *interior numbers* ») qui déterminent et gouvernent l'antagonisme entre les forces à l'œuvre.

Ce n'est pas le contenu matériel de cette doctrine de Shaftesbury qui la distingue de la conception fondamentale de Leibniz. Celui-ci avait lui-même souligné et reconnu son accord total avec les

---

1. *Ibid.*, part. II, sect. I (N.d.T.).

Characteristics de Shaftesbury sitôt qu'il en eut connaissance. La différence fondamentale, qui apparaît également dans l'influence qu'exerceront la doctrine de Leibniz et celle de Shaftesbury, ne réside pas dans la teneur logique des concepts eux-mêmes, mais dans la position relative qu'ils occupent les uns à l'égard des autres dans le système. Pour Leibniz, le concept du beau demeure un problème périphérique, alors qu'il est central pour Shaftesbury. La beauté est pour le premier un cas particulier et un exemple à part du concept universel de perfection et de « finalité » ; pour le second, elle est plutôt une norme suprême, grâce à laquelle la contemplation finale dans son ensemble subit une modification interne. Dans l'intuition de la beauté, la nature spirituelle de l'homme se libère de tout assujettissement à des fins extérieures et se manifeste dans son autonomie pure. L'homme livré aux seuls sens, tel l'animal, ne voit dans les objets qui l'entourent que des objets de l'appétit. La saveur les stimule tous deux, la faim les pousse ; ce qui les captive, ce n'est pas la forme mais la matière de la chose. « Jamais, en effet, la forme n'a de puissance effective là où elle n'est pas considérée, jugée, étudiée pour elle-même, mais se présente seulement comme une caractéristique ou un signe contingent de ce qui adoucit les sens en éveil et contente en l'homme l'animal. » Le moment de la réflexion est donc ici aussi ce qui sépare du comportement sensoriel le comportement esthétique de la conscience, mais cette réflexion est par ailleurs rigoureusement distincte de la forme et de la tournure de la déduction syllogistique. Le jugement esthétique est un jugement de l'esprit et de la « raison », sans être pour cela un jugement logique et conceptuel. L'idée d'ordre et d'équilibre est un bien originaire et inné de la raison, qui lui est tout aussi naturel que les idées de figure et de nombre, de vérité et de bonté.

86   À peine l'œil découvre-t-il les figures et l'oreille les sons que la beauté est déjà présente, tandis qu'élégance et harmonie sont remarquées et reconnues. Dès que nous entrevoyons une action, dès que nous jugeons des affects et des passions humains, aussitôt un œil intérieur distingue ce qui est beau et bien formé, ce qui est aimable et digne d'admiration, de ce qui est informe, laid et haïssable ou méprisable [1].

En effet, le rapport fondamental, que nous retrouvons souvent altéré et diffracté de multiples manières dans toute intuition de la beauté naturelle ou artistique, a sa racine véritable non pas dans l'objet mais dans l'intuition de notre moi. C'est en lui seul que l'« unité de la multiplicité » trouve son interprétation définitive et sa confirmation proprement dite. Ce n'est que dans le moi que nous concevons avec une certitude intuitive la manière dont se maintient dans ce qui est tout à fait changeant une « forme » durable, qu'on ne

---

1. *Ibid.*, part. III, sect. II (N.d.T.).

peut elle-même appréhender dans aucune forme particulière mais qui constitue pourtant le fondement et le germe de toute configuration. Partant de là, l'examen s'élève et s'élargit jusqu'à retrouver dans chaque partie du monde et dans l'ensemble de celui-ci la forme primitive qui, dans un premier temps, s'était présentée à nous dans le moi. Étant donné que même la quantité des contenus de représentation ne nous échappe pas puisqu'elle est embrassée et maîtrisée à partir d'*un* centre, nous sommes capables de comprendre et de ressentir également le cosmos non pas comme une juxtaposition mécanique de parties isolées, mais comme un tout vivant accompli. Le « génie » dans le moi nous donne la certitude du génie dans l'univers. Dans la véritable intuition de la beauté, les deux moments ne sont plus pour nous séparés mais indissociablement fondus l'un dans l'autre. Ce qui s'accomplit là n'est pas une « transposition » du subjectif dans l'objectif, de la forme de la vie à la forme de l'être, mais nous savons désormais des deux qu'ils sont finalement un et identiques dans leur origine.

Ce n'est pas une doctrine nouvelle qui s'exprime dans ces propos de Shaftesbury, et l'on pourrait retrouver pour chacun d'entre eux, ou presque, un modèle chez Platon et Plotin, Augustin et Marsile Ficin, Cadworth et les platoniciens de l'École de Cambridge, mais ce qui leur procurait une profonde influence, c'est le fait qu'ils étaient ici proclamés avec toute la force concentrée que peut donner un sentiment nouveau du monde. Walzel a montré dans le détail combien ce sentiment a été fécond pour l'esthétique classique allemande et combien il a influencé Herder et Goethe, Karl Philipp Moritz et Schiller [1]. Certes, comme l'a lui-même souligné Walzel, on ne peut délimiter avec une certitude absolue ce qui appartient à Shaftesbury ou à Leibniz dans ce développement d'ensemble ; d'ailleurs, pour ce qui est de la pure histoire des idées, une telle délimitation ne présente aucun intérêt essentiel. Alors que Shaftesbury agit en prophète enthousiaste de la nouvelle conception, l'influence de Leibniz est, là encore, plus sensible dans le travail silencieux, constant et méthodique, sur les concepts particuliers de l'esthétique. Chez l'un comme chez l'autre, le motif déterminant réside dans la même idée : l'opposition entre « extérieur » et « intérieur » aboutit à une pure corrélation. La simple « extériorité » de l'être physique sensible fait place à l'extériorisation d'un processus psychique et spirituel que l'on découvre en lui. Tout comme la nature, l'être psychique n'a ni noyau ni écorce. Même ce que nous considérons comme purement contingent et accidentel dans les choses, ce que nous considérons comme simplement « superficiel » en elles possède nécessairement sa fondation dans l'ensemble et donc une profondeur qui lui est propre. Le monde des sens est et demeure sans

---

1. Voir en particulier l'introduction de WALZEL à *Schillers philos. Schriften* [Écrits philosophiques de Schiller], éd. Cotta, Säkular-Ausgabe, vol. XI.

doute « phénomène », mais ce phénomène n'est pas une apparence privée d'essence : il est annonce et révélation de l'essence elle-même. De même que, selon une des vues fondamentales de la monadologie, il n'existe aucune détermination d'un sujet qui ne puisse, d'une manière ou d'une autre, être fondée en lui et s'expliquer à partir de lui, de même donc que, pour parler le langage de la scolastique, toute « *denominatio pure extrinseca* » est exclue, Leibniz étend cette idée au rapport existant entre le monde des relations logiques objectives et le monde des signes sensibles. C'était déjà sur l'interdépendance entre ces deux mondes que se fondait l'esquisse de la « caractéristique universelle » et, pour Leibniz, ce n'est rien moins que la nouvelle analyse de l'infini qui devait en sortir. Mais à partir de là, l'examen rebondit. Même les signes naturels que nous avons dans les qualités sensibles, dans les couleurs et les sons, ne flottent pas dans le vide ; ils ont une teneur et une nécessité objectives déterminées. Leibniz rejette explicitement l'opinion de Locke et de Descartes selon laquelle ces qualités n'auraient absolument rien de commun avec les propriétés et les mouvements réels auxquels elles correspondent et ne seraient liées à eux par aucune connexion relevant d'une explication quelconque. On ne peut pas plus ramener à un pur acte arbitraire, par lequel le Créateur aurait simplement mis en ordre des choses parfaitement hétérogènes, le fait qu'en tant que sujets sentants nous croyons percevoir dans la forme de sensations déterminées un genre déterminé de mouvements, qu'on ne peut voir une identité ou une analogie entre nos perceptions et les processus mécaniques du monde physique. Il doit plutôt régner là, entre la qualité de l'objet et celle de l'impression, une sorte de rapport, même si nous ne sommes pas en mesure de le reconnaître entièrement ni de l'exprimer en concepts clairs. Ainsi se révèle l'existence dans les signes sensibles eux-mêmes d'une teneur concrète propre que l'analyse minutieuse doit mettre en évidence en tant que telle et déterminer dans son genre particulier. La doctrine du signe devient partie intégrante de la théorie de l'essence elle-même. Une abondance de tâches et de problèmes spécifiquement esthétiques est là en germe. De même que la logique, par exemple chez Lambert, aboutit d'elle-même à la nécessité d'une « sémiotique » et l'érige en science autonome, un paragraphe de l'esthétique de Baumgarten et Meier est tout particulièrement consacré à l'analyse de la « faculté de désignation » *(facultas characteristica)* [1]. Mendelssohn adopte ce concept pour en faire le fondement d'un système complet des beaux-arts dans son traité *Von den Quellen und Verbindungen der schönen Künste* [Considérations sur les sources et les rapports entre les beaux-arts], datant de 1757. Il prend pour base une distinction entre signes naturels et signes artificiels qui remonte, en ce qui concerne sa source historique, à la doctrine gnoséologique des sceptiques de

---

1. Voir G. F. MEIER, § 513 s.

l'Antiquité et qui avait été à nouveau précisée au XVIIIᵉ siècle par Wolff aussi bien que par Dubos : « De par leur nature, les passions sont liées à certains mouvements des membres de notre corps, ainsi qu'à certains sons et mimiques. Par conséquent, celui qui exprime un mouvement de l'âme par les sons, mimiques et mouvements correspondants, utilise les signes naturels. On nommera en revanche arbitraires les signes qui, de par leur nature, n'ont avec la chose désignée rien de commun, tout en étant cependant arbitrairement admis à cette fin. À ce genre appartiennent les sons articulés de toute langue, les lettres des alphabets, les signes hiéroglyphiques des anciens et quelques images allégoriques qu'on peut à bon droit rattacher aux hiéroglyphes. » On gagne ainsi le point de vue qui, selon Mendelssohn, sert à distinguer les uns des autres les « beaux-arts » et les « belles-lettres » ; ces dernières, par exemple la poésie et l'éloquence, doivent leur effet à des signes artificiels, alors que les premiers, telles la peinture, la sculpture, la musique et la danse, le doivent à des signes naturels ; de plus, la différence de contenu et la différence d'utilisation de ces signes constituent les critères fondamentaux de la subdivision de ces beaux-arts en sous-genres. Chaque art doit en effet se contenter de la partie des signes naturels qu'il est susceptible de rendre perceptible aux sens : « La musique qui s'exprime à travers des sons perceptibles n'est absolument pas en mesure de rendre le concept d'une rose, d'un peuplier, etc., de même que la peinture est incapable de nous faire imaginer un accord musical. » La nature spécifique des signes détermine aussi pour chaque art la sphère des configurations possibles et le mode spécifique de configuration lui-même [1]. C'est ainsi qu'à partir de rapports philosophiques universels on parvient, par un développement conceptuel rigoureux et constant, à l'idée fondamentale du *Laocoon* de Lessing. La détermination d'un art lui est imposée par les seules limites de sa compétence, de par la particularité de ses signes, et non pas par « ce que d'autres arts sont capables de faire aussi bien, sinon mieux ». On n'atteint à l'intelligence de la loi formelle de chaque art qu'à partir des conditions qui lui sont imposées par son moyen d'expression spécifique. Ce qui était apparemment extérieur devient ainsi véritablement intérieur. Existe-t-il en effet quelque chose qu'on puisse avec plus de raison qualifier d'intérieur du point de vue de la contemplation esthétique sinon ce qui lui fournit la caractéristique distinctive propre aux différents genres d'objets et de rapports structurels artistiques ?

Il y a là cependant quelque chose de plus. Mendelssohn, en corrélation avec sa classification des arts, attire l'attention sur le langage naturel et partout identique que les désirs et les affects utilisent dans certains mouvements corporels. Il désigne ainsi un thème

---

1. Voir DASSOIR, *Geschichte der neueren deutschen Psychologie* [Histoire de la psychologie moderne en Allemagne], Berlin, 1902, p. 597 s.

étroitement lié à toutes les discussions esthétiques du XVIIIe siècle. Dans sa *Sciagraphia encyclopaediae philosophicae*, Baumgarten conçoit déjà le plan d'une complète « pathologie esthétique » censée présenter et enseigner le langage de l'amour, de la colère, de la tristesse ; cette idée sera reprise et élargie par Meier dans *Theoretische Lehre von den Gemütsbewegungen überhaupt* [Doctrine théorique des mouvements du cœur en général] : « Grâce aux découvertes de la nouvelle sagesse universelle », on fonde l'idée sur la vérité selon laquelle l'âme dans toutes ses activités et ses facultés est une seule et unique force agissante, grâce à laquelle elle se représente le monde en fonction de la position et de la posture de son corps. Ceci implique, en même temps cependant, que la classification des expressions de l'âme dans une sphère de l'agir pur et de la souffrance pure est caduque. Alors que même l'idée la plus abstraite ne se sépare jamais complètement de la perception sensible, à l'inverse, tout mouvement passionnel de notre intériorité, dans lequel nous paraissons entièrement soumis à l'influence des *stimuli* extérieurs, reflète encore le type et l'activité de notre moi. Le plasticien, tout comme l'orateur ou le poète, qui a appris à comprendre ce langage symbolique possède en lui le moyen infaillible pour susciter à son gré les mouvements de l'âme et pour les maîtriser. Aucune nuance de la sensibilité ne lui semblera négligeable puisque chacune, une fois rendue de manière parfaite, possède le pouvoir inhérent d'éveiller dans toute sa force chez l'auditeur ou le spectateur l'affect qu'on cherche à provoquer chez lui. On peut suivre ainsi une constante évolution depuis cette première conception de la *Pathologia aesthetica* jusqu'à la physiognomonie de Lavater ou le mémoire d'examen du jeune étudiant en médecine Schiller : *Über den Zusammenhang der tierischen Natur des Menschen mit seiner geistigen* [À propos du rapport entre la nature animale de l'homme et sa nature spirituelle]. La physiognomonie, « au sens le plus large du mot », est pour Lavater le savoir du rapport entre ce qui est extérieur et ce qui est intérieur, entre la surface intermédiaire et le contenu invisible, entre ce qui est animé de manière visible et perceptible et ce qui anime de manière invisible : la connaissance menant de l'« effet visible à la force invisible ». Pour cette physiognomonie, par conséquent, il n'existe pas de traits indifférents ou non pertinents. En effet, la nature et l'âme humaine transparaissent totalement et de manière égale dans chacune de leurs expressions, les plus proches comme les plus lointaines, les plus puissantes comme les plus fragiles. La nature agit dans toutes ses organisations en partant toujours de l'intérieur, d'un centre de gravité, pour s'étendre à l'ensemble, si bien que c'est la même énergie vitale qui fait battre le cœur et remuer les doigts, qui forme le crâne et l'ongle du petit doigt de pied [1]. Tout le faisceau

---

1. Voir J. K. LAVATER, *Physiognomische Fragmente* [Fragments de physiognomonie], vol. I, p. 13, vol. III, p. 103 s., vol. IV, p. 148 s. et *passim*.

d'idées qui a cours dans cette théorie réapparaît encore en toute clarté dans les *Philosophische Briefe* [Lettres philosophiques] de Schiller. On peut y suivre très distinctement la manière dont cette « caractéristique » esthétique se sépare progressivement de la caractéristique logique pour se constituer en tant que telle. Schiller part de l'idée que nos plus purs concepts ne sont en aucun cas des images des choses, mais seulement leurs signes nécessairement déterminés et coexistants. Étant donné que la force psychique est une nécessité spécifique et est toujours identique à elle-même, ce qu'il y a d'arbitraire dans les matériaux où elle s'exprime ne change rien aux lois éternelles de son expression.

Par conséquent, la vérité n'est pas une propriété des idiomes mais des syllogismes ; non pas l'analogie du signe avec ce qui est désigné, du concept avec l'objet, mais la coïncidence entre ce concept et les lois de la pensée [1].

Mais, partie de ce concept de vérité leibnizien et de l'idée d'un « entendement infini » qui appréhende dans sa pensée pure les relations objectivement nécessaires entre tous les éléments du réel, la *Theosophie des Julius* [Théosophie de Julius] de Schiller s'élargit à l'idée de l'artiste infini que nous trouvons symboliquement représenté dans chacun des traits singuliers de son œuvre.

Tout en moi et hors de moi n'est que hiéroglyphe d'une force qui m'est analogue. Les lois de la nature sont les chiffres que l'être pensant assemble les uns aux autres pour se faire comprendre de l'être pensant, l'alphabet par l'intermédiaire duquel tous les esprits négocient avec l'esprit parfait par excellence et avec eux-mêmes. Harmonie, vérité, ordre, beauté, excellence me procurent de la joie car ils me transportent dans l'état actif de leur inventeur, de leur possesseur, me révèlent la présence d'un être aux sensations guidées par la raison et me font pressentir ma parenté avec cet être. Grâce à l'instrument de la nature, grâce à l'histoire universelle, je m'entends avec l'infini : je déchiffre l'âme de l'artiste dans son Apollon [2].

La « pathognomonie », qui fait que l'on peut reconnaître le trait de l'âme dans les traits sensibles du corps, nous révèle en même temps la totalité de l'âme. Tout état de l'âme humaine a une « parabole » quelconque qui lui correspond dans la création physique ; tout état de l'existence physique est l'expression d'une loi spirituelle et d'un rapport spirituel quelconques. Les *Lettres philosophiques* de Schiller ne font là que présenter et compléter une idée que l'on peut retrouver différemment esquissée dans la métaphysique, la psychologie, la

---

1. Fr. VON SCHILLER, « Theosophie des Julius : Gott », *Philosophische Briefe*, 1786 (« Théosophie de Julius : Dieu », Lettres philosophiques) [N.d.T.].
2. *Ibid.*, « Die Welt und das denkende Wesen » (« Le monde et l'être pensant ») [N.d.T.].

méthodologie, de même que dans la doctrine esthétique du XVIIIᵉ siècle. Par cette médiation de la doctrine des signes, une nouvelle conception et une nouvelle appréciation de la sensibilité étaient créées. Ce que les Suisses, de même que Baumgarten et Meier, avaient cherché était ainsi découvert, bien que le point de départ fût différent. Dans la vision fondamentale de Lessing et de Herder se parfait le nouveau concept de forme pour lequel Leibniz et Shaftesbury avaient créé les postulats philosophiques généraux.

5

Qui s'attache à Lessing du point de vue d'un problème particulier précis – même s'il s'agit d'un problème d'importance historique majeure – court le danger de perdre de vue le véritable critère de la spécificité de son être. Car ce qu'est Lessing et ce qu'il signifie pour la littérature allemande ne se limite à aucun des résultats obtenus dans un domaine particulier. Le caractère de l'homme et de l'écrivain se dresse derrière chacun d'eux comme quelque chose d'autonome qu'aucun ne permet de saisir. Et c'est l'unité de ce caractère et non celle d'un problème concret déterminé qui constitue le liant de l'activité littéraire de Lessing dans son immense diversité, son attirance pour les rapports d'idées les plus universels et son exploration « micrologique » des petites et des plus petites choses. Mais au fond, cette dernière spécificité se dérobe également à toute connaissance et à toute dérivation historique. En effet, en dépit de toute la variété des conditions historiques préalables et des implications historiques de son travail critique, Lessing garde dans son temps et parmi ses contemporains les plus proches une place à part. Il est pourtant devenu à proprement parler le représentant spirituel et le porte-parole de ce temps qui, le premier, concourut à l'expression fiable et claire des aspirations idéales de ce temps et de tout ce qu'il recelait de tendances imprécises ; mais en même temps, en découvrant précisément cette expression, il a débordé le cercle de ces problèmes. Il a lui-même eu le sentiment de cette situation et l'a dépeinte dans une image grandiose. Dans la célèbre querelle qui l'oppose à Klotz, alors que ce dernier tente de le raccrocher tout entier à Nicolaï et à l'école littéraire berlinoise pour le ranger ainsi dans une coterie précise, Lessing, avec toute la supériorité que lui confère la conscience de sa propre valeur et celle du regard critique jeté sur lui-même, combat cette tentative.

Je ne suis en vérité qu'un moulin et pas un géant. Je me dresse là à ma place, en dehors du village, tout seul sur une colline de sable et je ne viens à personne, je n'aide personne et ne me fais aider par personne. Lorsqu'il se présente de quoi mettre sur mes meules, je mouds, peu importe d'où souffle le vent. Les trente-deux vents sont tous mes amis. Je ne demande à toute l'étendue de l'atmosphère pas un pouce de plus qu'il n'en faut à mes ailes pour tourner. Qu'on leur accorde juste cette envergure ! Les mouches peuvent voltiger à l'entour : mais des gamins espiègles ne peuvent à chaque instant se risquer là-dessous, pas plus qu'une main ne peut s'interposer si elle n'est plus forte que le vent qui m'entraîne. Qui serait précipité dans les airs par mes ailes n'a à s'en prendre qu'à soi-même ; je ne peux le déposer plus doucement que sa chute ne le ferait [1].

Ce qui procure sa force à ce style et à cette pensée repose sur un fondement plus profond que celui que l'examen historique de problèmes particuliers pourrait retrouver et mettre au jour.
Mais précisément parce que l'art de Lessing ne se confond ni avec une tâche singulière ni avec une conception singulière propres à une école, en lui se reflète d'une façon incomparable l'ensemble du mouvement de la pensée qui donne naissance au nouveau concept de forme. Son universalité s'annonce déjà de manière purement extérieure dans le fait qu'il n'exclut de son intérêt et de son travail aucune des diverses directions dans lesquelles le XVIIIe siècle recherche la solution des problèmes esthétiques. Comme il n'a d'obligation envers aucun parti, il n'est lié à aucune voie de recherche précise. Dans un esprit d'analyse purement objectif, il cherche à établir l'essence des genres poétiques singuliers, à mettre en évidence la forme de « la » tragédie, de la fable, de l'épigramme, en tant que forme fondamentale nécessaire, ordonnée de manière univoque à la finalité de chaque espèce particulière. Il prend ici le relais d'Aristote dont la poétique va devenir pour lui un canon fixe, une sorte d'Euclide du monde des formes poétiques. Mais il remonte ensuite de l'établissement des espèces artistiques aux lois créées par les conditions de l'expression artistique et par les conditions de la création artistique. L'analyse des modes poétiques singuliers va de pair avec l'analyse des signes artificiels et naturels, et cette dernière avec l'analyse des énergies sur lesquelles reposent la configuration et la jouissance artistiques. Lessing va mettre au service de ce but tous les résultats de la nouvelle « sagesse du monde » et de la nouvelle psychologie. Mais, dans le résultat global de son travail critique, il aboutit à un nouveau concept de génie qui sera par la suite au centre de la poétique tout entière. Ce n'est qu'avec Lessing que le concept de génie va au-delà de la signification métaphorique et imprécise dans laquelle l'avait figé la discussion qui prolongeait les définitions de Shaftesbury, ainsi que celles d'Addison et de Young. C'est l'analyse de la légalité de la création artistique qui a rendu nécessaire pour lui le concept de génie en tant qu'expression et véhicule. Lessing nous ramène ainsi à cette relation des plus universelles que

---

1. G. E. LESSING, *Briefe antiquarischen Inhalts* (Lettres concernant l'Antiquité), 55e lettre, *Sämtl. Schriften*, éd. Lachmann-Muncker, vol. 10, réimp. W. de Gruyter, 1968, p. 429 (N.d.T.).

nous cherchons à suivre sous ses différentes formes : problème de la liberté et problème de la forme sont imbriqués l'un dans l'autre et se confondent. Dans la libre création du génie, qui n'est liée à aucune norme extérieure et conventionnelle, une « règle » originaire se dévoile. Ce n'est qu'ici que toute la particularité du monde des objets esthétiques nous est révélée, que se précisent les limites et les profondes différences existant entre le monde de l'artiste et celui du philosophe, entre le monde du poète et celui de l'historien. La *Hamburgische Dramaturgie* [*Dramaturgie de Hambourg*] qui en trace les limites n'a pas ainsi seulement créé le fondement critique de la reconfiguration de la dramaturgie nationale mais, par-delà, elle a reposé un des problèmes centraux de la vie de l'esprit en Allemagne. Sortant de l'étroitesse du particulier, on est à nouveau directement transporté dans les hauteurs libres de la contemplation des rapports spirituels fondamentaux. C'est le jeune Goethe qui a le plus purement et le plus fortement ressenti ce trait de la pensée de Lessing ; il l'exprime ainsi dans *Dichtung und Wahrheit* [*Poésie et vérité*] :

> Il faut être adolescent pour se représenter l'effet que le *Laocoon* de Lessing exerça sur nous, en nous entraînant du domaine d'une contemplation médiocre dans les libres espaces de la pensée [...]. La splendeur de ces grandes idées fondamentales n'apparaît qu'à l'âme sur laquelle elles exercent leur activité infinie ; elle n'apparaît qu'à l'époque où ces idées viennent au bon moment contenter les aspirations qui les appelaient [1].

Jamais de simples abstractions ni des subtilités analytiques, aussi raffinées qu'elles soient, n'auraient eu une telle influence si elles ne s'étaient appuyées sur la nouvelle et grande *synthèse* qui s'était accomplie dans l'esprit de Lessing.

Si l'on veut mettre les concepts de Lessing en relation avec une doctrine philosophique quelconque, il n'est pas d'autre solution que de les relier directement à Leibniz. Plus libre que Mendelssohn qui, pour l'essentiel, présente sa métaphysique et son ontologie avec les formules de la philosophie de Wolff, Lessing aspire là encore à remonter aux sources. Lorsque, comme ce fut le cas pour *Christentum der Vernunft* [Le christianisme de la raison], il cherche à développer systématiquement une idée fondamentale purement spéculative, ce sont les concepts de la *Monadologie* et de la *Théodicée* qu'il adopte sans prévention comme moyens d'expression naturels. *Die Erziehung des Menschengeschlechtes* [*L'Éducation du genre humain*] montre ensuite comment, très à l'aise dans ces concepts, il leur donne cependant un contenu totalement nouveau sitôt qu'il entreprend avec leur aide l'examen de problèmes concrets.

---

1. J. W. GOETHE, *Dichtung und Wahrheit* (*Poésie et vérité*, trad. Pierre du Colombier, Paris, Aubier, 1941, 2ᵉ partie, liv. VIII, p. 205) [N.d.T.].

Mais ce qui fascine Lessing, c'est « le grandiose mode de penser » de Leibniz plus que tous les points singuliers de sa doctrine [1]. Il suit ce mode de penser avec une sagacité critique, non pas en s'engouffrant dans la voie toute tracée de l'enseignement traditionnel, mais en se plongeant de préférence dans les résultats les plus ardus et paradoxaux de ce système. C'est pour sa virtuosité dialectique, qui trouve là son pendant et une matière digne d'elle, une stimulation sans cesse renouvelée que de découvrir les raisons cachées de ces résultats. C'est ainsi qu'il examine la justification leibnizienne de la Trinité en l'opposant à celle de Andreas Wissowatius, qu'il reconnaît même dans la doctrine des peines éternelles [2] une adaptation et une présentation exotérique de l'idée fondamentale du déterminisme leibnizien. Sans doute est-il en revanche plus difficile de mettre en évidence, à la différence de ces aspects extérieurs qui lient Lessing à Leibniz, le moment qui constitue à proprement parler entre eux deux la médiation idéelle. On s'est référé à ce propos aux « subjectivisme » et « phénoménalisme » métaphysiques leibniziens, et Robert Sommer, dans sa *Geschichte der deutschen Psychologie und Ästhetik* [Histoire de la psychologie et de l'esthétique allemandes], a avancé la thèse que chez Lessing toutes les idées essentielles de la conception de l'art remontent à Leibniz pour ce qui est de leur origine vraiment historique et concrète. Ce ne serait que par le « tournant subjectiviste de la doctrine de la vérité » de Leibniz que s'expliquerait la liberté que la théorie du drame de Lessing laisse à l'écrivain face à la réalité historique, de même que, par ailleurs, la doctrine du génie de Lessing s'appuierait sur l'idée leibnizienne de la création spontanée des représentations à partir du moi qui en aurait été le postulat spéculatif [3]. C'est à vrai dire un rapport d'un genre plus complexe que celui qui est ici décrit qui existe entre le monde d'idées de Leibniz et celui de Lessing. Il est évident que Lessing a directement et indirectement été profondément inspiré par Leibniz, mais c'est à d'autres éléments que les doctrines abstraites de la psychologie et de la connaissance qu'il revint de jouer là le rôle décisif. Les écrits de Lessing n'indiquent nulle part que tout ce cercle d'idées que Sommer comprend sous le nom de « phénoménalisme » et de « subjectivisme » l'ait jamais véritablement touché, sauf à faire entrer en ligne de compte la thèse tardive selon laquelle « il peut y

---

1. Voir F. H. Jacobi, *Über die Lehre des Spinoza in Briefen an den Herrn Moses Mendelssohn*, Breslau, 1789, p. 32, [*Lettres à M. Mendelssohn sur la doctrine de Spinoza*, trad. J.-J. Anstett, Paris, Montaigne, 1946].
2. [G. E. Lessing], *Leibniz von den ewigen Strafen*, éd. Lachmann-Muncker, XI, p. 264. – *Des Andreas Wissowatius' Einwürfe wider die Dreieinigkeit*, XII, p. 71 s. [À propos des peines éternelles selon Leibniz, réimp. *Sämtl. Schriften*, vol. 11, p. 461. – Les objections d'Andreas Wissowatius contre la Trinité, *ibid.*, vol. 12, p. 71 s.].
3. Voir R. Sommer, *Geschichte der deutschen Psychologie und Ästhetik* [Histoire de la psychologie et de l'esthétique allemandes], p. 176 s.

avoir pour l'homme plus de cinq sens », thèse qui, cependant liée à l'idée de palingénésie, renvoie à Bonnet et à une autre direction de la spéculation. Si donc Leibniz et Lessing s'accordent, ce n'est pas tant sur une *doctrine* philosophique déterminée de la subjectivité, mais sur un trait fondamental de leur essence, sur ce qu'ils sont, en tant que sujets, personnalités et penseurs, tant et si bien que même là où Lessing arrive aux mêmes résultats que Leibniz, il parvient aux concepts les plus importants de sa théorie esthétique par une voie proprement spécifique.

Dans une lettre de Leibniz, on trouve exprimée l'idée que penser est ce qui constitue l'activité essentielle et caractéristique de notre âme ; elle pensera en effet éternellement, même si la fonction sensible de la sensation est éteinte en elle. Si l'on se permet de considérer ce propos comme un maître mot et la devise du siècle des Lumières, Lessing apparaît alors comme l'expression la plus achevée de ce à quoi aspire ce siècle. « Raisonner » et « inventer », créer et contempler ne sont pas pour lui des activités séparées et séparables l'une de l'autre.

> Quiconque raisonne juste invente par cela même ; et quiconque veut inventer doit être capable de raisonner. Pour croire que ces deux choses peuvent être séparées, il faut n'être capable ni de l'une ni de l'autre [1].

L'agir, le « poétique » au sens étroit comme au sens large du mot, est donc soumis à la maîtrise de la pensée, mais ceci procure en même temps à la pensée elle-même la couleur de l'agir. Ce n'est pas une simple décomposition de concepts donnés, pas un jeu d'abstractions vaines, mais la force synthétique et configurante fondamentale de la conscience elle-même. Dans cette conception s'exprime la loi de formation interne de l'esprit de Lessing, de même qu'y est fondée la loi fondamentale de son style. Et par la médiation de ce style, cette forme spirituelle pénètre jusqu'aux détails les plus infimes et les plus isolés de la problématique de Lessing. Toute matière, aussi rebelle qu'elle soit, en est remplie ; tout substrat, même le plus dénué d'intérêt, devient pour elle un miroir et une expression. Peu importe qu'il s'agisse là de la rectification d'une lecture ou des problèmes fondamentaux de la poétique, d'un détail de littérature antique ou des fondements de la doctrine de la foi. Partout, dans la présentation de Lessing, on décèle la présence de ce même battement du pouls vivant de sa pensée, sensible même à travers toute la rigidité des simples résultats. Ses idées ne sont ce qu'elles sont que par le mode de leur conquête. Le plaisir de la chasse est toujours pour lui plus important

---

1. G. E. LESSING, *Hamburgische Dramaturgie*, 96ᵉ pièce [1ᵉʳ avril 1768 ; *Dramaturgie de Hambourg*, trad. E. de Suckau, Paris, Didier, 1885, p. 436].

que la capture [1]. Même les plus importants de ses résultats n'échappent pas à ce jugement. Le *Laocoon*, plus qu'un véritable livre, veut être « éléments pour un livre ». Et dans la *Dramaturgie de Hambourg*, Lessing rappelle pareillement à son lecteur que rien n'est plus éloigné de son esprit que l'idée de proposer un système dramatique.

Je ne suis donc pas obligé de résoudre toutes les difficultés que je soulève. Que mes pensées ne se lient pas parfaitement entre elles, et même qu'elles paraissent se contredire, peu importe, pourvu que ce soient des pensées où mes lecteurs trouvent eux-mêmes matière à penser. Je ne cherche qu'à semer des *ferments de recherches* [2].

On interprète cependant ce trait de manière absolument fausse et on prête un sens totalement erroné aux propos souvent cités de Lessing disant que l'aspiration à la vérité est préférable à la possession de cette vérité elle-même, si l'on entend par là qu'on doit laisser dépérir le contenu et la valeur objective de la connaissance et ne garder à la place que le reflet et le plaisir subjectifs que procure le mouvement de la pensée lui-même. Rien n'est plus étranger à la pensée de Lessing, constamment dirigée sur son objet concret, qu'une tendance de ce genre. Pour lui, dans le mouvement de la pensée, c'est plutôt ce qu'il y a d'objectif dans le concept et dans la vérité qui se manifeste et ne peut s'épanouir et se présenter sous aucune autre forme. Ce qu'une idée signifie et est, elle le doit seulement à l'ensemble du processus logique duquel elle participe. Chaque proposition, en effet, quel que puisse être son contenu, ne sera connue comme vérité que si elle est reconnue dans le rapport entre ses principes et ses conséquences. On a constamment vu dans le style de Lessing le modèle et le prototype de la présentation génétique. « Nous voyons son œuvre en devenir, juge Herder, comme chez Homère le bouclier d'Achille. On dirait qu'il nous met pour ainsi dire sous les yeux la cause première de chaque réflexion, la dépèce en morceaux, les assemble, et voilà le ressort qui se détend, la roue tourne, une idée, une conclusion en entraînent d'autres, la déduction approche : *voilà* le produit de l'examen. Chaque passage est quelque chose qui forme un tout, un τεταγμένον d'une idée achevée : son livre, un poème qui se poursuit avec des ajouts et des épisodes mais toujours mobile, toujours en travail, en progrès, en devenir. » Mais ce qui, en l'occurrence, est à proprement parler caractéristique de Lessing, c'est que cette genèse elle-même n'arbore pas tant un caractère psychologique que logique. Elle ne

---

1. G. E. LESSING, *Anmerkungen zu Jerusalems Philos. Aufsätzen* [Remarques à propos des essais philosophiques de Jérusalem], XII, p. 294.
2. G. E. LESSING, *Dramaturgie de Hambourg*, 95ᵉ pièce, 29 mars 1768, p. 432 (N.d.T.).

montre pas seulement la naissance contingente d'une idée, elle fait partie de sa consistance ; elle ne développe pas seulement des motifs particuliers à partir desquels cette idée a été conçue, mais étale l'ordre tout entier de sa fondation concrète, la suite univoque de prémisses et de conclusions dans laquelle elle a sa place. Si on a souvent dit des personnages des drames de Lessing qu'ils n'ont pas purement en eux-mêmes le centre de gravité de leur être, mais que c'est Lessing qui en eux agit et pense, le rapport peut, en ce qui concerne les œuvres critiques et théoriques, presque être inversé. Sans doute, la richesse des images et des symboles dont Lessing confesse ironiquement à Goeze qu'ils sont les « péchés originels » de son style, domine encore ici et il refuse de se laisser persuader « de ce que chercher d'une manière quelconque à donner aux froides idées symboliques quelque chose de la chaleur et de la vie des signes naturels serait de toute façon préjudiciable à la vérité ». Mais pourtant tout se passe comme si ce n'était pas tant la vie du penseur mais la vie des idées elles-mêmes qui se présentait dans ce mouvement. La nécessité de la chose elle-même semble nous pousser en avant ; c'est la structure légale de l'objet et non le jeu capricieux de la représentation qui s'étale sous nos yeux. En tant qu'analyste, Lessing se comporte en dramaturge de même que, en tant que dramaturge, il se comporte en analyste. Mais la forme universelle de sa dialectique demeure la même, qu'il s'agisse de la dialectique des concepts ou de la dialectique des passions. Et en elle sont contenus, en même temps que les moments fondamentaux de son style, tous les moments à partir desquels se développe sa théorie esthétique, sa conception de l'essence de la configuration artistique.

Chez Lessing, la conception de l'art a ses racines dans l'intuition de l'essence de la poésie : musique et beaux-arts ne sont pour lui que l'arrière-plan et le contretype permettant de s'assurer une vue pénétrante de la spécificité de l'art littéraire et d'en tracer les « limites ». Pour lui, cependant, le secret de l'effet poétique réside dans ce qu'en lui nous vivons, grâce à l'intensification de tous les affects et passions, une élévation de notre conscience de la réalité. Lessing écrit en 1757 à Mendelssohn :

> Nous sommes bien d'accord, n'est-ce pas, mon très cher ami, sur le fait que toutes les passions sont soit d'intenses attirances, soit d'intenses répulsions. Sur le fait aussi que dans toute attirance ou répulsion intense, nous prenons conscience à un plus haut degré de notre réalité et que cette conscience ne peut être qu'agréable. Par conséquent, toutes les passions, même les plus désagréables, sont, en tant que passions, agréables. Je n'ai cependant pas besoin de vous dire que le plaisir lié à la plus profonde détermination de notre force peut être si largement compensé par le déplaisir que nous rencontrons dans les objets auxquels s'adresse la détermination de notre force que nous ne sommes mêmes plus conscients de ce plaisir [...] il ne reste plus que le plaisir lié à la passion qui représente simplement une détermination plus intense de notre force.

Ce n'est par conséquent pas l'homme moralement parfait, mais l'homme en proie à la passion qui constitue l'objet de la littérature. L'ensemble de la « littérature vertueuse », du style de celle de Richardson, est ainsi vaincu et écarté par ce simple propos. Alors que dans sa recension de *La Nouvelle Héloïse*, Mendelssohn place encore Richardson au-dessus de Rousseau, la critique que fait Lessing dans ses *Literaturbriefe* [Lettres sur la littérature] des drames de jeunesse de Wieland trace une nette ligne de démarcation entre les époques [1]. Considéré simplement du point de vue du contenu, ce n'est pas une nouvelle détermination qui se manifeste là. Lessing semble se contenter de reprendre une idée qui, depuis Shaftesbury et Dubos, tendait de plus en plus à acquérir une validité universelle et dont en particulier Hutcheson s'était fait l'interprète dans son *Inquiry into the original of our ideas of beauty and virtue* (1725). Lessing donne alors à cette idée son empreinte caractéristique grâce à un trait nouveau. Ce sont les « actions » qui font le véritable objet de la poésie et lui permettent par leur présentation d'atteindre son but qui est d'éveiller et d'intensifier toutes les énergies de l'âme. Le concept d'« action » lui-même sera dans un premier temps défini dans la ligne académique.

J'appelle action – explique-t-il dans son essai sur la fable de 1759 – une succession de changements qui forment un ensemble. Cette unité de l'ensemble repose sur l'accord de toutes ses parties ordonnées à une fin [2].

Mais à partir de là, l'analyse s'approfondit : l'explication de texte a besoin d'être complétée par une explication de la réalité. De la simple alternance des événements, on renvoie à la mobilité intérieure purement psychique, mais cette intériorité ne se présente pas seulement dans la sphère du vouloir, mais aussi, et avec une force et une détermination identiques, dans la sphère de la pensée.

Il y a cependant des critiques d'art, est-il écrit dans les développements ultérieurs de l'essai sur la fable, qui lient au mot action un concept si matériel qu'ils ne voient nulle part d'action ailleurs que là où les corps sont si actifs qu'ils réclament une certaine modification de l'espace. Ils ne trouvent d'action dans un drame que là où l'amant se jette aux pieds, là où la princesse s'évanouit, où les héros se chamaillent, et de même dans aucune fable si ce n'est là où le renard bondit, où le loup déchire, où la grenouille s'attache à la patte une souris. Il ne leur est jamais venu à l'esprit que chaque lutte intérieure des passions, chaque succession de pensées diverses où l'une supprime l'autre puissent être des actions ; peut-être est-ce parce

---

1. Voir E. Schmidt, *Richardson, Rousseau und Goethe*, p. 17 ; G. E. Lessing, *Werke*, I, p. 415 s.
2. G. E. Lessing, *Abhandlungen zur Fabel*, I, *Von dem Wesen der Fabel : Richer*, 1759 (Essais sur la fable) [N.d.T.].

qu'ils pensent et sentent de façon trop mécanique pour pouvoir être conscients qu'il y a là une activité quelconque [1].

La transition est ici directement perceptible : c'est du caractère « dynamique » de la pensée qui constitue l'expérience spirituelle fondamentale de Lessing lui-même que naît le concept plus profond d'action poétique.

Et maintenant, c'est tout particulièrement le drame qui se trouve placé sous un éclairage nouveau. Ce qui configure une action de manière proprement dramatique, ce ne sont pas les simples richesse et intensité de l'advenir en tant que tel, mais le fait que ses moments singuliers se fondent mutuellement l'un dans l'autre. La véritable unité de l'action tient dans l'unité de la motivation. Il ne peut y avoir là aucune lacune si on ne veut pas que le processus de la configuration poétique se confonde avec la simple reproduction et imitation d'un fait. Le poète est le maître des faits empiriques tels que la nature ou l'histoire les lui offrent, mais s'il l'est, c'est uniquement parce qu'il est soumis à une autre liaison plus profonde.

On pardonne au génie d'ignorer certaines choses que les écoliers savent : sa richesse et son trésor, ce ne sont pas les provisions amassées dans sa mémoire, c'est ce qu'il est capable de tirer de lui-même et de son sens propre [2].

Ce qu'il trouve en effet sur sa route à la place de la simple coexistence des objets et de la simple succession des événements, comme celles que lui offre la réalité, c'est leur détermination achevée, leur liaison de cause à effet. Rendre cette liaison visible, tel est l'élément moteur de toute création géniale. Ce qui règne là, ce n'est pas l'absence de finalité, mais celle-ci n'est pas déterminée de l'extérieur par la visée d'un effet contingent, mais de l'intérieur. Là où l'artiste moyen reproduit simplement la réalité ou la transforme volontairement en y glissant des traits de son invention, le génie déroule sous nos yeux le plan idéal grâce auquel nous la saisissons en tant qu'unité logico-téléologique sans solution de continuité. Le rapport empirique fait ainsi place à un rapport idéal, le monde réel à un monde « possible », mais dans cette présentation du « possible » ressort et se dessine clairement pour nous, dans l'universalité la plus pure, cette légalité justement de l'agir qui, dans le réel, n'apparaît que dans le cas singulier individuel et ainsi mêlée à des déterminations contingentes. Le poète qui, dans une histoire, trouve une femme qui assassine son mari et ses fils doit tout d'abord se

---

1. *Ibid.*, Batteux (N.d.T.).
2. G. E. Lessing, *Dramaturgie de Hambourg*, 34ᵉ pièce, 25 août 1767, p. 166 (N.d.T.).

préoccuper d'inventer une série de causes et d'effets, selon laquelle ces crimes devaient fatalement être commis.

Non content d'établir la possibilité des faits sur la foi qu'on peut accorder à l'histoire, il cherchera à dessiner de telle façon les caractères de ses personnages, à faire naître si nécessairement les unes des autres les conjonctures qui mettent ces caractères en action ; à mettre les passions si exactement d'accord avec le caractère de chacun des personnages, à conduire si habilement ces passions de degré en degré, que nous n'apercevions partout que le progrès le plus naturel et le plus ordinaire. Il faut qu'à chaque pas qu'il fait faire à ses personnages nous reconnaissions que, dans le même état de passion, dans les mêmes conjonctures, nous en aurions fait tout autant [1].

Comme l'ensemble de l'esthétique allemande du XVIIIe siècle, Lessing se place dans la ligne de la conception leibnizienne des mondes possibles ; mais c'est une tendance différente qui le détermine à cette liaison. Nous n'avons nul besoin de savoir si les créatures que le poète forme à notre intention appartiennent à la réalité, pourvu qu'elles puissent appartenir à un monde possible, à un monde où les contingences sont liées les unes aux autres dans un ordre différent mais aussi précisément que dans ce monde, à un monde dans lequel causes et effets se suivent sans doute dans une autre série mais visent cependant précisément l'effet général du bien,

car tel est le monde particulier de l'homme de génie, qui, pour imiter le Génie suprême (qu'il me soit permis de désigner le Créateur, qui n'a point de nom, par celui de la plus noble de ses créatures), qui, dis-je, pour imiter le Génie suprême en petit, déplace les parties du monde présent, les change, les rapetisse, les grandit, pour s'en faire à lui-même un tout, auquel il attache ses propres desseins [2].

Ce « monde possible » du génie n'est donc pas, comme chez les Suisses, le monde du « merveilleux » mais, dans une autre version du motif fondamental, le monde du nécessaire. Il ne s'écarte de la matière du réel que pour en manifester de manière plus pure la forme fondamentale. Il médiatise ainsi pour nous dans ce qui n'est jamais arrivé nulle part la vérité « interne » et la détermination réciproque des termes de la réalité elle-même. Ce ne peut être une règle inférieure à celle-ci qui détermine et régit la création du génie. Il dédaigne tout ce qui est extérieurement réglé et conforme aux règles, en quoi précisément il nous met sous les yeux le cosmos de l'être éthico-spirituel tout entier qui ne souffre ni violation ni exception.

Tous les détails de la théorie du drame de Lessing se développent à partir de ce germe fondamental avec la simplicité et l'unisson qui

---

1. *Ibid.*, 32e pièce, 18 août 1767, p. 156 s. (N.d.T.).
2. *Ibid.*, 34e pièce, 25 août 1767, p. 167 (N.d.T.).

caractérisent sa pensée. La différence essentielle qui sépare le théâtre classique français du drame shakespearien est maintenant pour lui bien définie. Pour les Français, la « règle » est un schéma de certaines exigences de contenu qui peuvent être fixées une fois pour toutes ; pour Shakespeare, c'est une loi intérieure formelle, qui naît en même temps que l'œuvre d'art et s'explique en elle. Pour les premiers, ce n'est qu'un patron déjà achevé ; pour le second, un résultat de la même configuration créatrice d'où jaillit l'œuvre d'art singulière dans la particularité de sa structure. Elle n'est et ne persiste pas pour être simplement exprimée et appliquée postérieurement, mais ne se constitue qu'avec la formation qu'elle gouverne. C'est pourquoi elle partage avec cette formation le moment fondamental caractéristique de l'individualité. Tout génie et toute œuvre de génie ont leur propre détermination formelle et grâce à elle leur propre style artistique. On pourrait plus facilement priver Hercule de sa massue que Shakespeare d'un seul vers. La lutte opposant Lessing au drame français semble tout d'abord signifier celle du sentiment contre la convention. La scène française, ainsi qu'il le lui reproche, a remplacé le langage primitif de la passion par le langage de la société et celui de la cour. « Mais lorsque la pompe et l'étiquette font des hommes des machines, c'est le travail du poète que de refaire des hommes de ces machines. » Le droit du sentiment poétique, pour lequel Lessing s'engage, abrite en même temps un droit nouveau et une détermination nouvelle de la « raison » poétique. C'est le plus haut accomplissement de la raison qui s'offre à nous dans la création du génie dramatique. Mais qu'on ne réduise pas cette raison à la simple application d'une loi arithmétique ; qu'on ne croie pas pouvoir jamais faire naître d'une exploitation habile de prescriptions mécaniques quelque chose de véritablement spirituel. Une de ces prescriptions à laquelle la tragédie classique française s'est soumise scrupuleusement fut l'unité de lieu et de temps : mais, là encore, elle n'a abouti, au lieu d'une unité véritablement idéale, qu'à un schéma figé et concret. À quoi peut bien servir par exemple le fait que l'action du *Mérope* de Voltaire se concentre dans le délai conventionnel permis de vingt-quatre ou trente heures quand ce qui est ici produit, à l'aide d'une technique virtuose de la scène déployant tous ses moyens, contredit toutes les exigences profondes et essentielles de la motivation psychologique ? Le poète a-t-il ainsi respecté l'unité de temps ?

Il a gardé la lettre de la règle, il n'en a pas gardé l'esprit. Ce qu'il fait arriver en un jour peut, il est vrai, s'accomplir en un jour ; mais jamais un homme sensé ne fera tout cela en un jour. Ce n'est pas assez de l'unité physique de temps ; il y faut encore l'unité morale [1].

---

1. *Ibid.*, 45e pièce, 2 octobre 1767, p. 220 (N.d.T.).

C'est ce retour du « physique » au « moral », de la règle externe à la détermination interne exigée par le caractère particulier des circonstances et des personnages, qui constitue le motif décisif. L'unité concrètement objective de lieu et de temps n'a pas de sens et de valeur esthétiques en soi et pour soi, mais seulement en tant que symbole de ce rapport profond. Elle n'est qu'une des formes d'expression hétérogènes et multiples dans lesquelles peut se présenter cette liaison éthico-logique des affects et des passions qui constituent l'objet proprement dit du drame. La fidélité la plus stricte aux règles dans la construction d'une œuvre ne peut par conséquent compenser la plus petite erreur dans les personnages. Qui touche en effet aux personnages touche à la structure spirituelle et à l'organisation même de l'œuvre dramatique. Il sacrifie la nécessité à l'arbitraire, le style artistique à la manière. Ce style n'est certes rien qui puisse être fixé à la façon d'une prescription donnée et imitable mais il est lui-même, comme le principe de la formation, quelque chose de formable et de mobile. C'est justement en cela qu'il possède sa propre norme immanente. Il n'y a en effet pas de lien plus profond que celui qui a son origine dans la liberté elle-même. Un canon déterminé de règles peut être observé ou violé de manière extérieure, des modèles peuvent être imités avec plus ou moins de bonheur et de fidélité, mais toutes ces fluctuations cessent là où la norme formatrice est non pas reçue de l'extérieur mais à l'œuvre depuis l'intérieur. Cette norme ne peut faire autrement que de ressortir et, dans le moindre petit trait, de se manifester en tant qu'unité à finalité continue. Elle appartient au monde de l'entendement ; en effet, son essence et son résultat suprême sont d'ordre logique, mais elle élève l'entendement lui-même au-dessus du concept habituel, plat et limité, que l'on s'en fait. Elle le montre dans le mode le plus pur de son activité, où il ne reçoit pas mais forme, où il ne collectionne pas et ne juxtapose pas mais organise et préfigure. La création du génie est la forme suprême de la conscience parce qu'elle est la forme suprême de l'« intention » et de l'activité planifiée.

D'après l'idée que nous devons nous faire du génie, nous avons droit d'exiger de l'auteur, dans tous les caractères qu'il imite ou qu'il crée, de la *logique* et un *dessein* : autrement il ne saurait prétendre à passer pour un génie.
De la logique. – Rien, en effet, dans les caractères, ne doit être contradictoire : ils doivent se maintenir toujours semblables à eux-mêmes : ils peuvent se manifester avec plus ou moins de force, selon que les circonstances agissent sur eux ; mais on ne doit pas supposer que ces circonstances puissent jamais les faire passer du blanc au noir. [...] Agir avec dessein est ce qui élève l'homme au-dessus des créatures inférieures ; inventer et imiter en vue d'un certain dessein est ce qui distingue l'homme de génie des petits artistes, qui inventent pour inventer et imitent pour imiter [...]. Sans doute, c'est par ce genre d'imitations que le génie commence à apprendre ; ce sont ses exercices préparatoires [...]. Mais quand il dessine et façonne ses

caractères principaux, il y joint des desseins plus larges et plus grands ; à savoir : 1, celui de nous enseigner ce que nous avons à faire ou à ne pas faire ; 2, celui de nous apprendre à quels signes on reconnaît le bon et le mauvais, ce qui est à propos et ce qui est ridicule [...] enfin le dessein d'occuper la faculté que nous avons de désirer et de haïr (même quand les objets qui nous sont présentés n'ont rien qui provoque immédiatement chez nous le désir ou l'aversion), d'occuper, dis-je, cette faculté au moyen d'objets qui en soient dignes, et de mettre toujours ces objets dans tout leur lustre, afin qu'un faux jour ne nous trompe pas et ne nous fasse pas fuir ce que nous devrions désirer, et désirer ce que nous devrions fuir [1].

Ce n'est pas encore là le concept de génie d'un Kant ou d'un Goethe auquel nous avons affaire ; l'« intention » esthétique n'est pas encore distinguée en toute clarté de l'intention visant des fins logiques ou morales. Mais c'est bien l'intuition de Lessing qui la première jette les fondements nécessaires à la différenciation et au développement ultérieurs : elle deviendra le principe vivifiant qui désormais se montre tout autant à l'œuvre dans la création que dans la contemplation, dans la création artistique que dans la critique esthético-philosophique.

Ce qui a ainsi été accompli pour la genèse du drame national et de la littérature nationale n'a pas à être discuté ici. L'élément déterminant pour nos considérations est que le renouveau de la littérature allemande se déroule sous les mêmes auspices que le renouveau des autres domaines spirituels fondamentaux. Dans la doctrine du génie de Lessing s'exprime à nouveau un des motifs les plus universels de l'histoire de l'esprit en Allemagne. L'examen remonte de l'œuvre elle-même à l'origine de l'œuvre et au « maître d'œuvre ». Il semble à nouveau que nous soyons reconduits au noyau de la pure subjectivité, mais à nouveau cette subjectivité se révèle être plutôt porteuse d'un nouveau contenu véritablement objectif. Le retour au sujet est pour cette raison chez Lessing tout autre chose que le retour à une forme quelconque de « subjectivisme » ; ce qui en effet le pousse à retourner de l'« extérieur » à l'« intérieur », à fonder le « destin » dans le « personnage », la règle dans le génie, c'est son exigence d'une détermination générale de l'advenir et de la création qui échappe à la simple humeur et à tout hasard. Ici aussi, la forme conventionnelle sera mise en pièces pour laisser place à la forme authentique et plus profonde fondée sur la liberté. L'existence des règles ne sera pas entamée mais, dans leur fondation et leur justification, c'est un nouvel esprit qui se manifeste.

Les règles, c'est ce que les maîtres de l'art jugent bon d'observer, expliquent les *Lettres sur la littérature* [2] dans un raccourci catégorique.

---

1. *Ibid.*, 34ᵉ pièce, 25 août 1767, p. 167 s. (N.d.T.).
2. G. E. LESSING, *Briefe, die neueste Literatur betreffend* [Lettres sur la littérature], 1759-1765, première partie, 19ᵉ lettre.

La *Dramaturgie de Hambourg* trace en revanche les limites exactes de ce principe qui font que Lessing rompt désormais avec les tendances de la période dite du génie.

Nous avons maintenant (le ciel en soit loué !) une génération de critiques, dont le plus grand mérite consiste à rendre toute critique suspecte. Ils ne cessent de crier au génie. « Le génie, disent-ils, s'affranchit de toutes les règles. Les œuvres du génie deviennent des règles. » C'est ainsi qu'ils flattent le génie, sans doute afin que nous les prenions pour des génies. Cependant ils se trahissent, ils prouvent qu'ils n'ont pas la moindre étincelle de génie, quand ils ajoutent tout d'une haleine : « Les règles étouffent le génie ! » Comme si le génie se laissait étouffer par quelque chose ! Et encore par quelque chose qui vient de lui, comme ils l'avouent eux-mêmes ! Tout critique n'est pas un génie ; mais tout génie est un critique né. Il porte en soi le contrôle de toutes les règles. Il ne comprend, ne reconnaît et ne suit que celles qui traduisent son sentiment en paroles. Comment donc ces paroles, expression de son sentiment, pourraient-elles diminuer sa fécondité [1] ?

Entre ce que le génie fait et ce qu'énoncent les règles vraies et authentiques ne peut naître aucune contradiction : en effet, dans la liberté du génie jaillit la source de toute nécessité artistique. Cette nécessité ne peut être lue dans des modèles fixes ni être abstraite par comparaison, car dans cette contemplation, qui ne saisit que ce qui est mort et achevé, le moment déterminant – la genèse intérieurement orientée à une fin et les conditions qui en découlent – est perdu. Au fond, cette intuition se vérifie également là où Lessing semble en être le plus éloigné. Sa vénération pour Aristote semble tout d'abord ne signifier qu'une rechute dans une forme de « rationalisme » déjà dépassée : le point de vue de la norme et de la réglementation imposées de l'extérieur semble avoir de nouveau repris le dessus. Mais à la vérité, Lessing ne fait pas ici vraiment le commentaire d'Aristote, il lui prête sa propre tournure d'esprit et son propre intérêt spécifique. Il voit en lui, autant que l'homme de l'analyse des lois du raisonnement logique, l'homme de l'analyse du processus littéraire, de la « poïèsis ». Aussi remonte-t-il, là aussi, des résultats aux motifs. C'est en ceux-ci que maintenant sa propre conception d'Aristote se fond avec sa conception de Shakespeare pour n'en plus faire qu'une.

De même que Lessing expliquait la théorie à partir de ses conditions et reconnaissait sa vérité à partir de l'âme d'Aristote lui-même, de même ne reconnaissait-il pareillement plus la nature de Shakespeare en se fondant sur des critères tirés de l'extérieur, mais cherchait leur loi interne ; c'était là la même chose qu'Aristote avait trouvée à partir des lois éternelles de la

---

1. G. E. LESSING, *Dramaturgie de Hambourg*, 96ᵉ pièce, 1ᵉʳ avril 1768, p. 435 (N.d.T.).

nature humaine, mais formulée pour son époque et que Shakespeare avait accomplie avec son œuvre. En d'autres termes, les propositions d'Aristote, si longtemps interprétées comme des règles logiques, rendaient compte à l'aide d'exemples historiques d'un processus psychique, et les œuvres de Shakespeare, que l'on mesurait à l'aune de ces prétendues règles et que l'on comparait à ces modèles historiques, sans ensuite être capable de leur trouver une place, résultaient de leur côté de ce même processus psychique mais d'une autre dimension. Ce processus était pour Lessing le seul correct et les règles d'Aristote, convenablement comprises, étaient en conformité avec lui. Car le but final était donné et l'effet, chez les Grecs comme chez Shakespeare, était aussi donné : dans les deux cas, en imitant la nature, une compassion purificatrice était suscitée [1].

Nous laisserons de côté la manière dont l'idée fondamentale de Lessing se prolonge dans ses recherches et ses résultats critiques particuliers. Il convient seulement de considérer encore la manière dont elle exerce ses effets dans un domaine de problèmes complètement différent et s'y affirme sous sa forme originaire. Dans les développements de la *Dramaturgie de Hambourg*, la comparaison que fait Lessing entre l'activité créatrice de l'artiste et l'activité créatrice de Dieu a l'apparence d'un trait étranger, appartenant à une autre direction spirituelle. C'est l'enthousiasme lyrique de Klopstock et sa vision de l'« esprit-créateur » qui semblent tout à coup ici percer au beau milieu de ces froides considérations théoriques. Le « Créateur sans nom » est désigné par sa créature la plus noble, le poète-génie. Tous deux, le génie divin et le génie humain, sont liés par un trait commun : ils ont une intuition de l'ensemble du monde qui ne nécessite pas un assemblage laborieux des différentes parties. Grâce à cette vision globale, toute tragédie authentique devient une véritable théodicée. Elle dévoile à nos yeux la structure du réel grâce à quoi nous échappons à l'effroi diffus dans lequel la contemplation d'horreurs successives nous engluerait. Ce qui fait l'ensemble pour le créateur mortel devient ainsi le reflet de ce qu'il est pour le Créateur éternel. Avec cette fondation, Lessing se retrouve tout à fait sur son propre terrain. L'analogie entre les créateurs humain et divin n'est pas un simple jeu de l'esprit, mais l'expression naturelle de sa vision d'ensemble et de sa forme d'esprit. C'est pourquoi elle agit en même temps en sens contraire : elle n'éclaire pas seulement la création artistique, mais illumine tout autant la relation dans laquelle se trouve Dieu à l'égard de sa révélation dans la nature et dans l'histoire. Le plan de l'histoire recèle la même finalité que le plan de l'œuvre dramatique. Si nous voulons le comprendre véritablement, il nous faut le saisir par conséquent non pas uniquement dans son but et son apogée, mais dans la loi de son édification. L'advenir historique ne tire pas son sens de son but et sa fin ni d'un terme intermédiaire

---

1. F. GUNDOLF, *Shakespeare und der deutsche Geist* [Shakespeare et l'esprit allemand], p. 135 s.

particulier quelconque conduisant à cette fin. Ce n'est que dans la totalité du devenir que ce sens peut s'exprimer et se révéler. Le « développement » de Dieu dans l'histoire est par conséquent pour Lessing nécessaire, de la même manière et pour la même raison que celle qui oblige le logicien à « développer » son raisonnement et le dramaturge ses personnages. Le plan divin fondamental ne se dévoile dans aucun des traits ou des résultats singuliers de l'advenir, mais aucun résultat singulier n'y est d'autre part totalement étranger. On se rend compte, dans ce rapport, combien l'exigence de « tolérance » religieuse est partie intime du type d'esprit tout entier de Lessing, à quel point s'exprime dans cette exigence non seulement son sentiment moral fondamental mais précisément la loi spécifique de sa pensée.

Pourquoi – interroge la préface de l'éditeur à *L'Éducation du genre humain* – ne pas considérer plutôt toutes les religions positives comme la forme que la pensée humaine, dans chaque contrée, devait nécessairement prendre et qu'elle continuera à prendre, plutôt que de faire d'une de ces religions l'objet de nos risées ou de nos colères ? Ainsi, rien dans ce meilleur des mondes ne mériterait notre moquerie ou notre indignation, et seules les religions seraient dignes ? Partout le doigt de Dieu serait visible, partout sauf dans nos errements [1] ?

Dieu est présent même dans nos erreurs, aussi sûr que ce que nous appelons la vérité ne peut être pensé par nous que dans et grâce à ses médiations, et donc par conséquent avec ce que nous avons coutume de décrire du point de vue des étapes ultérieures comme une erreur et de rejeter. Mais l'erreur la plus profonde est plutôt dans cette conception qui croit détenir la vérité elle-même comme une monnaie de bon aloi ou espère la gagner, « comme si l'on fourrait la vérité dans la tête comme l'argent dans le sac ». Ici se dévoile dans le « rationnel » lui-même une relativité et un conditionnement grâce auxquels il peut entrer finalement avec le temporel aussi dans un rapport nouveau. En soi, la transition entre les deux semble ne signifier qu'une μετάβασις εἰς ἄλλο γένος : en effet, quel rapport de fondation existe-t-il entre des « vérités historiques contingentes » et des « vérités rationnelles nécessaires » ? Mais c'est une relation d'un autre ordre qui s'établit sitôt que l'on place les oppositions dans la catégorie des fins et des moyens. L'histoire apparaît désormais comme la matière à laquelle l'artiste raisonnable suprême imprime avec constance et persévérance une forme rationnelle. Elle est le médium de son plan d'éducation qui, à chaque étape de son devenir, s'accomplit et se réalise de manière particulière. Cette vision téléologique de l'histoire ne fait que répéter la vision téléologique de

---

1. G. E. LESSING, *Die Erziehung des Menschengeschlechts* (*L'Éducation du genre humain*, trad. P. Grappin, préface de l'éditeur, Paris, Aubier, 1968, p. 89) [N.d.T.].

l'esthétique exprimée dans le concept de génie de Lessing. Les deux problèmes demeurent désormais indissolublement liés. Herder, même si sa critique trouve partout ses racines dans les résultats de Lessing, acquiert une nouvelle intuition d'ensemble de la poésie parce qu'il vit une nouvelle intuition d'ensemble de l'histoire. Mais de Lessing à Herder, la transition ne se fait pas directement ; Herder en effet part de la vision du monde de Hamann qui, étant dans le moindre de ses traits particuliers un produit absolument individuel, ouvre une parenthèse dans la marche historique progressive du problème. Toute la cohérence conceptuelle qui s'imposait jusque-là semble ici disparue, toutes les médiations de la pensée abandonnées, mais dans la force primitive du sentiment qui se fraye maintenant un passage se trouve cependant le germe d'une nouvelle compréhension de toute existence spirituelle historique. De l'informe et du non-conceptualisé surgit le monde de la forme et du concept qui, dans les *Ideen zur Philosophie der Geschichte der Menschheit* [Idées sur la philosophie de l'histoire de l'humanité] de Herder, parvient à la conscience de soi.

6

La philosophie allemande du XVIIIe siècle, en assignant à la sensibilité un domaine particulier nécessitant des règles internes, était parvenue à jeter les bases d'une esthétique autonome. Cette reconnaissance obéissait encore à un motif rationnel. Ce n'est en effet que grâce à cette maîtrise de la sensibilité par une loi qui lui est propre qu'on pouvait interdire son irruption dans le domaine de la « raison » déterminé avec certitude. Cette tendance se manifeste partout très clairement chez Baumgarten et Meier : le sensible doit être « amélioré » pour ne pas mettre en péril, par sa consistance confuse, le domaine même de la « connaissance claire ». Sa spécificité sera conçue de manière plus profonde dans les développements liés au concept de forme de Leibniz et Shaftesbury. Ici en effet, il n'était plus le simple complément ou la simple contrepartie du spirituel, mais était conçu comme son expression nécessaire et adéquate. D'un autre côté, cette fonction d'*expression* révélait en revanche son absence d'autonomie interne. La sensibilité pouvait être tolérée, non pas pour elle-même mais seulement dans la mesure où elle était conçue comme le reflet de quelque chose d'autre et de plus élevé. L'art représente toute l'échelle de nos mouvements sensibles et passionnels intimes ; mais, ce faisant, il les sépare de leur substrat physico-matériel. Ce qu'il nous donne, ce n'est plus la vie des sens elle-même mais une simple image de cette vie. De son monde des formes pures est évincé tout témoignage des besoins humains. Comme jadis dans la première phase la « restauration » logique et morale de la sensibilité, c'est ici son idéalisation esthétique qui lui ouvre l'accès au spirituel. La réaction contre cette vision d'ensemble constitue le premier trait tranchant de la personnalité de Hamann. Toute la violence endiguée des sens et de la passion s'est ici libérée d'un seul coup et déborde irrésistiblement. Et obéissant purement et simplement à sa propre impulsion, sans but ni arrière-pensée, sans frein ni obstacle, un nouvel élan vital s'ouvre la voie. Toute configuration interne ou externe est abolie ; les pensées ne constituent dans les écrits de Hamann qu'un unique amas inorganisé qui, surgi du chaos, menace à chaque instant d'y retomber. Ainsi que dans une éruption volcanique, s'avance la lave ardente du sentiment, laminant tout sur son passage ; mais sitôt qu'elle se refroidit, sitôt qu'elle se fige dans la parole et le concept, il semble qu'il n'en subsiste rien d'autre que la pierraille et la cendre. Il n'y a dans le style de Hamann ni raisonnement suivi ni développement de pensées, mais seulement une association lâche de représentations qui expulse une image d'une autre, sans choix, sans limite et sans forme. Ce qui en résulte, ce ne sont pas des fragments mais des fragments de fragments, « des blocs de pierre bruts », a-t-il dit lui-même en désignant ainsi l'un de ses écrits. Tous ces détails réclament d'être interprétés non pas à partir d'une corrélation universelle, qui serait derrière eux ou au-dessus d'eux, mais du motif individuel et accidentel auquel ils doivent leur naissance. Là où le souvenir de ce motif s'était évanoui, le moyen manquait, de l'aveu même de Hamann, pour parvenir à la compréhension de ses propres propos. Et même là où émerge un rudiment de pensée quelconque clairement reconnaissable, il est submergé, avant même de pouvoir prendre forme, dans un déversement surabondant de nouvelles images et allusions. Hamann, ainsi que Hegel l'a dit en référence à une expression de Hamann lui-même, montre la pensée comme « un poing serré » et laisse le soin à chacun de « mettre la main à plat [1] ». L'époque qui suit a su l'accomplir. À ce qui était pour lui pressentiment et métaphore, image et « hiéroglyphe », elle a donné figure et déterminité. Ce n'est donc pas en amont, à partir de leurs conditions, mais en aval, à partir de leurs effets, que ses écrits doivent être lus et interprétés. Ce sont des livres véritablement sibyllins qui scrutent le futur et dont le sens n'a pu être dévoilé que dans le futur.

Qui peut tirer du présent des concepts corrects sans connaître l'avenir ? – a dit lui-même un jour Hamann. L'avenir détermine le présent et celui-ci le passé, comme l'intention détermine la nature et l'usage des moyens [2].

---

1. J. G. HAMANN, *Metakritik über den Purismus der reinen Vernunft* [Métacritique du purisme de la raison pure, 1784], *Werke*, éd. Roth, VII, p. 16.
2. J. G. HAMANN, *Kleeblatt hellenistischer Briefe* [Correspondance hellénistique en triangle], *Werke*, II, p. 217.

Telle est donc la philosophie de Hamann, prophétique, à l'image de sa manière d'écrire ; elle n'est pas l'exposition de quelque chose d'achevé intérieurement présent à lui-même, mais l'exigence et l'annonce de quelque chose de nouveau qui ne lui apparaît que sous des contours imprécis.

En tant que principe permettant de résumer tous les dires de Hamann, Goethe désigne le propos selon lequel

> tout ce que l'homme entreprend de produire, que ce soit par l'action, par les mots, ou autrement, doit provenir du concours de l'ensemble de ses forces ; tout ce qui est isolé est à rejeter [1].

C'est cette tendance fondamentale qui explique la lutte contre toute forme d'« abstraction », non pas tant parce qu'elle détruit l'unité de la chose en la diluant dans ses caractéristiques conceptuelles, mais parce qu'elle morcelle et isole les pulsions et les forces psychiques. Il n'existe pas de domaine, pas de province propre au psychique, pas de « facultés » articulées par degrés, pas de « haut » ni de « bas » de l'âme. Ce qui dans l'âme est à l'œuvre, c'est plutôt *une seule* énergie vivante qui dans chacune de ses manifestations doit être entièrement présente, ou ne peut que s'atrophier ou se dessécher totalement. Mais l'homme entier exige cependant la sensibilité entière, pas seulement un simulacre logique ou une sublimation esthétique de celle-ci. Toute mise en forme du sensible par le concept, toute limitation par une mesure interne déterminée n'est que falsification et mensonge. Toute référence à des « critères » quelconques, qu'ils soient de nature logique ou esthétique, toute mise en relief d'une sphère déterminée du « pur » et de l'« exact » ne signifie ici rien d'autre qu'une mutilation arbitraire. C'est à partir de là que Hamann engage la lutte dans ses *Kreuzzüge des Philologen* [Croisades d'un philologue] contre Mendelssohn et les Lumières en général.

> Lorsque à notre raison s'attachent chair et sang, ce qui doit être, et qu'elle devient une lavandière ou une sirène, comment voulez-vous l'interdire aux passions ? Ne voyez-vous pas que vous détruisez ainsi tous les phares qui doivent servir de repère, à vous ainsi qu'à d'autres [2] ?

La raison est-elle en effet autre chose qu'évidence et l'évidence autre chose que sentiment ou foi ? Si, comme Hume l'a montré, nous avons besoin de la « croyance » dans tous nos faits et gestes quotidiens, pour manger un œuf ou boire un verre d'eau, pourquoi voulons-nous la nier lorsque nous jugeons de choses plus élevées

---

1. J. W. GOETHE, *Dichtung und Wahrheit* [trad. p. 329.]
2. J. G. HAMANN, *Kreuzzüge des Philologen* [Croisades d'un philologue], 1762, *Werke*, VII, p. 198.

que des activités sensibles comme le manger ou le boire[1] ? « La nature agit à travers les sens et les passions. Comment celui qui mutile ses organes pourrait-il ressentir ? Des nerfs optiques paralysés sont-ils disposés à se mouvoir ? » La nature appréhendée et transposée dans des concepts qui a déjà, comme chez Newton, Nieuwentyt, Buffon, revêtu le langage et le style de la connaissance, est déjà de ce fait une nature éteinte et morte. Dans l'aspiration à la « pureté » du concept, toute teneur que nous offrent la vie et les sens est réduite à néant.

Oui, vous les fins critiques d'art, vous demandez toujours ce qu'est la vérité et prenez la porte sans attendre la réponse à cette question -- Vos mains sont toujours lavées, soit que vous vouliez manger du pain ou encore que vous ayez prononcé des arrêts de mort. Pourquoi ne pas vous demander : comment avons-vous évacué la nature ? -- Bacon vous accuse de la malmener avec vos abstractions. Bacon témoigne-t-il là de la vérité ; eh bien jetez donc sur son ombre pierres, mottes de terre ou boules de neige[2] !

C'est abstraire, et donc tromper et mentir, que de séparer sentiment et pensée, affect et raison, et même :

des rapports si étroits lient les *pudenda* de notre nature et les parties de notre cœur et de notre cerveau qu'un lien aussi naturel ne peut se réduire à une rigoureuse abstraction[3].
Voyez, la grande et la petite Massores de la sagesse universelle ont submergé le texte de la nature comme un déluge. Mais toutes les beautés et richesses du monde ne devaient-elles pas tourner en eau ? [...] Si les passions sont les instruments du déshonneur, cessent-elles pour autant d'être les armes de la virilité ? Comprenez-vous avec plus de sagesse la lettre de la raison que ce chancelier allégorique de l'Église alexandrine ne comprenait la lettre des Écritures, lui qui s'était castré pour l'amour du royaume céleste ? [...] Un philosophe comme Saul donne aux moines une règle -- La passion seule donne aux abstractions comme aux hypothèses des mains, des pieds et des ailes ; aux images et aux signes elle donne esprit, vie et langue -- Où y a-t-il des conclusions plus rapides ? -- Où est engendré le tonnerre roulant de l'éloquence et son compère l'éclair si peu loquace[4] ?

Dans l'ensemble de la vie psychique, il n'existe pas de parties qu'on puisse séparer, mais seulement des énergies qui réalisent en commun l'œuvre unitaire de l'âme. C'est à ce rapport entre raison et passion qu'est consacré le mot peut-être le plus profond de tous les écrits de Hamann.

---

1. J. G. HAMANN, lettre à Kant, 27 juillet 1759, I, p. 442.
2. J. G. HAMANN, *Werke*, VII, p. 281.
3. J. G. HAMANN, lettre à Hartknoch, 24 juillet 1784 ; VII, p. 142.
4. J. G. HAMANN, *Werke*, VII, p. 285 s.

Utilise tes passions comme tu utilises tes membres et si la nature te fait *longimanus* ou te donne un doigt en trop, c'est d'elle et non pas de toi que l'on se moque ; et tes détracteurs sont plus ridicules et plus méprisables que toi avec tes mains trop longues ou tes six doigts [1].

Les passions, en tant que limites individuelles du moi, sont en même temps la source de toute sa force et de toute sa richesse, car elles sont les instruments et les « membres » qui seuls permettent par leur usage qu'on aboutisse au véritable sentiment individuel de l'ensemble de l'existence. Elles sont le médium dans lequel se révèle à nous la réalité des choses en tant que réalité de la vie, car ce n'est que dans la palpitation de nos propres affects que nous ressentons celle de l'efficience divine universelle.

Optimus maximus n'exige pas de nous des maux de tête mais des battements de pouls [2].

C'est cela la chose nouvelle découverte par Hamann : la sphère des affects et de la sensibilité ne doit pas être réduite par une autre ou à une autre, car telle qu'elle est, elle constitue l'organe tout simplement fondamental et indispensable de la compréhension du monde. Il est d'accord sur ce point avec Rousseau, que Mendelssohn avait discrédité dans ses épîtres littéraires critiquant Richardson.

La gravure de Monsieur Richardson peut bien trôner dans un cercle de femmes savantes ; *nil admirari* demeure éternellement la base d'un jugement philosophique [...]. Que des têtes spirituelles, qui sont plus dandys qu'honnêtes défenseurs des belles lettres, éprouvent une attirance sympathique pour des figures d'anges qu'aucun auteur ou lecteur n'a vues et en gonflent le sens charnel ; que de beaux esprits soient enthousiasmés par la spiritualité du clair de lune, je suis prêt à l'excuser ; mais des philosophes sont censés vérifier les choses [...]. Toute la thaumaturgie esthétique ne suffit pas à remplacer un sentiment immédiat et rien ne nous fraye la voie vers la déification si ce n'est la descente aux enfers de la connaissance de soi [3].

Toute réalité véritable ne nous apparaît que par le médium de notre sentiment de soi sensible, et comme les sens et les passions ne s'expriment et ne comprennent que par images, de même tout ce qui est réel devient également parabole et image. La poésie est la langue maternelle du genre humain, comme l'horticulture est plus ancienne

---

1. J. G. HAMANN, lettre à son frère, 20 novembre 1759 ; I, p. 515.
2. R. UNGER a exhaustivement montré dans *Hamann und die Aufklärung* [Hamann et les Lumières] (2 vol., Iéna, 1911) comment ce trait fondamental de la doctrine de Hamann doit son origine à l'ensemble de sa personnalité.
3. J. G. HAMANN, *Chimärische Einfälle über den zehnten Teil der Briefe, die neueste Literatur betreffend* [Idées chimériques à propos de la dixième partie des Lettres sur la littérature], *Werke*, VII, p. 197 s.

que le champ, la peinture que l'écriture, le chant que la déclamation, les paraboles que les syllogismes, le troc que le commerce. Elle déchiffre le sens originaire de l'être duquel se sont écartées toutes les interprétations ultérieures et médiates. De même, en effet, que les sens eux-mêmes, le langage poético-sensible n'est pas lui non plus une simple allégorie qui présente et dissimule la vérité dans une autre chose. Le réel n'est pas seulement décrit à distance en symboles poétiques, il est de bout en bout symbole. Le Créateur est le vrai poète originaire de l'aube des temps de même que la Création est à travers la créature un discours à la créature. Seul ce qu'il y a de plus sensible et de plus bas était apte à véhiculer la teneur la plus noble et la plus sublime. Le langage de Dieu est le langage de l'ironie ; il choisit la sottise et la platitude, la vulgarité, pour « confondre la force et l'ingénuité de tous les écrivassiers profanes ». Ce qui se présente ici dans le rapport de Dieu au monde n'est que le reflet de la relation fondamentale qui, pour Hamann, s'est établie entre Dieu et l'âme. De même que l'âme n'est pas tendue vers le divin dans une seule de ses capacités singulières, par exemple la raison, mais est porteuse de la vie divine dans la totalité de ses expressions, jusque dans la plus singulière, la plus étrange et la plus basse, ceci se répète de même dans chaque particularité de l'existence objective. Pour qui voit l'âme avec le regard brillant, fasciné, bardé de jalousie d'un ami, d'un confident, d'un amant, celle-ci devient un enfer d'une teneur infinie. Ce n'est que dans cette « figure du serviteur » que se révèle toute la majesté du divin[1]. L'auteur est le meilleur interprète de ses paroles, qu'il nous parle à travers des créatures, des événements, ou à travers le sang, le feu, les odeurs de l'encens, comme à travers la nature, l'histoire ou la Révélation. « L'unité de l'auteur originaire se reflète jusque dans le dialecte de ses œuvres, partout il n'y a qu'*un* ton, d'une hauteur et d'une profondeur incommensurables. Une preuve de la majesté la plus glorieuse et de l'abnégation la plus totale, un miracle de paix si infinie qu'il fait de Dieu l'égal du néant [...] mais en même temps d'une telle force infinie, qui en tout remplit tout à tel point qu'on ne saurait comment échapper à sa sollicitude des plus affectueuses. » Le sentiment religieux fondamental est pour Hamann tout simplement les deux à la fois, le comble de l'insignifiance et cet inconditionné sous l'habit du plus conditionné qui soit et du plus contingent. Il doit être les deux s'il ne veut pas s'évaporer dans l'abstraction et la spéculation ou se satisfaire d'être quelque chose de simplement concret sans sens ni arrière-plan symboliques. Cette imbrication révèle la loi originale du style hamannien : sa verdeur, son élévation, son énergie et sa précision sensuelles, son obscurité inextricable. Ce style est l'expression naturelle et originale de ce monde et de cette âme car, dans les choses comme dans le moi, le plus élevé et le plus bas, le plus connu et le

---

1. J. G. HAMANN, *Kleeblatt hellenistischer Briefe*, Werke, II, p. 207 s.

plus caché sont mystérieusement unis. Tout est à la fois divin et humain : πάντα θεῖα καὶ ἀνθρώπινα πάντα. Cette analogie entre l'homme et le Créateur procure à toutes les créatures leur teneur et leur empreinte caractéristique. Plus cette idée est vivace dans notre cœur et plus nous sommes capables « de voir et de goûter, d'examiner et de palper dans les créatures la bienveillance de Dieu [1] ». Les événements de la nature ou de l'histoire ne peuvent être alignés sur les fils de certains concepts empiriques ou historiques et dévidés selon la simple succession du temps ; le passé et le présent, le présent et le futur entretiennent une unique relation « magique » dans laquelle toutes les limites temporelles disparaissent. Il y a là un jeu d'interpénétrations et de chevauchements. Il existe ainsi dans l'histoire « des actions d'ordre supérieur » qu'aucune mise en équation d'éléments de ce monde ne saurait traduire. Tout ce qui est historique reste vide et sans valeur sans le sens religieux que nous n'y introduisons pas nous-mêmes mais sentons indirectement en émaner. C'est pourquoi, de même qu'il n'y a que la poésie pour nous offrir l'élément originaire du langage, de même la prophétie représente l'élément originaire de tout examen historique. L'histoire reste un simple tombeau tant qu'elle ne s'est pas imprégnée de l'esprit.

Je préférerais considérer l'anatomie comme la clé du Γνῶθι σεαυτὸν plutôt que de chercher dans notre histoire squelettique l'art de vivre et de régner, comme on me le disait volontiers dans ma jeunesse. Aussi le champ de l'histoire m'est-il toujours apparu comme n'importe quel vaste champ rempli d'os – et voyez comme ils sont blanchis ! Personne, s'il n'est prophète, ne peut prédire de ces os qu'ils seront entourés d'artères et de chair et que la peau les recouvrira. Il n'y a encore en eux nul souffle jusqu'à ce que le prophète ne s'adresse au vent et que la parole de Dieu ne commande à celui-ci [2].

Ces propos traduisent du même coup l'importance de Hamann pour Herder ; il est vrai que ce dernier évolue dans une sphère spirituelle plus large et plus universelle. Si l'on s'intéresse, non pas aux travaux de Herder dans tel ou tel domaine mais au motif fondamental auquel ils doivent, dans l'ensemble, leur naissance, on s'aperçoit qu'on est là au terme d'un développement dont les origines renvoient aux racines les plus profondes de la vie spirituelle moderne. Depuis la décomposition, pendant la Renaissance et la Réforme, de l'ancien système clos médiéval de conception de la vie, la pensée avait pour tâche d'établir, dans un nouvel esprit et avec de nouveaux moyens, le réseau téléologique de la réalité spirituelle. L'ordonnance hiérarchique des substances s'était effondrée et avec elle la forme de la

---

1. J. G. HAMANN, *Aesthetica in nuce*, Werke, II, p. 275 s.
2. J. G. HAMANN, *Werke*, II, p. 158 et 218 ; à propos de l'ensemble, voir R. UNGER, *Hamanns Sprachtheorie* [La théorie du langage de Hamann], ainsi que *Hamann und die Aufklärung* [Hamann et les Lumières], p. 266 s.

téléologie religieuse transcendante dans son ensemble. Le centre de la valeur spirituelle de l'individu ne pouvait plus être recherché dans ce qu'il était pour un autre et à travers cet autre, mais il fallait mettre en évidence en lui-même un moment qui, tout en lui étant propre de manière inaliénable et incomparable, fonde cependant sa signification universelle. Le système du monde et le système des valeurs ne s'achèvent plus ici en un sommet suprême et unique vers lequel tout le reste converge et trouve en définitive sa raison d'être, mais il s'avère qu'ils constituent un enchevêtrement de forces et de tendances dont chacune possède purement pour elle-même le droit à l'être et à l'épanouissement. Cependant, ce n'est que progressivement que les moyens conceptuels nécessaires à l'expression de ce système de corrélations seront acquis. Et même là où le protestantisme aspire à échapper au principe de la scolastique, il y est renvoyé par ses formulations. Ce n'est qu'avec l'idéalisme de Leibniz que les catégories théoriques décisives nécessaires à cette nouvelle conception fondamentale seront créées. La « monade » est le sujet singulier qui n'est pas seulement une partie et un membre de l'ensemble, mais qui présente et inclut en soi cet ensemble. Cependant, la conception de l'*histoire* n'est pas tout d'abord concernée par cette révolution qui appelait une nouvelle forme de métaphysique. Dans le système de Wolff, la vérité historique se comporte à l'égard de la vérité rationnelle de la même façon que la connaissance sensible à l'égard de la connaissance conceptuelle : elle n'a pas vis-à-vis d'elle la signification de quelque chose d'autonome, mais ne fait que constituer un degré inférieur, logiquement imparfait, du savoir. Certes, chez Lessing la teneur entière du concept leibnizien de développement devient également féconde pour la vision d'ensemble de l'histoire. La série des événements y acquiert un sens et une teneur, car c'est elle et aucune autre qui est voulue et prévue dans le plan divin d'éducation. Dans ce plan, chaque particularité est intégrée et ainsi érigée par lui à sa place. Ce n'est pas purement et simplement la « perfection » que la Providence a cherché à rendre effective dans le monde en tant que valeur suprême et exclusive, mais un progrès de l'« inférieur » au « supérieur », du relativement imparfait au relativement parfait. Mais même dans cette intuition, l'individu est encore au service d'une fin qui lui est posée et imposée de l'extérieur. Un entendement infini se cache dans le mécanisme des causes particulières et imprime à leur multiplicité une direction unique. Chaque point de l'advenir particulier est en même temps le point de passage vers l'établissement d'un ordre universel à l'extérieur et au-dessus de lui ; et ce n'est que par la connaissance de ce rapport qu'il trouve sa véritable justification. L'individu se trouve alors placé au sein d'un projet d'ensemble dans lequel il prend sa place en tant que moyen. Face à cela, la vision de l'histoire de Herder crée une autre forme d'intuition téléologique, car elle se fonde sur une idée nouvelle de ce que sont la légalité et la valeur propres à tout ce qui est individuel. C'est là le motif fondamental qui, dans sa philosophie de l'histoire, traverse toutes ses considérations :

je ne puis me persuader que rien dans tout le royaume de Dieu soit uniquement un moyen – tout est moyen et fin à la fois [1].

Communément, le philosophe ne fait jamais plus la bête que quand il prétend avec le plus d'assurance faire l'ange ; il en est de même pour les calculs pleins d'assurance concernant le perfectionnement du monde. Si tout avait la bonne idée d'aller bien en ligne droite, et si chaque homme, chaque génération se perfectionnait par rapport à ses prédécesseurs d'après son idéal selon une belle progression dont lui seul saurait donner l'indice de vertu et de félicité ! tout finissait toujours par aboutir à lui au bout de la rangée : lui constituant le terme dernier, le terme suprême en qui tout s'achève [2].

Le philosophe croit exprimer l'idéal de l'histoire, mais il n'en tire que son propre concept mesquin de perfection, qu'il a lui-même prêté à l'histoire auparavant. La « tolérance » éclairée dont l'entendement croit faire preuve ici n'est en réalité qu'une autre forme insupportable de son narcissisme. L'image des temps doit être conquise, mais lorsque tombe le rideau du passé, nous nous retrouvons seulement en face de l'image XVIIIe siècle du « monarque philosophe », de l'illumination et de la perfection duquel dépend désormais l'univers dans son ensemble. Tandis que Herder raille ainsi furieusement dans *Auch eine Philosophie der Geschichte zur Bildung der Menschheit* [Une autre philosophie de l'histoire pour contribuer à l'éducation de l'humanité] ce genre d'historiographie « pragmatique », les contours et les catégories spirituelles de la nouvelle vision historique du monde se découvrent par là même à son regard. Au lieu du « progrès » qui conduit par une voie unique à un idéal de perfection unique, on a désormais affaire à une multitude infinie de sphères d'activité dont chacune est purement centrée sur elle-même. Ce n'est pas sur l'unité abstraite d'un but que se fondent la valeur et la teneur de l'histoire, mais c'est sur cette richesse intensive et donc la diversité intensive des élans eux-mêmes. Ce ne sont pas des symboles moraux mais poétiques qui sont susceptibles de retenir cette teneur ; ce n'est pas un « fantôme idéel de la vertu » que chacun retire du compendium de son siècle qui permet de mesurer le devenir infiniment varié, cela s'annonce plutôt comme la prodigieuse épopée divine qui traverse tous les millénaires, tous les continents et toutes les générations humaines, comme la parabole aux mille formes et porteuse d'un sens grandiose.

---

1. J. G. HERDER, *Auch eine Philosophie der Geschichte*, 1774 (*Une autre philosophie de l'histoire*, trad. M. Rouché, Paris, Aubier, 1964, Deuxième section, p. 225) [N.d.T.].

2. *Ibid.*, Troisième section, p. 299 (N.d.T.).

Parce qu'une seule forme d'humanité et une seule contrée de la terre ne pouvaient le contenir, il a été dispersé sous mille formes, circule – éternel Protée ! – à travers toutes les parties du monde et tous les siècles, et pourtant se révèle le plan d'une progression continue – mon grand thème [1] !

Mais si chaque phase de ce devenir a, pour ainsi dire, son propre centre d'oscillation et son propre rythme, vouloir comparer plusieurs phases afin d'en extraire les points communs serait peine perdue et nous égarerait. Une telle sélection comparative des traits qui coïncident peut être envisagée pour des choses données et leurs « caractéristiques » statiques, mais elle échoue complètement dans la caractérisation de processus historiques. Dès que l'on cherche à « maintenir côte à côte » leurs moments toujours fuyants et changeants, on anéantit déjà par là leur teneur originale, car ce qu'il y a de spécifique dans cette teneur s'enracine dans le spécifique d'un point donné du temps et ne supporte pas sans altération le transfert d'un point à un autre. Pour les époques et les nations diverses, il n'existe pas d'échelle commune de la perfection, pas plus qu'il n'existe d'échelle commune du bonheur.

Qui peut comparer la satisfaction différente de sens différents dans des mondes différents ? le pasteur et le père oriental, le laboureur et l'artiste, le marin, le coureur, le vainqueur du monde, qui ira les comparer ? Ce n'est pas dans une couronne de lauriers ou dans la vue du troupeau béni de Dieu, dans le bateau marchand et les insignes conquis sur l'ennemi que réside la félicité, mais dans l'âme qui avait besoin de cela, aspirait à cela, a atteint cela et ne prétendait à rien d'autre – chaque nation porte en elle son centre de félicité, de même que chaque sphère a en elle son centre de gravité [2] !

L'expression la plus profonde de l'idée de théodicée à laquelle Leibniz n'avait pas pu atteindre est ici réalisée dans cette vision fondamentale de Herder. Car restriction et « privation » ne signifient plus maintenant uniquement un manque, mais la condition nécessaire à toute perfection individuelle. Une certaine privation de connaissances, de penchants et de vertus dans une nation particulière et un siècle particulier détermine aussi bien que toute qualité « positive » la place d'où doit provenir son efficience et la seule d'où elle puisse provenir. Elle aussi est directement féconde et stimulante car elle est immédiatement distinctive et caractéristique. La force de la limite ne s'oppose pas purement et simplement à la force de la perfection ; elle n'est qu'une autre expression de cette dernière ; ce n'est qu'une fois réunies qu'elles confèrent à ce qui est particulier la détermination de son existence et de son action. La raison réfléchissante a-t-elle besoin d'une autre fin que cette détermination

---

1. *Ibid.*, Première section, p. 187 (N.d.T.).
2. *Ibid.*, p. 183 (N.d.T.).

organisée de l'intérieur de la vie elle-même dont la Providence s'est contentée ?

Ces perfections pouvaient-elles acquérir ce degré et cette ampleur sans défauts ? La Providence elle-même, vois-tu, ne l'a pas exigé, n'a voulu atteindre son but qu'au moyen du changement, d'un relais effectué par l'éveil de forces nouvelles et l'extinction d'autres forces – philosophe placé dans le Nord de cette vallée terrestre, avec en main le pèse-bébé de ton siècle, prétends-tu t'y connaître mieux qu'elle [1] ?

Cependant, si jusque-là s'exprime seulement la nouvelle intuition historique de Herder acquise par l'intermédiaire de Hamann, un développement logique futur prend ici en même temps naissance. Car Herder ne se contente pas de l'intuition elle-même, mais il cherche, il réclame une philosophie de l'histoire. Il ne lui suffit pas, comme Hamann l'avait fait, de transformer le matériau historique en une sombre allégorie, en un monde de signes magico-symboliques, il ressent le besoin d'une vision approfondie de son véritable système de formation. Mais une telle vision est-elle possible sans la médiation du concept ? Et ne doit-il pas exister une forme de concept propre qui soit conforme à la spécificité de l'existence historique ? Ces questions nous renvoient du sentiment immédiat de la vie historique au domaine de la froide méthode philosophique. Les écrits essentiels de Herder sont effectivement dominés par ce double problème. Ils sont constamment en position défensive à l'égard des « abstractions » et « constructions » historiques qu'ils doivent cependant d'un autre côté tout d'abord fonder et défendre dans un sens nouveau. Ils sont habités par une tendance à pénétrer toujours plus profondément dans l'individuel tandis que, d'autre part, ils sont cependant constamment poussés à dépasser le simple individuel. Herder sait et exprime que quiconque s'abandonne aux « faits » historiques dans leur simple particularité empirique, dans l'éclat chatoyant du devenir et le tourbillon des scènes, des peuples et des époques, perd complètement de vue toute image, toute forme solide de l'advenir. Cette image exige certaines lignes de force grâce auxquelles le divers et le divergent seront synthétisés en un ensemble. C'est ainsi que Herder utilise par exemple les oppositions entre enfance et jeunesse, âge adulte et vieillesse, pour désigner des déterminations fondamentales universelles des peuples et des époques. Mais ces catégories qui préservent l'unité du regard doivent à vrai dire, pour être appréciées en fonction de leur intention particulière, être séparées de l'unité de la pensée abstraite et du simple mot. C'est là où passe la délimitation qui marque la méthode de l'examen historique dans sa spécificité. À la place de l'appréhension analytique, celle-ci installe un nouveau mode synthétique. Des

---

1. *Ibid.*, p. 179 (N.d.T.).

concepts tels que ceux de « jeunesse » et de « vieillesse » ne peuvent être isolés par abstraction, comme des caractéristiques communes qui seraient inhérentes à des objets divers ; en eux s'exprime l'ensemble d'un réseau de relations vitales envers lequel nous devons, pour le comprendre, faire preuve de sympathie et d'empathie. Nous n'acquérons pas la certitude de l'unité du « moi », par exemple, en la découvrant *a posteriori* à partir de la multiplicité de ses expressions ; au contraire, tout comme le « soi » nous est donné en tant qu'ensemble avec la même immédiateté, voire de façon encore plus immédiate que ses contenus particuliers, certains « caractères » universels qui marquent de leur empreinte les processus historiques singuliers leur sont pareillement inhérents. Bien que ces processus se déroulent uniquement par eux-mêmes, ce qui en eux se présente pour nous c'est non seulement leur forme propre mais celle d'un vaste complexe vivant auquel ils s'intègrent. Le sentiment de l'individualité ne deviendra pour nous vivant qu'avec le sentiment de ces ensembles qui ne sont pas conceptuellement séparables du singulier mais clairement tissés avec lui en un seul tenant. À travers chaque individualité, on perçoit la lueur d'une certaine totalité qui ne l'assombrit pas mais, au contraire, l'éclaire pour ainsi dire d'autant mieux de l'intérieur ; l'expression historique particulière reste pour nous vide si nous ne pouvons en même temps voir en elle

tout le vivant tableau du mode de vie, des habitudes, des besoins, des particularités du pays et du ciel [1].

Ce que ce tableau nous dit mieux que tout simple schéma conceptuel, c'est qu'il n'est pas formé arbitrairement de traits singuliers mais qu'il représente l'image d'un organisme en soi achevé de l'effectuation historique elle-même. Ce ne sont pas, par conséquent, des unités de choses mais des unités d'actions que l'examen philosophico-historique cherche et établit. Il écarte toute abstraction qui sépare et fait éclater les moments présents ensemble dans l'action, mais, d'un autre côté, il crée constamment des expressions pour désigner l'intégration de centres d'effectuation et de points de départ particuliers visant à une unité qui coiffe l'ensemble.

Seule cette double direction de l'examen peut faire comprendre ce que la conception historique de Herder signifie et accomplit pour le problème universel de la forme. Chez Herder s'interpénètrent les tendances fondamentales de Hamann et de Leibniz. Le monde de Hamann apparaît comme la désagrégation de toute forme, comme le retour et la rechute dans le chaos. Et voilà qu'ici, issues du devenir lui-même, infini et mobile, qu'aucune limite fixe n'entrave, des formations caractéristiques se détachent à leur tour, des formations

---

1. *Ibid.*, p. 169 (N.d.T.).

qui ne sont pas venues s'imprimer en lui de l'extérieur, mais qui ne font que permettre l'expression de sa propre déterminité interne. Dans la mesure où la philosophie de l'histoire de Herder cherche à représenter ce processus, elle se trouve renvoyée aux catégories leibniziennes d'individualité et de totalité, mais c'est une nouvelle teneur qui s'exprime dans ces catégories. Dans le système de la monadologie, le rapport de l'individu à l'ensemble ne sera déterminé qu'en tenant compte des sujets individuels, des unités psychiques qui sont à la base de tous les phénomènes de la conscience et de la vie organique. Le moi de notre conscience de soi, comme cet « analogue du moi » que nous devons présupposer dans tout processus vital unitaire, enclôt en tant que « miroir vivant » le contenu total de l'« absolu », le contenu de Dieu et de l'univers. La « forme substantielle » de l'âme individuelle et de la vie individuelle est la représentation symbolique de la loi d'ensemble de l'effectivité. Mais chez Herder intervient alors entre le « moi » et l'« absolu » toute la variété, la succession des stades des formes de vie concrètes de l'histoire. L'« originalité » n'est pas un caractère lié à l'« individualité » ; elle se manifeste partout dans toute culture autonome, dans tout ensemble achevé, formé de penchants et de mœurs, dans toute déterminité originaire d'un peuple et de sa langue. C'est une énorme tâche qui est ainsi décrite pour la saisie et la construction de l'effectivité spirituelle. Ce qu'est et ce que signifie cette réalité ne se révèle qu'à travers la connaissance et la compréhension vivante de toutes ces formes intermédiaires. Elles sont le véhicule de toute pénétration historique car tout ce qui est concret ne l'est qu'à travers l'ensemble des relations dans lequel il se trouve placé. À travers les impressions qu'il reçoit, à travers les effets qu'il provoque, sa propre place est déterminée ainsi que la règle constitutive de l'ensemble. Aucun individu, aucune nation ne construit quoi que ce soit qui n'ait été initié par le temps, le climat, le besoin, le monde, le destin. Ils ne sont tous que ce que Dieu, « le temps et le stade représenté par son époque [1] » en font. Mais précisément dans ce processus, ils ne sont pas abandonnés au simple advenir mécanique, à la simple pression extérieure, car justement ce qui apparaît à l'examen superficiel comme l'entassement d'éléments d'effectivité hétérogènes est plutôt le résultat de principes d'organisation internes. L'authentique « forme » historique ne peut pas plus être réduite à un simple agrégat que l'individu lui-même ; car elle n'est jamais simplement un résultat, mais toujours en même temps un départ, jamais un simple produit mais toujours en même temps un centre d'effectuation autonome.

La réflexion esthétique de Herder est pénétrée de la même vision fondamentale que celle exprimée ici dans le domaine de l'histoire. D'emblée, Herder, par un trait caractéristique, se sépare de Lessing

---

1. *Ibid.*, p. 177 (N.d.T.).

dans la détermination conceptuelle de la poésie : alors que Lessing était parti du concept d'action, il se réfère, lui, au concept de force. Ainsi qu'il l'objecte à Lessing, ce sans quoi l'action n'est pas l'action, ce n'est pas le moment objectif de l'altération et de la succession du temps – tout cela étant également inhérent au simple cours de n'importe quel advenir mécanique –, mais c'est l'énergie uniforme qui les anime de l'intérieur.

Le concept de succession n'est pour une action que la moitié de l'idée : il faut qu'il y ait une succession par la force, c'est ainsi qu'on obtient une action. J'imagine une essence agissant dans la suite des temps, j'imagine des altérations qui se succèdent grâce à la force d'une substance, c'est ainsi qu'on obtient une action. Et si les actions sont l'objet de l'art poétique, je parie que cet objet ne pourra jamais être déterminé à partir du concept aride de succession : la force est le centre de leur sphère [1].

L'effet de la poésie ne s'exerce de ce fait jamais sur l'oreille au moyen des sons ; il ne s'exerce pas sur la mémoire qui doit s'imprégner d'un trait précis tiré de la succession et le conserver, il s'exerce sur l'imagination qui doit être excitée dans ses énergies vivantes. C'est ainsi que chaque genre poétique, que chaque forme historique particulière de la poésie lyrique, de l'épopée, du drame, possède sa dimension particulière dans le mode et l'intensité des effets psychiques qui en émanent. Et toute simple règle qui n'est pas conçue à partir de cette source et de cette origine, à partir de la « genèse » de l'œuvre poétique, est vide et morte. L'unité de lieu et de temps est la règle, mais elle ne l'est que grâce aux conditions spécifiques dans lesquelles se trouvait la tragédie grecque. Le drame shakespearien, jusque dans les moindres détails de l'organisation scénique, des personnages, de la langue et du rythme, est dominé par une loi d'unité, mais cette loi n'est tout simplement rien d'autre que la loi du monde de Shakespeare. Si chez les Grecs prévaut la singularité d'une action, Shakespeare, lui, travaille à l'ensemble d'un épisode ou d'un événement. Si chez les premiers un ton unique prévaut pour tous les personnages, chez le second, ce sont tous les personnages, les conditions sociales et les modes de vie qui concourent, autant qu'ils en sont capables et autant qu'il est nécessaire, à la tonalité générale du concert.

Si chez les premiers résonne une seule belle langue chantante comme dans les hauteurs de l'éther, le second parle la langue de tous les âges, de tous les hommes et types d'homme, il est l'interprète de la nature dans tous ses idiomes [...]. Ce ne sont que des pages éparses emportées par le flux du temps, détachées du livre des événements, du livre universel de la Providence ; empreintes éparses des peuples, des conditions sociales, des âmes qui tous sont des machines extrêmement diverses, agissant tout à fait

---

1. J. G. HERDER, *Kritische Wälder* [Silves critiques], 1769, I, p. 16.

séparément, tous, comme nous le sommes nous-mêmes dans la main du Créateur, des outils ignorants et aveugles concourant à l'ensemble d'une image théâtrale, à un événement de grandeur sublime que seul le poète maîtrise [1].

Et cette empreinte n'est pas seulement la marque de l'ensemble de l'œuvre de Shakespeare, mais elle est autre et nouvelle dans chacune de ses œuvres particulières. Rien ne peut être changé, déplacé, pris dans une pièce et introduit dans une autre. *Lear* et *Hamlet*, *Macbeth* et *Othello* ont cette couleur propre à chaque pièce et ce ton dû à une ambiance dominante, toutes sont emplies d'une âme individuelle qui est cependant en même temps l'âme du monde. Cette « ambiance dominante » est ce qui enferme la dimension intérieure de l'ensemble, lui assigne ses limites et son infinité. Espace et temps appartiennent à cette limitation, non pas pensés en tant que schémas abstraits partout identiques à l'image de ce que fait le théâtre français, mais conçus comme des figures qui naissent d'elles-mêmes génétiquement de la particularité du processus créateur. Le temps n'est pas dicté au poète en tant que créateur par le cadran du beffroi ni par celui de l'église :

> Il t'appartient de créer les dimensions du temps et de l'espace et si tu peux faire naître un monde et que celui-ci n'existe que dans l'espace et le temps, alors dis-toi qu'à l'intérieur règne ta propre dimension du temps et de l'espace, celle vers laquelle tu dois, par la magie de ton art, entraîner tous les spectateurs, à laquelle tu dois tous les plier [2].

Y a-t-il un contresens plus grand que celui qui consiste à vouloir vérifier à l'aide de mesures objectives de la physique cette dimension poétique intérieure qui grandit et devient en même temps que toute œuvre s'élabore ?

> C'est dans le cours de son action, dans l'*ordine successivorum* et *simultaneorum* de son univers, que se trouve son espace et son temps […]. Peu importe la rapidité ou la lenteur avec laquelle il fait se succéder les temps ; il les fait se succéder, il t'impose cette succession, c'est là sa dimension temporelle [3].

Toute la finesse et toute la profondeur, toute la mobilité et la force du concept de forme herderien jaillissent de ces déterminations fondamentales de l'essai sur Shakespeare. Les traits de l'image universelle monadologique du monde transparaissent encore ici

---

1. J. G. HERDER, *Von deutscher Art und Kunst* (De la manière et de l'art allemands), contenant l'essai « Shakespeare » et « Extraits d'une correspondance à propos d'Ossian », 1773 ; Stuttgart, Reclam, 1989, p. 77 s. (N.d.T.).
2. *Ibid.*, p. 86 (N.d.T.).
3. *Ibid.*, p. 87 (N.d.T.).

mais, comme ils sont intégrés à l'ensemble de la nouvelle intuition de l'histoire, ils sont ainsi d'eux-mêmes transformés. Le monde culturel égyptien et hellénique, le drame shakespearien et grec, Homère et Ossian, *Hamlet* et *Lear*, tous sont pour Herder de véritables « monades », des unités qui sont à comprendre à partir de leur propre fondement et à mesurer à leur propre aune. Dans *Briefwechsel über Ossian und die Lieder alter Völker* [Correspondance à propos d'Ossian et des chants de peuples anciens], cette détermination est soulignée avec une insistance particulière. De même qu'ici chaque chant singulier paraît, de par sa coloration et son ton, son rythme et la mélodie de sa langue, constituer un microcosme autonome, de même sont reflétées dans ces éléments de sa forme toute l'originalité du milieu psychique et physique d'où il provient, toute la richesse intérieure du sentiment, des usages et des mœurs. Le génie intellectuel et stylistique propre à Herder est d'avoir senti et montré ces rapports. Le chant sera toujours compris comme le germe le plus simple à partir duquel se développe désormais pour nous dans une merveilleuse exhaustivité l'ensemble de la vie et des conditions de vie d'un peuple. Dans les chants scandinaves

que de mètres divers ! Comme chacun est déterminé précisément et directement à travers la sensibilité au rythme de l'oreille, des séries de rimes intérieures au vers, sortes de signaux pour marquer la mesure, cadence pour le pas et la marche de l'armée [1] !

Mais du point de vue de la méthode, dans tous ces développements, c'est encore et toujours la même idée décisive pour le perfectionnement du concept de forme qui apparaît. La façon de voir qui prévalait jusque-là à propos des individualités psychiques et de leurs rapports est maintenant transposée à l'ensemble des formations psychiques. De même que dans ces formations, qu'elles appartiennent à la vie individuelle ou à la vie d'un peuple, ne s'exprime symboliquement qu'un mode intérieur de l'existence et du sentiment, de même elles préservent jusque dans leurs ultimes caractéristiques l'originalité de ce fondement et de cette origine. Le « *principium individui* », la doctrine de l'autonomie et de la diversité constante des véritables éléments de l'Être, a acquis dans un nouveau domaine de validité une nouvelle signification.

On peut découvrir à partir de là, jusque dans le détail, l'ensemble des moments où Herder et Leibniz se rapprochent et se séparent. L'image du monde de Herder, comme celle de Leibniz, est placée sous le signe de l'idée fondamentale d'analogie. Mais cette analogie, qui est pour Leibniz un principe logique et mathématique, désigne pour Herder la direction dans laquelle s'opère pour lui le passage de la perception du particulier à la perception de l'ensemble. Chez

---

1. *Ibid.*, p. 13 (N.d.T.).

Leibniz, elle exprimait l'idée que c'est la même structure logique et mathématique qui commande à l'ensemble de l'univers comme à chacune de ses parties, si bien que dans la conception fondamentale de l'analyse mathématique moderne, la loi des variations « infiniment petites » nous est donnée en même temps que la loi de fonction universelle et vice versa. Chez Herder, en revanche, l'analogie est un moyen dont le rôle est d'ouvrir la voie qui mène de l'appréhension sensible de l'individuel à l'appréhension sensible du système de corrélations du monde. Ce qu'il a expérimenté dans l'édification de l'effectivité historique, en tant qu'instrument efficace et vivant, devient pour lui le principe de base de toute sa *Metaphysik* et de sa doctrine de la connaissance. « Connaître » ne consiste pour lui en rien d'autre qu'interpréter comme la forme générale de l'effectivité l'« analogie secrète » que nous ressentons et pressentons dans l'ensemble de notre création, de notre âme, de notre vie. S'il s'agit là d'anthropomorphisme, c'est de celui auquel l'homme est indissolublement et nécessairement lié par les limites et les perfections de son essence. Ce n'est qu'en cela, en ce grand esprit qui souffle sur nous et nous montre, dans les grandes choses et les petites, dans le monde visible et invisible, toujours le même déroulement et les mêmes lois, que nous possédons le sceau de la vérité, de notre vérité.

Le degré de profondeur de notre sentiment du moi conditionne notre degré de sympathie à l'égard des autres : ce n'est en effet que nous-mêmes que nous pouvons projeter, en quelque sorte, dans les autres [1].

Tous nos organes s'imbriquent ici les uns dans les autres ; la vue emprunte au toucher, vue et ouïe échangent réciproquement ce qu'ils déchiffrent, odorat et goût se superposent, et c'est à partir de tout cela que l'âme tisse son vêtement, son univers spirituel et sensible. Le concept d'analogie chez Leibniz, le concept de forme chez Shaftesbury et le concept de symbole chez Hamann sont ici tramés ensemble dans une unité propre à Herder ; tous ne forment plus que les traits et les moments singuliers d'une nouvelle intuition qui s'organise à partir d'eux.

Cette intuition, qui a ses racines dans l'histoire et la poésie, reçoit son ultime confirmation dans la doctrine de Herder sur l'origine du langage. Au XVIIIe siècle, deux théories diamétralement opposées étaient en présence : l'une considérait le langage comme un produit de l'invention et de l'instruction divines, l'autre y voyait un résultat que l'on devait attribuer à une détermination et une convention humaines. Cette opposition entre ce qui est présent φύσει et θέσει entre ce qui vaut selon la « nature » ou la simple « convention » s'était conservée presque sans changement depuis la sophistique

---

1. J. G. HERDER, *Vom Erkennen und Empfinden der menschlichen Seele* [Connaître et savoir dans l'âme humaine], 1778.

antique. Le progrès que marque la vision fondamentale de Herder se concrétise désormais dans le fait que pour lui les deux branches de l'alternative ont perdu leur validité, car dans les deux s'exprime une forme de téléologie qui est à ses yeux définitivement dépassée. Dans la théorie de l'origine divine du langage, celui-ci est considéré comme une forme figée, transmise telle quelle en tant que déterminée et achevée ; dans la théorie opposée, le langage apparaît comme une formation à la technique savamment élaborée, qui a été créée pour des buts précis avec une intention consciente et assemblée à partir de ses propres éléments. Dans l'un comme l'autre cas, le « sens » du langage n'est pas en lui-même mais hors de lui ; il n'est pas saisi à partir de lui-même mais uniquement comme un moyen pour parvenir à quelque chose d'autre, d'étranger à lui. Si, face à une telle façon de voir, on doit prouver que le langage a sa teneur propre, ceci n'est à nouveau possible que si nous remontons au processus vital original duquel il tient sa formation et sa loi. Le concept intermédiaire dont on a ici besoin s'est trouvé être déjà en la possession de Herder, car pour lui, depuis le tout début, toute vie en général a été déterminée comme une pulsion et une pression vers l'« expression ». L'opposition schématique entre ce qui est purement intérieur et ce qui est purement extérieur est ainsi levée. Tout ce qui est simplement subjectif, enfermé dans la pure intériorité, ne conquiert la certitude de sa propre consistance que lorsqu'il objective celle-ci et la place pour ainsi dire hors de lui. La sensation est à peine sensation qu'aussitôt elle devient mouvement, expression, ton et manifestation langagière. Certes, celui qui, comme Süßmilch en tant que tenant de l'origine divine, voit son point de départ non dans le son mais dans les caractères tracés, qui s'appuie sur le fait que les sons de toutes les langues connues peuvent être ramenés à quelque vingt caractères, passe définitivement à côté du véritable germe de tout ce qui est langage. Il mélange, commettant ainsi la faute habituelle d'un rationalisme non critique, les éléments de l'abstraction avec les éléments synthétiques de l'origine et de l'élaboration. L'ensemble du langage ne s'est pas développé à partir des lettres mortes d'une grammaire divine mais à partir des sons sauvages proférés par des organes libres. Pour que des mots puissent se former à partir des « cris de la passion [1] » et des phrases à partir des criailleries du sentiment, on a certes eu besoin de ce moment de « réflexion », de comparaison, d'attention, spécifiquement propre à l'homme. Seulement, on ne doit pas croire non plus que ce moment est lié à une capacité particulière de la « raison » qui s'ajouterait postérieurement et extérieurement aux capacités sensibles. La « raison » qui crée le langage ne succède pas à la sensation mais est déjà présente et à l'œuvre dès la première sensation même, car toute

---

1. J. G. HERDER, *Abhandlung über den Ursprung der Sprache*, 1772 (*Traité de l'origine du langage*, trad. D. Modigliani, Paris, PUF, 1992, p. 42 s.) [N.d.T.].

sensation, en tant que sensation consciente, présuppose une distinction et toute distinction présuppose une « aperception ». Aucune pensée « abstraite » n'est ici exigée qui serait séparée du contenu de l'impression sensible, mais bien une organisation de l'impression elle-même et son insertion dans un réseau général d'expériences vécues. Cet « accord avec soi-même » doit précéder l'« accord avec d'autres » ; ce qui doit être pour l'autre le mot de communication doit d'abord être saisi et fixé par moi-même comme un mot intérieur[1]. De même que la poésie, le langage doit continuellement se comprendre non pas comme la copie et le reflet de quelque chose de donné mais comme l'épanouissement et l'expression d'énergies psychiques. Dans la mesure où les énergies des choses semblent s'opposer à notre propre énergie et la contrarier, le langage naît dans la sympathie ou l'antipathie ainsi créées, non pas comme imitation mais comme une création originaire et originairement nécessaire. Dans cette intuition, les mots eux-mêmes deviennent pour nous comme un panthéon, comme un royaume d'êtres animés et agissants. Ils ne « signifient » pas simplement pour nous le monde, mais ils l'interprètent pour nous et nous montrent une voie nouvelle pour le comprendre de l'intérieur. La théorie qui fait remonter le langage à l'enseignement divin et celle qui le fait remonter à une invention humaine arbitraire pèchent de ce fait toutes deux en un même point. Elles saisissent dans le langage uniquement le moment intellectuel de la signification alors que ce qu'il est en tant que moment d'expression est relégué au second plan et amoindri. Dans le processus du langage, il ne s'agit pas de faire en sorte qu'un « signe » soit postérieurement et extérieurement ajouté à un contenu de sens ou de représentation donné, mais la même fonction de la conscience qui crée le « signe » doit déjà être effective dans l'acquisition et l'organisation originaire du contenu signifié. Il importe avant tout de vaincre le genre de conception platement mécaniste selon lequel dans le langage serait associée à certaines qualités du sentiment et de la sensation une qualité du son totalement étrangère et hétérogène. La langue a bien plutôt son origine dans une sphère du « sentiment » qui préexiste à toutes les partitions et distinctions en différentes sphères de sensation séparées. Dans cette sphère, un élément ne « désigne » pas l'autre mais en elle se fondent de manière indiscernable la vue et l'ouïe, la couleur et le mot, le parfum et le ton. C'est pourquoi il serait inutile de se demander comment un contenu s'est « retrouvé » avec un autre et comment il peut « se fondre » avec lui, car l'unification se révèle plutôt originaire et la séparation en est dérivée.

---

1. *Ibid.*, p. 70. Nous suivons D. Modigliani pour traduire *Mitteilungswort* (mot de communication) et *Merkwort* (mot intérieur) [N.d.T.].

Nous sommes un *sensorium commune* pensant, affecté toutefois de divers côtés – c'est là que réside l'explication [1].

Si le philosophe doit, dans sa réflexion, laisser de côté un des fils de la sensation pendant qu'il en suit un autre, dans la nature, en revanche, tous ces fils ne forment qu'une trame. Les premiers éléments psychologiques et philosophiques d'une théorie du langage ainsi créés par Herder suivent bien la même direction que celle qu'il indiquait dès le début de sa réflexion. Parti des « lois obtuses et tardives des grammairiens », il aspire à revenir à la « vraie nature divine du langage » qui ne peut être comprise à partir de la réflexion morte, mais à partir de la « respiration vivante du monde » et de l'esprit humain. C'est dans ce caractère vivant lui-même que doit être mise en évidence la nécessité à partir de laquelle le langage se délimite et se forme pour l'expression. Cette idée de « mise en forme » se révèle être ici le centre spirituel des trois directions fondamentales de la création herderienne : en lui son intuition de la poésie s'unit avec celles de l'histoire et du langage.

7

Il manque encore cependant un moment ultime et décisif pour mener à son achèvement le nouveau concept de forme de la littérature et de l'esthétique classiques allemandes, un moment qui n'apparaît pas petit à petit au sein même de la progression constante de la culture allemande, mais vient à sa rencontre déjà prêt et achevé comme quelque chose de consistant qui ne demande qu'à être reçu et reconnu. Si, dans tous les développements précédents, il s'agissait avant tout de parvenir à s'orienter grossièrement vers un nouveau but, lui-même encore confusément reconnu, il semble maintenant que, d'un seul coup, la marche et l'affrontement des idées aient trouvé leur apaisement. Affranchie de toute médiation historique, l'image se dresse devant nous d'un monde nouveau dans toute sa clarté et sa perfection. Cette image, telle que toujours plus pure elle s'épanouit chez Winckelmann depuis les *Gedanken über die Nachahmung der griechischen Werke in der Malerei und Bildhauerkunst* [Réflexions sur l'imitation des œuvres grecques en peinture et en sculpture] jusqu'à la *Geschichte des Altertums* [le titre complet est : *Geschichte der Kunst des Altertums* (Histoire de l'art chez les Anciens)], semble n'avoir strictement besoin pour son élucidation que d'elle-même et de rien d'autre. Sa grandeur est fondée sur sa « simplicité », sur la détermination objective qui permet ici au contenu de l'Antiquité d'être reconquis non pas dans la réflexion abstraite et l'érudition critique, mais dans l'intuition directe. Mais

---

1. *Ibid.*, p. 81 (N.d.T.).

comme Winckelmann cherche désormais, en penseur et en écrivain qu'il est, à communiquer et à fonder conceptuellement sa vision intérieure, en même temps qu'il rend à la vie l'art antique, il fait revivre la philosophie de ce temps. Comme il aspire dans la contemplation du beau aux archétypes grecs, il se trouve être parmi les plus proches de ses pairs pratiquement le seul à ne pas se sentir concerné par les thèses de Leibniz et à en faire l'économie pour rejoindre Platon et le platonisme de la Renaissance où il trouve l'expression et la justification de l'ensemble de ses vues.

Certes, les tentatives pour une nouvelle fondation de la théorie esthétique à partir des germes et des prémisses de Leibniz ne sont pas restées ignorées de Winckelmann. Au temps de ses années d'étude à Halle, il suit les cours de Baumgarten dans lesquels la nouvelle science de l'esthétique acquiert pour la première fois sa forme systématique. Mais il se sent rebuté au fond de lui-même par le mode d'analyse qui a cours ici et par l'attribution du beau à une « faculté de l'âme » particulière. Il s'élève de plus en plus vigoureusement contre le « siècle métaphysique » qui ne peut plus approcher et saisir le beau lui-même que comme exemple de décomposition logique de concepts. Dans son *Histoire de l'art chez les Anciens* encore, il voit la raison de ce qu'il n'existe jusque-là pas encore de « philosophie de l'art » dans le fait que, en grande partie, la sagesse universelle aurait été pratiquée et enseignée par ceux qui, « à cause de la lecture de leurs mornes prédécesseurs dans ce domaine, ne peuvent laisser que peu de place à la sensibilité et admettent pour ainsi dire que se forme sur elle une peau épaisse ». On nous aurait ainsi menés à travers un labyrinthe de subtilités et de détours métaphysiques qui pour finir auraient surtout servi « à élucubrer des livres monstrueux et à tuer l'entendement par le dégoût ». La nostalgie pousse irrésistiblement Winckelmann au-delà de ce monde livresque et scolaire. Quand on lit comment, en tant que maître d'école à Seehausen, il passe les nuits à veiller après la corvée quotidienne de la classe pour étudier seul, emmitouflé dans sa fourrure, à la lueur de la lampe, les œuvres des grands Anciens, l'image de la chambre d'études de Faust remonte irrésistiblement à la mémoire. Il émane effectivement de cette chambre étroite comme un enchantement et une conjuration :

> C'est en vain que, par un sens aride, tu voudrais ici t'expliquer les signes divins […]. Esprits qui nagez près de moi, répondez-moi, si vous m'entendez [1] !

Et voilà que maintenant, effectivement, comme doté d'une vie nouvelle, ressurgit un monde enfoui de figures sensibles et intellectuelles. Pour le décrire et l'interpréter, le langage abstrait des

---

1. J. W. GOETHE, *Faust I* (*Théâtre complet*, trad. G. de Nerval, Paris, Gallimard, « Bibliothèque de la Pléiade », 1988, p. 1138) [N.d.T.].

concepts reste cependant insuffisant pour Winckelmann. Histoire et critique doivent se faire poésie pour capter et préserver la plénitude des visions. Dans les descriptions de Winckelmann, ce ne sont pas seulement les monuments antiques eux-mêmes que l'on peut voir distinctement, trait pour trait, mais coulés dans les belles proportions du style à la solennité soutenue de Winckelmann, ceux-ci inondent le lecteur de toute la passion subjective de l'homme qui les examine.

Il voit de ses propres yeux – écrit Goethe dans son essai sur Winckelmann – il saisit de toute sa sensibilité des œuvres indicibles tout en éprouvant pourtant le besoin irrésistible d'en rendre compte par l'écriture. L'achèvement total, l'idée qui a donné naissance à telle statue ou forme, le sentiment ressenti par Winckelmann quand il la contemple constituent autant de choses qu'il veut communiquer à l'auditeur, ou au lecteur, et quand il passe en revue toutes les capacités qu'il possède, il se voit dans l'obligation de recourir à ce qu'il possède de plus vigoureux et de plus digne de valeur. Il faut qu'il ait absolument une écriture poétique, qu'il y songe ou non, qu'il le veuille ou non [1].

Par conséquent, dans l'évolution de l'idée de forme, les écrits de Winckelmann tracent une ligne de démarcation caractéristique, non seulement dans le contenu de ce qu'ils décrivent mais dans la méthode et le mode de la description elle-même. Autant c'est ici une nouvelle face du sentiment artistique qui se découvre à nous, autant c'est d'autre part en même temps un nouveau monde d'idées qui s'exprime dans ces présentations. Plus Winckelmann entre dans le détail des œuvres et plus ses propres postulats intellectuels fondamentaux se dessinent nettement dans leur universalité. Il est cependant arrivé à Justi lui-même d'interpréter ces postulats uniquement comme un ornement baroque extérieur et non comme une composante nécessaire et immanente de l'œuvre de Winckelmann dans son ensemble. Parlant des études platoniciennes de Winckelmann, il ajoute que les spéculations qui s'enchaînent là paraissent assurément bizarres et déplacées « au siècle de la philosophie de Locke et des Encyclopédistes [...] ce n'est que sur le sol italien, depuis Gemistos Pletho et l'Académie platonicienne de Florence, que cette plante est chez elle [2] ». Un tel monde d'idées n'est cependant ni plus ni moins paradoxal à l'époque de Locke et des Encyclopédistes français que ne l'est le phénomène Winckelmann lui-même dans son entier. Du point de vue de la philosophie des Lumières et de l'empirisme régnant, ce n'est pas telle ou telle chose qui demeure chez lui incompréhensible mais tout simplement lui-même dans la totalité de

---

1. J. W. Goethe, *Winckelmann und sein Jahrhundert*, 1805 (« Winckelmann et son siècle », dans J. G. Herder et J. W. Goethe, *Le Tombeau de Winckelmann*, trad. M. Charrière, Nîmes, J. Chambon, 1993, p. 100) [N.d.T.].
2. C. Justi, *Winckelmann und seine Zeitgenossen* [Winckelmann et ses contemporains], Leipzig, 1872, vol. II, liv. 1, chap. 1.

son être. Sa pensée et sa conception artistique ne font qu'un, et toutes deux se réfèrent à une sphère commune qui seule leur procure leur complet éclairage historique.

Pour préciser ce domaine, il faut, il est vrai, dépasser non seulement les frontières de l'empirisme mais tout le contenu et les résultats auxquels était parvenue l'esthétique du XVIIIe siècle. Quel que soit le moment de l'évolution que nous choisissions, nous trouvons toujours Winckelmann en opposition des plus nettes avec son temps. Alors qu'une des vues les plus pénétrantes et des plus fécondes qu'ait conquises l'esthétique de ce temps veut que la légalité du beau soit dérivée et expliquée non pas à partir des œuvres achevées mais à partir de l'« énergie » de la création artistique, la norme qu'établit Winckelmann semble prôner un retour complet à l'imitation des modèles antiques.

> L'unique moyen pour nous de devenir grands et, si c'est possible, inimitables, c'est d'imiter les anciens [1].

> Chez eux, en effet, nous trouvons réunis en une somme ce qui dans la nature est morcelé et dispersé ; ils nous montrent comment et

> à quel point la plus belle nature peut s'élever au-dessus d'elle-même, avec hardiesse, mais sagement [2].

Si la présentation et l'éveil de la passion étaient considérés dans la doctrine psychologique des Anglais, chez Klopstock et les Suisses, chez Lessing et Herder, comme le but final de tout art, l'idéal de Winckelmann s'exprime dans l'exigence de « simplicité et sérénité ».

> De même les profondeurs de la mer restent calmes en tout temps, quelque furieuse que soit la surface, de même l'expression, dans les figures des Grecs, montre, même au sein des passions, une âme grande et toujours égale [3].

131 Tout mouvement expressif violent qui déforme les traits du visage et l'attitude du corps nuit nécessairement à la beauté. Aussi la sérénité était-elle un des principes fondamentaux respectés par les Grecs,

> car celle-ci, selon Platon, était considérée comme l'état intermédiaire entre la douleur et la joie ; voilà précisément pourquoi la sérénité est l'état le plus

---

1. J. WINCKELMANN, *Gedanken über die Nachahmung der griechischen Werke in der Malerei und Bildhauerkunst* [*Réflexions sur l'imitation des œuvres grecques en peinture et en sculpture*, trad. L. Mis, Paris, Aubier, 1990, p. 95].
2. *Ibid.*, p. 125 (N.d.T.).
3. *Ibid.*, p. 143 (N.d.T.).

caractéristique de la beauté comme de l'océan, et l'expérience montre que les hommes les plus beaux sont d'essence sereine et distinguée [1].

Le contraste apparaît encore plus nettement quand on remonte du contenu particulier de la doctrine de l'art chez Winckelmann à la structure générale des idées de celle-ci. On pouvait considérer comme un résultat commun du développement antérieur que le problème du beau s'affranchissait de manière de plus en plus précise et claire de tous les critères simplement intellectuels. Mais même cette délimitation de frontières, péniblement atteinte, semble être à son tour menacée d'effacement chez Winckelmann. L'idée de parvenir par une conception et une détermination plus approfondies de la « sensibilité » à une véritable intelligence du beau lui est parfaitement étrangère ; le beau est en effet par sa racine et son essence un être « spirituel » suprasensoriel. C'est la raison pour laquelle les spécialistes et les imitateurs des œuvres grecques ne trouvent pas dans les œuvres maîtresses de l'Antiquité uniquement la nature la plus belle qui soit mais plus que la nature, c'est-à-dire « certaines beautés idéales de celle-ci qui, ainsi qu'un ancien commentateur de Platon nous l'enseigne, sont faites d'images simplement ébauchées dans l'entendement ». L'« image dans l'entendement » doit être la base et le modèle de l'image physique sensible ; la forme de la pensée doit transparaître à travers la forme concrète si celle-ci veut arborer le sceau authentique de la beauté. En ce sens, il est essentiel que toute grande beauté soit « non descriptive », qu'elle renonce à la détermination de l'être concret sensible [2]. Le caractère déterminé d'une figure individuelle ou d'une expression individuelle sensible et passionnée la priverait de ce qui est la véritable quintessence de sa « spiritualité ». C'est ainsi que la contemplation de la beauté aboutit à une « universalité » suprême et cette universalité des figures typiques est presque impossible à différencier par un trait quelconque de l'universalité des concepts conçus dans l'entendement. Vérité, beauté et vertu sont à nouveau fondues ensemble ; la sagesse parfaite des Grecs et l'harmonie parfaite de leur morale sont ce qui irradie de toutes leurs œuvres et appose sur celles-ci le sceau de la véritable perfection artistique. Winckelmann a lui-même constamment renvoyé aux sources platoniciennes de cette conception fondamentale, mais ici, en même temps que les écrits de Platon, c'est l'ensemble de la tradition platonicienne qui resurgit. Depuis que cette tradition avait été redécouverte dans l'Académie florentine par Ficin et Pic de La Mirandole, son influence sur la théorie esthétique

---

1. J. WINCKELMANN, *Geschichte der Kunst des Altertums* [Histoire de l'art chez les Anciens], liv. V, chap. 3, § 3. *Werke*, éd. H. Mayer et J. Schulze, t. IV.
2. En ce qui concerne le problème et l'usage du terme « non-description » chez Winckelmann, voir en particulier H. COHEN, *Kants Begründung der Ästhetik* [La fondation kantienne de l'esthétique], p. 505.

n'avait jamais complètement cessé de se faire sentir. Mais ce n'est que par l'intermédiaire des écrits de Winckelmann qu'elle redeviendra au XVIIIᵉ siècle une composante immédiatement vivante de la formation de l'esprit en Allemagne. Le concept de forme que l'Italie suggère à Goethe trouve là ses fondements historiques et ses conditions préalables. Ce n'est assurément pas un hasard si en 1805, immédiatement après la conclusion de son essai sur Winckelmann, Goethe se livre à une étude approfondie de la philosophie de Plotin. Dans cette théorie, en effet, dans sa doctrine centrale du « beau intelligible », se trouve la clé des propositions principales et fondamentales de Winckelmann. Nous sommes là au cœur spéculatif du système conceptuel esthétique de celui-ci. D'après Plotin, c'est le dualisme de la forme et de la matière qui se trouve à la base du phénomène du beau et qui trouve en lui son expression la plus précise ainsi que sa réconciliation finale. En effet, tout ce qui est sans figure et destiné à recevoir figure et idée reste nécessairement laid tant qu'il n'a pas encore part à la raison et à la forme ; mais ce qui a déjà accueilli la forme en lui sans toutefois s'en être totalement imprégné est également laid.

Donc l'idée s'approche, et elle ordonne, en les combinant, les parties multiples dont un être est fait ; elle les réduit à un tout convergent, et crée l'unité en les accordant entre elles (εἰς μίαν συντέλειαν), parce qu'elle-même est une, et parce que l'être informé par elle doit être un autant qu'une chose composée de plusieurs parties peut l'être [1].

Le bloc de marbre devient l'image d'un dieu dans la mesure où la figure qui est présente dans l'esprit de l'artiste marque la matière de son empreinte. Aussi disons-nous généralement de quelque chose de matériel que c'est beau si dans la multiplicité de la masse extérieure nous trouvons le reflet de l'unité du concept : τὸ ἔνδον εἶδος μερισθὲν τῷ ἔξω ὕλης ὄγκῳ. Nous découvrons maintenant, dans la perception elle-même, au sein de la dislocation de l'espace, la forme et la manière dont elle lie et maîtrise la nature non configurée qui lui fait face. Si nous disons la couleur « belle », c'est qu'en elle la matière sombre a été maîtrisée par la lumière qui, d'après sa nature, est apparentée à la raison. Le feu lui aussi, même s'il se trouve à la lisière du corporel et du non-corporel, est encore plus près de l'immatériel :

Il éclaire et il brille, parce qu'il est une idée [2].

---

1. PLOTIN, *Ennéades*, I, 6, « Du beau » (trad. É. Bréhier, Paris, Les Belles Lettres, p. 97) [N.d.T.].
2. *Ibid.*, p. 98 (N.d.T.).

Les degrés supérieurs de la beauté ne se découvrent en revanche qu'au regard qui se tient lui-même au-dessus de toute perception dans la pure contemplation de l'intelligible. Seules les âmes véritablement capables d'aimer, les ψυχαὶ ἐρωτικώτεραι, peuvent accéder à cette intuition dans laquelle se décident la valeur et le destin du moi.

Car celui qui ne rencontre pas de belles couleurs ou de beaux corps n'est pas plus malheureux que celui qui n'a pas le pouvoir, les magistratures ou la royauté ; le malheureux, c'est celui qui ne rencontre pas le Beau, et lui seul ; pour l'obtenir, il faut laisser là les royaumes et la domination de la terre entière, de la mer et du ciel, si, grâce à cet abandon et ce mépris, on peut se tourner vers lui pour le voir [1].

Telle est la tournure décisive que Plotin donne au problème de l'art et du beau : le beau est le domaine dans lequel l'âme prend conscience de son origine cosmique et de son rapport au cosmos. En lui se présentent de la manière la plus profonde le sens et le contenu du processus du monde lui-même ; la « chute » de l'un originaire dans le multiple et le retour de la multiplicité à l'unité sont ici embrassés comme dans un même regard. La configuration artistique n'est par conséquent pour Plotin pas tant l'expression d'un rapport psychologique que celle d'un rapport ontologique. La « forme » qui existe dans l'esprit de l'artiste et qu'il imprime à la matière n'est pas une simple idée, une représentation subjective qu'il se fait, mais quelque chose d'entièrement objectif ; elle est le « logos » créateur de l'ensemble du monde lui-même à une étape précise de son effectuation. Aussi l'art n'imite-t-il pas l'existence sensible dans l'espace et le temps, mais il s'élève au niveau des forces formatrices desquelles tout ce qui est physique tient son origine. L'artiste se tourne en arrière vers la sagesse originaire de la nature, vers cette sagesse qui n'est pas constituée de propositions singulières, de prémisses et de conclusions, mais est et agit, intacte et indivise ; elle ne se résume pas à une unité qui se serait faite à partir de multiples fragments, mais elle se développe au contraire à partir de l'unité et se dissout dans la multiplicité (οὐ συγκειμένην ἐκ πολλῶν εἰς ἕν, ἀλλὰ μᾶλλον ἀναλυομένην ἐξ ἑνός). Nous avons donc en nous une faculté de contempler créatrice pour les mêmes raisons qu'il existe dans la nature une faculté d'engendrer créatrice. Lorsque les animaux engendrent, ce sont bien les concepts internes (οἱ λόγοι ἔνδον ἐόντες) qui en sont en eux le moteur, tant et si bien que cela est une activité de la faculté de contempler, et ce sont en quelque sorte les douleurs de l'enfantement destinées à remplir l'univers d'une foule de figures. Le devenir de l'organisme est du même ordre que le devenir de l'œuvre d'art ; dans les deux cas, il s'agit du logos qui engendre, d'une « forme »

---

1. *Ibid.*, p. 104 (N.d.T.).

spécifique déterminée qui sort de son être au repos et s'incarne dans une nouvelle formation objective. Ainsi s'accordent l'art et la réalité, non pas que l'un imite l'autre, mais parce que tous deux ne font qu'un par leurs racines. Ce n'est pas d'après un modèle sensible que Phidias put créer la figure de Zeus, mais il proposa Zeus tel qu'il apparaîtrait si lui-même avait décidé de se rendre visible à nos yeux. De cette façon, l'artiste ne reproduit pas l'œuvre divine mais l'agir divin.

Il ne faut donc pas croire que là-bas les dieux et les bienheureux contemplent des propositions ; il n'y a là-bas aucune formule exprimée qui ne soit une belle image, [...] non pas des dessins d'images mais des images bien réelles (ἀγάλματα δὲ οὐ γεγραμμένα ἀλλὰ ὄντα) [1].

Le beau deviendra ainsi l'expression de la séparation de l'un et du multiple de même que l'expression de leur réunification, donc du retour de l'âme au divin.

Ainsi seulement s'éclairent pour nous les postulats sur lesquels reposent la théorie et l'examen artistique de Winckelmann.

La beauté suprême est en Dieu et le concept de la beauté humaine est d'autant plus parfait qu'il peut être pensé en conformité et en accord avec l'essence suprême que le concept d'unité et d'indivisibilité différencie pour nous de la matière. Ce concept de beauté est comme un esprit sorti de la matière que le feu a trempé et qui cherche à engendrer un produit à l'image de la première créature raisonnable formée dans l'entendement de la divinité. Les formes d'une telle image sont simples, continues et variées à l'intérieur de cette unité et, précisément pour cette raison, harmonieuses [...]. Unité et simplicité ennoblissent toute beauté comme à travers elles tout ce que nous faisons et disons : en effet, ce qui est grand en soi devient noble s'il est accompli ou proféré avec simplicité. Cela ne perdra pas de son ampleur ni de sa grandeur si notre esprit peut, comme d'un seul coup d'œil, le parcourir et le mesurer, peut l'inclure et le saisir dans un seul concept ; au contraire, il se présente à nous grâce à cette conceptualisation dans toute sa grandeur et notre esprit se trouve élargi et ennobli en même temps qu'il le saisit [2].

Si le beau est pour Winckelmann fondé sur le « spirituel », alors que l'ensemble du domaine du spirituel est cependant décrit ingénument par le « conceptuel », la solution de ce paradoxe ne nous est donnée que par l'examen du rapport historique global dans lequel Winckelmann est impliqué. Ici également, il s'exprime comme un penseur féru d'Antiquité et tourné vers elle, pour qui tout le glissement du « concept » dans la sphère subjective moderne, dans le domaine de la simple abstraction et réflexion, est resté parfaitement

---

1. *Ibid.*, V, 8, p. 142 (N.d.T.).
2. J. WINCKELMANN, *Geschichte der Kunst des Altertums*, liv. IV, chap. 2, § 22.

étranger. Le concept n'est pas pour lui le « *conceptus communis* » des modernes, c'est le logos lui-même actif et configurant, grâce auquel tout être naît sous son aspect. Ce en quoi Winckelmann se révèle être un « grand païen », c'est qu'il détache nettement cette idée fondamentale de toutes ses implications religieuses traditionnelles. On est à cent lieues du mélange de tendances platoniciennes et chrétiennes caractéristique du platonisme de la Renaissance, de Marsile Ficin et de Pic de La Mirandole. Le concept de Dieu chez Winckelmann appartient exclusivement à ce domaine de la « religion naturelle » pour lequel, conformément à la caractéristique qu'en donne Goethe dans son essai sur Winckelmann, Dieu apparaît uniquement comme « la source originaire du beau et guère comme une essence qui se rattacherait d'une autre façon à l'homme ». La doctrine du logos ne sera pas développée au-delà du point auquel mène le fil directeur de la conception fondamentale strictement artistique. Winckelmann ne connaît aucune théo-logie isolée qui considère l'« essence » divine indépendamment de cette référence esthétique. C'est pourquoi il se montre également insensible à l'opposition profonde et compliquée entre les motifs de la « transcendance » et de l'« immanence » à laquelle avait abouti le néoplatonisme. Animé du désir d'atteindre par-delà tout être et toute pensée à un absolu que n'affecte plus aucune contradiction du fini et qui constitue un au-delà complètement affranchi de toutes nos déterminations empiriques et logiques, le néoplatonisme lui-même s'était déjà séparé du modèle classique d'intuition de l'Antiquité. Winckelmann, cependant, avec un instinct sûr, emprunte uniquement au néoplatonisme le trait qui, en dépit de cette rupture, le lie encore intérieurement au monde de l'esprit grec originaire. Car dans la doctrine du beau intelligible et dans la lutte qu'il mène contre le gnosticisme chrétien en s'appuyant sur les bases de cette doctrine, Plotin se révèle encore une fois comme l'héritier et le dernier témoin de l'idéal culturel hellénique. Au mépris de toute mystique, c'est ici à nouveau à l'état pur le sens et l'amour de la réalité des Grecs qui s'expriment. « Que serait un musicien qui, ayant eu la vision de l'harmonie dans l'intelligible, ne serait pas ému par celle-ci dans les sons perceptibles par les sens ? Ou encore comment quelqu'un prétendrait-il comprendre quelque chose à la géométrie et l'arithmétique s'il ne se réjouissait pas en même temps de voir de ses propres yeux la symétrie et la proportion ? Qui accepterait d'être un esprit assez lourd pour ne pas vouloir, à la vue de toute la beauté du monde sensible, conclure et méditer à propos de la splendeur de ces choses et de leurs archétypes ? En effet, tout ici doit bien son existence à un modèle premier ; si par conséquent ce qu'il y a ici n'est pas beau, c'est que ce qui est là-bas ne l'est pas non plus. » Le fossé qui sépare l'intelligible du sensible est comblé dans l'intuition du beau, car l'idée du beau est, ainsi qu'il est exprimé dans le *Phèdre* de Platon, la seule qui possède sur cette terre des « copies visibles », alors que nous ne pouvons saisir qu'avec difficulté et à l'aide d'instruments émoussés les images du vrai, du juste, du raisonné. On peut à partir de là comprendre l'unité des deux traits qui définissent le caractère et les vues fondamentales de Winckelmann, cet enracinement dans l'intuition « réelle » et cette exigence de l'« indétermination » qui conclut sa doctrine de l'idéal. La réalité qui lui est familière n'est pas la réalité effective des choses ; c'est le monde de l'art et des dieux de l'Antiquité. Dans ce monde, cependant, il voit intimement mêlées la pure idéalité et l'entière objectivité, car il n'est pas pour lui quelque chose d'imaginé et d'arbitrairement formé, mais une nécessité objective, une seconde et parfaite « nature ». Avec des concepts tels que ceux qui s'incarnent dans les figures de l'art grec,

la nature, de sensible qu'elle était, fut élevée au rang de non-créé, et la main de l'artiste fit naître des produits qui étaient purs de toute nécessité humaine, des figures qui représentent l'humanité dans une dignité supérieure et paraissent n'être que les enveloppes et les vêtements d'esprits pensants et de forces célestes. Ces figures s'élevèrent dans le royaume des idées immatérielles et devinrent créatrices de purs esprits et d'âmes célestes qui n'éveillent aucun désir des sens mais provoquent une contemplation intuitive de toute beauté, car elles ne semblent pas avoir été formées pour la passion mais seulement avoir accepté celle-ci[1].

Il faut ici rappeler un second postulat historique de la doctrine de Winckelmann parce que là seulement apparaît en toute clarté la permanence du rapport que Winckelmann entretient avec la tradition idéaliste. Déjà, dans les collections qu'il a rassemblées alors qu'il était maître d'école à Seehausen, on trouve une mention qui renvoie à Augustin : « *formam omnis pulchri statuit Augustinus unitatem*[2]. » Cette indication est significative : elle ne vise en effet aucun résultat isolé mais concerne le fondement et l'essentiel de la conception d'ensemble de Winckelmann. Pour le platonisme de la Renaissance déjà, les ouvrages d'Augustin constituent une source dont l'importance égale presque celle des écrits de Platon et de Plotin. Certes, pour Augustin, la doctrine des Idées n'est pas un but théorique en soi, mais elle est un des outils nécessaires au but principal qu'il poursuit en pratique, à l'approfondissement religieux du concept de la conscience de soi. Toute vérité a sa consistance et son fondement ultimes non pas dans un objet extérieur mais dans l'« intérieur » du moi. Dans l'être, le connaître et le vouloir propres du moi, *esse*, *nosse* et *velle*, on doit chercher le modèle de toute détermination de la réalité. Et à nouveau échoit au beau le rôle déterminant de médiateur : la beauté en effet est partout présente là où quelque chose d'« intérieur » a revêtu la forme d'un « en-dehors » et rayonne à partir de là.

---

1. *Ibid.*, liv. V, chap. 1, § 28.
2. C. Justi, *Winckelmann und seine Zeit* [Winckelmann et son époque], 2ᵉ éd., I, p. 363.

La conscience, qui s'est portée à l'extérieur vers les choses et qui est en danger de se perdre en elles, se retrouve elle-même dans sa loi originaire dans les dimensions et les proportions des choses.

Ainsi, quel que soit ce qui te charme dans le corps et t'égare par les sens corporels, tu vois bien que cela est nombré et tu cherches d'où cela vient, et tu rentres en toi-même et saisis par l'intelligence que, ce que tu atteins par les sens corporels, tu ne pourrais l'approuver ni le réprouver si tu n'avais en toi certaines lois de beauté auxquelles tu puisses référer toutes les beautés que tu sens à l'extérieur. [...] Contemple le ciel et la terre [...], ce qui brille au-dessus ou vole [...]. Ils ont des formes parce qu'ils ont des nombres [...]. Qu'est-ce qui les fait être, si ce n'est ce qui fait être le nombre [1] ?

Si nous regardons la beauté des corps, ce sont les purs rapports des nombres sous leur forme spatiale auxquels nous avons affaire, si nous voyons la cadence et le rythme des mouvements corporels, nous saisissons la manière dont le nombre a structuré le temps de l'intérieur. L'art, lui aussi, quoique au-dessus de l'espace et du temps, manifeste cependant dans toutes ses formations particulières la vie du temps. Mais il nous faut dépasser tout cela, espace et temps, beauté et art, pour contempler le « nombre éternel » sur lequel ils sont fondés. En tant que forme originaire, il n'est ni limité dans l'espace ni étalé et mobile dans le temps, même si tout ce qui est divisible et variable reçoit de lui ses liens et sa forme [2]. Ces propos nous reviennent à l'esprit quand Winckelmann est lui aussi à la recherche d'une beauté suprême qui, précisément parce qu'elle constitue la norme souveraine de tout ce qui se dénombre et se mesure, « n'est pas, au vrai sens du mot, assujettie au nombre et à la mesure ». Mais dans l'ensemble de sa doctrine, il retombe là aussi de cette « transcendance » suprême à la détermination des dimensions « immanentes » du beau qui trouvent à s'exprimer dans les proportions et dans les lignes géométriques les plus simples. Certes, l'algèbre ne peut décrire les lignes de la beauté, mais les œuvres grecques peuvent cependant ici aussi servir de modèle, car il est plausible « que les artistes grecs aient codifié les rapports, les plus grands comme les plus petits, par des règles précisément déterminées, et qu'à toutes les époques et dans toutes les situations, les dimensions de la longueur comme celles de la largeur et des circonférences furent précisément déterminées ». Certes, les exigences des simples proportions sont à limiter par les exigences de l'« idéal » de telle sorte qu'elles ne puissent nulle part prétendre à une validité absolue par elles seules ; mais les deux exigences réunies déterminent néanmoins un cadre général dont la beauté ne peut s'écarter, même s'il

---

1. SAINT AUGUSTIN, *De libero arbitrio*, liv. 2, chap. 41 et 42 (*Les Confessions* précédées de *Dialogues philosophiques*, trad. S. Dupuy-Trudelle, Paris, Gallimard, « Bibliothèque de la Pléiade », 1998, p. 479) [N.d.T.].

2. Voir *ibid.*, liv. 2, chap. 16 et 42. *De vera religione*, chap. 30.

n'est perçu que par le sentiment et reste rebelle à une définition conceptuelle abstraite. De même que dans la plupart des considérations philosophiques, nous ne pouvons ici non plus procéder selon le mode de la géométrie qui conclut à partir de l'universel au singulier et au particulier et à partir de l'essence des choses à leurs propriétés, mais nous devons nous contenter de tirer uniquement à partir de cas particuliers des conclusions vraisemblables : « *la bellezza può ridursi a certi principi, ma non definirsi* [1]. » Une fois de plus se résument dans ces mots le problème fondamental et la tendance fondamentale de la vision d'ensemble de Winckelmann. Il cherche le concept, l'*eidos* du beau, mais il sait que ce concept ne peut être conçu que là où il devient action et se présente en elle, et ne peut être déterminé par une explication scolaire, par une définition selon le genre et la différence spécifique. Le beau se révèle à la pure intuition de la raison puisqu'il a lui-même son origine dans la raison suprême mais ce concept antique du νοῦς ἐρῶν est séparé par un abîme de ce que la période wolfféenne comprenait par la méthode des « idées raisonnables ».

Pour ce qui est de l'histoire de l'esprit en Allemagne dans son ensemble, il y avait certes dans ce retour direct à la vision du monde des Grecs et à leur conception de l'art un problème et un danger. Quels que soient en effet les jugements qu'on puisse porter sur la signification concrète des idées fondamentales de Winckelmann, la ligne constante du développement de l'esprit en Allemagne fut en ce point interrompue. Le nouveau monde de formes qu'il révélait contenait en même temps en lui un nouveau principe de forme. Il convenait de choisir entre ce principe et les tendances et forces qui avaient déterminé jusque-là l'ensemble du développement. Déjà, du point de vue des fondements psychologiques de l'intuition artistique, la différence est caractéristique : si, chez Lessing, c'est le mouvement intérieur de la pensée et, chez Herder, le mouvement intérieur du sentiment qui constituent l'origine et la tonalité d'arrière-plan constante, chez Winckelmann règne la sérénité de la contemplation objective pure. À cette différence dans le mode et le motif de la contemplation correspond une différence fondamentale dans le résultat. Si le concept de forme de Lessing et de Herder est dynamique, celui de Winckelmann est plastique. Ceci entraîne une profonde opposition des directions fondamentales qui, il est vrai, ne se manifeste pas d'emblée dans toute son ampleur. Il pouvait encore sembler, en effet, qu'une médiation soit ici possible qui justifie chacun de ces concepts en les référant respectivement à une sphère déterminée d'objets et de moyens d'expression artistiques. C'est ainsi que le *Laocoon* de Lessing cherche à tracer une frontière entre la peinture et la poésie en renvoyant la première au « simultané » et

---

1. Voir J. WINCKELMANN, *Geschichte der Kunst des Altertums*, liv. IV, chap. 2, § 20.

la seconde au « successif », en revendiquant pour contenu de la poésie l'« action » et pour contenu des arts plastiques la configuration statique. Mais, à la vérité, cette détermination de frontières ne pouvait signifier qu'un premier compromis provisoire. La véritable solution ne pouvait pas être cherchée sur cette voie et on ne pouvait y parvenir qu'en resituant l'opposition entre les objets au cœur des principes pour l'y maîtriser. Au lieu de séparer en domaines différents les deux moments contradictoires et de les disjoindre ainsi, on devait engager la lutte entre les deux et aller jusqu'à la décision. Le concept de forme « dynamique » et le concept de forme « plastique », la tendance à l'« individuel » et la tendance au « typique » devaient concourir à produire un seul et même contenu et, dans cet effet commun, parvenir à délimiter de l'intérieur leurs frontières. Dans cette formulation abstraite, l'exigence d'une telle pénétration équivaut certes à une énigme, mais cette exigence est satisfaite et le problème résolu dans la forme de l'œuvre littéraire et dans la vision du monde de Goethe. Cependant, la *théorie* de l'esthétique classique, telle qu'elle trouve chez Schiller son accomplissement, est aussi sans nul doute pour une grande part déterminée par Winckelmann ; en elle est pourtant en même temps à l'œuvre un postulat historique tout autre puisqu'elle repose sur les concepts fondamentaux du *système kantien*.

III

L'IDÉE DE LIBERTÉ AU SEIN DU SYSTÈME DE L'IDÉALISME CRITIQUE

1

Dans l'essai *Über Schiller und den Gang seiner Geistesentwicklung* [À propos de Schiller et de son évolution spirituelle] que Wilhelm von Humboldt avait placé en tête de l'édition de sa correspondance avec Schiller, on trouve une description de Kant et de sa doctrine qui résume avec un laconisme saisissant l'influence exercée par la philosophie critique sur la formation de l'esprit en Allemagne.

Kant a entrepris et mené à bien la plus grande œuvre peut-être que la raison philosophante doive dans toute son histoire à un seul individu. Il mit à l'épreuve et examina l'ensemble du processus philosophique en suivant une voie sur laquelle il devait nécessairement rencontrer les philosophies de tous les temps et de toutes les nations ; il en mesura, en circonscrivit et en nivela la scène, détruisit les images trompeuses qui s'y dressaient et, après avoir accompli ce travail, il établit les bases sur lesquelles l'analyse philosophique s'accordait avec la raison naturelle de l'homme, souvent égarée et assourdie par les systèmes antérieurs. Il réintégra au vrai sens du mot la philosophie au plus profond de l'homme. Tout ce qui désigne un grand penseur, il le possédait dans sa pleine mesure et il unissait en lui-même ce qui paraissait ailleurs être en contradiction ; profondeur et finesse, une dialectique peut-être jamais dépassée, qui ne perdait néanmoins pas de vue de saisir jusqu'à la « vérité » qui n'est pas accessible par cette voie. Ainsi que le génie philosophique qui tisse dans toutes les directions une vaste trame d'idées et, grâce à l'unité de l'idée sans laquelle aucun système philosophique ne serait possible, les maintient ensemble [...]. Grandeur et puissance de l'imagination flanquent directement chez Kant la finesse et la profondeur de la pensée. Je ne me hasarderai pas à dire si beaucoup ou peu de chose de la philosophie kantienne se maintient aujourd'hui et se maintiendra dans l'avenir. Toutefois, si l'on veut préciser la gloire qu'il a procurée à sa nation, les services qu'il a rendus à la pensée spéculative, trois choses restent absolument certaines. Dans ce qu'il a ruiné, certaines choses ne se relèveront jamais ; certaines de celles qu'il a fondées ne périront plus et, ce qui est le plus important, il a institué une réforme qui n'a pas son pareil dans toute l'histoire de la philosophie et c'est pour tous les temps qu'il a fait le tour des directions possibles de la spéculation et leur a rendu hommage [...]. Dans quelque époque que ce soit et quel que soit le domaine, un grand homme est un phénomène qu'on ne s'explique que très imparfaitement ou, cas le plus fréquent, pas du tout. […] Le génie, toujours neuf et fondateur de principes, ne manifeste sa venue que par son existence et on ne peut chercher sa raison d'être dans quelque chose de connu qui l'aurait précédé ; dès qu'il apparaît, il choisit lui-même sa direction. L'état indigent dans lequel Kant trouva la philosophie, ballottée de-ci de-là par son éclectisme, lui interdit d'en tirer la moindre inspiration. Il pourrait également être difficile de dire s'il doit davantage aux philosophes de l'Antiquité ou à ceux qui les ont suivis. Lui-même, avec l'acuité du sens critique qui était son côté le plus marquant, était visiblement plus proche de l'esprit moderne. Ce qui était également chez lui un trait caractéristique, c'est qu'il s'appuyait sur toutes les avancées de son siècle et prenait une part des plus vivantes aux événements du jour. En isolant, mieux qu'aucun autre avant lui, la philosophie au plus profond du cœur humain, il est sans doute celui qui en a fait l'application la plus diverse et féconde.

Effectivement, la double détermination et le double résultat de la philosophie kantienne consistent en ce que, en isolant les domaines et les problèmes sous un nouveau jour critique, elle forge et fonde entre eux une nouvelle synthèse. Dans le domaine de l'histoire universelle de l'esprit, on retrouve le trait qui apparaît dans l'attitude de Kant à l'égard de la science et de ses disciplines particulières. Kant n'a plus à l'égard des mathématiques et de la science de la nature la même relation vivante et productive que Descartes et Leibniz. Ses expériences en sciences de la nature datent de la période de son évolution juvénile et perdent de leur envergure et de leur importance aussitôt qu'il s'engage dans la voie autonome de son système philosophique. La philosophie n'est plus désormais en concurrence avec les sciences particulières dans leur propre domaine, mais se contente de fixer leurs principes et leurs limites. Elle se retire pour ainsi dire de la plénitude de contenu des domaines particuliers pour se tourner uniquement vers la détermination de leur « forme » pure et universelle. Et ce n'est qu'en prenant ainsi ses distances que lui est révélée cette nouvelle et profonde communauté d'appartenance qu'elle découvre, en avançant sur la voie de la critique transcendantale, entre elle et la science. Dans l'attitude de Kant à l'égard du contenu général de la culture du XVIIIe siècle, on retrouve la même opposition, la même alternance étrange entre l'attirance et la répulsion. C'est précisément alors que Kant paraît s'être écarté de ce contenu, alors qu'il s'oppose à lui dans l'autonomie totale que lui offre sa nouvelle idée fondamentale, qu'il s'est entièrement pénétré des plus pures tendances idéelles qui y sont à l'œuvre. Sans connaissance approfondie des œuvres de la littérature allemande, il a su créer cette forme de l'esthétique dans laquelle Schiller, Humboldt et Goethe trouvaient exprimée la « vérité » proprement dite et le « concept » achevé de la littérature classique allemande. De même, ce qu'il a édifié dans un esprit constructif, à partir de postulats conceptuels originaux, se trouve également dans une étonnante « harmonie préétablie » avec ce que l'époque aspirait à atteindre par une autre voie et avec d'autres moyens. Dans le schéma abstrait de la critique de la raison, ce temps trouva nommés et explicités les problèmes auxquels il était depuis longtemps confronté inconsciemment. La forme de la philosophie critique devint immédiatement pour lui l'expression de sa propre forme de vie. Jamais auparavant l'histoire de l'esprit en Allemagne n'avait connu une telle liaison. En effet, il existait certes dans l'esprit de Leibniz la conscience d'un rapport interne de cette nature, mais cela se limitait à lui-même sans que son époque ne le partageât. Avec Kant, le « concept scolastique » de la philosophie allemande redevient le véritable « concept cosmique » ; à partir du centre de gravité de la pensée pure se développe une nouvelle orientation qui vise la globalité de la réalité spirituelle effective. La systématique logique s'élargit et finit par devenir une systématique universelle de la conscience culturelle. Quel est donc le moment qui conféra cette force au concept pur, qui rendit possible cette interpénétration directe de la spéculation et de la vie, de la réflexion critique et de la configuration créatrice ?

On n'aura pas la réponse à cette question si on juxtapose les « influences » singulières que la doctrine de Kant a exercées sur la vie générale de l'esprit de son époque ou celles qu'elle en a reçues. En effet, il manque dans une telle mosaïque d'effets et de réactions particulières justement le trait décisif. Ce qui importe ici, ce n'est pas la coïncidence de résultats particuliers mais une communauté profonde entre les forces créatrices. S'il y a des influences dans les enchaînements véritablement fondamentaux de l'histoire spirituelle, ce n'est que pour des formations qui, dès l'origine, sont apparentées et en relation les unes avec les autres de par la communauté de certains éléments fondamentaux. C'est également sur un rapport latent de cette nature que repose la puissance que la doctrine de Kant a exercée sur l'ensemble de la formation culturelle en Allemagne. Ce qui était déjà potentiellement contenu dans celle-ci va, dans la doctrine critique, être érigé en principe. On observe dans le développement de la vie spirituelle en Allemagne, dans la religion et la science, dans la philosophie et l'esthétique critique, une direction constante de la problématique. On cherche une norme objective, un lien entre la conscience religieuse, esthétique, théorique ; cependant, ce lien ne devait pas être établi par une instance extérieure mais à partir des lois spécifiques à chacune des dispositions déterminées de la conscience elles-mêmes. Autant cette exigence n'a pas été posée dans une pure abstraction conceptuelle, autant elle a dominé, ainsi qu'on a pu l'observer, le progrès du développement. C'est dans cette perspective que le problème religieux était reposé par Luther et le problème de la vérité par Leibniz. De même que Luther libère la valeur et le contenu de l'expérience religieuse de toute dépendance à l'égard de l'« œuvre » extérieure pour les rattacher à la sujétion aux liens internes dont la conscience fait l'expérience dans la « foi », de même, selon ce qui résulte de la doctrine des monades, on ne doit pas comprendre les ultimes principes et critères de toute certitude comme des positions arbitraires d'une volonté divine, ni comme des abstractions venues du monde des choses empiriques, mais uniquement comme les normes dans lesquelles la « raison », l'« intellect lui-même », exprime et explicite sa propre essence. La rigoureuse et constante édification du monde esthétique ramène à son tour avec une étonnante conséquence aux mêmes questions fondamentales. Ici aussi, il s'agit finalement de décider si la règle qui vaut pour la configuration artistique doit être dérivée du produit ou du processus de formation, d'œuvres modèles achevées ou du génie en tant qu'expression et concept intégratif des forces esthétiques créatrices. Désormais, dans la doctrine kantienne de la liberté, la globalité de ces problèmes va trouver son solide point d'appui théorique central ; de ce point, une lumière nouvelle illumine l'ensemble de sa philosophie ainsi que l'ensemble de la culture en Allemagne.

144   En effet, la « liberté » ne signifie pas pour Kant que l'on détache un événement ou une action de l'enchaînement des causes et des effets auquel tout advenir temporel est lié en tant que tel. Si on l'entend en ce sens, la liberté n'est rien d'autre qu'une exigence chimérique bientôt révélée dans sa nullité par chaque analyse conceptuelle plus poussée. Mais en vérité, la question ici posée n'est pas une question portant sur l'être ou l'advenir, mais sur le « devoir », pas une question sur la consistance ou la non-consistance d'un rapport causal, mais une question sur le caractère originel ou dérivé d'une valeur. Est libre, « pour l'entendement positif » selon Kant, non pas l'action qui débute « d'elle-même », mais celle qui possède en elle-même sa fin et sa norme. Ce n'est pas l'extériorité de la cause mais celle du but et des critères du jugement qui est le moment décisif. En ce sens, cependant, toute l'éthique antérieure a, selon Kant, consciemment ou inconsciemment proclamé la doctrine de la non-liberté de la volonté. En effet, malgré toute la diversité avec laquelle elle avait formulé dans le détail le contenu du principe moral, elle s'accordait néanmoins dans sa vision générale fondamentale pour dire qu'on pouvait mesurer la valeur de l'agir à l'acte, à ce qui était atteint ou réalisé dans celui-ci. Pour cette éthique, le critère n'était pas dans la nature de la volonté mais dans la matière de ce qui était voulu. Peu importe alors si elle déterminait cette matière d'une manière ou d'une autre, peu importe si elle voyait la fin ultime dans l'avènement de la « félicité » ou de la « perfection ». Tous les principes matériels pratiques sont, ainsi que l'explique catégoriquement la *Kritik der praktischen Vernunft* [*Critique de la raison pratique*], « tous en tant que tels d'une seule et même nature ». Là, en effet, où le fondement de l'éthique est encore à trouver, ce n'est pas le « quoi » qui importe mais le « comment », ce n'est pas le contenu du principe mais la manière dont il est fondé. Et c'est sur ce point que Kant, qui ne cherche en même temps rien d'autre qu'à rétablir la simple prétention de la conscience morale, se sépare maintenant

d'avec l'ensemble de la spéculation éthique du passé. En effet, c'est dans cette conscience qu'est caractérisée de manière rigoureuse et indéniable la différence entre ce qui n'est bon que grâce à autre chose et ce qui possède en soi le caractère du « bon » comme quelque chose qui lui est originairement propre. Par-delà toute l'ambiguïté et toute la relativité des valeurs transmises, cette conscience affirme la certitude d'une valeur inconditionnée, fondée purement sur elle-même.

Ce qui fait que la bonne volonté est telle, ce ne sont pas ses œuvres ou ses succès, ce n'est pas son aptitude à atteindre tel ou tel but proposé, mais seulement le vouloir ; autrement dit, c'est en soi qu'elle est bonne ; et, considérée en elle-même, elle doit sans comparaison être estimée bien supérieure à tout ce qui pourrait être accompli par elle uniquement en faveur de quelque inclination, et même, si l'on veut, de la somme de toutes les inclinations. Alors même que, par une particulière défaveur du sort ou par l'avare dotation d'une nature marâtre, cette volonté serait complètement dépourvue du pouvoir de faire aboutir ses desseins ; alors même que dans son plus grand effort elle ne réussirait à rien ; alors même qu'il ne resterait que la bonne volonté toute seule (je comprends par là, évidemment, non pas un simple vœu, mais l'appel à tous les moyens dont nous pouvons disposer), elle n'en brillerait pas moins, ainsi qu'un joyau, de son propre éclat, comme quelque chose qui a en soi sa valeur tout entière. L'utilité ou l'inutilité ne peut en rien accroître ou diminuer cette valeur. L'utilité ne serait en quelque sorte que la monture qui permet de mieux manier le joyau dans l'usage quotidien, ou qui peut attirer sur lui l'attention de ceux qui ne s'y connaissent pas suffisamment, mais qui ne saurait avoir pour effet de la recommander aux connaisseurs ni d'en déterminer le prix [1].

La merveilleuse naïveté, l'éminente simplicité de ces propos enferment une teneur d'une fécondité infinie. Elles nous ramènent aux racines premières de la spéculation kantienne puisque le « primat de la raison pratique » est l'idée dominante de cette spéculation, mais, d'un autre côté, elles nous montrent avec une clarté parfaite le point de jonction de la pensée originale de Kant avec l'ensemble de la vie spirituelle allemande. Du point de vue de la philosophie de l'histoire, la doctrine de Kant met en évidence à ce propos un paradoxe, à savoir que cette légalité et cette valeur autonomes qu'on avait cherchées et établies pour certains secteurs de la conscience ne sont à ce jour ni déterminées ni vérifiées pour la forme centrale de la conscience, la sphère de la volonté. Dans le mode d'examen et de conception traditionnel lui-même, un tel centrage stable fait défaut à cette sphère. Le contenu et le sens de la vie de la volonté avaient en effet constamment été recherchés en dehors d'elle-même ; l'aspiration avait toujours été fondée et justifiée

---

1. E. KANT, *Grundlegung zur Metaphysik der Sitten*, Ire section [*Fondements de la métaphysique des mœurs, Œuvres philosophiques*, vol. II, trad. V. Delbos, Paris, Gallimard, « Bibliothèque de la Pléiade », 1985, p. 251 s.].

uniquement par son produit et donc par quelque chose de différent et de contingent par rapport à elle-même. Mais s'il n'existe aucune valeur originaire de la volonté certaine d'elle-même et attestée par elle-même, il ne peut exister non plus de valeurs dérivées dans les résultats et les actes de cette volonté. Un contenu semblera alors conditionner et engendrer l'autre, alors qu'en vérité la série flotte tout entière dans le vide. En effet, ce qui n'est et n'est pensé que comme moyen n'a de consistance et de validité que dans autre chose qui, de son côté, renvoie lui-même de nouveau à autre chose. Dans cette progression à l'infini, il n'y a ni arrêt ni repos sur soi-même. Le but est périmé dans le moment même où il semble atteint, car derrière chaque chose qui prétend satisfaire la volonté, quelque chose de nouveau apparaît en quoi enfin l'aspiration semble trouver son aboutissement. Empêtrée dans cette indétermination et cette variabilité infinies des besoins et pulsions empiriques et contingents, la conscience ne peut s'appréhender elle-même que comme un quelque chose. Nous ne sommes pour nous-mêmes que des choses aussi longtemps que nous nous pensons comme moyens d'une autre chose, fût-elle la plus haute et la plus parfaite. Dans la forme de la « volonté pure », en revanche, c'est la forme fondamentale de toute spiritualité pure en général qui se découvre à nous. De l'assujettissement aux choses, nous passons là au principe originaire de la personne et de tout genre de vie personnelle. C'est ainsi que se détermine pour Kant, à partir du concept d'autonomie, le concept universel de ce qu'il désigne dans sa signification la plus large comme la raison et la « nature raisonnable ». La définition de la « raison » qui s'établit chez Leibniz à partir de points de vue logiques est, chez Kant, originairement envisagée d'un point de vue « pratique ». Non seulement « la nature raisonnable existe en tant que fin en soi », mais cette proposition est susceptible d'être inversée. Dans la reconnaissance d'une valeur qui doit à elle-même, sa validité et d'une loi qui est contraignante purement par elle-même se constitue cet ordre intelligible auquel nous donnons le nom de raison. En concevant l'idée d'une telle valeur, nous nous élevons jusqu'à cet ordre ; en y renonçant, nous sombrons à nouveau dans la contrainte et la détermination extérieure de la nature empirique concrète.

Toutes les déterminations particulières de la doctrine kantienne de la liberté sont contenues dans cette première amorce. L'agencement complexe de l'éthique critique n'offre aucun concept qui ne trouve ici son éclairage et son explication. La certitude d'une valeur catégorique est ce qui entraîne par soi-même directement la nécessité d'un impératif catégorique et la formulation de cet impératif. Toutes les fins matérielles, qu'un être raisonnable se propose selon son désir comme effets de son action, sont globalement conditionnées par quelque chose d'autre et dans cette mesure « hypothétiques ».

Mais à supposer qu'il y ait quelque chose *dont l'existence en soi-même* ait une valeur absolue, quelque chose qui, comme *fin en soi*, pourrait être un principe de lois déterminées, c'est alors en cela, et en cela seulement, que se trouverait le principe d'un impératif catégorique possible, c'est-à-dire d'une loi pratique.

Or je dis : l'homme, et en général tout être raisonnable, *existe* comme fin en soi, et *non pas simplement comme moyen* dont telle ou telle volonté puisse user à son gré ; dans toutes ses actions, aussi bien dans celles qui le concernent lui-même que dans celles qui concernent d'autres êtres raisonnables, il doit toujours être considéré *en même temps comme fin*. [...] Les êtres dont l'existence dépend, à vrai dire, non de notre volonté, mais de la nature, n'ont cependant, quand ce sont des êtres dépourvus de raison, qu'une valeur relative, celle de *moyens*, et voilà pourquoi on les nomme des *choses* ; au contraire, les êtres raisonnables sont appelés des *personnes*, parce que leur nature les désigne déjà comme des fins en soi, autrement dit comme quelque chose qui ne peut pas être employé simplement comme moyen [...]. Ce ne sont donc pas là des fins simplement subjectives, dont l'existence, comme effet de notre action, a une valeur *pour nous* : ce sont des *fins objectives*, c'est-à-dire des choses dont l'existence est une fin en soi, et même une fin telle qu'elle ne peut être remplacée par aucune autre, au service de laquelle les fins objectives devraient se mettre, *simplement* comme moyens. Sans cela, en effet, on ne pourrait jamais rien trouver qui eût une *valeur absolue*. Mais si toute valeur était conditionnelle, et par suite contingente, il serait complètement impossible de trouver pour la raison un principe pratique suprême. [...] L'impératif pratique sera donc celui-ci : *Agis de telle sorte que tu traites l'humanité aussi bien dans ta personne que dans la personne de tout autre toujours en même temps comme une fin, et jamais simplement comme un moyen* [1].

Avec cette conception du problème éthique s'achève pour Kant le cycle de la réflexion. La « liberté de la volonté » ne signifie pas indétermination causale de ses actions, mais indépendance de sa valeur par rapport à ce qui est voulu. On trouve ici au fondement la détermination purement formelle ; mais celle-ci acquiert aussitôt une teneur fixe pour peu que nous nous intéressions au seul sujet pour qui elle peut devenir consciente et présente. Une conscience qui peut appréhender l'idée d'une valeur inconditionnée purement fondée sur elle-même se place du même coup à jamais en dehors de la sphère des moyens et médiations mécaniques. Elle ne peut ni ne doit plus en aucun sens devenir un simple outil pour autre chose, elle est en effet similaire à l'esprit qu'elle saisit. Le contenu de l'idée est transféré sur son support, sur l'« essence » qui la fait sienne dans sa vie concrète. C'est de la sorte quelque chose de spécifique, irremplaçable et unique, qui fait le noyau de la « personnalité » mais qui, cependant, ne se réalise qu'à travers l'abandon à quelque chose d'universel et régi par des lois. Au règne des fins, tout a un prix ou bien une dignité. Ce qui a un prix peut être remplacé par quelque

---

1. *Ibid.*, IIe section, trad. p. 293-295 (N.d.T.).

chose d'autre, en tant qu'équivalent ; en revanche, ce qui est au-dessus de tout prix et ne possède aucun équivalent a une dignité. Par elle, il se distingue de tous les objets, mais en elle pourtant il trouve à se fonder en quelque chose de rigoureusement et exclusivement objectif ; en elle, il acquiert cette liberté qui est en même temps une totale détermination par les normes morales et donc une nécessité.

Nous sommes là, il est vrai, à nouveau en plein milieu de cette dialectique propre aux catégories de la « subjectivité » et de l'« objectivité », qu'il s'agisse de leur emploi purement logique ou de l'ensemble de leur histoire. Si l'on veut parvenir au véritable principe de la doctrine kantienne de la liberté, on ne peut se permettre de tenter de dissimuler et d'atténuer cette dialectique, on doit au contraire la développer dans toute sa force. La volonté « pure » est celle qui aspire à l'acte et à se confirmer par lui ; mais c'est en même temps celle dont le droit ne se fonde jamais uniquement dans le simple résultat de l'action. Précisément parce qu'elle est la forme de l'effectuation elle-même, elle ne se résume en aucun effet particulier et ne se satisfait d'aucun. Elle ne cherche pas le succès en tant que produit de son agir mais uniquement la légalité qui se découvre à elle dans son activité productrice dont elle est la condition immanente. Ainsi se trouve exprimé le contenu déterminé du concept de devoir : le devoir est en effet « nécessité d'une action par respect pour la loi ».

Ainsi la valeur morale de l'action ne réside pas dans l'effet qu'on en attend, ni non plus dans quelque principe de l'action qui a besoin d'emprunter son mobile à cet effet attendu. Car tous ces effets (contentement de son état, et même contribution au bonheur d'autrui) pourraient être aussi bien produits par d'autres causes ; il n'était donc pas besoin pour cela de la volonté d'un être raisonnable. Et cependant, c'est dans cette volonté seule que le souverain bien, le bien inconditionné, peut se rencontrer. C'est pourquoi *se représenter la loi* en elle-même, *ce qui à coup sûr ne peut avoir lieu que dans un être raisonnable*, et faire de cette représentation, non de l'effet attendu, le principe déterminant de la volonté, cela seul peut constituer ce bien si excellent que nous qualifions de moral, présent déjà dans la personne même qui agit selon cette idée, mais qu'il n'y a pas lieu d'attendre seulement de l'effet de son action [1].

Mais nous nous trouvons maintenant en présence d'un nouveau moment antithétique. Étant donné qu'à travers les « choses » la légalité de la personne se sépare de celles des simples déterminations, elle abandonne du même coup tous les caractères propres qui sont fondés dans la condition particulière et les besoins particuliers du sujet empirique singulier. Son intention n'est plus dirigée vers ces particularités mais vers quelque chose de purement universel et

---

1. *Ibid.*, Ire section, trad. p. 259-260 (N.d.T.).

purement objectif, sur la chose elle-même. Le fait de s'abstraire des « effets concrets » permet seul de mettre ainsi en lumière le sens ultime et originaire de toute véritable « valeur concrète ». L'éthique se moque de savoir en quoi consiste le contenu spécifique de cette valeur car elle ne représente d'une manière générale que la possibilité et l'exigence qu'une chose soit voulue purement pour elle-même et sans souci de toutes les conséquences que cela peut avoir sur le bien-être et le profit qu'en retirent les individus, ou encore le grand ou le plus grand nombre. Dans la subordination à cette exigence, le sujet empirique devient moral ; dans la reconnaissance de quelque chose de purement concret se constitue le moi moral de la personne. Tous deux ne sont que des expressions diverses d'un seul et même acte fondamental et d'une seule et même fonction fondamentale de la conscience. Celui qui est choqué par le « rigorisme » de l'éthique kantienne, par son refus de toutes fins matérielles et de tous mobiles matériels, devrait logiquement nier dans l'absolu que, dans quelque domaine que ce soit, un contenu puisse être voulu pour lui-même, et que « la vérité elle-même » à elle seule et l'acte de configurer à lui seul puissent constituer l'une le sens de la recherche scientifique et l'autre le sens de la configuration artistique, et ainsi de suite. La forme de la volonté pure n'exclut pas que l'on admette des valeurs concrètes spécifiques et propres, même si ce qui pour l'éthique entre en ligne de compte n'est pas le contenu particulier déterminé de ces valeurs mais pour ainsi dire le moment de « concrétude » en tant que tel qui s'y attache. En tant que discipline critique, ce n'est pas à la propriété d'impératifs particuliers mais à la propriété *de* l'impératif, à l'établissement de la forme fondamentale du « devoir en général » que l'éthique a affaire. La nette séparation principielle entre valeurs d'exigence et valeurs de conséquence est donc ce qui constitue son postulat fondamental et son germe premier.

L'un demande : quelle sera la conséquence ? L'autre seulement : est-ce bien fait ? C'est là ce qui distingue l'homme libre du valet [1].

Ainsi se parfait cette nouvelle synthèse de liberté et de sujétion, de « subjectivité » et d'« objectivité » éthiques, qui confère son empreinte particulière au concept kantien d'autonomie. La validité objective et la nécessité objective de la loi éthique ne sont véritablement saisies et reconnues que si on lui ôte toute apparence matérielle étrangère et extérieure. Approfondir la teneur de cette loi entraîne donc en même temps la découverte d'une nouvelle conscience de soi dont aucune autre voie et aucune autre médiation ne peuvent nous procurer la certitude.

---

1. Citation passée dans le langage courant, d'après un quatrain de Theodor Storm, 1850 (N.d.T.).

150   Il ne paraît maintenant plus surprenant – écrit Kant au moment d'introduire le principe d'autonomie dans les *Fondements de la métaphysique des mœurs* –, si nous jetons un regard en arrière sur toutes les tentatives qui ont pu être faites pour découvrir le principe de la moralité, que toutes aient nécessairement échoué. On voyait l'homme lié par son devoir à des lois, mais on ne réfléchissait pas qu'il *n'est soumis qu'à sa propre législation*, encore que *cette législation soit universelle*, et qu'il n'est obligé d'agir que conformément à sa volonté propre, mais à sa volonté établissant suivant la fin de la nature une législation universelle. Car, si l'on ne le concevait que comme soumis à une loi (quelle qu'elle soit), celle-ci impliquerait nécessairement en elle un intérêt sous forme d'attrait ou de contrainte, et cela parce qu'elle ne le dériverait pas comme loi de *sa* volonté, et que sa volonté serait forcée conformément à la loi par *quelque chose d'autre* à agir d'une certaine manière. Or c'était cette conséquence de tout point inévitable qui faisait que tout effort pour trouver un principe suprême du devoir était perdu sans retour. Car on ne découvrait jamais le devoir, mais la nécessité d'agir par un certain intérêt. Que cet intérêt fût un intérêt personnel ou un intérêt étranger, l'impératif affectait toujours alors nécessairement un caractère conditionnel et ne pouvait en rien être bon pour le commandement moral. J'appellerai donc ce principe principe de l'AUTONOMIE de la volonté, en opposition avec tous les autres principes, que pour cela je mets au compte de l'HÉTÉRONOMIE. [...] L'être raisonnable doit toujours se considérer comme législateur dans un règne des fins qui est possible par la liberté de la volonté [...]. La moralité consiste donc dans le rapport de toute action à la législation qui seule rend possible un règne des fins. Or cette législation doit se trouver dans tout être raisonnable même, et doit pouvoir émaner de sa volonté, dont voici alors le principe : n'accomplir d'action que d'après une maxime telle qu'elle puisse comporter en outre d'être une loi universelle, telle donc seulement *que la volonté puisse se considérer elle-même comme légiférant universellement en même temps par sa maxime* [1].

    C'est une nouvelle définition et une nouvelle solution du conflit fondamental entre « liberté » et « forme » qui sont ici apportées. Dans le concept d'autonomie se trouve levée la contradiction qui existait entre les deux moments. On voit apparaître que l'authentique liberté vise elle-même à engendrer la forme de la loi qui seule lui permettra de s'exprimer et de trouver sa plus profonde confirmation. La fonction de la volonté pure ne peut être pensée en dehors de toute relation à un objet, mais le point décisif est de savoir dans quelle direction cette relation est à rechercher. L'agir moral vise

151   le monde des objets empiriques, mais les véritables fondements de ses déterminations ne proviennent pas du monde de ces objets. Les deux exigences sont réunies dans l'idée d'autonomie comme en un centre logique qu'elles ont en commun. Cette idée combat le recours à des classes quelconques de choses objectives car c'est pour elle la

---

1. E. KANT, *Grundlegung zur Metaphysik der Sitten*, IIe section (trad. p. 299-301) [N.d.T.].

seule manière possible de dévoiler et de préserver l'objectivité proprement dite des lois. En effet :

> L'autonomie de la volonté est cette propriété qu'a la volonté d'être à elle-même sa loi (indépendamment de toute propriété des objets du vouloir) [1].

Elle désigne par conséquent une unité qui n'est pas donnée mais qu'il convient de rechercher et d'établir, une exigence nécessaire qui ne se mesure pas à l'aune de l'existant et de l'« effectif ». Le « recours vulgaire à une expérience prétendue pleine de contradictions » n'a ici aucun droit ni raison d'être. En effet, il ne s'agit pas ici de l'expérience ou de la réalité effective qui « est », mais de celle qui veut et doit devenir. Dans ce rapport, on perçoit déjà ce qui peut être désigné comme le résultat le plus universel de l'« idéalisme transcendantal », à savoir que le concept de « réalité effective » n'est pas lui-même un terme univoque, figé à l'avance, mais possède en fonction de la conscience, à laquelle il sert de corrélat, une teneur et une signification différentes. Chacune de ces fonctions ne peut s'accomplir que dans un certain type de « réalité effective », mais plutôt que de postuler déjà l'objet et le monde comme quelque chose d'achevé, chacune cherche à le déterminer et à le « donner ». C'est cela qui apparaîtra comme le ressort essentiel de la critique des purs concepts de l'entendement auxquels Kant, au sens large du concept, attribue de même une « autonomie » ; c'est précisément qu'ils ne sont pas tirés du contenu des objets de l'expérience, mais sont présupposés par rapport à lui, qu'ils ne sont pas des parties, si générales soient-elles, de leur réalité, mais des conditions de leur possibilité.

Si cependant l'idée d'autonomie ne permet selon cette formulation que l'expression des tendances les plus universelles qui avaient déterminé la formation de l'esprit en Allemagne dès le moment où elle manifeste son originalité, elle leur confère malgré tout, en même temps qu'une lucidité plus grande sur elles-mêmes, une nouvelle signification plus radicale. L'analyse philosophique doit sur ce point pénétrer plus profondément que n'a pu le faire en particulier l'analyse théologique avec ses particularités et ses limites. Ce qui sépare le concept de liberté selon Kant de celui de Luther, c'est précisément que Kant ne peut pas plus chercher et trouver la forme de sa fondation dans le monde « suprasensible » que dans le monde empirico-sensible. En effet, étant donné la direction générale de son questionnement, Kant se retrouve aussitôt devant le même problème. Il ne peut partir de l'existence d'un « monde intelligible » pour en déduire l'essence de la liberté et de la loi morale ; en effet, du même coup la liberté elle-même aurait perdu son caractère fondamental d'originalité et serait devenue quelque chose de secondaire et de dépendant. Aussi ne reste-t-il à Kant qu'à suivre le chemin inverse :

---

1. *Ibid.*, IIe section, trad. p. 308 (N.d.T.).

la liberté ne découle pas de l'Être intelligible, mais pose et fonde elle-même cet Être en tant que donnée première ayant en elle-même sa certitude. La philosophie semble certes se trouver ainsi placée dans une situation critique : il faut qu'elle trouve une position

ferme sans avoir, ni dans le ciel ni sur la terre, un point où se suspendre et un point où s'appuyer. Il faut que la philosophie manifeste ici sa pureté, en se faisant la gardienne de ses propres lois, au lieu d'être le héraut de celles que lui suggère un sens inné ou je ne sais quelle nature tutélaire. Celles-ci, dans leur ensemble, valent sans doute mieux que rien ; elles ne peuvent cependant jamais fournir des principes comme ceux que dicte la raison, principes qui doivent avoir une origine pleinement et entièrement *a priori*, et tirer en même temps de là leur autorité impérative, n'attendant rien de l'inclination de l'homme, attendant tout de la suprématie de la loi et du respect qui lui est dû, ou, dans le cas contraire, condamnant l'homme à se mépriser et à s'inspirer l'horreur de lui-même [1].

L'émancipation de l'homme de la tutelle de la nature physico-sensible est donc ainsi déterminée et médiatisée par l'affranchissement de la morale de tout mode de fondation transcendant et de toute autorité, fût-elle terrestre ou céleste. Alors que du point de vue de la conscience religieuse la rédemption de l'âme présuppose toujours qu'elle subisse passivement l'emprise divine, on exige au contraire ici que la conscience s'empare elle-même activement de l'inconditionné grâce à la médiation de l'idée de liberté et de fin en soi. Que Dieu « existe » ne constitue pas un factum, duquel on pourrait déduire la validité de l'éthique ; ce n'est qu'une autre expression de l'affirmation de la certitude fondamentale de l'éthique elle-même. De l'« existence » de Dieu, il n'existe aucune « preuve » métaphysique ontologique, mais uniquement une preuve morale. Elle ne peut être déduite de la nature des choses et de l'expérience par une analyse régressive, elle peut seulement être requise en raison de l'autonomie absolue et de la certitude propre des lois du devoir. Ce n'est qu'avec ce rapport que prend son sens parfaitement circonscrit le propos équivoque de Kant, souvent mal compris, disant qu'il dut « supprimer le *savoir* pour trouver une place pour la *foi* [2] ». Celui qui exige pour la certitude de la liberté et des lois morales une « preuve », au sens d'un principe logique ou mathématique ou encore d'une vérité de fait empirique « démontrable », a déjà relié la liberté à quelque chose qui la précède et l'a ainsi transformée en quelque chose de simplement médiatisé et sans autonomie. L'idée d'autonomie perdrait ainsi son sens propre le plus pur ; le « devoir » en effet ne vaudrait qu'à cause et en mesure de l'existence et de la

---

1. *Ibid.*, IIe section, trad. p. 290 (N.d.T.).
2. E. KANT, *Kritik der reinen Vernunft* (*Critique de la raison pure*, *Œuvres philosophiques*, vol. I, trad. A. J.-L. Delamarre et F. Marty, Paris, Gallimard, « Bibliothèque de la Pléiade », 1980, p. 748) [N.d.T.].

validité de cette autre chose. Mais la foi, en tant que « foi pratique raisonnable », dédaigne tous ces soutiens et médiations. Elle n'exige pas qu'on lui démontre au préalable comme donné l'ordre suprasensible dans lequel se situe la « personne » morale, mais conçoit purement à partir d'elle-même l'*idée* de cet ordre et le présente comme but et comme tâche au sujet empirique. Cet ordre n'existe pour la personnalité libre que parce qu'elle s'y installe de par sa propre initiative. Aucune aide, aucun encouragement venu de l'extérieur ne peut lui être attribué ; aucune puissance divine ne peut la décharger totalement de cette autolégislation et de cette autoresponsabilité ni les lui rendre plus légères. La supériorité de la « foi » sur le « savoir » est sur ce point équivalente à celle de l'« agir » sur l'« être ». C'est perdre son temps que de vouloir ruminer sur le mode théorique ou de se livrer à l'imagination spéculative pour pénétrer dans le monde de l'« intelligible » ; en effet, volonté et acte sont les seuls organes spirituels qui nous permettent de l'appréhender et de le faire nôtre.

Le concept de la liberté est le seul qui nous permette de ne pas chercher hors de nous-mêmes l'inconditionné et l'intelligible pour le conditionné et le sensible. Car c'est notre raison elle-même qui, par la loi pratique, suprême et inconditionnée, se connaît et connaît l'être qui a conscience de cette loi (notre propre personne) comme appartenant au pur monde de l'entendement, et détermine même la façon dont il peut, en tant que tel, être actif. On comprend donc pourquoi, dans tout le pouvoir de la raison, il n'y a *que le pouvoir pratique* qui puisse nous transporter au-delà du monde sensible, et nous fournir des connaissances d'un ordre et d'une connexion suprasensibles, lesquelles, à cause de cela même, ne peuvent cependant être étendues que juste autant qu'il est nécessaire au point de vue pratique pur [1].

C'est ainsi que se trouve en même temps déterminée la frontière nette qui, de même qu'elle sépare la fondation critique de l'éthique de toute fondation théologique, préserve également l'idée de l'« intelligible » de toute conception et de toute interprétation mystiques. Car le caractère distinctif de la mystique réside selon Kant non pas dans le choix des contenus admis, mais dans la forme dans laquelle ils seront affirmés et des fonctions spirituelles par lesquelles ils seront considérés comme médiatisés. La mystique surgit partout où l'on tente d'habiller sous la forme de l'intuition objective des certitudes qui ne nous sont accessibles que sous la forme de la volonté. Dans son interprétation, elle ramène la certitude du « suprasensible », qui ne se révèle à nous que dans le médium de l'agir, à un substrat statique, à un règne de substances spirituelles, consistantes en elles-mêmes et qui sont en interaction. Mais, à vrai

---

1. E. KANT, *Kritik der praktischen Vernunft* (*Critique de la raison pratique*, *Œuvres philosophiques*, vol. II, trad. L. Ferry et H. Wismann, Paris, Gallimard, « Bibliothèque de la Pléiade »,1985, p. 737) [N.d.T.].

dire, le concept de « communauté » le seul qui soit ici permis et applicable ne revient pas à désigner un donné suprasensible mais une tâche éthique. Le « règne des fins » n'institue pas une seconde nature qui s'élèverait au-dessus de la première, connue à travers l'expérience ; il correspond pour le jugement à un nouveau point de vue que nous adoptons à l'égard de cette nature. Le rapport dans lequel les êtres raisonnables ont conscience d'être placés, du fait que chacun se pense comme fin en soi et en même temps comme soumis à une loi commune, peut certes être conçu et désigné comme un analogue de la forme de l'effectif empirique, mais ce simple « symbole » ne doit pas devenir un « schème », la pensée pure ne doit pas devenir une image qui nous ferait délaisser la mise en œuvre réelle des concepts moraux pour nous entraîner dans des vagabondages exubérants[1]. L'image, en effet, laisserait paraître comme accompli ce qui n'acquiert son véritable sens qu'en étant conçu comme quelque chose qui doit être édifié et constamment engendré à nouveau. Le « mysticisme de la raison pratique » émousserait la force régulatrice et dynamique de la raison. En se projetant par la pensée dans un pur monde de l'entendement, la raison pratique n'outrepasse pas ses limites : mais c'est bien ce qu'elle fait lorsqu'elle entreprend de s'y projeter par l'intuition et le sentiment.

Le concept d'un monde intelligible n'est donc qu'un *point de vue*, que la raison se voit obligée d'adopter en dehors des phénomènes, *afin de se concevoir elle-même comme pratique*, ce qui ne serait pas possible si les influences de la sensibilité étaient déterminantes pour l'homme, mais ce qui est pourtant nécessaire si l'on ne doit pas dénier à l'homme la conscience de lui-même comme intelligence, par conséquent comme cause rationnelle déterminée par la raison, c'est-à-dire libre dans son opération. Assurément, cette conception entraîne l'idée d'un autre ordre et d'une autre législation que l'ordre et la législation du mécanisme naturel qui concerne le monde sensible et rend nécessaire le concept d'un monde intelligible, [...] mais cela a lieu sans entraîner la moindre prétention à dépasser ici la pensée de ce qui en est simplement la condition *formelle*, je veux dire l'universalité de la maxime de la volonté comme loi, et par conséquent l'autonomie de cette faculté qui peut seule être compatible avec sa liberté ; tandis qu'au contraire toutes les lois qui sont déterminées par leur rapport à un objet donnent une hétéronomie qui ne peut se rencontrer que dans les lois de la nature et qui ne peut concerner que le monde sensible[2].

Le développement de l'opposition dialectique entre « subjectivité » et « objectivité » atteint ainsi son paroxysme. Le monde de l'entendement « absolu » n'est lui-même qu'un point de vue où se place la raison. Mais celui qui le prend à cause de cela pour une

---

1. Voir E. KANT, *ibid.*, section « De la typique de la faculté de juger pure pratique », trad. p. 690 s. (N. d.T.).
2. E. KANT, *Grundlegung zur Metaphysik der Sitten*, IIIe section [trad. p. 330 s.].

fiction arbitraire de la pensée ne fait que montrer ainsi qu'il n'est pas parvenu à dépasser la contradiction entre chose et représentation telle qu'elle se présente dans la métaphysique traditionnelle, il montre que tout ce qui n'est pas concret n'est pour lui qu'une « simple représentation ». Mais à la vérité, ce point de vue lui-même n'est pas tel qu'il puisse être choisi selon notre gré et ensuite abandonné ; il est exigé et nécessité par l'« essence » pure de la raison elle-même. Il est indispensable pour que la nature spirituelle s'établisse sur ses bases originaires. Cette élévation du spirituel jusqu'à son propre niveau présente la véritable forme de son objectivité, qui n'est pas fondée sur l'existence empirique des choses mais sur l'universalité et la vérité des lois qu'il s'est lui-même données. La philosophie critique veut comprendre comment s'édifie, dans la liberté et en raison d'elle, le monde des valeurs spirituelles ; mais, à vrai dire, elle n'offre au-delà aucune « explication » de la possibilité de la liberté elle-même, car ici se situe le point ultime et suprême où la raison repose sur elle-même et se cantonne elle-même à ses propres frontières. Aussi ne comprenons-nous sans doute pas la nécessité pratique inconditionnée de l'impératif moral, mais

nous comprenons du moins son *incompréhensibilité*, et c'est tout ce qu'on peut exiger raisonnablement d'une philosophie qui s'efforce d'atteindre dans les principes aux limites de la raison humaine [1].

Ce que suggère cependant en fin de compte cette compréhensibilité et cette incompréhensibilité ne peut à vrai dire être totalement percé que si nous remontons à la détermination du concept de compréhension lui-même et donc aux postulats de départ de la philosophie théorique de Kant.

2

Si on accompagne Kant dans l'itinéraire qu'il a suivi pour l'exposition de son système et que l'on passe ainsi de la *Critique de la raison pure* à la *Critique de la raison pratique*, puis de là à la *Critique de la faculté de juger*, on rencontre des difficultés inévitables, presque impossibles à démêler complètement, dans la compréhension du développement de son concept clé, celui de subjectivité. En effet, étant donné que le « sujet » doit pour cela être tout d'abord conçu comme un terme purement abstrait qui n'acquiert que petit à petit sa signification et son contenu fixes, il est exposé dans sa première formulation imprécise à des confusions et des malentendus qui menacent bien souvent de transformer la tendance fondamentale de Kant en son exact contraire. Il n'est pas jusqu'à la

---

1. *Ibid.*, p. 337 (N.d.T.).

célèbre comparaison, par laquelle Kant tente de décrire provisoirement la « révolution du mode de penser » philosophique qu'il vise, qui ne coure ce danger. De la même façon que Copernic créa la conception astronomique moderne en « laissant en paix les étoiles » et en transférant le mouvement chez les spectateurs, l'hypothèse fondamentale de la critique est que ce n'est pas la connaissance qui doit se régler sur l'objet, mais l'objet sur la connaissance. Autant cette révolution est caractéristique, autant elle reste au fond équivoque si l'on persiste à donner au concept de connaissance lui-même, ainsi qu'au concept d'objet de la connaissance, la signification traditionnelle, établie par la métaphysique pré-kantienne. En effet, tant que le sujet de la connaissance est simplement opposé au processus universel comme « spectateur », on ne peut comprendre clairement de quel droit il prétend déterminer et pénétrer *a priori* le contenu de ce processus. Une telle détermination, pour autant qu'elle soit possible, ne concerne jamais que l'« apparence » et non l'« essence » des choses qui, considérée de ce point de vue, se dérobe au contraire au savoir comme quelque chose de définitivement inaccessible. Lorsque, plus tard, à travers la médiation de la « raison pratique », cette essence semble à nouveau se dévoiler à nos yeux, il subsiste cependant toujours dans les fondements de la conscience elle-même un semblant de dualisme indélébile. Ce n'est que par une volte-face artificielle et une certaine « intention » pratique que l'on semble à nouveau tolérer et admettre un moment qui s'oppose à la logique purement théorique du système. Pourtant, l'aspect de la doctrine critique prend une autre forme sitôt que l'on ne conçoit plus l'idée de liberté comme son aboutissement mais comme son origine et son amorce. Un tel postulat procure, en effet, aussitôt à ce qui autrement ne pouvait être compris que comme une tentative abstraite et équivoque une vie concrète déterminée et une forme aux contours nettement dessinés. Autant la problématique kantienne de la critique de la connaissance est paradoxale du point de vue de l'ancienne ontologie, autant elle est nécessaire du point de vue établi par Kant pour sa propre conception éthique du monde.

Si, en effet, l'objectivité de la volonté ne peut ici être fondée sur un objet présent et donné à l'extérieur d'elle, s'il nous fallait au contraire, pour la trouver, faire abstraction de toute matière de ce qui est voulu pour n'interroger que la pure forme de la volonté elle-même, il en va de même là où il s'agit de la valeur logique fondamentale de la « vérité ». De même que toutes les fins dérivées exigent et présupposent l'idée et le contenu d'une « fin en soi », il ne peut y avoir pour nous de certitude qu'il existe quelque chose d'*autre* tant que la connaissance n'a pas acquis des principes *en soi* nécessaires et universellement valides. Si nous désignons cette nécessité et cette validité universelle du nom d'apriorisme, on voit tout de suite dans quelle mesure le problème de l'apriorisme et celui de la liberté ne sont que des expressions différentes d'une seule et même exigence fondamentale. L'autonomie de la volonté et l'autonomie de la pensée se conditionnent mutuellement et renvoient réciproquement l'une à l'autre.

> Toutes les lois reconnues par l'expérience – dit une *Réflexion* de Kant – appartiennent à l'hétéronomie ; mais celles grâce auxquelles l'expérience devient seulement possible appartiennent à l'autonomie [1].

Avant de pouvoir répondre à la question de savoir ce que sont les choses qu'on peut expérimenter, il faut avoir une idée claire de ce que signifie l'expérience elle-même en tant que mode de connaissance. Si elle ne contient pas de facteurs universels, toujours identiques à eux-mêmes, elle ne peut fournir de résultats constants et sûrs. De même, en effet, que tous les jugements particuliers ne sont que des variations et des formes diverses de certaines formes fondamentales universelles du jugement en général, de même toutes les lois expérimentales dérivées ne constituent que la « spécification » de lois originaires de l'entendement. Ce n'est que parce qu'il existe pour nous des concepts universellement valides, tels que ceux de nombre et de grandeur, de constance et de causalité qui font, en tant que moments et conditions, partie intégrante de toute expérience, et uniquement pour cette raison, qu'il existe pour nous une structure fixe des objets empiriques. En ce sens, ce n'est pas tant des objets que part la critique « transcendantale » kantienne mais de notre mode de connaissance des objets, pour autant que celui-ci doive *a priori* être possible. Elle ne pose pas immédiatement la question de savoir ce qu'est l'objet, mais elle demande ce que signifie de manière générale la prétention à l'objectivité ; de sorte qu'elle ne détermine pas des qualités, aussi universelles soient-elles, de l'objet, mais vise le sens du concept d'objet lui-même.

Le concept de devoir a fait apparaître la différence qui existe entre la pression exercée sur la volonté par un *stimulus* extérieur et la nécessité qui provient de sa propre loi formelle. La volonté est « pathologique » tant qu'elle est encore soumise aux pulsions singulières du moment présent ; elle devient « pratique » sitôt qu'elle s'élève au-dessus de ces déterminations singulières dues à la particularité de la situation et du moment et agit en fonction de l'idée d'une « unité systématique des fins ». Si l'on transpose cette idée du problème de la volonté à celui de la vérité, là aussi une dualité de perception et d'évaluation des contenus se présente, habituellement résumée dans un premier temps sous le titre momentanément vague de « connaissance ». D'un côté, la connaissance ne semble signifier rien d'autre que l'admission dans la conscience pensante d'un contenu donné. L'objet est et agit ; et comme il produit du fait de

---

1. *Reflexionen Kants zur kritischen Philosophie* [Réflexions de Kant à propos de la philosophie critique], éd. B. Erdmann, vol. II, Leipzig, 1884, n° 951.

cette action un reflet de lui-même dans la conscience, la qualité d'être reconnu vient s'ajouter à celle d'être. Tout véritable jugement est par conséquent simplement la répétition et la reproduction d'une relation entièrement préfigurée dans l'objet empirique lui-même ainsi que dans l'impression sensible par l'intermédiaire de laquelle il nous parvient tout d'abord. D'après cette conception fondamentale, la connaissance n'est donc rien d'autre que le fait de saisir un contenu singulier présent *en tant que* présent et singulier. La conscience peut reconnaître l'impression reçue de l'extérieur comme donnée ici et maintenant et tout au plus l'analyser et la morceler en ses parties composantes, mais elle ne peut rien ajouter à sa teneur autonome. Ce qui ne nous est pas communiqué par la perception en tant que particulier et sous la forme de sa particularité spécifique échappe d'une manière générale au domaine du savoir. Néanmoins, si l'on considère de ce point de vue la science de l'effectif elle-même, telle qu'elle se présente sous ses formes les plus pures en tant que science mathématique et science empirique de la nature, il apparaît aussitôt cette chose déconcertante qu'elle ne correspond sur aucun point à la norme qui est établie là. En effet, aucun principe scientifique ne veut se contenter d'établir simplement une chose particulière comme existante mais veut en même temps la marquer au sceau de la pure forme de l'universalité. Quand le physicien parle de chute libre des corps ou le chimiste des propriétés et réactions d'une matière déterminée, leurs affirmations ne correspondent pas dans chacun des deux cas au contenu donné de la perception qui est présent devant eux ici et maintenant à un moment isolé de l'espace et du temps. Le comportement du contenu particulier a au contraire pour eux la valeur de l'expression d'un comportement universel et constant des contenus appartenant à la même classe. Le corps singulier qui tombe, avec toutes ses déterminations contingentes et individuelles, devient le modèle qui nous permet de découvrir les lois de la chute des corps en général ; une portion particulière de matière devient le type qui nous permet d'analyser par exemple la qualité de l'or tout court. Mais comment en arrivons-nous à passer de cette manière, ne serait-ce que dans les plus simples jugements de l'expérience, de la constatation du singulier à celle de l'ensemble ? De quel droit pouvons-nous nous attendre à ce que ce qui a été une fois obtenu dans des circonstances déterminées soit toujours obtenu nécessairement tant qu'une nouvelle condition n'est pas intervenue ? Cette forme de ce qu'on appelle le « jugement inductif » est tout d'abord elle aussi une énigme. C'est elle en effet qui met en évidence le fait qu'aucune assertion concernant un contenu partiel de l'expérience n'est possible qui ne contienne pas en même temps implicitement en elle une assertion concernant la structure globale de l'expérience. Ce n'est que si et dans la mesure où nous pensons d'emblée l'expérience comme un « ensemble », c'est-à-dire comme un concept intégratif lié à certains principes fondamentaux constants auxquels il ne peut se soustraire, qu'il est possible et sensé de tirer à partir d'une de ses parties des conclusions pour une autre. Si on attribue, comme Kant, à cette forme de conclusion l'épithète de « synthétique », puisqu'en elle le contenu considéré connaît un élargissement au-delà de ses limites, la synthèse qui aligne une chose singulière sur une autre chose singulière repose par conséquent sur des modes fondamentaux de liaison en général qui sont forcément applicables à tous les contenus empiriques. La synthèse *a posteriori* présuppose la synthèse *a priori*. De même que dans l'éthique l'acte de volonté particulier et la détermination de volonté particulière devaient être gouvernés par la perspective de l'exigence d'une « unité des fins », chaque élément de l'expérience est soumis aux conditions de sa pure forme unitaire. Nous avons l'habitude de désigner comme propriétés universelles des choses les caractères universels qui échoient plutôt à cette forme en tant que telle. Les choses « ont » une grandeur et un nombre, elles sont déterminées quantitativement et qualitativement et entretiennent des relations stables d'« effet » et de « contre-effet », car sans l'idée de la dimension, sans l'idée de la causalité, etc., l'agrégat des perceptions ne se résumerait pas en ce système de l'expérience seul susceptible pour nous de contenir des « objets ». C'est ainsi que l'on arrive au « principe suprême » de la critique kantienne de l'entendement :

> Les conditions de la *possibilité de l'expérience* en général sont en même temps conditions de la *possibilité des objets de l'expérience*, et ont de ce fait une validité objective dans un jugement synthétique *a priori*[1].

De même que l'éthique de Kant ne sortait pas de la tradition en posant à l'agir une nouvelle fin d'ordre matériel, mais en affirmant, face aux systèmes d'école qui avaient dominé jusque-là, un type nouveau de volonté, c'est ici un nouveau type de connaissance et de vérité qui est forgé. Le centre de gravité du concept de vérité, comme celui du concept de volonté, est déplacé du passif à l'actif, de la « réceptivité » à la « spontanéité ». La « liaison » est le moment fondamental de toute expérience scientifique, celui qui la fait dépasser une simple « rhapsodie » d'impressions sensibles passivement reçues.

Mais la liaison *(conjunctio)* d'un divers en général ne peut jamais venir en nous par les sens et par conséquent elle ne peut pas non plus être contenue en même temps dans la forme pure de l'intuition sensible ; elle est en effet un acte de la spontanéité de la faculté de représentation, et comme il faut appeler cette spontanéité entendement, pour la distinguer de la sensibilité, toute liaison [...] est un acte de l'entendement, auquel nous voudrions donner l'appellation générale de *synthèse*, pour faire saisir par là en même

---

1. E. KANT, *Critique de la raison pure*, trad. p. 898 (N.d.T.).

temps que nous ne pouvons rien nous représenter comme lié dans l'objet, sans l'avoir auparavant lié nous-mêmes, et que, de toutes les représentations, la *liaison* est la seule qui ne peut pas être donnée par les objets, mais qui ne peut être effectuée que par le sujet lui-même, puisqu'elle est un acte de sa spontanéité. On s'apercevra aisément ici que cet acte doit être originairement unique et valable également pour toute liaison, et que la décomposition en éléments, l'*analyse*, qui semble être son contraire, le suppose cependant toujours ; car où l'entendement n'a rien lié d'avance, il ne peut non plus rien délier, puisque ce n'est que *par lui* que cela a pu être donné, comme lié à la faculté de représentation [1].

Étant donné l'angle sous lequel nous considérons ici le problème, l'idée qu'il puisse cependant dans ce mode de liaison s'agir d'un simple jeu arbitraire de la faculté de représentation et d'imagination ne peut surgir. Il n'y a en effet pour Kant pas de « sujet » figé et bien établi qui deviendrait ensuite actif dans la liaison, mais le sujet ne se trouve et ne se constitue lui-même que dans l'acte de la synthèse et grâce à la forme particulière de cet acte. Cependant, dans l'accomplissement de cet acte, à l'idée de la liaison elle-même s'impose à lui en même temps, dans une seule et même action, l'idée de la nécessité de cette liaison ; le sujet reçoit en partage, en même temps que le concept de « subjectivité » et indissolublement lié à lui, le concept d'« objectivité ». De même que dans le domaine moral le moi libre ne pouvait se révéler autrement qu'en reconnaissant de pures valeurs objectives, qui n'étaient pas cependant des « valeurs d'objets », l'unité de la conscience dans le domaine logique ne se réalise que par l'entremise de la certitude d'une législation objective de la liaison, dont les lois ne sont pas cependant dérivées de choses achevées. L'authentique spontanéité de la conscience se manifeste dans la liaison qu'elle expérimente en elle-même à travers la discipline de ses propres principes et maximes. En conséquence, de même que le devoir pouvait être désigné comme « la nécessité d'une action par respect pour la loi », d'une manière analogue, le contenu objectif que possède une représentation ne peut être déterminé autrement que par la nécessité même de la liaison entre représentations.

Si nous cherchons quelle nouvelle propriété la *relation à un objet* donne à nos représentations, et quelle espèce de dignité elles en retirent, nous trouvons que cette relation ne fait rien d'autre que de rendre d'une certaine manière nécessaire la liaison des représentations et de les soumettre à une règle ; et qu'inversement c'est seulement du fait qu'un certain ordre dans le rapport temporel de nos représentations est nécessaire, que leur est impartie une signification objective [2].

---

1. *Ibid.*, trad. p. 851.
2. *Ibid.*, trad. p. 932.

La validité objective de contenus déterminés de l'expérience et la nécessaire validité universelle de principes déterminés qui se trouvent, en tant que condition, à l'origine de toute expérience, ne sont par conséquent que des concepts corrélatifs qui ne peuvent être pensés qu'ensemble. Nous disons que nous reconnaissons l'« objet » si nous avons établi dans le divers de l'intuition une unité synthétique et un ordre synthétique ; si donc, partant d'une juxtaposition inorganisée de choses particulières, nous avons configuré ce divers en un ensemble solidement agencé qui possède dans ses propres règles immanentes son fondement et sa cohésion.

En appliquant dans le détail cette idée aux formes particulières de la « synthèse », on accomplit en même temps l'édification théorique de la critique de la raison. C'est tout d'abord pour les formes de la « pure intuition » qu'elle va se révéler féconde : en effet, même si ces formes occupent, face aux catégories du pur entendement, une place à part dans l'ensemble du système, elles sont cependant en même temps regroupées avec elles dans le concept universel plus extensif de « liaison en général » et par là même subordonnées à un point de vue systématique commun. La proposition disant que nous ne pouvons rien nous représenter comme lié dans l'objet si nous ne l'avons lié nous-mêmes concerne au premier chef ces formes élémentaires de toute liaison qui nous sont données dans la « juxtaposition » spatiale et la « succession » temporelle. Nous ne pouvons en effet penser une ligne sans la tracer mentalement, nous ne pouvons appréhender aucune figure géométrique déterminée dans sa consistance sans nous rappeler les conditions de sa construction, et nous ne pouvons nous représenter le schéma universel d'un cours du temps

> sans porter attention, en *tirant* une ligne droite (qui doit être la représentation figurée extérieurement du temps), seulement à l'acte de la synthèse du divers, par lequel nous déterminons successivement le sens interne, et par là à la succession de cette détermination qui a lieu en lui [1].

Ce qui est ici mis en évidence pour l'espace pur et le temps pur vaut également au même titre pour tous les contenus concrets que nous ne pouvons saisir et ordonner que sous ces formes. Ainsi, par exemple, l'intuition empirique d'une maison ne peut être engendrée dans la conscience que si nous prenons pour fondement la nécessaire unité de l'espace en général et spécifions en quelque sorte grâce à elle la forme particulière unique. C'est toujours ce moment constructif qui est indispensable même là où apparemment il ne s'agit que de saisir un « donné » spatial. Aucun phénomène ne peut être « appréhendé », c'est-à-dire reçu dans la conscience empirique, sans

---

1. *Ibid.*, trad. p. 869.

avoir été auparavant formé et déterminé en fonction des formes fondamentales de la conscience pure.

La perception même d'un objet comme phénomène n'est donc possible que par cette même unité synthétique du divers de l'intuition sensible donnée, par laquelle l'unité de la composition du divers homogène est pensée dans le concept d'une *grandeur* ; c'est-à-dire que les phénomènes sont tous ensemble des grandeurs, et même des *grandeurs extensives*, puisque, comme intuitions dans l'espace ou le temps, ils doivent être représentés par la même synthèse que celle par laquelle l'espace et le temps sont déterminés en général [1].

C'est pourquoi la question de savoir dans quelle mesure et pour quelle raison les corps et processus « réels » de la physique coïncident avec les concepts idéels de la mathématique est superflue. En effet, il ne s'agit pas ici de deux mondes séparés et indépendants l'un par rapport à l'autre qui, comme par hasard, se rejoindraient dans un domaine quelconque, mais d'éléments qui sont d'avance l'un par rapport à l'autre dans un rapport de conditionnant à conditionné. Ce n'est que par la médiation de l'espace géométrique que des phénomènes physiques peuvent être construits et intuitionnés « dans » l'espace.

La synthèse des espaces et des temps, comme formes essentielles de toute intuition, est ce qui rend en même temps possible l'appréhension du phénomène, par conséquent toute expérience extérieure, par suite encore toute connaissance des objets de cette expérience, et ce que la mathématique démontre de la première dans l'usage pur vaut aussi nécessairement de la seconde [2].

Les objets idéels de la géométrie et les objets empiriques de la physique ne coïncident pas par des caractéristiques et des déterminations quelconques de choses, car seule une unité partielle résulterait d'une telle coïncidence, mais leur rapport se fonde sur l'identité totale du postulat qui seul permet aux deux séries d'objets de devenir des « objets en général », des diversités soumises à des règles ordonnées et fixes. Dire que l'espace et le temps sont les conditions formelles d'expériences extérieures signifie simplement que la même synthèse constructive précisément, par laquelle nous construisons par l'imagination un triangle par exemple, est parfaitement identique à celle que nous pratiquons et devons pratiquer dans l'« appréhension » de tout phénomène concret, pour peu qu'elle doive devenir pour nous en fin de compte une formation objective de la « nature » et de la « réalité effective ».

Mais si ces conditions sont nécessaires au concept de tout objet

---

1. *Ibid.*, trad. p. 902 s.
2. *Ibid.*, trad. p. 905 (N.d.T.).

déterminé de l'expérience, elles ne sont assurément pas suffisantes. Car, pour que les « figures » de la géométrie deviennent des « corps » de la physique, un autre facteur doit intervenir que l'on peut désigner au sens le plus général par le concept d'« action et réaction ». Ce qui caractérise les objets empirico-physiques, c'est que non seulement ils se situent dans l'espace mais le *remplissent* en même temps, c'est-à-dire que selon des lois dynamiques déterminées ils s'assignent réciproquement une place dans cet espace. De sorte qu'ici les catégories mathématiques des simples « grandeurs » exigent d'être complétées et élargies par les « catégories dynamiques » de la dépendance réelle qui peut exister entre des phénomènes. Mais, une fois encore, avec ces dernières catégories, ce n'est pas un facteur entièrement nouveau qui s'immisce ainsi de l'extérieur dans l'examen ; en lui s'achève simplement ce qui était déjà préparé et disposé dans les concepts précédents. Elles ne font que conférer au problème, déjà posé avec les intuitions pures de l'espace et du temps, sa formulation ultime et la plus aiguë. Sitôt, en effet, qu'on analyse plus précisément le problème des modes différents d'« efficience » possible entre objets de l'expérience, et si on fait abstraction de toutes les représentations secondaires anthropomorphes qui se mêlent d'habitude au concept de l'agir, on ne trouve plus pour ce concept qu'*une seule* détermination exacte. Dire qu'une chose « agit » sur une autre ne signifie au fond pas autre chose que de dire que toutes deux ne peuvent utiliser arbitrairement le mode de leur position dans l'ordre concret de l'espace et du temps, mais sont dans cette position liées l'une à l'autre. L'une ne peut être « ici » sans que l'autre soit « là », l'une ne peut être « maintenant » sans que l'autre n'intervienne « avant » ou « après » par nécessité et selon une règle fixe. Cette relation se développe de manière plus précise dans les trois « analogies de l'expérience », c'est-à-dire dans ces rapports fondamentaux de réciprocité des contenus empiriques qui correspondent aux trois moments de l'advenir temporel, au rapport de l'inertie, de la succession et de la concomitance. Dans chacun d'entre eux, il s'agit de manière concordante de ramener la dépendance temporelle que nous percevons ou croyons percevoir entre les phénomènes à un rapport fonctionnel plus profond et à la « fonder » objectivement sur ce rapport. Car seule la conformité à une loi dans la détermination réciproque et dynamique est ce qui permet aux éléments particuliers de l'être de fusionner dans un ordre déterminé et fixe d'*un* espace et d'*un* temps pour former l'ensemble d'*une* expérience.

Il n'y a qu'*une* expérience, où toutes les perceptions sont représentées comme dans un enchaînement complet et soumis à des lois : de même qu'il n'y a qu'*un* espace et qu'*un* temps, où ont lieu toutes les formes du phénomène et tout ce qui est rapport de l'être et du non-être. Quand on parle de différentes expériences, il ne s'agit alors que d'autant de perceptions, en tant qu'elles appartiennent à une seule et même expérience générale. L'unité complète et synthétique des perceptions constitue, en effet, précisément la forme de l'expérience, et elle n'est rien d'autre que l'unité synthétique des phénomènes d'après des concepts [1].

Ce n'est pas ici le lieu de développer ou d'exposer plus en détails comment ces concepts se spécifient chez Kant selon les catégories de substance, de causalité et d'interaction. Ce qui est décisif au plan des principes, c'est ici aussi l'idée générale selon laquelle ces catégories ne désignent pas des qualités ou des rapports de « choses » déjà données ou achevées, mais constituent plutôt les outils servant à créer l'ordre fixe des places dans l'espace et le temps et à établir ainsi cette nécessité du rapport reconnu dans le concept de l'objet empirique comme le moment fondamental. C'est en ce sens que nous *trouvons* dans l'expérience des relations comme l'inertie ou la causalité, car c'est nous qui les y avons placées et avons ainsi donné réalité à cette expérience. Kant fait à ce sujet remarquer dans les *Prolégomènes* :

> Mais, surtout, le lecteur doit être attentif à la démonstration des principes qui se présentent sous le nom d'analogies de l'expérience. En effet, puisque ceux-ci ne concernent pas, comme les principes de l'application de la mathématique à la science de la nature en général, la production des intuitions, mais l'enchaînement de leur existence en une expérience, laquelle ne peut être rien d'autre que la détermination de l'existence dans le temps selon des lois nécessaires, sous lesquelles seulement elle est objectivement valable, et par suite est expérience, ainsi la preuve porte non pas sur l'unité synthétique dans l'enchaînement *des choses en soi*, mais sur cette unité dans l'enchaînement des *perceptions*, et à vrai dire non pas relativement à leur contenu, mais relativement à la détermination du temps et des relations d'existence en ce dernier selon des lois universelles. Ces lois universelles contiennent donc la nécessité de la détermination de l'existence dans le temps en général (par suite selon une règle *a priori* de l'entendement), si la détermination empirique dans le temps relatif doit être objectivement valable, et par conséquent expérience [2].

La méthode critique de conduite de la preuve en général apparaît en fait ici de la manière la plus claire. Pour la vision naïve du monde, l'ordre temporel au sein duquel les événements se présentent est une donnée durable indissolublement mêlée à ces événements, une propriété des choses qu'on ne peut réduire plus avant. Mais l'analyse critique commence par dissoudre cette donnée apparemment concrète en une pure relation, ou plutôt en un concept intégratif et un

---

1. *Ibid.*, trad. p. 1414 (N.d.T.).
2. E. Kant, *Prolegomena zu einer jeden künftigen Metaphysik, die als Wissenschaft wird auftreten können*, § 26 [*Prolégomènes à toute métaphysique future qui pourra se présenter comme science*, Œuvres philosophiques, vol. II, trad. J. Rivelaygue, Paris, Gallimard, « Bibliothèque de la Pléiade », 1985, p. 84].

groupe de relations, pour ensuite chercher à mettre en évidence une fonction universelle qui enferme le modèle et le prototype de toutes ces relations particulières. De telle sorte que ce qui auparavant apparaissait comme un simple moment dans un ordre donné des choses se révèle comme quelque chose qui a été « mis en place » grâce à cette fonction et conditionné par elle. La reconnaissance de ce qui est lié ne s'obtient qu'à travers l'« accomplissement » de cette liaison, dans l'édification logique par laquelle l'ensemble de l'expérience se développe à partir de ses tout premiers postulats et peut apparaître aux yeux de l'esprit.

La détermination dans l'espace dont l'expression scientifique est contenue dans la géométrie pure, la détermination dimensionnelle et numérique qui se présente à nous dans l'algèbre, et enfin la détermination dynamique accomplie par la physique dans la doctrine du mouvement et des forces, constituent les trois phases fondamentales de ce développement. En elles se concrétise la configuration progressive que le pur concept de synthèse lui-même subit. Si grandeur et forme peuvent encore à la rigueur être pensées comme de simples « propriétés » des choses, des concepts comme ceux d'inertie et de causalité décrivent en quelque sorte des relations d'un ordre supérieur, des rapports de rapports. La totalité de ces liaisons constitue la forme de l'expérience et avec elle la forme de l'objet en tant que « phénomène ». Le phénomène ne signifie en effet dans cette perspective rien d'autre que l'objet, dans la mesure où il n'est pas pensé purement et simplement comme un « absolu » affranchi de toute relation avec les principes fondamentaux de la connaissance, mais considéré précisément à travers ces principes, à travers les fonctions de l'intuition pure et des concepts purs de l'entendement, comme conditionné. Se plaindre de ce que nous ne pénétrons pas à l'« intérieur de la nature », puisque tout savoir reste lié à la structure de la raison et à ses concepts de liaison originaires, n'a plus ni justification ni sens. En effet, la « nature » elle-même ne nous est donnée que sous la forme de l'expérience, de même qu'il n'existe d'expérience que sous la forme de l'unité synthétique. L'entendement lui-même est par conséquent l'« auteur de la nature » ; aussi vrai qu'il n'est pas en nous une « faculté » subjective isolée mais l'expression qui résume les idées de règle et de légalité en général. La pure intériorité de la matière est une « simple chimère », car la matière se réduit pour nous aux « forces », les forces en un ensemble de relations mathématiques et dynamiques et celles-ci, à leur tour, en concepts logiques fondamentaux de relation en général, d'un ordre supérieur, hors desquels aucun rapport particulier n'est concevable et possible. L'authentique et véritable intériorité des choses repose sur l'intériorité de la raison et sur cette nécessité qui pour nous s'atteste en elle et à travers elle.

Le résultat auquel aboutit ainsi la philosophie théorique de Kant est précisément ce qui servira de point de départ à sa doctrine éthique. L'idée d'autonomie, l'exigence d'autolégislation de la connaissance et de la volonté constitue le sujet essentiel qui unit et enchaîne les deux choses. La connaissance ne « trouve » la nature que parce qu'elle porte en elle les lois systématiques complètes d'une nature sous la forme d'un rapport de phénomènes constamment soumis à des règles, de même que la volonté pure ne reconnaît aucune autre contrainte objective en dehors de celle dont elle est capable d'engendrer à partir d'elle-même, et par là de comprendre, la forme et la maxime. Penser et agir sont, dans leur pure spontanéité, interdépendants et renvoient à cette spontanéité comme à leur racine la plus profonde. La nécessité du logique, comme celle du pratique, est fondée dans une autodétermination originaire de la raison. Tout ce qui est formé, quel que soit le domaine dans lequel nous le rencontrons, a sa racine dans un « acte de spontanéité ». Tout ce qui est lié doit être ramené à l'action de lier, toute structure de contenu de la conscience à la légalité elle-même de la configuration, tout ce qui est donné doit être ramené à l'agir pur. C'est donc bien une seule et même vérité fondamentale que nous rencontrons dans la nature sous une figure « objective », dans la liberté et dans le cosmos éthique sous une figure « subjective ». Puisque, en effet, toutes les lois de l'expérience sont la spécification de pures lois de l'entendement, le rapport dans le phénomène ne constitue que l'objectivation d'un rapport originaire existant dans la raison.

Le processus de cette objectivation ne peut, il est vrai, être décrit ni exprimé par aucun concept qui soit lui-même tiré des objets empiriques et propre à présenter les rapports entre de tels objets. C'est là l'origine ultime de la difficulté spécifique qui entoure la doctrine de la « chose en soi » de Kant. Nous n'approfondirons pas l'ensemble complexe de cette doctrine puisqu'il s'agit ici non pas de décrire la totalité du contenu du système kantien mais seulement sa tendance originaire et essentielle. Contentons-nous de privilégier un moment qui, à la faveur de ce rapport, atteint à une clarté totale. Dès que l'on considère la relation entre le monde des phénomènes et le monde des « choses en soi », quelle que soit la manière dont on la voit déterminée dans le détail, de telle sorte que les deux mondes soient subsumés sous un seul et même concept de « chose en général » et ne se distinguent que comme des genres particuliers à l'intérieur de cette espèce qui les englobe, on est déjà passé à côté du trait le plus radical et le plus spécifique de la doctrine kantienne. Un tel départ entraîne déjà d'inextricables problèmes. Car entre les choses de nature différente, entre les objets du « *mundus sensibilis* » et ceux du « *mundus intelligibilis* », un rapport réel quelconque doit malgré tout exister puisque même la séparation complète qu'on pourrait par exemple admettre entre les deux serait encore un rapport de ce genre. Mais de quel concept disposons-nous encore pour décrire ce rapport une fois que la déduction des catégories a abouti à admettre comme le résultat le plus important précisément le fait que les concepts purs de l'entendement n'ont pas d'usage « transcendantal », mais uniquement « empirique », c'est-à-dire qu'ils sont exclusivement utilisables et valides pour la détermination de relations à l'intérieur de l'expérience et non comme expression de la relation de l'ensemble de l'expérience avec quoi que ce soit en dehors de lui ? Il semble donc, quand on s'en tient à l'idée fondamentale de la critique de la raison, qu'on manque de tout moyen logique apte ne serait-ce qu'à poser le problème du rapport entre le monde des phénomènes et le monde des choses en soi, sans parler de lui trouver une solution. C'est en cet instant précis qu'il convient de se souvenir de la spécificité du fondement de la problématique « transcendantale » qui veut qu'elle ne s'adresse jamais directement aux objets eux-mêmes ni aux relations entre ces objets, mais toujours uniquement à la relation entre « modes de connaissance ». À la place du nom orgueilleux d'une ontologie

> qui prétend donner des choses en général des connaissances synthétiques *a priori*, dans une doctrine systématique [1]

c'est celui, modeste, d'une « analytique de l'entendement pur » qui, dans l'éthique et dans la doctrine des idées, doit intervenir, et qui sera par la suite flanquée de l'analytique de la raison. L'examen critique n'a constamment connaissance de « choses », quelle que soit leur configuration, que par la médiation d'une forme quelconque de la conscience et d'une forme quelconque de la vie spirituelle. De même qu'il connaît l'espace parce qu'il est capable d'envisager systématiquement les postulats et principes de la géométrie, de même que la nature ne lui est pas « donnée » autrement qu'à travers la connaissance expérimentale et les conditions de cette connaissance, de même les concepts de « liberté » et de « Dieu » n'ont pas pour lui d'autre contenu que celui qui découle de la loi éthique fondamentale et des postulats de la raison pratique elle-même et qui peut être déterminé par eux. Parler de ces concepts « intelligibles » sous un autre rapport, vouloir « prouver » théoriquement leur « existence » au sens où l'entendait l'ancienne métaphysique, de la même manière que l'existence des choses empiriques, débouche tout simplement sur une « amphibologie », une confusion entre formes de la conscience et sphères de la conscience. La liberté, qui peut servir de base et de modèle à tout ce qui est « intelligible », *est* exclusivement telle qu'elle se découvre et se donne à nous dans la conscience éthique. S'il en est ainsi, on s'aperçoit que même le rapport entre monde des « phénomènes » et monde « intelligible » doit être cherché par des voies nouvelles et dans une tout autre direction. Au lieu de les réunir dans un concept supérieur de « chose en général », il convient plutôt de s'interroger sur l'unité des principes sur lesquels tous deux se

---

1. E. KANT, *Critique de la raison pure*, trad. p. 977 (N.d.T.).

fondent. La question ne conduit pas au-delà, à l'objet absolu, mais nous reconduit dans les profondeurs de la « raison ». La raison pure est en effet une unité si parfaite qu'aucune contradiction irrémédiable ni aucun problème insoluble ne peut s'y dissimuler, « parce que le même concept précisément qui nous permet de nous interroger doit aussi nous rendre capables de répondre à la question, dans la mesure où l'objet n'est absolument pas rencontré hors du concept ». La raison

> n'est pas en quelque sorte une plaine qui s'étend sur une distance indéterminable, et dont on ne connaisse les bornes que d'une manière générale, mais elle doit plutôt être comparée à une sphère dont le diamètre peut être trouvé à partir de la courbure de l'arc à sa surface (à partir de la nature des propositions synthétiques *a priori*), et dont le contenu et la délimitation peuvent être aussi déterminées par là avec certitude [1].

Par conséquent, il n'y a, à vrai dire, aucune explication du rapport entre mondes sensible et intelligible puisqu'une « explication » ne pourrait signifier en l'occurrence qu'une catégorie causale qui, en tant que telle, doit rester limitée au champ du phénomène ; mais le rapport entre connaissance « théorique » et « pratique », entre l'« expérience » et l'« idée », doit être purement et parfaitement déterminable. La racine de cette détermination se situe dans le rapport fondamental que nous avons découvert grâce à la médiation du concept de la spontanéité pure. Si nous décomposons le monde théorique lui-même pour parvenir à son fondement logique, la dissolution de tous ses éléments ordonnés nous fait aboutir au concept de synthèse. Mais la synthèse en tant qu'« unité de l'*action* » est déjà à la limite de ce domaine qui ne se découvre à nous complètement dans ses postulats universels que grâce à l'éthique pure. Le fait que la conscience ne reçoive pas son contenu uniquement de l'extérieur, de la perception, mais le configure selon sa loi originaire, ne se trouve pas définitivement éclairé au plan théorique même, mais dans cette forme de conscience qui se révèle à nous dans la volonté pure. Ce n'est que dans le concept de la pure fin en soi que nous acquérons la compréhension la plus intime du concept de spontanéité. Et c'est ainsi que nous découvrons en effet comment l'unité intelligible des fins « est au fondement » de la pure unité de l'entendement, de l'unité des lois causales de l'advenir. Nous n'appréhendons certes pas en elle l'absolu d'un objet transcendant, mais bien l'absolu de la raison elle-même. Les conditions de l'entendement et de la possibilité de l'expérience renvoient à l'inconditionné de la liberté et des lois morales. Aussi ne comprenons-nous complètement et définitivement que dans la liberté ce que nous accomplissons et faisons dans les synthèses de l'entendement. Le monde du phénomène et le règne

---

1. *Ibid.*, p. 1333 (N.d.T.).

des fins deviennent maintenant pour nous le rapport de la raison lui-même, devenu objectif, illustrant la double manière dont la liberté s'est donnée à elle-même sa règle et sa forme. La synthèse de la forme et de la liberté que l'histoire de l'esprit en Allemagne avait cherchée et exigée est alors atteinte et fondée au plus profond de la pensée philosophique.

Nous n'examinerons pas ici le rapport plus détaillé entre « nature » et « liberté » établi par Kant dans son ouvrage majeur et conclusif *Kritik der Urteilskraft* [*Critique de la faculté de juger*]. Les idées fondamentales de la *Critique de la faculté de juger* ne sont en effet devenues vivantes dans la conscience de l'époque que le jour où elles se sont présentées sous une forme plus concrète. Ce n'est que par l'intermédiaire de Goethe et sa vision organique de la nature que la véritable influence de la *Critique de la faculté de juger téléologique* s'est fait sentir, de même que ce n'est qu'avec l'esthétique de Schiller que la teneur profonde de la doctrine kantienne du beau a historiquement été véritablement découverte [1]. Bien avant de se lier à Schiller, Goethe avait de sa propre initiative cherché ce que pourrait être son rapport à la doctrine de Kant et l'avait précisé pour lui-même.

Goethe a séjourné ici une semaine – écrivait Körner à Schiller le 6 octobre 1790 – et j'ai passé assez longtemps en sa compagnie ; je suis parvenu à entrer davantage dans son intimité et il a été plus bavard que je ne le pensais. Vous ne devinerez jamais quels ont été les sujets qui ont permis ce rapprochement. Où aurions-nous pu les trouver ailleurs que dans Kant ? Il a trouvé dans la *Critique de la faculté de juger* de quoi alimenter sa propre réflexion [2].

Ainsi Goethe et Schiller ont-ils, chacun à sa manière et selon sa propre direction, défini leur rapport à la doctrine critique. Dans ce mode de détermination ressort une fois de plus cette opposition fondamentale à partir de laquelle nous avons ici examiné la doctrine kantienne : c'est en effet du côté du problème de la forme que Goethe a découvert la voie qui le menait à Kant, tandis que Schiller l'a trouvée du côté du problème de la liberté.

---

1. Si l'esthétique de Kant n'est examinée ici que dans le développement qu'elle a connu grâce à Schiller (voir chap. v), c'est, il est vrai, également dû au fait que je venais de la présenter en détail dans un autre ouvrage et me devais d'éviter une simple répétition de ce qui y avait été développé (voir mon ouvrage *Kants Leben und Lehre* [La vie et la doctrine de Kant], supplément à mon édition complète des œuvres de Kant).

2. Cité dans E. Cassirer, *Goethe und die Kantische Philosophie* (dans *Rousseau, Kant, Goethe*, trad. J. Lacoste, Paris, Belin, 1991, p. 98) [N.d.T.].

IV

GOETHE

1

Lorsque vers la fin de sa vie Goethe cherche à résumer d'une formule concise sa place dans la littérature allemande et son rapport avec les jeunes écrivains de la nouvelle génération, il se qualifie de libérateur des Allemands.

Notre maître est celui sous la direction duquel nous nous exerçons continuellement dans un art et qui, dans notre approche de la perfection, nous communique par étapes les principes fondamentaux nécessaires pour atteindre le plus sûrement au but souhaité. Je n'ai en ce sens été le *maître* de personne. Cependant, lorsque je veux exprimer ce que je suis devenu pour les Allemands en général et pour les jeunes poètes en particulier, je puis bien me permettre de me qualifier de *libérateur*, car ils ont à mon exemple pris conscience que, de même que l'homme doit vivre à partir de ses forces intérieures, l'artiste doit agir à partir de lui-même, puisque, quel que soit son comportement, il ne révélera jamais que son individualité [1].

C'est donc chez Goethe la nouvelle forme de vie qui conditionne la nouvelle forme d'art dont il est le créateur car « la teneur poétique est la teneur de votre propre vie ». Ce propos n'est certes pas à comprendre au sens où l'écriture devrait devenir uniquement un reflet de la réalité psychologique intérieure, car dans ce cas seul l'objet de l'« imitation » artistique aurait changé, tandis que sa forme en tant que telle serait demeurée à l'abri de ce changement. L'harmonie entre les deux moments est visiblement située plus profond : la configuration artistique n'est pas calquée sur la vie pour la répéter en « image » comme quelque chose par ailleurs achevé et clos, mais elle est un facteur déterminant dans l'édification de la vie elle-même. La vie de Goethe peut se refléter pure et entière dans ses écrits car les forces qui lui donnent forme et celles qui sont la source de la configuration poétique s'interpénètrent intérieurement et originairement. C'est pourquoi il n'y a pas ici de « déplacement » d'une sphère à une autre, aucune adjonction ni « invention » de traits

---

[1]. J. W. GOETHE, « Noch ein Wort für junge Dichter » (Encore un mot à l'adresse des jeunes poètes), essai posthume édité par Eckermann en 1833, *Werke*, 14 vol., Munich, 1989 ; vol. 12, *Schriften zur Literatur*, p. 360 (N.d.T.).

étrangers, mais dans son imagination d'artiste on découvre directement la pure teneur de vérité de sa propre existence intérieure. « Poésie » et « vérité » ne peuvent être séparées par des frontières et l'une ne peut être mise en balance avec l'autre car, de par leurs racines, elles ne font qu'un. C'est la poésie qui révèle la première le processus intérieur dont la vie n'est que le résultat. C'est en ce sens profondément symbolique que Goethe comprend le titre qu'il a choisi pour son autobiographie. Et dans celle-ci, il fait en effet s'épanouir de la manière la plus pure les dons qu'il a décrits à Eckermann comme la raison et l'origine de sa vocation d'artiste : « L'imagination pour la vérité du réel [1]. »

Ton effort – disait Merck au jeune Goethe –, la tendance dont on ne saurait t'écarter, est de donner une forme poétique au réel ; les autres cherchent à réaliser ce qu'on nomme poétique, imaginaire, et cela ne donne que des sottises [2].

Cette direction est effectivement demeurée déterminante et caractéristique pour Goethe et a survécu à tous les avatars de sa position intérieure à l'égard de l'« idéalisme » et du « réalisme ». L'imagination n'est pas pour lui l'organe à l'aide duquel il construit un monde nouveau « au-delà » de la réalité effective, mais celui à l'aide duquel il appréhende et interprète cette réalité elle-même, qu'elle soit « intérieure » ou « extérieure », dans sa configuration globale. L'ensemble de la « subjectivité » pure acquiert ainsi une immense teneur et se libère de façon décisive. Désormais est effacée d'un seul coup toute tache de cette partialité qui semble être partout inhérente à la subjectivité envisagée sous l'angle philosophique, tout fossé entre le monde de la réalité et celui de l'« apparence vraie » est comblé. Le « noyau de la nature » est « dans le cœur des hommes » : la pure intériorité du sentiment mobilise en effet la totalité de l'être et inclut sa loi fondamentale de configuration. Ainsi s'ouvre à nous une unité qui n'est plus marquée par l'opposition entre le « tout » et les « parties », l'« universel » et le « particulier », car ce n'est qu'à partir de cette unité que cette opposition se développe et se dérive indirectement.

Il était inscrit dans les fondements de la direction universelle et des postulats historiques de la vie de l'esprit en Allemagne que toutes les tendances à l'« intériorisation » qu'elle présentait devaient d'abord chercher à s'exprimer sous une forme religieuse. Et Goethe lui-même, lorsqu'il s'efforce dans *Dichtung und Wahrheit* [*Poésie et*

---

1. J. P. Eckermann, *Gespräche mit Goethe*, 25 décembre 1825 (*Conversations de Goethe avec Eckermann*, trad. J. Chuseville, Paris, Gallimard, 1988, p. 157). Nous donnons ici une traduction littérale ; Chuseville dit : « L'imagination et le goût du réel » (N.d.T.).
2. J. W. Goethe, *Dichtung und Wahrheit* (*Poésie et vérité*, trad. Pierre du Colombier, Paris, Aubier, 1941, 4e partie, liv. XVIII, p. 461 s.) [N.d.T.].

vérité] de caractériser l'époque de formation que fut sa jeunesse, relève ce trait. Il écrit, décrivant l'ambiance littéraire de la première moitié du XVIII⁰ siècle :

> Nous n'allons pas chercher trop loin en disant qu'alors l'idéal s'était réfugié du monde dans la religion, qu'il se montrait à peine, même dans la morale ; personne n'avait le soupçon d'un principe supérieur de l'art [1].

La tendance fondamentale du protestantisme, qui veut que l'individu, sans aucun des moyens extérieurs de salut et affranchi des liens d'une organisation ecclésiastique solide, doive d'abord découvrir en lui-même son rapport personnel à Dieu, avait trouvé à s'exprimer et à se développer dans le piétisme. Étant donné que pour ce piétisme le sentiment religieux reposait purement sur lui-même, cela supprimait du même coup ses rapports avec le monde de l'effectif. Le moi ne se trouve qu'en se retranchant de tout contact avec les choses extérieures et en se repliant sur lui-même pour y ruminer et s'y torturer. Mais cette coupure replonge tout aussitôt la subjectivité religieuse dans ce qui est mesquin et simplement contingent. L'observation des états psychiques et de la « renaissance » psychique intérieure aiguise le sens du détail psychologique, mais elle est, pour finir, absorbée par ce seul détail. Aussi l'absence de forme est-elle ce qui caractérise généralement cette intériorité piétiste. Là où elle cherche à s'exprimer dans la poésie lyrique, si l'on excepte de rares accents plus purs et plus libres, elle retombe toujours dans une lassante répétition d'un seul et même motif fondamental. Le sentiment se fige sur lui-même et entre en déliquescence sans avoir la force de se former en intuition objective. La musique est capable d'accueillir en elle-même ce flux sensible : ce fut le cas chez Bach où cette atmosphère sentimentale du piétisme acquiert une intensité et une plénitude entièrement nouvelles, ainsi que sa détermination suprême, et trouve à s'exprimer dans un pur langage de formes musicales ; la littérature, elle, se dérobe à la tentative de saisir et de fixer cette « indicible » intériorité. Certes, cette tendance du sentiment religieux semble chez Klopstock avoir elle aussi prouvé sa force d'expression lyrique, mais ainsi que le fait remarquer Lessing à propos de l'ensemble de l'œuvre lyrique de celui-ci, il a ici « tiré après lui l'échelle » qui lui avait permis de se hisser lui-même jusqu'à la hauteur et au sublime de son sentiment. Au manque de configuration poétique proprement dit doit suppléer partout chez lui la violence du contenu, le pathos religieux qui sourd des objets de sa création poétique. Même en tant que poète lyrique, Klopstock n'est jamais tout à fait lui-même, mais le porte-parole d'un cercle d'idées objectif, extérieur à la poésie elle-même ; tout comme dans sa propre personnalité il paraissait toujours être, ainsi que Goethe l'a dépeint

---

1. *Ibid.*, 2ᵉ partie, liv. VII, p. 171 (N.d.T.).

dans un portrait bien connu de *Poésie et vérité*, « le représentant d'essences supérieures, de la religion, de la morale et de la liberté ». Goethe est le premier poète allemand qui échappe entièrement à cette sphère et à ce type de représentation, et qui accomplit et est lui-même quelque chose d'« idéel », plus qu'il ne le possède ou ne le représente. Dans cette perspective, c'est une nouvelle forme de la configuration artistique qu'il inaugure, dans laquelle s'exprime en même temps une nouvelle forme de l'existence spirituelle en général.

On peut se représenter ce qu'il y a là de singulier par excellence en s'engageant dans une autre direction et en comparant Goethe à Rousseau. Goethe est de ceux sur qui l'influence de l'évangile rousseauiste de la nature et de la passion a été des plus fortes. Ceci n'apparaît pas seulement dans certains détails ; c'est bien la tonalité globale des poésies lyriques du jeune Goethe, ainsi que celle de sa religiosité à cette époque, qui sont à l'unisson de la sensibilité fondamentale de Rousseau. Et pourtant, lorsque l'on compare le climat du *Werther* à celui de *La Nouvelle Héloïse*, la différence essentielle entre Rousseau et Goethe est si manifeste que l'identité apparente de certains traits des deux œuvres est occultée. Le concept rousseauiste de nature est conditionné et traversé par le pathos de son idée abstraite de liberté. La nature est invoquée pour incarner l'opposition à toute forme de convention arbitraire, à tout mode d'assujettissement social extérieur. Elle n'est pas sollicitée purement pour elle-même, mais joue le rôle d'un révélateur qui seul rend clairement identifiable le degré de corruption sociale où vit l'humanité. La « nature » est pour Rousseau le concept intégratif de toutes les valeurs fondamentales que l'homme entrant dans les formes de la « civilisation » et de la « culture » a laissées derrière lui. Aussi est-il avec elle dans un rapport spécifiquement « sentimental » : il ne peut s'en emparer pour en jouir qu'en devenant en même temps conscient de ce qu'il est en opposition avec elle. Elle n'est pour lui ni un simple objet de l'intuition ni un objet du pur sentiment, mais l'expression de l'exigence morale fondamentale qui le domine. L'enthousiasme sentimental de Rousseau contient par suite dès le début un élément d'antithèse conceptuelle. Et cette structure antithétique du mode de la réflexion et du mode de la sensation chez Rousseau déteint sur les figures de son œuvre. Dans la présentation de *La Nouvelle Héloïse*, jusque dans l'expression de la passion la plus brûlante, cette tendance à l'analyse et à la dissection abstraites du sentiment se fait sentir. Elle n'apparaît pas seulement dans les lettres du « philosophe » Saint-Preux, mais presque plus nettement encore dans les réponses à ces lettres. Le mode sur lequel on philosophe ici, dans les premières lettres de Julie, à propos du bonheur des sens et de la paix de l'âme, de l'amour et de la chasteté, dépasse totalement les limites de la configuration artistique et psychologique objective : l'auteur de l'*Émile* et du *Discours sur l'inégalité* prend la place du poète de *La*

Nouvelle Héloïse. Même en tant que poète, Rousseau reste encore un penseur et un critique de la société, tandis que Goethe, dans quelque examen ou recherche que ce soit, est encore « créateur de formes », même au sens le plus strict. C'est pour lui de cette pureté de la création que jaillit la pureté du sentiment, due à ce qu'il est affranchi de toutes tendances et de tous liens d'ordre religieux et moral extérieurs à lui. Comme chez lui le sentiment ne cherche pas sa configuration dans quelque chose d'extérieur, mais devient et est lui-même figure de par ses tout premiers germe et élan, il s'oppose ainsi d'emblée au monde, au sens réel comme au sens idéal, comme quelque chose d'autonome. Il ne reçoit pas du monde ses critères, il les trouve en lui-même et crée à partir d'eux une nouvelle teneur de l'être. L'imagination n'est pas ici une médiation par laquelle passe le sentiment, mais elle est elle-même l'élément dans lequel le sentiment vit et tisse sa trame dès le début. Grâce à cette fusion de la « sensation » et de l'« intuition », à cet entrelacement du « subjectif » et de l'« objectif », le sentiment embrasse la totalité des phénomènes de la vie et peut les faire s'épanouir.

Ce rapport originaire entre les éléments créateurs se manifeste chez Goethe sous trois formes fondamentales : sous la forme de sa vie, sous la forme de sa poésie lyrique et sous la forme de sa contemplation et de son étude objective de la nature. Nous voudrions montrer comment, dans toutes ces formes, est à l'œuvre une même loi, comment ces trois manifestations ne représentent pas trois parties, trois « aspects » différents de l'essence de Goethe, mais trois variétés de symboles d'un seul et même rapport vivant en lui. Ce n'est qu'à partir de là que l'on comprend en quel sens il a lui-même décrit l'ensemble de ses œuvres comme les « bribes d'une grande confession ». Elles ne sont pas des révélations au sens de récit et communication de choses cachées, mais décrivent l'itinéraire au cours duquel, par un seul et même processus, ce qui est intérieur se forme et se comprend lui-même. « Ce que je dis est un aveu destiné à ma compréhension et à la vôtre. » En effet, comme l'homme, selon Goethe, n'obtiendra la connaissance de ce qu'il est que dans l'action et non en se torturant l'esprit, le poète ne se découvre à lui-même que dans ce qu'il a formé. Il doit abandonner la vie elle-même à l'« image de la vie », car il n'a et ne possède la teneur de cette vie que lorsqu'elle lui revient réfléchie dans l'image. Ainsi est-il, tel l'amant, « un et double » : ce n'est que dans ce dédoublement qu'il se saisit et se conquiert en tant qu'unité originaire. La marche en avant de l'advenir extérieur n'est en vérité que l'épanouissement et la consécration des règles en action issues de l'intérieur. Goethe écrit en 1780 à Lavater :

> Ce désir, c'est d'élever aussi haut que possible dans les airs la pyramide de mon existence, dont la base m'est connue et qui est fondée, ce désir l'emporte sur tout autre, à peine me laisse-t-il un instant d'oubli. Je n'ai pas

le droit de tarder, je ne suis plus un jeune homme ; peut-être le destin m'arrêtera-t-il au milieu de mon œuvre et ma tour de Babel restera-t-elle tronquée, inachevée. Du moins je veux qu'on dise que le plan en était audacieux, et, si Dieu me prête vie, je veux que mes forces aboutissent à couronner l'édifice [1].

C'est dans une telle liberté et dans une telle nécessité organique, dans une telle finalité, qui est quand même bien éloignée de toute intention extérieure, que se présente pour Goethe la totalité de son agir. « Puisse l'idée de pureté devenir toujours plus claire pour moi », écrit-il dans son Journal en août 1779. L'« idée de pureté » est en fait ce qui constitue la direction constante de sa création et la manière dont elle se configure progressivement dans son œuvre littéraire, dans sa vie et dans sa contemplation artistique et scientifique de la nature ; elle est en même temps l'expression toujours plus parfaite de ce « triomphe du purement humain » que Goethe a défini comme ce qui fait le sens et l'importance de ses œuvres [2]. Cette évolution ne peut être décrite par ses simples résultats ; c'est à partir de la richesse concrète de la vie et de l'œuvre de Goethe qu'il convient de chercher à mettre en évidence la forme qui en fonde l'unité.

2

S'alignant consciemment sur la langue et l'intuition populaires, l'époque du Sturm und Drang avait créé une autre expression pour l'ensemble du problème que l'époque moderne résume dans le concept de « subjectivité » ou de « personnalité ». « Les philosophes, écrit Klinger dans ses *Betrachtungen und Gedanken über verschiedene Gegenstände der Welt und der Literatur* [Considérations et pensées à propos de divers objets du monde et de la littérature], peuvent bien écrire et parler à loisir d'âme, d'esprit et d'essence simple, alors que la foule, la masse, la populace empirique ne connaît, lorsqu'elle parle de son être intérieur actif, vivifiant, que le cœur, tout le reste n'étant qu'ombres pour elle […]. Son cœur est là, elle le sent battre, elle sent ses effets sur elle-même et sur d'autres, c'est en cela que réside toute son existence. Seul le cœur est son maître et son guide. » C'est aussi dans cette intuition de la toute-puissance et de la valeur exclusive du « cœur » que s'enracine la vision du monde du jeune Goethe.

---

1. J. W. GOETHE, lettre à Lavater, 20 septembre 1780 (*Correspondance (1765-1832) J. W. Goethe*, trad. A. Fanta et C. Roëls, Paris, Les Presses d'aujourd'hui, 1982, p. 66 s.). (Dans la mesure où elles font partie du choix, nous citerons par la suite les lettres de Goethe d'après cette traduction.) [N.d.T.].
2. *Goethes Gespräche* [Conversations de Goethe], recueillies par W. von Biedermann, 2ᵉ éd., Leipzig, 1910, IV, p. 410.

> Et que t'adviendra-t-il, quand tu éprouveras
> Que tu atteins toutes ces choses en toi-même ;
> [...] Non, pas à Rome, non, pas dans la Grande-Grèce,
> C'est dans ton cœur à toi qu'est la félicité [1] !

Le centre de gravité du moi est trouvé, qu'il ne peut plus jamais perdre désormais, quelque vastes que soient les espaces infinis de l'intuition et de l'aspiration dans lesquels il s'égare. Là résident la joie et la peine de l'existence, là se trouve ce qu'il y a de plus spécifique, ce qui tour à tour attache l'homme à l'ensemble de la réalité et l'en détache. Tout critère qui n'est pas emprunté à ce fondement de l'individualité reste limité à l'extériorité et à la contingence.

Une chose encore, c'est qu'il fait plus de cas de mon esprit et mes talents – écrit Werther parlant du prince dont il est l'hôte – que de ce cœur dont seulement je fais vanité, et qui est la source de tout, de toute force, de tout bonheur, et de toute misère. Ah ! ce que je sais, tout le monde peut le savoir ; mais mon cœur n'est qu'à moi [2].

Ce n'est cependant que dans cette suprême concentration en lui-même que le moi expérimente tout à fait combien, dans le sentiment de son existence et dans celui d'amour, il est intégré au tissu de l'univers. L'amour humain ou divin lui montre la voie sur laquelle son être spécifique conservera sa spécificité en même temps qu'il se dissoudra dans le tout. Lorsque Goethe cherche, plus tard, ce double rapport dans un symbole conceptuel, il se voit renvoyé comme par une nécessité historique interne aux catégories fondamentales de la doctrine leibnizienne des monades.

Le bien suprême que nous tenons de Dieu et de la nature est la vie, la rotation de la monade sur elle-même, qui ne connaît ni repos ni relâche ; l'instinct qui nous pousse à choyer et préserver la vie est inné et indéracinable chez chacun d'entre nous, cependant que la spécificité de cette vie reste un mystère pour nous comme pour les autres. La seconde grâce des êtres d'en haut, c'est le vécu, la prise de conscience, l'entrée de la vivante et mobile monade dans la mouvance du monde extérieur grâce auquel seulement elle peut se rendre compte combien elle est intérieurement sans limites et extérieurement limitée [3].

---

1. J. W. GOETHE, *Sendschreiben* (*Message, Poésies des origines au voyage en Italie*, trad. R. Ayrault, Paris, Aubier, 1979, p. 289) [N.d.T.].
2. J. W. GOETHE, *Die Leiden des jungen Werthers*, livre deuxième, 9 mai (*Les Souffrances du jeune Werther*, *Romans*, trad. B. Groethuysen, Paris, Gallimard, « Bibliothèque de la Pléiade », 1954, p. 71) [N.d.T.].
3. Extrait des *Hefte zur Morphologie*, 1822. Voir *Maximen und Reflexionen*, d'après les manuscrits des archives de Goethe et Schiller édités par Max Hecker (vol. 21 des *Schriften der Goethe-Gesellschaft*), n° 391-2. – Les *Sprüche in Prosa* de Goethe seront par la suite toujours cités d'après ce recueil. [Nous donnerons pour les *Maximes et réflexions*, dans la mesure où elles figurent dans son choix, la traduction de G. Biancis, Paris, Gallimard, 1943.]

178 Mais si le « limité » et l'« illimité » apparaissent ici déjà comme les termes d'une opposition dialectique, il est essentiel pour la conception du monde et pour la poésie du jeune Goethe qu'elles se situent encore entièrement à l'intérieur de la synthèse originaire qui précède cette coupure. Dans l'« état affectueux » de l'intériorité, le monde et le moi ne se sont pas encore séparés, car le moi n'est rien d'autre que le flot vivant de la mobilité de l'univers qui ne peut être appréhendé et ressenti en tant que tel que grâce à la mobilité du moi. C'est dans ce sentiment fondamental, et non pas dans de quelconques postulats philosophiques abstraits, que réside le noyau du « panthéisme » de cette époque. Appréhendé en tant que catégorie métaphysique, le panthéisme n'est déjà absolument pas un concept univoque et la valeur de l'expression deviendra d'autant plus problématique qu'il s'agira de décrire une intuition artistique totale de la réalité effective. Dans un passage de *Italienische Reise* [*Voyage en Italie*] concernant le « Dieu » de Herder, Goethe a fait remarquer que l'erreur principale dans l'accueil fait au livre fut de le prendre comme un mets alors qu'il n'était que le plat de service : « qui n'a rien à y déposer, le trouve vide. » Cela vaut tout aussi bien pour son propre concept de Dieu ; lui aussi n'était que le récipient dans lequel Goethe a déposé son propre examen de la nature et son sentiment spécifique de l'existence. Si Goethe voulait être « panthéiste dans ses recherches, polythéiste dans son œuvre littéraire, monothéiste dans sa moralité [1] », ce panthéisme qu'il a confessé toute sa vie a lui aussi, au fond, un caractère différent à chaque époque de sa vie et de son œuvre. Ce qui dans les poésies de jeunesse pouvait être ainsi désigné est uniquement ce sentiment fondamental du *tout* infini constamment présent alors dans l'intuition du particulier et qui, pour ainsi dire, déborde dans sa croissance les frontières de cette intuition. C'est l'ambiance qui s'exprime de la manière la plus profonde et la plus pure dans le *Ganymed* de Goethe, dans l'impression de printemps qui efface toutes les frontières de l'existence et nous élève dans le sein du « père à l'universel amour ». C'est à partir de ce point de vue que Goethe comprend et interprète l'aspiration et la nostalgie de tous les grands génies religieux de l'histoire du monde, qu'il

179 s'agisse du Christ, de Moïse ou de Mahomet. « Je voudrais prier, écrit-il à Herder en juillet 1772, comme Moïse dans le Coran : Seigneur, élargis en moi cette poitrine trop étroite. » Mais le véritable accomplissement de ce désir ne peut être que l'expérience fondamentale de la création poétique ; ce n'est qu'en elle en effet que le moi échappe totalement à la fascination de son isolement. Le sentiment infini de l'amour est en même temps et directement celui du créateur.

---

1. J. W. GOETHE, *Maximen und Reflexionen*, n° 807.

> À quoi te sert cette nature
> Où la vie arde, à tes yeux ?
> [...] Si une force créatrice
> N'emplit tendrement ton âme,
> Et, par la pointe de tes doigts,
> N'enfante à son tour des formes [1] ?

Dans cette transformation, à considérer les analogies physiques qu'il utilise, il n'y a pour le jeune Goethe aucun problème : celui qui aime doit engendrer, la plénitude intérieure doit se déverser et inonder. Ce don sans limites, cette impétuosité à faire partager sont la vertu véritable des grands hommes. Même dans une farce comme *Götter, Helden und Wieland* [*Les Dieux, les Héros et Wieland*], on peut lire :

> Wieland. – Qu'appelez-vous « braves gaillards » ?
> Hercule. – Quelqu'un qui partage tout ce qu'il a [2].

Pour l'artiste en particulier, le sentiment et sa communication, l'impression et son expression ne sont pas deux phases séparées de la création, mais leur imbrication est ce qui constitue sa forme de vie spécifique. Chez Goethe, dans l'évolution du lyrisme de sa jeunesse, il semble qu'on puisse mettre en évidence un stade où cette interpénétration, cette pure et complète fusion du sentiment « subjectif » dans l'intuition « objective » qui caractérise ses œuvres achevées, n'est pas encore atteinte. Au tout début de l'œuvre de Goethe, il est encore une phase où il y a pour ainsi dire un clivage entre l'« intérieur » et l'« extérieur », tant et si bien qu'entre les deux la voie s'offre aux allées et venues. C'est ainsi que, dans des poésies particulières de la période dite de Leipzig, les traits fondamentaux de l'intuition et de la description de la nature sont déjà présents, mais le climat d'ensemble oscille encore entre impression et intuition, entre les excitations du moi et le tableau des objets. Celui-ci n'est pas alors l'irradiation directe de l'état d'âme, mais il lui fait face, autonome, parfois même en opposition et en contraste avec lui. Ainsi s'explique dans ces poésies le renversement souvent brusque d'un moment à l'autre qui casse l'unité du climat lyrique. Les éléments qui n'étaient pas intérieurement tissés ensemble finissent par se séparer : le sentiment abandonne la configuration artistique, si bien qu'il ne reste plus pour ainsi dire que sa matérialité vide. (Il en est ainsi dans les derniers vers de *Die Nacht* [La Nuit] ou dans *An den Mond* [À la lune] écrit à Leipzig). Mais dès les premières poésies de Sesenheim

---

1. J. W. GOETHE, *Monolog des Liebhabers* (« Monologue de l'amateur d'art », *Poésies, des origines au voyage en Italie*, p. 287) [N.d.T.].
2. J. W. GOETHE, *Götter, Helden und Wieland* (*Les Dieux, les Héros et Wieland*, *Théâtre complet*, trad. A. Robin, Paris, Gallimard, « Bibliothèque de la Pléiade », p. 247) [N.d.T.].

180   *Es schlug mein Herz, geschwind zu Pferde* [Mon cœur battait. Vite, à cheval !], la forme fondamentale du poème goethéen est acquise et avec elle un nouveau rapport fondamental entre l'« intérieur » et l'« extérieur ». La nature n'est plus un accessoire, elle est animée de l'intérieur, elle est quelque chose d'autonome et de spécifique qui pourtant évolue selon la même mélodie et au même rythme que le moi. C'est dans ce mouvement que l'artiste la saisit, et c'est pourquoi le monde est devant lui « comme devant son créateur qui, dans l'instant où il se réjouit de ce qu'il a créé, jouit également de toutes les harmonies grâce auxquelles il a fait naître ce monde et dont il est constitué ». Et le jeune Goethe ajoute dans ce même article *Nach Falconet und über Falconet* [Selon Falconet et sur Falconet] : « Ne vous imaginez donc pas comprendre si vite que cela ce que signifie : le sentiment est l'harmonie et vice versa. » C'est la même unité d'un constant devenir et d'une figure figée qui se présente à nous dans la vie de l'authentique poésie lyrique et dans la vie de la nature. Le monde de la poésie est « une mer qui charrie avec ses flots des figures à la vie intense » et le monde de la nature de même : la teneur de l'un ne devient claire et compréhensible que dans la teneur de l'autre.

Mais en même temps que cette position à l'égard de la nature s'enracine dans le sentiment de l'amour universel, elle inclut en elle-même une nouvelle position à l'égard de l'homme et par là à l'égard de la réalité historico-spirituelle. Le trait fondamental déterminant que Goethe décèle immédiatement dans la conception de l'histoire de Herder est qu'on n'y est pas à la recherche de la simple séquence des événements et des scènes, ou de la simple diversité des peuples et des individus, mais qu'au milieu de cet univers protéiforme infini brille l'éternelle identité de l'« humanité elle-même ». Cette manière qu'a Herder de « transformer par la palingénésie en plantes vivantes » les balayures de l'histoire met « son cœur à genoux ».

C'est pourquoi je sens dans tout ton être – lui écrit Goethe – non pas la dépouille et la coquille d'où sortent tes Castors et tes Arlequins, mais le frère, homme, Dieu, ver de terre et bouffon, toujours identiques à lui-même [1].

De la même façon qu'il ressentait et interprétait les formes de la nature et de la vie, Goethe comprend maintenant les formes de la vie historique de l'humanité comme des formes de la nature qui possèdent en elles-mêmes leur propre loi et la mesure de leur essor et de leur déclin. Au cours du voyage sur le Rhin en compagnie de Lavater et de Basedow, la figure du héros ancien resurgit de l'image du château en ruines et avec elle tout un pan de vie engloutie avec sa spécificité. Superbement imprégné d'une détermination concrète et

---

1. J. W. GOETHE, lettre à Herder, mai 1775.

d'une symbolique profonde, le poème *Der Wanderer* [Le voyageur] présente dans la personne d'une femme qui allaite à l'ombre d'un orme, au milieu des ruines d'un temple antique, ce contact entre le proche et le lointain, entre le passé et le présent. Pour échapper au chaos tortueux du présent, Werther a lui aussi la nostalgie de la candeur enfantine des « glorieux pères du genre humain », de la vie d'Homère et des patriarches. Mais à vrai dire, même à l'époque de *Werther*, la position de Goethe à l'égard de l'histoire et du passé est vierge de tout trait romantique et sentimental. De même qu'il ne sépare pas dans sa vision de la nature l'intérieur et l'extérieur, il ne détache pas non plus le passé pour l'opposer au présent comme un concept idéel bien établi, un paradis perdu. Son regard en effet n'est jamais, même en matière d'histoire, tourné purement vers le passé mais dirigé sur la totalité du processus historique. Étant donné qu'il vit lui-même à l'intérieur de cette totalité, il n'a pas besoin de faire revivre et de séparer du reste artificiellement une partie de celle-ci par la médiation de la nostalgie et du souvenir. À vingt-deux ans, Goethe écrit :

> Mon *nisus* [élan] en avant est si puissant que j'ai peine à m'arrêter pour reprendre haleine et jeter un regard en arrière [1].

Et à soixante-quinze ans encore, il avoue dans une conversation avec le chancelier von Müller la même tendance fondamentale.

> Je ne parle pas du souvenir au sens où vous l'entendez, ce n'est là qu'une manière maladroite de s'exprimer. Tout ce que nous avons rencontré de grand, de beau, d'important n'a pas besoin d'être rappelé de l'extérieur, débusqué pour ainsi dire, mais doit plutôt d'emblée s'insérer dans notre tissu intérieur, ne plus faire qu'un avec lui, faire naître en nous un nouveau moi meilleur et, sans trop prendre forme, continuer à vivre et créer en nous. Il n'existe aucun passé que nous puissions regretter, il n'y a qu'un éternel nouveau qui se configure à partir des éléments amplifiés du passé, et la véritable nostalgie doit être constamment créatrice et créer quelque chose de nouveau et de meilleur [2].

Ce qui vaut pour la nature vaut par conséquent pour l'histoire : « Nous pensons, et nous sommes, en tout lieu, au cœur des choses. » Aucun individu ne pourrait se maintenir vivant et actif s'il ne possédait la force de se décharger du fardeau du simple passé, si à chacune de ses inspirations un Léthé éthéré ne traversait tout son être [3]. Mais ce nouveau qui se crée précisément ainsi n'est pas lui-même quelque chose d'uniquement étranger, il porte les traits connus et rassurants qui sont inhérents à tout devenu organique en tant que tel. L'histoire

---
1. J. W. GOETHE, lettre à Salzmann, 28 novembre 1771 [trad. *Correspondance*, p. 45].
2. J. W. GOETHE au chancelier von Müller, 4 novembre 1823.
3. J. W. GOETHE, lettre à Zelter, 15 février 1830.

182 authentique n'agit pas sur nous par le récit d'un monde englouti et désormais sans intérêt, mais par le « sentiment humain historique » qu'elle éveille en nous. C'est dans cet esprit que les œuvres du jeune Goethe cherchent à convoquer les figures du monde d'autrefois. Ainsi surgissent pour celles-ci les images de Götz et de César, du Christ, de Mahomet et de Socrate ; mais partout apparaît à la place du saint « un grand homme que je me contente de serrer sur ma poitrine avec l'enthousiasme de l'amour et que j'appelle : mon ami et mon frère [1] ! » Mais d'autre part, dans le caractère et le destin de ces grands hommes, Goethe appréhende principalement le trait qui les apparente à lui-même et à sa propre position à l'égard du monde et à l'égard de ce qui l'entoure. C'est la tragédie du génie que fait défiler devant lui l'histoire en des figures toujours nouvelles. Le sentiment du génie pour les hommes est identique à celui du Christ dans *Der ewige Jude* [Le juif errant] à son retour sur la terre : « Ô toi, mon peuple, combien je me languis de toi ! Et toi, avec ton cœur et les bras de l'amour, d'un élan profond tu m'implores ! Je viens, je veux te prendre en pitié. » Mais dans le monde humain empirique et historique il n'y a pas de possibilité d'accomplissement pour cette pure nostalgie. Le génie agissant sur le monde se voit en même temps par là prisonnier de ses ordres. Il ne peut pas plus renoncer à eux qu'il ne peut les pénétrer de son sentiment et de sa volonté. Si dans *Götz* l'opposition à son époque de l'individu d'exception aboutit à former l'image politique et historique du « justicier dans une époque d'anarchie et de sauvagerie », les drames de César, Socrate et Mahomet auraient donné de ce motif fondamental de la dramaturgie du jeune Goethe une illustration universelle qui se serait étendue à toute la sphère de l'existence spirituelle. Goethe dit lui-même de son Mahomet qu'il devait représenter tout « l'effet sur les hommes dont le génie est capable par sa force de caractère, ses victoires et ses déboires ». Mais dans la seule scène du drame qui nous ait été conservée en dehors du monologue de Mahomet, dans le chant alterné d'Ali et Fatima, se coule une nouvelle fois dans une magnifique harmonie tout le sentiment goethéen de la nature et de l'homme. Rien n'est là pure allégorie ou simple comparaison, mais avec une fidélité et une intégralité objectives naît la représentation intuitive de la croissance et du devenir du flot ; la manière dont il sourd du nuage, dont il cascade, tire à lui torrents et rivières et les entraîne avec lui jusqu'à l'océan, le père commun. Cependant, au
183 milieu de la présentation de ce cycle éternel de la nature apparaît maintenant le tableau d'ensemble de la croissance intérieure et de l'action du génie : l'image de Goethe lui-même, le « libérateur », telle qu'il l'a entrevue là dans un pressentiment de ce que serait sa vie et sa création. Des milliers de gens, qui dans le confinement et l'étroitesse de l'existence étaient menacés de périr de langueur,

---

1. J. W. GOETHE, lettre à Herder, fin 1771.

seront sauvés par lui et hissés jusqu'au sentiment vivant de l'ensemble :

> Torrents de la montagne
> D'exulter, de crier :
> Frère,
> Mène, emmène tes frères.
> Emmène-les à ton vieux père,
> À l'éternel père océan,
> Qui nous attend, étend ses bras
> Au large,
> Hélas ! les tient ouverts en vain,
> Pensant saisir des fils hâtifs.
>
> Oui, dans le désert vide l'âpre
> Sable nous ronge et le soleil
> De très haut suce notre sang.
> Une colline
> Nous arrête en nappe stagnante.
> Frère,
> Mène, emmène tes frères des plaines,
> Mène tes frères de la montagne,
> Mène, emmène-les à ton père.
> Et c'est ainsi qu'il emmène ses frères,
> Qu'il emmène ses trésors, ses enfants,
> Qu'il les entraîne en sa joie mugissante
> Vers le père qui les attend [1].

3

Une conception et un jugement largement répandus à propos de la vie de Goethe distinguent dans celle-ci une pluralité de « phases », dont chacune, comparée aux autres, accuse un relief fortement marqué. La frénésie de création et de liberté sans frein de l'époque du Sturm und Drang est censée être suivie, dans la première décennie passée à Weimar, d'une conversion à la discipline de l'agir empirique, dans laquelle le poète Goethe manque de se perdre, jusqu'à ce que la nouvelle conception qu'il devait à l'Italie et à l'Antiquité le rende à lui-même et lui permette d'élaborer ce concept classique de forme destiné à unifier harmonieusement les deux faces de son être, les deux directions vers l'« idéel » et le « réel ». Mais à vrai dire, toute cette construction reste équivoque et trompeuse. Cette façon que l'on a de « réconcilier » ainsi le moi de l'artiste avec le monde équivaudrait uniquement à adapter et à assimiler extérieurement l'un à l'autre, et au lieu d'un ensemble authentique ne dévoilerait qu'une double imperfection. Comme dans tout être et devenir spirituels

---

1. J. W. GOETHE, *Mahomet* (*Théâtre complet*, trad. A. Robin, p. 186 s.) [N.d.T.].

authentiques, l'idée de forme n'est pas chez Goethe le complément du sentiment de liberté, mais elle en constitue bien un moment nécessaire. La limitation n'est pas imposée de l'extérieur dans la réception progressive des objets et la reconnaissance progressive des limites posées en eux ; elle est incluse dès le début et originairement dans les fonctions configurantes de la vie elle-même. Mais cette vie est une unité interne que l'on ne peut diviser et morceler en « périodes ». Il en est du développement du génie comme de celui de la nature qui, dans son « cours vivant », ignore jour, nuit et heures. Pour pénétrer jusqu'aux racines proprement dites de la « forme » goethéenne, il n'est par conséquent pas besoin de tenir compte des détails biographiques ni du cours extérieur de l'existence ; ils doivent être inclus dans les pures conditions de la création elle-même et être compris à partir de ces conditions. Ce rapport fondamental ne « devient » pas propre à Goethe, il l'est dès le premier moment où celui-ci vient à produire. La voie qu'il suit ne vise pas à mettre un terme à une aspiration sans limites mais conduit vers une totalité qui possède en elle-même sa mesure et ses frontières internes.

Plénitude et ivresse du sentiment sont ce en quoi le jeune Goethe voit le sens et le contenu de l'existence. Ce contenu, il veut encore le saisir et le préserver jusque dans la mort elle-même. La mort, telle est la prière qu'il fait à la divinité du temps, ne doit pas venir pour lui comme un lent épuisement, un lent effondrement :

> Mais ivre du dernier rayon,
> Entraîne-moi ; toute une mer
> De feu dans mes yeux pleins d'écume,
> Moi qui, tout ébloui, chancelle,
> Vers des Enfers au porche ténébreux [1].

Nous sentons encore la flamme de la vie quand elle nous enserre et nous anéantit. Mais le mouvement infatigable devient lui-même ainsi le symbole de la durée éternelle ; l'image de la destruction elle-même devient l'image de la conservation. Et ce n'est qu'alors que se dévoile l'entière intuition du devenir de la nature, car la nature est « la vie éternellement active, pensée dans le repos ». Certes, nous saisissons dans ce trait non seulement une analogie entre la nature et la vie de l'être humain, mais aussi, en même temps, leur profond contraste. Si notre existence est sans appui, livrée au hasard et à l'arbitraire, la nature en revanche reste figée dans la sécurité et la nécessité de lois inviolables.

---

1. J. W. GOETHE, « An Schwager Kronos » (« À Chronos postillon », *Poésies, des origines au voyage en Italie*, p. 249) [N.d.T.].

Tout naît et passe selon des lois ; pourtant c'est un hasard précaire qui commande la vie de l'homme, le trésor précieux [1].

Ce qui rapproche Goethe de Spinoza, depuis qu'il l'a découvert pour la première fois, c'est la forme de ce sentiment de la nature. Goethe confère au cosmos mathématico-mécanique de Spinoza une teneur entièrement nouvelle en ne retenant de la structure du concept scolastique de substance que ce moment d'éternelle soumission figée aux ordres éternels. La présentation ultérieure du rapport avec Spinoza dans *Poésie et vérité* fait apparaître la manière dont il a découvert dans cette idée et dans « le calme qui accorde tout [2] » chez Spinoza l'antithèse de son « élan qui soulève tout » et de l'ensemble de son mode poétique d'appréhension et de présentation. Mais au fond, Goethe ne conçoit pas non plus cette antithèse comme un complément extérieur de son essence, et la doctrine de Spinoza ne fait ici que faire vibrer une tonalité fondamentale de la perception goethéenne de la nature et lui donne une plus grande résonance. Le problème que Spinoza se pose en tant que métaphysicien, Goethe l'avait d'abord conçu comme une question et une tâche qu'il formulait du point de vue de l'artiste, et il réclamait pour leur solution la médiation de la création artistique.

Ce que nous fait voir la nature – écrit-il en 1772 – c'est la puissance, la force qui engloutit ; rien ne perdure, tout est transitoire, mille germes sont piétinés, mille en naissent à chaque instant [...]. L'art en constitue l'exact contraire ; il naît des efforts déployés par l'individu pour se maintenir contre la force destructrice du Tout [3].

Comme la mathématique et le concept de substance mathématiquement conçu et interprété par Spinoza, la configuration artistique devient pour Goethe le médium grâce auquel, dans ce processus d'advenir et de disparition, une nouvelle « consistance » du réel voit le jour, qui cependant ne se confond pas, comme chez Spinoza, avec quelque chose de conceptuellement universel, mais préserve son empreinte individuelle.

Et maintenant, dans l'existence humaine elle-même, qui semblait tout d'abord simplement contraster avec la vérité et l'inertie éternelle de la nature, entrent en scène, de plus en plus précises, les formes fondamentales universelles auxquelles reste indissolublement liée cette existence, quels que soient le changement et la diversité. Les cycles de cette existence s'accomplissent eux aussi selon les grandes

---

1. J. W. GOETHE, *Euphrosyne* (N.d.T.).
2. J. W. GOETHE, *Dichtung und Wahrheit*, 3ᵉ partie, liv. XIV (trad. p. 401) [N.d.T.].
3. J. W. GOETHE, « Sulzer : Die schönen Künste », *Schriften zur Kunst* (« Les beaux-arts », *Écrits sur l'art*, textes choisis, présentés par T. Todorov, trad. J.-M. Schaeffer, Paris, Flammarion, 1996, p. 91) [N.d.T.].

et éternelles lois d'airain. De même que l'arbre ajoute les anneaux aux anneaux, de même que les saisons se succèdent dans un seul et immuable ordre, les éléments particuliers s'imbriquent nécessairement les uns dans les autres, dans la vie de l'individu comme dans celle de l'espèce. Dans *Poésie et vérité*, le récit de la toute première jeunesse de Goethe fait déjà apparaître combien le jeune homme se sent attiré par l'époque patriarcale primitive du genre humain et trouve dans la contemplation des formes de vie les plus simples le moyen pour se libérer de la dispersion de l'existence extérieure et du morcellement de ses études. L'époque de *Werther* a renforcé et approfondi cet état d'esprit. Werther ne cesse de se replonger dans cette intuition de l'enfance heureuse et de la limitation originaire de l'homme où il espère trouver stabilité et tranquillité d'esprit. Quatre décennies plus tard, comme sous la pression d'une nostalgie longtemps réprimée, Goethe revient encore à cette étape dans ses poésies tardives. Quittant les orages de l'époque napoléonienne, le *West-östlicher Divan* [*Divan occidental-oriental*] se réfugie dans l'Orient pur, pour replonger là dans les profondeurs des origines de l'homme, « dans la pureté et la rectitude ». Mais il n'y a pas que ces premiers germes primitifs dans lesquels se révèle à nous la légalité universelle à laquelle restent en fin de compte attachés tous les faits et gestes de l'homme. La chaîne qui nous lie à la nature et à l'éternelle régularité de ses phénomènes ne se rompt nulle part. Dans toute la variété et la confusion des aspirations particulières, quelque chose d'universel et de typique affirme sa présence permanente. Quittant le « démon » individuel qui pousse l'individu à avancer, la contemplation fait retour à l'Ἀνάγκη, à la nécessité partout présente en tout advenir.

> Voilà donc de nouveau ce que voulaient les astres :
> Condition et loi ; et toute volonté
> N'est qu'un vouloir surgi parce que nous devions,
> Et l'arbitraire fait silence devant elle [1].

Mais, pour le jeune Goethe, c'était là une fois encore ses expériences fondamentales d'artiste qui le fortifiaient dans cette conception d'ensemble des « formes naturelles de la vie humaine » et de la sujétion spécifique de tout agir moral et spirituel. Il retrouve désormais dans une autre sphère ce même rapport entre liberté et nécessité qu'il avait découvert originairement dans la création poétique. Parvenu lui-même de bonne heure à « considérer comme tout à fait naturels » ses dons poétiques, il dépeint dans son discours sur Shakespeare comme ce qui est de plus grand dans ce génie le fait que ses pièces tournent toutes autour de ce carrefour secret où ce

---

1. J. W. GOETHE, *Urworte Orphisch*. ΑΝΑΓΚΗ, Nötigung (*Paroles premières. Orphisme, La nécessité, Poésies 2, du voyage en Italie jusqu'aux derniers poèmes*, trad. R. Ayrault, Paris, Aubier, 1982, p. 601) [N.d.T.].

qu'il y a de spécifique dans notre moi, la prétendue liberté de notre volonté, entre en conflit avec le cours de l'ensemble. Pour le poète, le problème qui se présente là est éclairé de l'intérieur, car dans sa créativité il se sait à la fois « être libre » et « être de la nature ». Et cette considération pénètre maintenant la conception de tout devenir naturel et spirituel : de même que, dans la nature, toute œuvre a son essence propre et chacun de ses phénomènes son concept tout à fait singulier, tout cela faisant néanmoins une unité, de même, dans le spirituel, tout particulier obéit à l'aspiration à son propre accomplissement, mais il règne là, à son insu, une loi qui vise à maintenir la totalité, à lier tout ce qui est particulier pour en faire un ensemble.

Pour la vision du monde du jeune Goethe qui cherche à se figer dans sa féconde « torpeur », l'idée de mettre ce rapport sous la lumière du concept et de le décrire à l'aide de la précision de celui-ci est à coup sûr lointaine ; seule la sagesse du grand âge a cherché dans ce but un moule conceptuel. Quand le langage du jeune Goethe veut décrire le sentiment dominant, seul le mot universel « destin » s'offre à lui, et encore n'est-ce pas un problème métaphysique qu'il doit traduire, mais uniquement un climat psychique déterminé en face de l'ensemble du monde et de la vie. Ce n'est pas avec la signification d'une contrainte étrangère et extérieure que le destin est ici conçu mais comme une puissance amicale intérieurement apparentée à l'homme. « Pour ce qui est du reste », note Goethe le 30 octobre 1775 dans son journal, alors que, déjà en route pour l'Italie, il venait d'être rattrapé par une invitation réitérée de Charles Auguste et s'était décidé à rebrousser chemin, « la chose aimable et invisible qui me mène et me régente ne me demande pas si je veux et quand. J'avais fait mes bagages pour le nord et je pars vers le sud ; j'avais dit oui et me voilà qui ne viens pas, j'avais refusé et je viens [...]. La suite dépend de l'aimable chose qui a préparé le plan de mon voyage ». Ce sentiment fondamental permet à Goethe de dépasser toute l'insécurité intérieure et extérieure de sa position lors des premières années à Weimar.

> Tu as pour nous choisi la juste mesure
> Tu nous as enveloppés d'une pure torpeur
> Si bien qu'emplis de vigueur,
> Nous espérons dans un doux présent un aimable avenir [1].

En effet, un créateur a besoin plus que tout autre de cette pure confiance dans le destin, car il ne lui est pas donné de convoquer arbitrairement le temps et l'heure de la création qu'il doit au contraire attendre comme un pur « don d'en haut ». Les véritables natures prométhéennes qui fondent entièrement leur monde dans le moi, duquel elles le font naître, se sentent justement à cause de cela

---

1. J. W. GOETHE, *Dem Schicksal* (Au destin) [N.d.T.].

inféodées à une puissance sur laquelle elles n'ont pas de prise. Ce qui les caractérise, c'est que précisément entre elles et cette puissance, aucune détermination extérieure ne s'interpose. Ce qui enchaîne à l'ordinaire l'homme à ses dieux du fait de sa faiblesse et de son indigence a pour ces natures disparu dans la conscience de leur créativité originaire.

> Est-il en votre force
> De me séparer de moi-même ?
> En votre pouvoir de me grandir
> De me porter aux dimensions d'un monde [1] ?

s'écrie Prométhée, s'adressant à Mercure dans ce fragment. Sans médiation, en être libre, il fait face au temps tout-puissant et au destin éternel. Dans ce sentiment du lien auquel ils sont ensemble assujettis, il affronte les dieux :

> Ce que moi je détiens, ils ne peuvent me le prendre,
> Et ce qu'eux, ils détiennent, à eux de le défendre.
> Ici le mien, là le tien,
> Et nous sommes quittes [2].

Une fois encore, séparation et liaison ne font qu'un : l'homme est libre à l'égard de toutes les puissances extérieures conventionnelles, pour peu qu'il fasse retour au fondement le plus profond, où sa loi individuelle et sa sujétion individuelle prennent leur source.

Mais le drame de Prométhée dévoile en même temps un autre motif dans lequel le monde intérieur du jeune Goethe trouve son achèvement. Au centre de ce monde, en effet, se trouve la scène montrant comment les formations créées par Prométhée sont éveillées à la vie avec le secours de Minerve :

> Privés de vie,
> Qu'ils restent rivés ici
> Ils n'en sont pas moins libres,
> Et libres je les sens [3]

avait déclaré auparavant Prométhée. Mais cette vie des formations n'était que le reflet de la vie de leur formateur. Or, voilà que le miracle s'accomplit et que les figures font éclater ce rapport pour acquérir une nouvelle forme du soi, de la conscience. Elles s'avancent, libres de leur mouvement, avec le sentiment propre de leur existence, formées à l'image de Prométhée et pourtant

---

1. J. W. GOETHE, *Prometheus* (*Prométhée*, *Théâtre complet*, trad. B. Briod, p. 193) [N.d.T.].
2. *Ibid.*, p. 195 (N.d.T.).
3. *Ibid.*, p. 197 s. (N.d.T.).

indépendantes, n'appartenant qu'à elles-mêmes. Un nouveau monde a surgi qui se sépare de son créateur et qui maintenant détermine et forme celui-ci de la même manière qu'il a été déterminé et formé par lui. Goethe a fixé dans ce symbole une expérience souvent vécue très intimement. Alors que sa direction habituelle était – face à tout ce qui le réjouissait, le tourmentait ou simplement l'occupait – de toujours le « transformer en image, en poésie et d'en finir ainsi intérieurement », il faisait par ailleurs l'expérience de ce que cette conclusion n'était qu'apparente. Car les figures elles-mêmes, une fois convoquées à l'existence, n'obéissent plus au doigt et à l'œil de leur créateur. Elles *sont*, avec la même nécessité et la même détermination objective que n'importe quelle chose qui tire sa réalité de la nature. Et ainsi qu'un être consistant, elles agissent en retour sur le moi propre de l'artiste. Voilà bien ce que Goethe rencontrait avant tout avec *Werther*, découvrant comment l'œuvre, sortie directement et nécessairement de son expérience vécue, mettait maintenant en danger son rapport intérieur avec les gens à qui elle touchait le plus près.

Face au danger que courait ma propre vie – écrit Goethe dans la lettre admirable où il cherche à éclairer pour Kestner la position de l'artiste à l'égard de son œuvre –, je ne voulais pas rappeler Werther et crois-moi, fais-moi confiance, lorsque tu en as la patience, ces soucis, ces lourds tracas disparaissent comme les fantômes de la nuit [...]. Werther doit exister ! Vous ne *le* sentez pas, vous ne sentez que *moi* et *vous* et ce qui selon vous est *plaqué*, et qui est, ne vous en déplaise, intimement mêlé au tissu du personnage [1].

Grâce à cette intrication de la forme artistique et des traits fondamentaux de l'expérience vécue par lesquels la figure poétique reçoit en premier son caractère d'« inéluctabilité », Goethe ressent une extrême aversion pour tous ceux qui détruisent cette unité en enquêtant sur les éléments « réels », singuliers, qui ont donné naissance à l'œuvre. Un tel mode d'examen est pour lui typiquement philistin et banal ; il est le fait de ceux à qui il n'est pas donné d'« accueillir intellectuellement une œuvre intellectuelle [2] ». « Le poète transforme la vie en une image et la foule veut à nouveau la rabaisser au niveau de la matière. » Or ce n'est que lorsque la forme poétique est saisie dans sa pureté véritable et pour ainsi dire impersonnelle que la force personnelle libératrice lui est inhérente :

> Quand, du plus profond de ton être,
> Tu sens, tout ébranlée, tout
> Ce qui jamais te fut prodigué de joie et de souffrance ;
> [...] Et que tout, dans la nuit, s'effondre autour de toi,

---

1. J. W. GOETHE, lettre à Kestner, 21 novembre 1774.
2. J. W. GOETHE, *Poésie et vérité*, 3ᵉ partie, liv. XIII, trad. p. 377 (N.d.T.).

> Et que, du plus intime de toi-même,
> Tu embrasses un monde :
> C'est là que meurt la créature [1]

enseigne Prométhée à Pandora. Mais il est donné au poète de se maintenir face à cette violence destructrice de l'existence et du sentiment intérieur. Il trouve le moyen d'échapper à cet « élément orageux » dans les formations qui, pour ainsi dire suspendues dans un pur éther de l'existence, se séparent de lui. Et dans ce nouveau mode d'objectivité, tout autre être – être de la nature ou des puissances de vie historico-spirituelles – est alors transformé. Comme par un retournement étrange, toute nécessité a été transposée dans la figure poétique, tandis que le poète lui-même devenait dans ce principe de configuration conscient de la liberté de sa vie intérieure.

Nous sommes parvenus ici à la dernière étape de l'édification de la réalité chez Goethe, à cette nouvelle position conquise face au monde pratique, au monde de l'effectuation et de l'action. Le jeune Goethe semble tout d'abord être lié au Sturm und Drang par cette tendance générale qui écarte toute restriction de l'action due à une position ou à une profession particulières. « La position du savant, du juriste, du prédicateur, de l'auteur, du poète, s'écrie Schlosser dans ses *Politische Fragmente*, partout des positions et nulle part des hommes [2]. » Et Werther adopte le ton en honneur depuis Rousseau :

Ma mère, dis-tu, voudrait me voir une occupation : cela m'a fait rire. Ne suis-je donc pas occupé à présent ? Et au fond, n'est-ce pas la même chose que je compte des pois ou des lentilles ? Tout dans cette vie aboutit à des niaiseries ; et celui qui, pour plaire aux autres, sans besoin et sans goût, se tue à travailler pour de l'argent, pour des honneurs ou pour tout ce qu'il vous plaira, est à coup sûr un imbécile [3].

Mais déjà dans l'expression de cet état d'esprit se cache un revirement apparemment en contradiction avec ce qui précède. Quand l'objet de l'action ne permet pas de donner à l'action elle-même sa véritable mesure, quand toute action ne peut jamais avoir, ainsi que Goethe aime à le dire pour traduire ce rapport, qu'une signification « symbolique », cela est vrai au sens négatif comme au sens positif [4]. Lorsque les œuvres accomplies à l'extérieur ne parviennent pas à contenir et présenter complètement en elles-mêmes la teneur intérieure, d'un autre côté elles ne parviennent pas non plus à l'endiguer véritablement. Cette teneur conserve à leur égard une sorte

---

1. J. W. GOETHE, *Prometheus* (*Prométhée*, *Théâtre complet*, trad. p. 206) [N.d.T.].
2. Voir E. SCHMIDT, *Richardson, Rousseau und Goethe*, p. 214.
3. J. W. GOETHE, *Les Souffrances du jeune Werther*, trad. p. 37 (N.d.T.).
4. J. W. GOETHE à Eckermann, 2 mai 1824 [*Conversations de Goethe avec Eckermann*, trad. p. 118].

d'autonomie et de liberté, à supposer que ce ne soit pas le simple résultat de l'action que l'on poursuit, mais que la véritable norme soit l'enrichissement intérieur dont nous faisons l'expérience à travers elle, et la nouvelle position à laquelle nous donnons en elle réalité. Ce sont là le sentiment et la connaissance qui, depuis *Werther*, deviennent chez Goethe de plus de plus vivants : « Où voyez-vous un théâtre pour ma vie ? », telle est la question qu'il a sans doute parfois posée avec le Crugantino de *Claudine von Villa Bella* au milieu des rapports étriqués de sa ville natale et de son entourage immédiat. Lorsqu'il consent provisoirement à se résigner aux exigences paternelles, c'est avec la conscience qu'il pourra à tout instant briser les liens qu'il accepte ainsi. « Mon cher, écrit-il à Kestner en septembre 1773, je laisse maintenant entièrement agir mon père qui cherche chaque jour davantage à m'embobiner dans le monde juridique local, et je laisse les choses aller. Tant que mes forces sont intactes ! Un sursaut ! et tous ces liens aux sept torons sont rompus. » Mais c'est précisément dans la sécurité que ce sentiment de force intérieure lui procure, qu'il apprend vite maintenant à transformer l'échelle extensive de l'effectuation en une échelle intensive. À la question : « Que possèdes-tu ? », Prométhée répond avec une fierté tranquille : « L'espace que remplit mon ouvrage. Rien au-dessous, rien au-dessus [1]. » Que cet espace soit petit ou grand importe peu ; ce qui importe, c'est l'énergie qui le remplit et sa direction depuis l'intérieur. Et c'est effectivement une nécessité interne qui fait dépasser au poète le monde de son sentiment et de son imagination. En effet, ce qu'il y a de tragique dans le destin du poète, c'est précisément que, plus le moi cherche par la méditation et le travail de configuration à s'élargir aux dimensions du monde, plus il ressent profondément la solitude au sein de laquelle il est banni. *Satyros*, occasion pour Goethe de prendre congé, avec une douloureuse ironie, de certains des éléments de sa propre vie passée, permet à ce climat de s'exprimer de manière nettement perceptible ; à travers les traits grotesques de l'œuvre perce partout la plainte contre le sort de l'homme et celui de l'artiste :

> Au ciel tu as pris la Mélodie,
> Tu fis fléchir forêts, fleuves, granits,
> Tes lais sont aux landes plus tendre ambroisie
> Qu'aube et lumière !
> Et toi, solitaire,
> Tu n'es que misère [2] !

---

1. J. W. GOETHE, *Prometheus* (*Prométhée*, *Théâtre complet*, trad. p. 194) [N.d.T.].
2. J. W. GOETHE, *Satyros oder der Vergötterte Waldteufel* (*Satyros ou le faune fait dieu*, *Théâtre complet*, trad. A. Robin, p. 216) [N.d.T.].

Seul le monde de l'effectuation et de l'agir extérieurs peut vous libérer d'un tel isolement. Ce n'est pas par la méditation et la pensée mais par l'action que le génie se réconcilie avec le monde. Tout jeune déjà, au summum de son énergie créatrice, Goethe s'exerce pour cette raison au « renoncement » qui, dans son âge mûr, sera décrit comme le principe suprême de toute action morale. L'idée du surhumain perd de son éclat, remplacée de manière toujours plus précise et pure par l'exigence : « Connais-toi toi-même et vis en paix avec le monde. » Alors qu'il a vingt-deux ans, Goethe décrit à Herder son idéal viril d'une vie « prise à bras-le-corps » :

> Ces mots de Pindare ἐπικρατεῖν δύνασθαι ont été pour moi comme une illumination. Lorsque tu roules crânement dans une voiture à laquelle sont attelés quatre chevaux frais que tes guides ne font que cabrer en désordre, tu diriges leurs forces, faisant de ton fouet rentrer dans le rang celui qui s'en écarte et revenir celui qui se cabre, tu les presses et les guides, tu tournes, tu fais claquer ton fouet, tu les freines et puis repars jusqu'à ce que les seize pattes te portent au but dans un rythme parfait – voilà la maîtrise, ἐπικρατεῖν, la virtuosité. Alors que jusque-là je n'ai fait que musarder, que j'ai partout jeté un œil sans jamais intervenir. Prendre les choses à bras-le-corps, empoigner, c'est cela l'essence de toute maîtrise[1].

Entendre ainsi la maîtrise équivaut à exiger et tracer une certaine forme d'autolimitation ; et c'est là l'exigence intérieure qui a poussé Goethe vers Weimar et la sphère de l'agir immédiat. Les premières années à Weimar devaient vérifier si la « forme » intérieure que Goethe s'était donnée manifesterait à l'extérieur force et efficience. Goethe se sent encore alors l'esclave et l'obligé du « destin » : « car un dieu a tracé à l'avance pour chacun la voie qu'il doit suivre », mais en même temps, dans la pure énergie de l'action et de la volonté, il plane au-dessus du destin : « Chaque jour j'apprends à gouverner un peu mieux sur l'océan de l'humanité et je suis en haute mer », écrit-il à Lavater deux mois après son arrivée à Weimar, et dans les lettres suivantes comme dans le poème *Seefahrt* [Traversée], qui est l'expression la plus pure de l'état d'esprit de cette période, il revient constamment sur ce motif nouveau. Là encore, Goethe n'est soumis, dans la sphère limitée des tâches pratiques immédiates, à aucune autre obligation que celle qu'en son for intérieur il avait exigée et mise en œuvre par anticipation. Il a atteint ainsi un premier sommet dans son développement : en effet, de cette agitation intérieure même se sont détachées l'une après l'autre les figures pures de la nature et de la poésie, du destin et de l'agir humain. Le voyage en Italie ne signifie pour Goethe que la conclusion de ce processus déjà préfiguré dans l'ensemble de son existence spirituelle. Goethe interprète le dicton selon lequel on a pleinement dans l'âge mûr ce qu'on a souhaité dans sa jeunesse en

---

1. J. W. GOETHE, lettre à Herder, juillet 1772.

disant que nos souhaits sont des pressentiments des capacités qui sont en nous et que, par conséquent, notre nostalgie ne fait que nous montrer dans une perspective lointaine ce que nous possédons déjà au fond de nous-mêmes. La nostalgie qui le poussait vers l'Italie était de ce type. Certes, la tournure nouvelle prise en Italie par le concept goethéen de forme ne reposait pas uniquement sur des conditions internes, et à côté de la contemplation de ce monde en soi fini et achevé de l'art antique, le monde conceptuel de Winckelmann était toujours agissant. Mais à cette occasion, un moment était intervenu dans le développement constant de Goethe qui exigeait d'abord une profonde assimilation de l'ancien noyau spirituel. Les postulats purement circonscrits à la direction spécifique de la créativité goethéenne et les déterminations qui faisaient corps avec une autre sphère historico-spirituelle vont désormais s'interpénétrer et de leur interaction réciproque résultera chez le Goethe de l'époque classique l'empreinte nouvelle de l'idée de forme.

4

Parmi les nombreux éléments structurels du monde du jeune Goethe, la *théorie de l'art* n'a qu'une importance secondaire. Il écarte avec véhémence toute esthétique et toute critique qui, négligeant de se transporter au centre de gravité du processus de création artistique, part de l'effet produit sur le spectateur pour le décortiquer et le traduire en concepts fixes. Dans une recension de l'*Allgemeine Theorie der schönen Künste* [Théorie générale des beaux-arts] de Sulzer parue dans les *Frankfurter Gelehrte Anzeigen*, ouvrage qui malgré tout tenait compte de l'ensemble des résultats de l'esthétique psychologique de l'époque des Lumières et les développait exhaustivement, ce sentiment déborde chez Goethe en termes violents : « Lorsqu'un effort spéculatif est destiné à servir les arts, il doit s'adresser tout droit à l'artiste et libérer son ardeur naturelle, pour qu'elle élargisse son champ et soit active. Seul l'artiste importe en effet, et qu'on fasse en sorte qu'il ne trouve dans la vie d'autre félicité que son art, que, plongé dans son instrument, il y vive avec toutes ses impressions et ses forces. Quant au public ébahi, savoir s'il peut avoir une idée claire de ce qui l'a fait s'ébahir et pourquoi il s'ébahit ou ne s'ébahit pas, quelle importance ! » L'artiste, lui, n'a cependant besoin, pour peu qu'il soit véritablement plongé dans sa tâche et son objet, d'aucun concept analytique qui lui interprète et lui explique l'une et l'autre. Mystérieuse au grand jour, la poésie ne tolère pas non plus qu'on lève son voile : « Vois donc, mon cher, écrit vers cette époque Goethe à Jacobi, l'alpha et l'oméga de toute écriture, la reproduction du monde qui m'entoure par le monde intérieur, qui amasse tout, le relie, refait, remodèle et ressort sous une forme, une manière propre, cela reste, Dieu soit loué, pour toujours un mystère que je ne veux pas moi non plus révéler aux badauds et aux bavards. » Les œuvres de jeunesse sont remplies d'un bout à l'autre de la même colère contre tous les critiques d'esthétique et les « académiciens », contre toute érudition stérile. Le motif : « Assommez-le, ce chien ! C'est un critique [1] » trouve là une utilisation fréquente, tantôt sérieuse, tantôt humoristique (*Es hatt' ein Knab' eine Taube zart* [Dilettante et critique : Un jeune enfant avait [...] nourri de sa bouche un pigeon] – *Der Kenner* [Le connaisseur et l'enthousiaste] – *Kenner und Künstler* [Le connaisseur et l'artiste] – *An Kenner und Liebhaber* [Monologue de l'amateur d'art]). Il se sent certes intérieurement proche de la poésie de Herder et de celle de la période du Sturm und Drang, et il leur emprunte les concepts fondamentaux du génie créateur, de l'artiste « nouveau Prométhée ». Mais même ces concepts sont là uniquement pour le constat de son propre pathos intérieur ; il n'y cherche pas une « explication » de la création artistique. L'esthétique de Kant, où il trouvera plus tard une partie de cette explication, était encore à paraître.

On était loin encore du temps – remarque-t-il dans son regard rétrospectif sur cette époque – où quelqu'un pourrait déclarer que le génie est cette force de l'homme qui, par l'action, fait la loi et la règle [2].

L'art veut être exercé et non être compris ; c'est son exercice, et rien d'autre, qui constitue la compréhension de son concept.

Or maintenant, alors que s'offrent à lui, à Weimar, de nouvelles conditions de vie, cette manière de voir change progressivement. En effet, autant sa nature exigeait dans son ensemble cette marche à la vie active, autant elle signifiait cependant pour l'artiste en un premier temps une limitation et une barrière qu'il ne cesse de ressentir douloureusement. L'inconditionnalité des exigences du jeune homme et de l'artiste est partout en butte à une résistance externe. Et devant ces résistances, le regard de Goethe s'intériorise, contemple et épie la loi interne de sa création poétique. Il apprend maintenant à l'observer comme un advenir naturel qui a son rythme intérieur immuable. « Je dois, écrit-il en mai 1780 dans son journal, porter plus d'attention au carrousel des bons et mauvais jours qui tourne en moi. Passions, attachements, impérieux besoins de faire ceci ou cela. Invention, réalisation, mise en ordre – tout cela alterne dans un cycle régulier. Sérénité, trouble, force, souplesse, faiblesse, impassibilité et convoitise de même. » On sent à quel point la contemplation de la création artistique transite par le médium de la contemplation de la nature. En effet, celle-ci s'était entre-temps

---

1. J. W. GOETHE, *Rezensent* (« Un critique », *Poésies, des origines au voyage en Italie*, p. 297) [N.d.T.].
2. J. W. GOETHE, *Poésie et vérité*, 4ᵉ partie, liv. XIX, trad. p. 483 (N.d.T.).

ouverte à Goethe dans toute sa richesse et sa profondeur. Fuyant l'isolement de l'agir pratique et l'inconséquence humaine qu'il rencontrait partout, il avait, ainsi qu'il l'écrivit un jour à Knebel, cherché le salut dans la grande « conséquence de la nature [1] ». Le poète n'aborde plus la nature avec sympathie ou intime compréhension, mais comme le botaniste, l'anatomiste, le minéralogiste et le géologue. Cette position nouvelle à l'égard de la nature inclut également une nouvelle position à l'égard de l'art. Goethe ne veut plus désormais uniquement vivre dans l'art en tant que créateur, mais déchiffrer sa pure « essence » en tant que contemplateur. En effet,

> Comme la nature en ses formes
> Multiples révèle un seul Dieu,
> Il est aux champs de l'art un seul
> Esprit, d'une essence éternelle [2].

Mais ce sens, il est vrai, ne se prête ni au concept esthétique abstrait ni à l'analyse psychologique, il veut être contemplé dans les œuvres éternelles de l'art lui-même. Aussi l'exigence du voyage en Italie mûrit-elle de plus en plus dans l'âme de Goethe jusqu'à devenir finalement démesurée et pousser à la décision et à l'exécution.

Il a donc maintenant sous les yeux, réalisé et achevé dans un milieu étranger, tout ce à quoi il avait aspiré pour lui-même. Semblable à un monde de fantômes et de sortilèges d'où il s'est échappé, la nature sans couleur ni forme du Nord est bien loin derrière lui. Il se croit maintenant libéré de la quête ininterrompue de la forme et de la loi de son moi propre ; la nostalgie de l'esprit éternellement insatisfait a trouvé le repos dans la pureté de la contemplation des objets. Mais à vrai dire, ce passage du « subjectif » à l'« objectif », qu'il célèbre désormais comme le profit essentiel du voyage en Italie, ne rend compte qu'imparfaitement et incomplètement de l'effet qu'il subit là. Il souhaitait sans doute se séparer entièrement d'avec lui-même pour percevoir de tous ses sens le contenu pur et authentique de ce nouveau monde objectif qui s'ouvrait à lui. Mais le poète Goethe, tel Faust dans la *Nuit classique de Walpurgis*, ne voit cependant dans l'ensemble des divinités antiques que les figures « telles que son œil les y projette ». Et ainsi, c'est surtout son mode spécifique de voir qu'il trouve à nouveau confirmé dans ce nouveau monde des objets. Il écrit dans une des premières lettres qu'il envoie de Rome à Herder et sa femme :

---

1. J. W. Goethe, lettre à Knebel, 2 avril 1785.
2. J. W. Goethe, *Künstler-Lied* (« Chant des artistes », *Poésies 2, Du voyage en Italie jusqu'aux derniers poèmes*, p. 595) [N.d.T.].

> J'ai finalement atteint le but de mes souhaits, et je vis ici l'esprit clair et reposé, comme vous pouvez l'imaginer puisque vous me connaissez. Mon habitude de voir et de lire toutes choses comme elles sont, ma fidélité à laisser l'œil être lumière, mon refus total de toute prétention, me rendent ici heureux en mon for intérieur [1].

Mais cette pure réceptivité n'est comme toujours pour lui que l'autre face et qu'une autre expression de son pur travail de configuration : « Tu connais mes vieux procédés, ma manière d'aborder la nature », écrit-il à la même époque à Madame von Stein, « c'est ainsi que je traite Rome et la voilà qui vient à moi. » Tout est ainsi qu'il se l'était figuré et pourtant tout est nouveau pour lui :

> Je n'ai aucune idée entièrement nouvelle, je n'ai rien trouvé qui me soit complètement étranger, mais les vieilles idées sont devenues si précises, si vivantes, si cohérentes, qu'elles peuvent passer pour neuves [2].

L'ensemble de ses vues sur la nature est en effet lui aussi maintenant confirmé à ses yeux, mais avec un sens nouveau, du fait que l'idée fondamentale de la métamorphose se présente à lui non pas comme tenant du rêve ou de l'imagination, mais comme la découverte de la « forme essentielle de la nature ». La forme spirituelle originale qui s'est constituée chez Goethe a trouvé la caution de son identité avec la « forme essentielle » des choses : la subjectivité s'est fondue en contemplation de l'*idée* pure.

Avec l'adoption de cette formule, Goethe pénètre maintenant, comme jadis, dans un nouveau monde d'intuition, dans un nouveau monde de pensée. Il prend rang dans cette grande tradition historique qui lui a été transmise d'abord par Winckelmann, bien qu'elle remonte à vrai dire en deçà, à Ficin et Augustin, à Plotin et Platon. Mais si, dans son examen de l'art en Italie, il se pénètre tout entier de la tâche de faire en sorte « que tout devienne connaissance directe et que rien ne demeure seulement nom et tradition », cela vaut pour lui également dans le domaine des concepts théoriques. Son « platonisme » n'a rien d'un schéma fixe et achevé ; il est au contraire pour lui un moyen d'expression modifiable et malléable de tous les avatars intérieurs de son intuition de la nature et de l'art. À Rome, ainsi qu'il l'écrit à Charles Auguste, c'est une autre nature et un champ plus vaste de l'art qui s'ouvrent à lui : « il y a là même un abîme de l'art où je plonge le regard avec d'autant plus de joie que celui-ci s'était habitué aux abîmes de la nature [3]. » Maintenant se révèle à lui le profond et étrange rapport d'identité de teneur et d'essence existant entre la loi interne qui a donné naissance à cet art et celle de la nature. L'Antiquité n'avait pas besoin de copier des

---

1. J. W. Goethe, lettre à Herder, 10 novembre 1786.
2. J. W. Goethe, lettre à Mme von Stein, 1er novembre 1786.
3. J. W. Goethe, lettre à Charles Auguste, 25 janvier 1788.

choses particulières de la nature ; elle vivait en effet en pleine intuition des lois fondamentales auxquelles la nature elle-même obéit dans la formation du particulier. Elle ne se satisfaisait pas du produit, mais remontait aux principes originaires de la production elle-même. Ainsi, elle était dégagée de tout le côté capricieux et contingent inhérent à la seule individualité limitée d'un artiste en particulier.

Ces œuvres d'art insignes ont été produites par les hommes, de même que les plus excellentes œuvres de la nature, d'après des lois vraies et naturelles. Tout ce qui est arbitraire et imaginaire s'écroule ; là il y a la nécessité, là il y a Dieu [1].

Ainsi se trouve décrite la véritable et plus profonde différence entre le style et la manière. La « manière » ne donne des choses qu'une perspective unique, elle les saisit dans l'effet qu'elles produisent sur celui qui les contemple à un moment donné et selon son point de vue particulier ; le style artistique les présente telles qu'elles sont selon leur règle immanente. Ce qui distingue les œuvres des grands Anciens de celles des Modernes, c'est que les Anciens représentent l'existence, nous d'habitude l'effet ; eux décrivent ce qui est terrible, nous d'une manière terrible ; eux les choses agréables, nous d'une manière agréable, etc. [2]

Je ne peux jamais m'empêcher de rire en secret, écrit-il à cette époque à Charles Auguste, lorsque je vois des étrangers qui, dès le premier regard jeté sur un grand monument, notent l'effet qu'il produit sur eux. Et pourtant, qui n'agit de même ? Et combien s'en contentent [3].

Ce qui relie la contemplation artistique de ce moment-là chez Goethe à celle de sa jeunesse, c'est le trait fondamental qui veut que les œuvres d'art ne soient considérées que comme l'expression des énergies de mise en forme qu'elles supposent. Mais alors que ces énergies étaient mises par le jeune Goethe au compte de la subjectivité de l'artiste, de l'agitation due aux passions intérieures, elles lui apparaissent maintenant être une forme du devenir objectif au sein duquel se présente l'objet lui-même. On se souvient des mots de Plotin disant que Phidias avait, pour présenter Zeus, représenté celui-ci tel qu'il se manifesterait lui-même s'il décidait de se rendre visible à nos yeux. C'était alors à l'énergie du « génie » que nous étions renvoyés, maintenant c'est à l'énergie de la « nature » ; c'était autrefois les *forces* qui, en tant que moment déterminant de la configuration, étaient mises en relief, maintenant ce sont la *mesure* et la

---

1. J. W. GOETHE, *Italienische Reise*, 6 septembre 1787 (*Voyage en Italie*, trad. M. Mutterer, Paris, Champion, 1931, p. 395) [N.d.T.].
2. *Ibid.*, 17 mai 1787 [trad. p. 324].
3. J. W. GOETHE, lettre à Charles Auguste, 17 novembre 1787.

règle de cette configuration. Si désormais la conception artistique de Goethe insiste constamment sur l'« archétype » et le « typique », c'est uniquement en ce sens qu'il faut l'entendre. Le type n'a nullement la signification d'un schéma fixé une fois pour toutes et qu'on puisse imiter, mais d'une norme qui ne peut être reconnue et comprise que dans le changement lui-même, dans le progrès codifié d'une formation individuelle à une autre. Il est vrai, ainsi que cela apparaîtra par la suite, que ce rapport fondamental ne devient parfaitement clair que dans l'ensemble de la vision goethéenne de la nature et dans la doctrine de la métamorphose, alors que parfois ses théories esthétiques particulières jettent dans ce domaine plus d'ombre que de clarté. Dans l'ensemble cependant, c'est pour Goethe le plus étroit parallélisme qui règne désormais entre les deux domaines. Nous ne pouvons là aussi rivaliser avec la nature dans la pratique de l'art que si nous avons plus ou moins assimilé son mode d'agir dans la formation de ses œuvres [1]. C'est donc, dans le monde du beau, le monde de la connaissance lui-même, plus riche et plus profond qu'auparavant, qui s'ouvre à nous. Le beau manifeste certaines lois secrètes de la nature qui, sans cette révélation, nous demeureraient éternellement cachées [2]. C'est dans cette perspective que Goethe découvre le secret du style classique.

Si la *simple imitation* repose sur une existence paisible et une présence aimable, si la manière se saisit d'un cœur léger et avec talent d'une apparence, le *style* quant à lui repose sur les fondements les plus profonds de la connaissance, sur l'essence des objets pour autant qu'il nous soit permis de la connaître sous forme de figures visibles et tangibles [3].

En effet, la loi qui régit le phénomène fait apparaître, dans le cadre de ses conditions les plus spécifiques et dans la liberté la plus grande qui soit, le beau objectif. Ce n'est qu'à partir de là que devient tout à fait clair l'esprit dans lequel Goethe fait de l'*amour de la vérité* l'alpha et l'oméga de ce qui doit être exigé du génie [4]. Ce qu'il a énoncé un jour de 1825 en réponse à Eckermann, à savoir que rien ne serait beau dans la nature qui ne serait véritablement fondé comme vrai par des lois naturelles, est bien la conviction fondamentale universelle qui, tout au moins depuis le temps du voyage en Italie, n'a jamais varié en lui.

On ne peut même pas présenter ici dans ses grands traits la manière dont cette nouvelle théorie de la forme artistique se reflète

---

1. J. W. GOETHE, *Einleitung in die Propyläen* (1797) [« Introduction aux Propylées », *Écrits sur l'art*, p. 142 s.].
2. J. W. GOETHE, *Maximen und Reflexionen*, n° 183 [trad. p. 65].
3. Voir, dans *Italienische Reise*, l'essai *Einfache Nachahmung der Natur, Manier, Stil* [« Simple imitation de la nature, manière, style », *Écrits sur l'art*, p. 98.]
4. J. W. GOETHE, *Maximen und Reflexionen*, n° 382, 1345, 1346.

dans la propre création de Goethe : toute présentation de ce genre ne présupposerait pas moins qu'une histoire du style de l'œuvre poétique de Goethe dans son entier. Nous ne prendrons qu'un exemple frappant, celui de la transformation du style lyrique de Goethe, pour tenter de mettre en évidence le changement qui s'opère désormais progressivement. Lorsque Goethe, de retour d'Italie, entreprend de se débarrasser de l'« ivraie de ce qui est par trop subjectif » dans ses poésies de jeunesse, il risque alors d'intervenir arbitrairement dans ce qui est le principe le plus intime de cette poésie, le cœur et la teneur de sa vie même. Cependant, l'évolution ultérieure de sa poésie lyrique, après, il est vrai, la période de strict « classicisme », permet de se rendre compte que la tension et l'opposition entre l'intuition fondamentale du poète lyrique Goethe et le principe classique de forme, qui sont tout d'abord indubitablement présentes, disparaissent petit à petit pour donner naissance à une nouvelle unité de l'intuition et de l'expression. Il règne toujours, dans *Marienbader Elegie* (Élégie de Marienbad) et *Suleikalieder* (Le livre de Souleika), la même force d'intériorité, la même intensité et la même plénitude de sentiment que dans les poésies dédiées à Frédérique et à Lilly. Cette persistance et cette croissance intérieure de la forme fondamentale originale du lyrisme de Goethe seraient incompréhensibles si son « classicisme » avait consisté à dissoudre l'individuel dans l'universel et le particulier dans le typique. Mais à la vérité, Goethe, jusque dans les plus extrêmes avatars de la stricte théorie, a constamment repoussé toute conception de ce genre. Parlant de la différence qui le séparait de Schiller, il dit un jour :

> Il y a une grande différence entre le poète qui cherche l'exemple particulier à l'appui d'une vérité générale et celui qui aperçoit la vérité générale sous chaque exemple particulier. Dans le premier cas, on obtient l'allégorie, où le particulier ne sert que d'exemple, que d'illustration à la vérité générale ; la seconde attitude est par excellence celle de la poésie, elle exprime une vérité particulière sans qu'on pense à la vérité générale ou qu'on y fasse allusion. Mais celui qui conçoit de manière vivante cette vérité particulière conçoit par surcroît et après coup la vérité générale, sans même s'en rendre compte [1].

Le rapport ici décrit entre l'universel et le particulier et la symbolique qui en émane appartiennent tous deux à la poésie de la jeunesse comme à celle de la vieillesse ; mais la manière dont l'unité exigée des deux moments se construit est différente dans l'un et l'autre cas. Les poésies de jeunesse de Goethe commencent presque invariablement par la présentation et l'expression directe d'une teneur sentimentale précise, limitée à l'individu. Un état psychique intérieur, un

---

1. J. W. GOETHE, *Maximen und Reflexionen*, n° 279 [trad. p. 94].

pur mode d'être du moi s'exprime et semble trouver là son entière satisfaction. Mais à partir de ce premier germe, la configuration s'étend plus avant. L'intuition du moi s'élargit à celle de la nature tout entière, l'image de l'objet particulier prend la forme d'une image où se tisse de manière singulière la vision du monde dans son ensemble. L'imagination poétique de Goethe procède synthétiquement : elle part d'un point particulier précis pour pénétrer jusqu'au sentiment de la totalité de l'Être. Il se trouve ainsi au début un plein accord de la vie personnelle, mais cette vie qui n'exige rien d'autre que de se déverser dans toute sa pureté se condense et se fixe en même temps dans une intuition objective. « Je suce à mon cordon ombilical la nourriture que me donne le monde », dit à son début le poème *Auf dem See* [Sur le Lac] dans sa version première ; mais puisque l'intériorité du poète est agitée comme au rythme de coups de rame dans les hauts et les bas, dans les flux et reflux du sentiment, et que ses pensées fuient la bien-aimée et y reviennent, une vie qui semble venir de l'intérieur anime chaque trait particulier du paysage, tout le lointain et tout le proche, les étoiles qui se mirent dans le lac et le fruit mûrissant sur la rive. Ce n'est que dans cette médiation que le poète entre en possession de la nature. Elle ne lui est pas du tout donnée du premier coup, mais étale devant lui son contenu en même temps que, plongé tout entier dans son moi, il fait l'expérience de ce moi comme quelque chose d'éternellement mobile et qui transgresse toutes les frontières. Si on compare le développement qui s'opère là avec la poésie lyrique du grand âge de Goethe, on s'aperçoit que dans celle-ci la direction du processus de configuration a pour ainsi dire changé. L'intuition de la totalité de l'Être n'est plus ici le but visé, mais est devenue le point de départ. Alors que dans les œuvres de jeunesse l'ensemble du monde n'était présent que dans le sentiment et était saisi à travers celui-ci dans une « plénitude » et un « confinement » chargés de prémonitions, il débouche maintenant dans le monde de la pensée. L'« universel » n'est pas seulement pressenti, mais il est perçu et connu sous la forme de l'« idée ». Telle est l'attitude à l'égard de la réalité qui s'ancre de plus en plus profondément chez Goethe après son retour d'Italie et qui agit comme un choc en retour sur ses créations poétiques. Même là, en effet, où celles-ci jaillissaient de la force pure et intacte de la configuration artistique, elles ont maintenant constamment pour postulat de base un ensemble spirituel complexe. Cet ensemble ne doit désormais plus rien à l'extension progressive du particulier ; il est constitué par un point où il se condense pour ainsi dire en un symbole concret. C'est pourquoi nombre des poésies de l'âge avancé sont comme ces bagues à cachet dont il est question dans le *Divan occidental-oriental* :

> Une bague à cachet est difficile à composer :
> Le sens le plus haut enclos dans le plus petit espace ;

Mais si tu sais en trouver une de la bonne espèce,
La sentence est là, gravée, il est à peine besoin d'y penser [1].

Les poèmes d'amour adressés à Marianne von Willemer sont partout imprégnés de la teneur individuelle la plus riche et de l'émotion personnelle la plus passionnée ; mais derrière cela, il y a en même temps un vaste arrière-plan historico-spirituel, cosmique même. Non seulement le monde de la poésie de Hâfiz et l'abondance des images et des idées de l'Orient revivent pour Goethe par le truchement de cet amour, mais ce sont là les derniers mystères de l'Être en général qui l'émeuvent. Dans la séparation d'avec la bien-aimée et dans les retrouvailles, il sent ce rapport fondamental qui relie Dieu au monde et le sépare d'avec lui. L'expression du sentiment d'amour devient un tableau cosmogonique et cosmologique. Les amants, dans la solitude et la séparation d'avec le monde qu'ils doivent à leur sentiment, prennent conscience d'être les porteurs et les dépositaires de ce processus des plus universels dont la nature et l'histoire, le mythe et la religion ne sont que des expressions diverses. Tels qu'ils sont, ils sont « des modèles de joie et de douleur ». Dans un poème comme *Selige Sehnsucht* [Nostalgie bienheureuse] (Ne le dites à nul autre qu'aux sages…), cette synthèse ressurgit ensuite dans toute sa force et sa pureté : qui pourrait encore distinguer ici entre le particulier et l'universel, entre le symbole et la teneur, entre le sentiment d'amour et le sentiment cosmique ?

D'une manière générale, seule cette direction spirituelle fondamentale de Goethe permet véritablement de comprendre la forme du *Divan occidental-oriental*. Considéré de l'extérieur, le Divan ne semble être qu'une étrange mascarade allégorique et l'Orient n'être que le costume et le déguisement sous lequel Goethe, comme dans un jeu arbitraire, se dissimule. Mais c'était justement ce genre de « manière » qu'il avait constamment écarté depuis qu'il avait pris conscience en Italie des lois du « nécessaire » style classique. Le Divan signifie-t-il alors une rechute du classicisme dans le romantisme ou bien, ainsi que Goethe aimait à formuler cette antithèse, de la santé dans la maladie ? Seuls le contenu et la genèse de cette œuvre permettent de répondre à cette question. Il apparaît aussitôt que la forme artistique du Divan n'est pas « plaquée » sur la teneur qui y est présentée mais « tissée » en elle. Ce n'est pas en effet que Goethe, en sa qualité d'amateur averti, choisisse un habillage de motifs orientaux, mais c'est bien le monde spirituel de l'Orient qui agit en lui comme un ensemble intensément senti. C'est habité par ce monde qui est pour lui, comme la nature elle-même, présent au plein sens du mot, « existant », qu'il entreprend ses voyages des années

---

1. J. W. GOETHE, « Moganni Nameh, Segenspfänder », *West-östlicher Diwan* (*Divan occidental-oriental*, trad. H. Lichtenberger, Paris, Aubier, 1979, p. 59) [N.d.T.].

1814 et 1815. Et désormais, toute chose particulière vue et vécue se configure pour lui selon ces images qu'il porte en lui comme des visions intérieures. Les pavots multicolores des environs d'Erfurt deviennent les roseraies de Chiraz, l'ensemble du voyage lui tient lieu d'« Hégire ». C'est encore le vin de *l'an onze* qu'il a sous les yeux mais la scène autour de lui est devenue celle d'une taverne orientale. Malgré tout, il ne s'agit pas plus là que dans les poésies de jeunesse d'une simple « transposition » ou « composition ». Ce n'est pas, en effet, un simple « concept » du mode de vie oriental qui est appliqué aux choses plus ou moins proches, mais c'est l'Orient, présent chez Goethe tel un complexe directement intuitionnable, qui se condense ici en un symbole particulier. Selon la loi fondamentale de la création chez Goethe, il ne peut rester un simple savoir ; il doit s'incarner et intégrer dans cette incarnation tous les autres contenus de vie. Ce qu'il y a en lui d'éternel doit être reflété dans le présent temporel, car toute réalité spirituelle est dans cette mystérieuse et constante dépendance. L'unité de l'Orient et de l'Occident, des contrées du nord et du sud, n'est pour elle qu'une expression extérieure, spatiale. Goethe, en effet, ressent de plus en plus précisément sa propre vie et sa propre existence comme une partie de cette symbolique omniprésente. Tout jeune déjà, le poète possédait à un haut degré le don de voir et de sentir le passé et le présent réunis. Il rapporte dans *Poésie et vérité*, à propos de sa jeunesse : « Un sentiment qui prenait chez moi le dessus, et qui ne pouvait s'exprimer suffisamment dans son étrangeté, était l'impression d'un passé et d'un présent qui ne faisaient qu'un [...]. Elle s'exprime dans un grand nombre de mes ouvrages, grands ou petits, et y a toujours une action salutaire quoiqu'elle dût au moment où elle s'exprimait directement dans la vie paraître à tout un chacun étrange, inexplicable ou peut-être désagréable. » Si maintenant l'Orient devenait pour le poète vieillissant la « Source de Chiser », la fontaine de jouvence, c'était grâce à la médiation de ce don. Maintenant encore, en effet, l'ensemble de sa propre vie ressurgit avec le passé historique, non pas comme un simple contenu de souvenir élégiaque, mais comme quelque chose qui persiste et se renouvelle constamment dans son intégralité. Ce qui fait la véritable teneur de cette vie, tel est maintenant son sentiment, ne s'efface pas plus que le monde de l'Orient n'est pour nous disparu. Cela vaut pour le passé des peuples comme pour celui des individus : « Maintenant, dans tous les domaines de la vie, vous devez pouvoir jouir. » Si, sous l'angle de cette totalité, tout ce qui est passé doit devenir « allégorie », la parabole elle-même reste cependant « une vivante et immédiate révélation de l'insondable », dans laquelle Goethe reconnaît l'essence de l'authentique symbole. Car cela même qui, considéré d'un point de vue abstrait, semble n'avoir que l'apparence d'une connaissance conceptuelle, se transforme pour le poète en un élément purement sentimental, en émotion psychique et en expression. Goethe garde présent à l'esprit ce qu'il a consigné à propos de la genèse de la rime, de la manière dont la rime est née du dialogue entre Behramgur et Dilaram où la bien-aimée reprenait en écho les mots et accents de son amant. Il puise là l'image de son propre rapport à Marianne von Willemer, la poétesse des Chants aux vents d'est et d'ouest qui lui renvoient en abondance et dans une pureté merveilleuse son propre sentiment et sa propre intuition poétique fondamentale. L'ordre turc qui unit la demi-lune au soleil, une feuille de l'arbre *Gingo biloba* qui donne l'apparence de se diviser en deux alors qu'elle est bien une, tout cela le ramène au même « sens caché » :

> Ne sens-tu pas, à mes chants,
> Que je suis à la fois un et double [1] ?

C'est toujours le même miracle par lequel le plus intime et individuel sentiment de l'homme implique en soi l'effacement de toutes les particularités et de toutes les séparations. Les barrières du temps et de l'espace disparaissent devant lui, de même que les barrières entre le moi et le tu.

> Si tu es séparé de ta bien-aimée
> Comme l'Orient de l'Occident,
> Le cœur s'élance à travers tous les déserts,
> Il se fait partout escorte à lui-même,
> Pour des amoureux Bagdad n'est pas loin [2].

Ce climat fondamental de la poésie lyrique de Goethe est au-delà de toutes les contradictions que l'on peut mettre en évidence entre les différentes « époques » de sa poésie. La symbolique lyrique en tant que telle suit en effet son immuable loi interne, même si là encore on peut reconnaître l'opposition spécifique dans la direction qu'elle est susceptible de contenir. Car il apparaît une nouvelle fois que la totalité recherchée dans les poésies de jeunesse et construite à partir du centre de gravité du moi est, dans les poésies de la vieillesse, déjà donnée sous quelque forme fixe de la « connaissance » et de la « vision du monde ». Un ensemble constitué par des figures de la nature et par le passé historique est disponible, mais chacun de ses éléments exige maintenant d'être animé, annexé, pénétré par la forme de vie personnelle que seule la médiation de la poésie est véritablement en mesure de lui procurer. Goethe écrit à Willemer à l'époque du *Divan occidental-oriental* : « Alors que vous aspirez à l'universel, je dois selon ma nature rechercher le particulier.

---

1. « Gingo Biloba », *ibid.*, p. 185 (N.d.T.).
2. *Ibid.*, p. 203 (N.d.T.).

Ma tendance est à l'incarnation des idées, la vôtre à leur désincarnation[1]. »

Cet examen de l'œuvre poétique de Goethe devait cependant uniquement nous servir d'exemple pour la manière dont la nouvelle conception de la forme acquise par Goethe en Italie s'exprime dans sa propre création. En effet, on ne rend pas suffisamment compte de cette conception si on la détermine de préférence ou exclusivement à l'aide des principes de la théorie goethéenne de l'art. Si on les prend pour point de départ, aussitôt surgissent toutes les insuffisances et tous les partis pris du « classicisme » : la sérénité menace de se faire immobilité, l'idéel de devenir abstrait, le symbole de passer au schéma. Ce danger ne disparaît que là où Goethe est à nouveau en pleine création artistique et n'obéit qu'à la loi propre à celle-ci. Il est encore un autre domaine où son concept de forme peut maintenant se présenter dans une pureté et une perfection toujours plus grandes. Le parallélisme que Goethe découvre en Italie entre « vérité » et « beauté », entre la loi de la nature et celle de l'art, ne semble jusqu'ici signifier rien d'autre qu'une analogie imprécise : il ne deviendra compréhensible et concevable selon son véritable sens que si l'on fait retour aux premiers postulats et éléments qui ont abouti chez Goethe au concept même de nature.

5

Nature ! Par elle nous sommes entourés et enlacés – impuissants à faire un pas pour sortir d'elle, impuissants à pénétrer plus profond en elle. Sans que nous ayons été ni conviés ni avertis, elle nous entraîne dans sa ronde et mène tout au long sa danse avec nous jusqu'à ce qu'épuisés nous tombions dans ses bras.

Éternellement, elle crée formes nouvelles ; ce qui est là ne fut jamais, ce qui fut jamais ne reviendra – tout est nouveau, et c'est pourtant toujours l'ancien de jadis.

Nous vivons en son sein et lui sommes étrangers. Sans cesse elle nous parle et ne nous livre point son secret. Nous agissons constamment sur elle, et n'avons toutefois aucun pouvoir sur elle.

Elle semble avoir tout disposé en vue de l'individualité, et ne fait aucun cas des individus. Sans cesse elle construit, sans cesse elle détruit, et le lieu où elle œuvre est inaccessible. [...]

En elle est à tout jamais vie, devenir et mouvement, et pourtant elle ne va pas de l'avant. Éternellement elle se transforme, il n'y a pas un instant d'immobilité en elle. Elle ne conçoit pas de demeure et a maudit l'immobilité. [...]

Elle enveloppe l'homme de torpeur et l'incite éternellement à courir vers la lumière. Elle le rend dépendant de la terre, indolent et lourd et ne se lasse pas de le réveiller brusquement. [...]

---

1. J. W. GOETHE, lettre à Willemer, 24 avril 1815.

À chaque instant, elle prend son élan pour la plus longue course, et à chaque instant elle est au but. [...]
Elle est tout. Elle se récompense elle-même et se punit elle-même, se réjouit et se tourmente elle-même. Elle est rude et douce, aimable et terrible, sans force et toute-puissante. Tout est toujours là en elle. Passé et avenir lui sont inconnus. Le présent est son éternité. [...]
À chacun elle apparaît sous forme particulière. Elle se cache sous mille noms et mille termes, et elle est pourtant toujours la même [1].

Ces propos du fragment intitulé *Die Natur* [*La Nature*], datant du début des années quatre-vingts, nous présentent l'examen de la nature par Goethe dans cette phase précoce où, encore plongé dans l'intuition immédiate, il s'efforce pour la première fois de lui donner une forme conceptuelle. Mais cet essai de transformation ne fait que rendre visible la contradiction dans toute son acuité. En effet, ce qui est pour l'intuition une unité et une globalité concrète éclate, aussitôt qu'il est conçu dans le langage de la pensée, en une série ininterrompue de déterminations contradictoires. Toute caractérisation de la nature en tant que tout est nécessairement antithétique. Sitôt que nous cherchons à le configurer en une connaissance, le sentiment fondamental de l'unité et de la totalité de la nature se dissout en éléments disparates qui s'annulent les uns les autres. Il semble n'y avoir que deux voies possibles pour échapper à cette contradiction. Nous pouvons tenter de nous en tenir purement à l'infinitude et l'indétermination du sentiment et écarter de celui-ci toute expression ou interprétation conceptuelle, mais nous pouvons aussi, d'autre part, laissant là cette sphère, considérer l'unité et l'universalité de la *loi de la nature* comme le seul moment où nous apparaisse dans toute sa clarté et sa précision conceptuelles la *vérité* de la nature. La première voie est celle de la mystique et de la métaphysique panthéiste, la deuxième semble la seule à pouvoir être celle de la recherche et de la science en général. Même le développement du concept de nature chez Goethe se trouve placé d'emblée devant cette alternative capitale. Entre les deux directions de l'examen, le choix semble inéluctable : il convient de décider entre la conception de la nature proposée par la science qui observe, compare et quantifie, et celle qui est le fruit de l'intuition directe de la réalité effective et de sa configuration dans l'imagination de l'artiste.

Pour ce qui est du premier mode d'examen, qui est provisoire, rien ne saurait mieux décrire l'originalité et la profondeur de la conception goethéenne de la nature que le fait qu'elle ne succombe pas à la contrainte apparente de ce dilemme. Elle ne se réduit à aucun de ces deux extrêmes ; elle cherche encore moins entre les deux une « voie

---

1. J. W. GOETHE, *Die Natur* (dans l'appendice de *La Métamorphose des plantes et autres écrits botaniques*, trad. H. Bideau, Paris, Triades, 1992, p. 303) [N.d.T.].

médiane » et une réconciliation éclectique. Une sentence bien connue de Goethe s'énonce ainsi :

> On dit que la vérité se trouve juste au milieu de deux opinions opposées : en aucune façon ! Ce qui se trouve là entre deux, c'est le problème, l'invisible, la vie éternellement agissante, conçue en état de repos [1].

Rien donc d'étonnant si l'opposition à laquelle Goethe était ainsi confronté ravive chez lui cette problématique du concept de nature. Il ne parvenait pas à la réduire au silence en se réfugiant dans un sentiment d'unité universelle pour échapper à la diversité et à la contradiction des phénomènes singuliers de la nature. Si cette direction semble encore prévaloir dans le fragment *La Nature* où, ainsi que Goethe lui-même en jugera plus tard, s'exprimait « une inclination vers une sorte de panthéisme [2] », les progrès de l'examen et de l'étude des phénomènes concrets de la nature la font de plus en plus passer au second plan. En tant qu'artiste et en tant que chercheur, Goethe se rend compte que, dans cette fuite vers la doctrine du tout-un, il y a autant à perdre qu'à gagner et que finalement « le résultat n'en est qu'un zéro qui désole autant qu'il console [3] ». Ce n'est pas en image, ni dans la simple intuition informe, mais dans l'« Idée », que la nature en tant que tout et dans ses détails, en tant qu'une et multiple, doit être appréhendée et contemplée. Il est vrai qu'avec cette exigence Goethe a conscience d'avoir abandonné non seulement la mystique mais tout autant la sphère de l'examen de la nature purement empirique et chiffré. Plus tard, cependant, il écrira dans ses notes : « Mais ici, nous confesserons avant toute autre chose que nous nous trouvons consciemment dans la région où la métaphysique et l'histoire de la nature s'interpénètrent, là par conséquent où le chercheur sérieux et consciencieux s'attarde le plus volontiers. Ici, en effet, il n'est plus insécurisé par l'afflux d'éléments particuliers sans limites parce qu'il apprend à apprécier la haute influence des idées les plus simples qui sont propres à procurer au multiple, de la manière la plus diverse, la clarté et l'ordre. En se confortant dans cette manière de penser, en considérant les objets dans un sens plus élevé, le chercheur en sciences de la nature gagne en confiance et se rapproche ainsi de l'expérimentateur qui ne consent à reconnaître quelque chose d'universel qu'avec la modestie qui convient [4]. »

Tel est donc le point de vue universel où se situe, dès ses premiers débuts conscients et déterminés, la conception goethéenne de la

---

1. J. W. GOETHE, *Maximen und Reflexionen*, n° 616 (trad. p. 149) [N.d.T.].
2. J. W. GOETHE, lettre à Mme von Müller, 24 mai 1828 (N. d.T.).
3. Voir J. W. GOETHE, *Noten und Abhandlungen zum West-östlichen Diwan* [« Notes et dissertations pour aider à l'intelligence du *Divan occidental-oriental* » (trad. p. 325 s.)].
4. J. W. GOETHE, *Zur Morphologie, Aphoristisches*, 1829 ; *Naturwissenschaftliche Schriften* [Écrits scientifiques], éd. de Weimar, VI, p. 348 s.

nature ; elle se refuse à contourner sur la pointe des pieds, comme le fait la mystique, les problèmes et les antinomies du concept de nature : elle les reconnaît et cherche pour eux une expression purement idéelle. Certitude et clarté doivent être conquises par un travail conceptuel rigoureux et une connaissance progressive. Goethe lui-même exprime l'idée que toutes les tentatives pour résoudre les problèmes concernant la nature ne sont au fond que « des conflits entre la réflexion et l'intuition [1] ». La voie pour résoudre ces conflits ne passe pas pour lui par une harmonisation superficielle des parties en conflit mais comprend un passage obligé par l'approfondissement des contradictions. C'est ici qu'apparaît le trait spécifique qui relie la créativité propre à Goethe en tant que chercheur à l'ensemble des autres énergies et des autres résultats. Les problèmes devant lesquels nous place la réflexion dans l'examen de la nature doivent être surmontés par cette réflexion elle-même ; mais il est vrai que c'est une fonction différente et plus profonde que celle qu'on lui attribue habituellement qui revient alors à la « pensée ». Pour se muer en organe de la réalité, elle doit auparavant s'être adaptée à la teneur fondamentale de l'effectivité : de l'examen simplement abstrait et analytique, il a fallu qu'elle passe à la *pratique*. C'est en cela que gît l'explication de ce propos étonnant selon lequel « même dans les sciences, on peut affirmer que nous ne pouvons rien savoir ; seule la pratique est nécessaire [2]. » De même, au jeu, la théorie est peu de chose, la pratique est tout. La nature nous a donné l'échiquier hors duquel nous ne pouvons ni ne voulons jouer ; elle nous a taillé les pièces dont nous apprenons peu à peu à connaître la valeur, la marche et la force ; à nous de risquer les coups dont nous nous promettons un gain, une nouvelle liaison du donné [3]. La dynamique du monde ne peut être appréhendée qu'à travers cette dynamique de la pensée. Toute pensée véritablement féconde signifie par conséquent non pas une simple réception et un simple compte rendu du particulier que l'on observe, mais une nouvelle synthèse, que nous réalisons entre des éléments apparemment disparates de la réalité. L'authentique connaissance de la nature devient ainsi elle-même une révélation qui se développe de l'intérieur vers l'extérieur, une « synthèse du monde et de l'esprit qui procure la certitude la plus sereine de l'harmonie éternelle de l'existence [4] ». Dans cette conception de la tâche du chercheur, Goethe a confirmé ce principe théorique fondamental qu'il a lui-même qualifié de « plus grand art dans la vie de la science et du monde », il a transformé le *problème* en *postulat* [5]. Il était certain pour lui que nous ne pouvons jamais

---

1. J. W. GOETHE, *Der Kammerberg bei Eger. Naturwiss. Schr.*, IX, p. 91.
2. J. W. GOETHE, *Maximen und Reflexionen*, n° 415 [trad. p. 129].
3. *Ibid.*, n° 420 [trad. p. 142].
4. *Ibid.*, n° 122.
5. J. W. GOETHE, lettre à Zelter, 9 août 1828.

parvenir à travers l'examen à la connaissance du monde comme à celle de notre propre moi, mais bien à travers l'action : « La théorie et l'expérience (le phénomène) sont en conflit permanent. C'est une illusion de vouloir les unir par la réflexion ; seule l'action permet de les unir [1]. »

Du fait de ce rapport, la présentation du système idéel de Goethe rencontre certes une difficulté à laquelle il n'est pratiquement pas possible de remédier complètement. Si l'on ne veut pas rester prisonnier du contingent et du particulier, on ne peut se contenter de simples résultats ; on doit précisément mettre en évidence l'« action » elle-même par laquelle mûrit selon Goethe le résultat particulier et déterminé. Une fois encore, il ne s'agit visiblement pas pour cela de constater un développement chronologique extérieur que l'on pourrait prouver et suivre à travers des documents historiques donnés, mais d'approfondir les processus intellectuels de formation dans lesquels s'interpénètrent constamment des moments divers, isolés dans leur expression littéraire. Aussi la tâche devrait-elle, en effet, apparaître comme insoluble si l'« œuvre » et la « confession » ne constituaient pas, également dans ce domaine de la création de Goethe, une unité indissoluble. Dans la description qu'en fait Goethe, chaque résultat contient en même temps en lui-même sa genèse interne : non pas telle qu'elle s'est déroulée dans sa chronologie extérieure, mais telle qu'elle s'est accomplie idéellement dans la constante action réciproque entre les problèmes et les sphères de problèmes particuliers. Cognition et confession s'interpénètrent à nouveau ici. En ce sens, par exemple, la présentation par Goethe du progrès de ses recherches botaniques constitue un document tout bonnement unique dans l'histoire des sciences, un ouvrage dans lequel l'objectivité poétique et l'objectivité scientifique s'interpénètrent d'une manière incomparable. En effet, chez le Goethe scientifique, non seulement ce qu'il y a d'« instinct de formation » du Goethe poète fait son chemin, mais la nouvelle teneur conditionne en même temps une nouvelle forme. C'est alors et seulement à partir de ce moment que ressort intégralement l'ensemble de ce que le concept goethéen de forme contenait de possibilités de développement et qui lui conférait sa largeur de vue et sa force universelle.

Toutes les antithèses propres au concept de nature, tous les conflits qui existaient là entre unité et diversité, entre universalité et singularité, entre finitude et infinitude, se résument finalement pour Goethe à l'unique opposition fondamentale entre repos et mouvement. Dans une telle conception, le problème de la forme naturelle se relie directement à celui de la forme poétique. En effet, tout poème achevé de Goethe présente cette transition et cette

---

1. J. W. GOETHE, *Maximen und Reflexionen*, n° 1231 [trad. p. 147].

osmose entre « mouvement » et « figure », « individualité » et « totalité », « limite » et « absence de limite ». Mais, alors que dans l'œuvre du poète l'incompréhensible est accompli, le chercheur a la tâche, lui, de trouver tout d'abord pour cette opposition la catégorie adéquate. Et c'est à cela précisément que « le mode de pensée idéel » que Goethe exige du véritable chercheur doit aboutir. C'est ici le point où Goethe se sépare en toute netteté et en toute conscience de la méthode d'examen de la nature à laquelle il est confronté, pour établir une nouvelle exigence qui lui fait entrevoir la réconciliation de la philosophie avec l'universel « bon sens humain ». « La conviction que tout devrait être achevé et disponible pour qu'on lui accorde l'attention due avait obnubilé le siècle [...] et c'est ainsi que ce mode de pensée s'est transmis comme le plus naturel et le plus commode du XVIIe au XVIIIe, du XVIIIe au XIXe, et continuera d'agir utilement à sa manière, alors que le mode de pensée idéel permet de contempler l'éternel dans l'éphémère et que nous nous verrons petit à petit de cette manière élevés jusqu'au point de vue vrai où l'entendement humain et la philosophie se rejoignent [1]. » L'ancienne opposition platonicienne entre « Être » et « devenir » doit être conçue avec ce sens nouveau. Ce n'est que dans le devenir que tout être se possède et s'accomplit, « car tout est condamné à retourner au néant s'il veut se maintenir dans l'Être ». Mais en même temps, il n'y a pas de devenir dans lequel l'Être ne soit présent, aucun flux dans lequel, au beau milieu même, une « persistance » durable ne se manifeste. Réunir les deux par la pensée, mélanger intimement et réciproquement le « simultané » et le « successif » est ce qui nous élève au niveau de l'« Idée » [2]. Mais cette liaison, tant qu'elle n'est pour nous qu'une exigence d'ordre général, reste problématique et trouble. Poésie et mythe semblent être seuls capables de la concevoir et de l'exprimer. En Dieu, en effet, nous pensons certes les deux moments comme directement unis : il est l'élément éternel qui se meut et qui cependant est figé, immobile en lui-même. C'est une énergie vitale et un désir de vivre sans bornes qui irradient tout l'être singulier : mais tout élan tumultueux et tout combat de l'individu « est repos éternel en Dieu Notre Seigneur ».

Ainsi se vérifie, à propos de Goethe, le mot qu'il a utilisé à l'égard de Fritz Jacobi : Dieu lui aurait fait, à lui-même, une grande grâce avec la physique, tandis qu'il aurait puni celui-ci avec la métaphysique.

---

1. J. W. GOETHE, *Aphoristisches zu Joachim Jungius Leben und Schriften* [Aphorismes à propos de la vie et des écrits de Joachim Jungius], *Naturwiss. Schr.*, VII, p. 120.
2. J. W. GOETHE, *Bedenken und Ergebung* [Objections et acceptation], *Naturwiss. Schr.*, XI, p. 57.

210   Quand tu dis que la croyance en Dieu est un article de foi, je te réponds que c'est aussi affaire de *vision* ; quand Spinoza parle de la *Scientia intuitiva*, il dit : *Hoc cognoscendi genus procedit ab adaequata idea essentiae formalis quorundam Dei attributorum ad adaequatam cognitionem essentiae rerum* [Cette façon de connaître procède à partir de l'idée adéquate de l'essence formelle dont les attributs de Dieu sont les principes de la connaissance adéquate de l'essence des choses] ; ces mots m'encouragent à consacrer toute ma vie à l'étude des choses qui sont à ma portée ; je puis en effet espérer m'en faire une idée adéquate, sans me préoccuper le moins du monde de savoir jusqu'où j'irai dans cette connaissance et quelle part m'est réservée [1].

Cette direction de l'examen ne se contente pas de repousser en Dieu l'opposition entre l'Être et le devenir, entre le repos et le mouvement pour qu'elle y trouve sa résolution, mais c'est sur le terrain de la physique, sur le terrain des choses particulières, qu'elle relève le défi. Ce n'est qu'en ce point que le problème acquiert pour Goethe toute sa profondeur et sa signification spécifique. Durant les dix premières années à Weimar, époque de la lettre à Jacobi, il a de plus en plus adopté l'antipathie méphistophélique à l'égard de « l'individu qui philosophe [2] ». De même qu'il apprend à cette époque par la pratique que tout effet sur le tout est conditionné par l'effet dans la plus petite sphère et lié à elle, de même qu'il ne place plus désormais l'homme sous des exigences idéelles universelles mais prend tous les états de choses et les personnes « pour parfaitement réels, pour des êtres de nature donnés, fixés une fois pour toutes », un rapport identique commande désormais son attitude à l'égard de la nature. Il a lui-même retracé la manière dont il est pour la première fois véritablement entré dans la vie active comme dans la sphère de la science lorsqu'il fut accueilli favorablement par le « noble cercle weimarien » et quel avantage il ressentit alors en échangeant ainsi « l'air de la ville et des lieux clos contre l'atmosphère de la campagne, de la forêt et des jardins [3]. » Il s'adonne désormais à la minéralogie « avec une totale passion », écrit-il à Merck en octobre 1780, et le simple fil qu'il enroule là le conduit bientôt à travers tous les labyrinthes souterrains et lui offre « une vue d'ensemble dans la confusion elle-même [4] ». Cet inlassable désir de connaissance des « *res singulares* » s'est emparé de lui comme une ivresse ; la pure contemplation s'est transformée en une sorte d'extase. « L'histoire du monde et de la nature s'est à présent

---

1. J. W. GOETHE, lettre à Jacobi, 5 mai 1786 [dans *Correspondance*, trad. p. 91].

2. J. W. GOETHE, *Faust I*, Studierzimmer (*Théâtre complet*, trad. G. de Nerval, p. 1168) [N.d.T.].

3. J. W. GOETHE, *Geschichte meines botanischen Studiums, Naturwiss. Schr.*, VI, p. 99 [« Histoire de mes études botaniques », *La Métamorphose des plantes et autres écrits botaniques*, trad. H. Bideau, Paris, Triades, 1992, p. 87].

4. J. W. GOETHE, lettre à Merck, 11 octobre 1780 ; lettre à Mme von Stein, 12 juin 1784.

déchaînée chez nous », écrit-il à Knebel en décembre 1783, et dans ses lettres à Madame von Stein il confie à plusieurs reprises que des milliers de représentations correspondantes l'habitent pour son bonheur ou son chagrin.

Le monde des plantes recommence à se déchaîner dans mon esprit, je n'arrive pas à m'en dégager un seul instant, mais je fais aussi de grands progrès […]. Et c'est d'ailleurs la vraie manière de s'assimiler les choses. Il ne m'est plus nécessaire de réfléchir longtemps sur les questions obscures ; les réponses aux problèmes s'imposent d'elles-mêmes, et l'énorme règne se simplifie dans mon âme si bien qu'une simple lecture suffit bientôt pour la tâche la plus difficile. Si seulement je pouvais communiquer à quelqu'un ma vision et ma joie, mais c'est chose impossible [1].

C'est maintenant une nouvelle perspective qui a révélé à Goethe l'esprit dans lequel on devait honorer « la vieille mère » ; il ressent « un autre genre de peinture et de poésie » quand il fait l'ascension d'une montagne. Dans le chaste et pur abandon au singulier se configure pour lui une nouvelle conception de la cohésion de l'ensemble. Justement parce qu'il n'a pas de « système » et n'aborde pas la nature avec un schéma conceptuel de classification préétabli, elle s'offre à lui dans cette suprême plénitude qui signifie et enferme en même temps en elle-même la suprême unité [2].

Lorsque Schiller, après son arrivée à Weimar, fit connaissance du cercle de Goethe, alors que celui-ci était encore en Italie, il éprouva un certain recul face à cet esprit préoccupé par l'observation de la nature et du particulier.

L'esprit de Goethe – écrit-il à Körner – a façonné tous les gens que compte son cercle. Un orgueilleux mépris philosophique pour toute spéculation et pour toute recherche, lié à un attachement à la nature poussé jusqu'à l'affectation et à une limitation résignée à ses cinq sens, bref une certaine innocence puérile de la raison, c'est ce qui le dépeint lui et toute sa secte. On préfère cueillir des plantes ou faire de la minéralogie plutôt que de se perdre en démonstrations vaines. L'idée peut être tout à fait bonne et saine, mais il peut y avoir aussi beaucoup d'exagération [3].

Quelques années plus tard, c'est justement cette sphère d'idées de la science de la nature qui avant tout conduira à une compréhension plus profonde entre Schiller et Goethe. Mais dans cette mémorable conversation au cours de laquelle Goethe, à son retour de la Société pour la recherche en sciences naturelles d'Iéna, exposa la métamorphose des plantes et fit surgir sous les yeux de Schiller une plante symbolique, l'opposition se manifestera de nouveau, venant

---

1. J. W. GOETHE, lettres à Mme von Stein, 7 juin 1784, 15 juin et 9 juillet 1786 [trad. (partielle) dans *Correspondance*, p. 92 s. et dans l'appendice de *La Métamorphose des plantes et autres écrits botaniques*, p. 323].
2. J. W. GOETHE, lettre à Charles Auguste, 26 novembre 1784.
3. Fr. VON SCHILLER, lettre à Körner, 12 août 1787.

désormais d'un autre côté. « Ce n'est pas de l'expérience, c'est une idée », lancera Schiller en hochant la tête. Alors qu'auparavant il avait déploré dans l'examen goethéen de la nature le manque de sens de la spéculation, il cherche maintenant à limiter le moment spéculatif qu'il contient en se référant aux mises en garde de Kant à l'égard des limites de la connaissance empirique ; alors qu'il était au début face à Goethe du côté de l'« Idée », il est maintenant du côté de l'« expérience ». Cette dualité de rapport est cependant plus qu'un paradoxe historique rare. Elle marque l'écueil auquel se sont heurtés la plupart des jugements contemporains et ultérieurs sur l'ensemble de la conception goethéenne dans la mesure où ils donnaient à l'opposition entre l'« empirique » et l'« idéel » un sens qui, pour Goethe lui-même, n'était plus déterminant ni valide eu égard au caractère spécifique de son mode d'intuition. En ce qui concerne Schiller, une fois familiarisé en profondeur avec ce mode d'intuition, il a lui-même rectifié son objection. Dans la célèbre lettre qu'il adressa à Goethe, qui y vit récapitulée « la somme de son existence », tout l'accent est mis sur la nouvelle synthèse de l'individualité et de la totalité qui est née de la création littéraire de Goethe et de son travail de recherche sur la nature.

Vous prenez la nature dans son ensemble, dans sa totalité, et vous l'appelez à éclairer les détails particuliers ; vous demandez à la totalité de ses modes d'apparition de rendre compte de l'individu. [...] Conception grandiose et véritablement héroïque, qui atteste à satiété combien votre esprit tient étroitement liée en une belle unité la riche moisson de ses représentations [1].

Cependant, le jugement qui est habituellement prononcé du point de vue de notre méthode d'examen moderne sur la position de Goethe à l'égard des recherches sur la nature s'est rarement montré à la hauteur de cette « idée héroïque ». Nous sommes là presque complètement encore dans l'antithèse où se trouvait Schiller au début. Nous vantons dans la conception de Goethe, en particulier dans le *Traité des couleurs*, le don qu'il a d'observer et de décrire dans toute leur précision les phénomènes singuliers, mais nous lui dénions la capacité de devenir « théorie pure » ; ou bien nous voyons au contraire appréhendée en elle une idée universelle, comme celle de l'évolution, sans cependant qu'elle soit appliquée à la globalité des « faits » et fondée en elle. Mais les deux jugements ne voient qu'un côté des choses et manquent leur but, car tous deux méconnaissent le nouveau rapport spécifique établi à travers les recherches de Goethe entre l'« idéel » et le « réel », entre l'« universel » et le « particulier ».

---

1. Fr. VON SCHILLER, lettre à Goethe, 23 août 1794 [*Goethe-Schiller, Correspondance 1794-1805*, trad. L. Herr et C. Roëls, Paris, Gallimard, 1994, t. I, p. 44].

Dans la conception de l'universel, ce sont, à l'intérieur des limites de la logique pure, deux directions fondamentales de l'examen qui s'opposent. D'un côté, l'universel est considéré comme le résultat auquel on parvient grâce à l'« abstraction » du singulier ; de l'autre, il se présente comme la loi sur laquelle repose la liaison du singulier. Là, c'est un schéma et une image d'espèce qui ne se réalise que parce que dans un ensemble de contenus nous laissons de côté tous les traits distinctifs pour ne retenir que les caractéristiques communes ; ici, c'est une règle spécifique précise en fonction de laquelle, au sein même de l'intuition du particulier, nous nous représentons la relation qui préside entre un cas particulier et un autre. Dans la première démarche, l'universel nous permet de nous élever de ce qui nous est connu et donné empiriquement à des *classes* et des *espèces* sans cesse plus hautes dans la hiérarchie et sans cesse plus restreintes dans leur contenu ; dans la seconde, nous résumons en lui un ensemble de relations toujours plus riches grâce auxquelles les éléments empiriques, auparavant séparés, s'ordonnent en *séries*, qui manifestent en elles-mêmes une configuration stable de leurs éléments aussi bien qu'une liaison et une subordination réciproques en fonction de principes fixes. Par conséquent, sur ce chemin qui conduit à l'« universel », on aboutit d'un côté à une indétermination croissante, de l'autre à une détermination croissante : une détermination qui, il est vrai, ne se dessine pas dans une unique image singulière nouvelle mais se présente simplement dans le nouveau système de rapports, de mieux en mieux compris, entre les éléments de l'intuition. Il ne sera pas discuté ici de l'importance décisive de cette opposition pour l'ensemble des problèmes logiques et gnoséologiques [1] ; nous y avons recours en ce point pour définir une ligne directrice et une orientation dans la position de Goethe à l'égard de la méthodologie de la connaissance de la nature. Que l'on n'aille pas croire que cette simple question suffise à désigner un point de vue « philosophique » qui serait à proscrire dans la présentation du « poète » Goethe. En effet, Goethe lui-même, que l'on imagine volontiers suivant un type de représentation traditionnel comme le génie créateur simplement « naïf », a sa vie durant non seulement mis au point et pratiqué la forme de pensée à sa mesure, mais il a toujours cherché à la comprendre plus en profondeur et à en être lui-même plus conscient. Lorsqu'il ne cesse de rendre grâce à la philosophie kantienne de lui avoir enseigné à tracer précisément les frontières entre « objet » et « sujet », la manière dont il conçoit lui-même cette opposition est bien cependant toujours déterminée par ses propres travaux dans la science de la nature, qui fournissaient en l'occurrence à la

---

1. Voir une analyse détaillée dans mon ouvrage *Substanzbegriff und Funktionsbegriff. Untersuchungen über die Grundfragen der Erkenntniskritik*, Berlin, 1911 [*Substance et fonction. Éléments pour une théorie du concept*, trad. P. Caussat, Paris, Éd. de Minuit, 1977].

réflexion un soutien et une base solides. C'est en ce sens qu'il dit que, même s'il ne résultait de ces travaux rien pour la science, le bénéfice qu'il en retirerait serait pour lui-même inestimable, car ils l'auraient obligé à mettre à l'épreuve et à exercer son esprit :

> Il est intéressant, en effet, d'apprendre à connaître de plus en plus précisément les limites de l'esprit humain et de découvrir ainsi de manière toujours plus nette que ce que nous pouvons accomplir croît avec le degré de pureté et d'assurance dans l'usage de l'organe qui nous est donné en tant qu'êtres humains en général et en tant qu'individus en particulier [1].

Cette considération est précisément naturelle à l'homme qui crée, qui vit toujours au centre même de la création et non seulement de ses résultats, et que « seule l'action intéresse et non ce qui est fait ». Chaque nouvel objet, convenablement examiné, lui fait découvrir en lui-même un nouvel organe [2]. C'est pourquoi plus la tendance se faisait pure chez Goethe de « laisser l'œil se faire lumière » et plus il ressentait le besoin de faire la lumière sur la nature de cet œil. Et c'est pour cela précisément qu'il chercha et trouva l'aide de la philosophie qui, ainsi qu'il l'écrivit à Schiller en 1798, vit sa valeur augmenter chaque jour à ses yeux car elle lui apprenait chaque jour davantage à se séparer d'avec lui-même. Dans cette perspective, il fut plus tard reconnaissant surtout de ce « mot d'esprit » qui lui avait révélé que le genre de son penser c'était le « penser objectif ». « Penser objectif » et « poésie objective », voilà ce qu'il revendiquera désormais pour lui-même, car son penser ne se séparerait pas des objets, ce serait au contraire plutôt l'intuition elle-même qui entrerait dans le penser et les deux s'interpénétreraient de la manière la plus intime. Goethe a donc pour lui-même tranché avec la plus grande clarté et la plus grande précision entre les deux positions opposées que le « concept » peut occuper par rapport à l'« intuition » et l'« universel » par rapport au « particulier ». Là encore, il a confirmé l'originalité de son mode d'examen « symbolique », se sentant appartenir justement dans ce qu'il avait d'individuel à un « type » précis qui seul lui fit pleinement comprendre la loi de son essence propre.

C'est avec une parfaite clarté, bien que d'abord dans un sens négatif, que Goethe lui-même définira ce type dans l'histoire de ses études botaniques.

> Si je dois maintenant délibérément parler plus clairement de cette situation – dit-il là à propos de ses débuts de recherches sur le monde végétal –, il faut qu'on voie en moi le poète-né qui cherche à former ses mots, ses

---

1. J. W. GOETHE, lettre à la princesse Gallitzin, 6 février 1797.
2. J. W. GOETHE, *Bedeutende Fördernis durch ein einziges geistreiches Wort* [Progès important grâce à un seul mot d'esprit], *Naturwiss. Schr.*, XI, p. 59.

expressions, en se tenant au plus près des objets dont il parle, pour les rendre avec tant soit peu d'exactitude. Et voici que ce poète était maintenant censé mémoriser une terminologie toute faite, avoir à sa disposition un certain nombre de noms et d'adjectifs afin que, une forme quelconque se présentant à lui, il sache appliquer et ordonner les termes habilement choisis pour la désigner et la caractériser. Cette manière de procéder m'est toujours apparue comme une sorte de mosaïque où l'on place une pierre à côté d'une autre pour produire à partir de mille éléments isolés l'apparence d'une image ; et dans ce sens, cette exigence m'était en quelque sorte contraire [1].

Ce type de différenciation et d'organisation de la nature, qui vise à classer, détruit en effet toute la vie inhérente à ses formations. Ceci n'est possible que si on a vu en elles des formations figées et stables qu'on peut différencier et limiter selon leurs traits donnés une fois pour toutes. Pourtant, quiconque a reconnu l'organisme lui-même et les organes particuliers dans leur « versatilité » permanente ne peut que sentir fondre tout son courage à l'idée de « piquer un jalon » quelque part. Le concept de classe parle de « la » plante, de « la » rose, « du » chêne, mais pour la connaissance naïve, tournée vers l'intuition, il n'existe qu'une multitude infinie de figures qui sont toutes liées les unes aux autres par une « loi cachée », mais dont aucune ne ressemble à l'autre. C'est cette conviction qu'acquiert Goethe en cherchant à vérifier dans la nature son idéal de « *scientia intuitiva* ».

Ici s'imposait avec puissance à la contemplation directe comment chaque plante cherche sa convenance, comment elle exige une situation où elle puisse apparaître librement et dans la plénitude. Sommets des monts, creux des vallées, lumière, ombre, sécheresse, humidité, forte chaleur, froid, gel – et tant d'autres conditions encore ! Les genres et les espèces les exigent pour jaillir avec toute leur force et en nombre. En certains lieux, il est vrai, et à maintes occasions, ils cèdent à la nature, se laissent entraîner à devenir variété, sans cependant renoncer entièrement au droit acquis de la forme et de la nature propres. Je pressentais cela au sein de la libre nature, et une clarté nouvelle me semblait se lever au-dessus des jardins et des livres [2].

On peut croire ici, l'espace d'un instant, que les concepts de genre abstraits de la botanique de Linné se sont vu insuffler par Goethe une vie artificielle magique et ont atteint le stade d'essences propres avec une pulsion instinctive d'autotransformation et d'auto-affirmation. Mais à la vérité, c'est une tout autre tendance qui domine : il ne s'agit pas de communiquer le souffle vital à de telles ombres mais de découvrir, dans ce qui est particulier et vivant, un nouveau mode

---

1. J. W. GOETHE, *Geschichte meines botanischen Studiums*, Naturwiss. Schr. (dans *La Métamorphose des plantes et autres écrits botaniques*, trad. p. 98) [N.d.T.].
2. *Ibid.*, p. 99 (N.d.T.).

d'examen qui exprime conceptuellement le phénomène originaire qui partout se manifeste, sans l'anéantir précisément par une telle expression. Le concept botanique classificateur croit décrire « la plante », mais il ne conserve de sa globalité, de sa genèse et de son développement, de son devenir et de sa croissance, que ce reste mort que l'on peut montrer et conserver dans l'herbier. Il veut manifester à l'aide de certains traits distinctifs ce qu'il y a d'« essentiel » dans chaque forme, mais à la vérité il ne fait que ramener la diversité et la particularité individuelle à un petit nombre de traits particuliers qu'il détache arbitrairement de l'ensemble. La mise en ordre et la classification ne concernent ici jamais les plantes elles-mêmes mais ce qui en est retenu en tant que « représentant » abstrait ; il ne reste finalement à considérer de l'ensemble de la structure de l'organisme végétal qu'une caractéristique et un critère particulier quelconques, comme le nombre et la propriété des étamines. C'est ici qu'entre en scène l'exigence de Goethe qui vise tout autant l'individualité que la totalité. C'est sur le rapport nouveau dans lequel entrent pour lui l'individualité et la totalité que se fonde sa nouvelle conception de l'universel. Il ne veut pas se séparer de l'existence singulière, mais la conserver dans sa pureté et en son entier ; le singulier cependant ne doit pas être présenté isolément mais dans l'intégralité de ses liaisons avec tout autre singulier. Il ne sera nullement question de se demander quels sont les traits communs qui marquent une coïncidence avec un autre, mais quelles sont les conditions qui font qu'un singulier entre dans la même série qu'un autre et provient d'un autre. L'esprit est ici au sein même de l'existence et c'est ici qu'il appréhende en même temps le système de rapports internes qui fait la cohérence de toute existence.

L'opposition entre individualité et totalité trouve sa solution la plus précise dans l'idée et l'exigence de *continuité*, que Goethe a fait valoir avec une netteté consciente à l'égard de la forme traditionnelle de la botanique.

Qu'il soit permis de dire ici que c'est justement cette description verbale détaillant toutes les parties de la plante, si importante, si sérieusement recommandée et universellement utilisée, si bénéfique pour le progrès de la science, mise en œuvre avec une précision digne d'admiration, que c'est justement cette démarche si circonspecte et pourtant en un certain sens bornée, qui empêche plus d'un botaniste de parvenir à l'idée. Étant donné, en effet, que pour décrire il doit appréhender l'organe tel qu'il se présente et doit donc considérer et retenir chaque phénomène comme consistant en soi, jamais à proprement parler ne surgit la question de savoir d'où peut bien provenir la différence entre les formes variées puisque chacune doit être considérée comme une essence immuable, totalement différente de toutes celles qui l'entourent comme de celles qui précèdent ou suivent. C'est ainsi que tout ce qui est variable devient stationnaire, que le flot se fige tandis qu'en revanche tout ce qui montre une loi de progression rapide est considéré comme instable et la vie qui se configure à partir d'elle-même comme composite [1].

C'est dans une double direction, « simultanée » et « successive », dans l'espace et le temps, qu'il faut surmonter, par l'exigence de continuité, ce mode de représentation. À cet égard, la science de la nature contemporaine n'avait pratiquement rien à offrir à Goethe si ce n'est que, par le contraste qu'elle constituait à l'égard de son mode de pensée propre, elle lui indiquait toujours plus clairement la voie qu'il devait suivre. Se souvenant avec reconnaissance de la *Philosophia botanica*, qui lui ouvrit pour la première fois l'ensemble de ce domaine, il reconnaît qu'après Shakespeare et Spinoza, c'est Linné qui a exercé sur lui la plus grande influence ; il ajoute cependant aussitôt que cette influence reposait précisément sur l'opposition à laquelle il se sentait incité par celui-ci [2]. C'est un rapport inverse qui s'établit entre Goethe et Leibniz : même si en effet la philosophie de Leibniz n'a pratiquement joué ni directement ni dans le détail dans l'édification de la doctrine goethéenne de la nature, Goethe, tout en suivant sa voie propre, le rejoint dans les concepts fondamentaux et principaux. Ce qui rappelle Leibniz, c'est avant tout la manière dont, suivant en cela sa règle et sa ligne directrices universelles, il transforme d'emblée le *problème* de la continuité en un *postulat*. Certes, l'expérience ne nous enseigne pas directement la constance des phénomènes, et nous devons chercher et présupposer cette constance même là où elle nous semble se dérober à nos yeux ou manifester elle-même le contraire dans la nature. Ici se confirme une nouvelle fois que les problèmes et les oppositions devant lesquels la réalité nous place ne peuvent être réglés et surmontés que dans l'action. Celui qui est convaincu une fois pour toutes que rien n'arrive dans la nature qui ne soit en liaison avec l'ensemble ne conclura plus, du fait que des expériences nous paraissent isolées, qu'elles le sont vraiment, mais il se sentira appelé à affirmer dans sa nécessité la connexion entre les phénomènes, à l'encontre même de la première impression sensible [3]. En suivant cette voie, Goethe a découvert, en 1784, l'os intermaxillaire chez l'homme. Son activité se révèle ici aussi comme une « heuristique vivante qui, reconnaissant une règle inconnue mais pressentie, a cherché à retrouver cette règle dans le monde extérieur, et à l'y introduire [4] ».

---

1. J. W. GOETHE, *Aphoristisches zur Morphologie, Naturwiss. Schr.*, VI, p. 359.
2. J. W. GOETHE, *Geschichte meines botanischen Studiums, Naturwiss. Schr.*, VI, p. 391 [dans *La Métamorphose des plantes et autres écrits botaniques*, trad. p. 90].
3. J. W. GOETHE, *Der Versuch als Vermittler zwischen Subjekt und Objekt* [L'expérience comme médiation entre le sujet et l'objet], 1793, *Naturwiss. Schr.*, XI, p. 31.
4. J. W. GOETHE, *Maximen und Reflexionen*, n° 328 [trad. p. 191].

Quel fossé – écrit-il dans l'essai qui devait primitivement rendre publique la découverte – entre l'*os intermaxillaire* de la tortue et de l'éléphant. Et pourtant, il est possible de placer entre eux une série de formes intermédiaires qui relie les deux [...]. On peut embrasser du regard les effets vivants de la nature dans leur ensemble, ou décortiquer les restes de ses formes disparues, elle demeure toujours identique à elle-même et toujours plus digne d'admiration [1].

Étant donné que tout existant singulier est un « analogon de tout ce qui existe [2] », l'existence doit nous paraître toujours en même temps différenciée et articulée. Nous sommes ici au cœur du dilemme : suivre la seule analogie et faire ainsi tout coïncider comme identique, ou l'éviter, et nous abandonner ainsi à l'infinie division du particulier. « C'est dans les deux cas la stagnation de l'examen, trop vivant dans le premier, mort dans le second. » L'examen goethéen de la nature échappe à cette stagnation en repoussant le moment de la différence constante dans la *figure* achevée, et le moment de l'unité dans le *principe* de la formation. Il n'y a plus aucune « analogie » saisissable par les sens qui relie l'os maxillaire de l'éléphant à celui de la tortue ; cependant, c'est en suivant une seule et même direction de la variation que nous pouvons, partis de l'un, aboutir à l'autre à travers des médiations et des stades intermédiaires. Le phénomène lointain tient au phénomène proche dans la mesure seulement où toutes choses se rattachent à un petit nombre de grandes lois partout manifestes [3]. Les découvrir et les présenter, tel est le sens de toute authentique théorie de la nature. En effet, la théorie ne doit pas nous séparer de l'intuition et nous entraîner dans un monde *au-delà* des apparences, vers des formations qui échappent à l'intuition ; elle doit au contraire résumer ce que l'observation nous livre isolément en un ensemble et un système de pensée achevé.

219 Aucun phénomène ne s'explique de lui-même ni en lui-même, mais un grand nombre de phénomènes envisagés dans leur ensemble et méthodiquement classés finissent par donner quelque chose que l'on pourrait considérer comme une théorie [4].

C'est ainsi que Goethe a compris lui-même l'idée selon laquelle, pour s'avancer dans l'infini, il suffit d'explorer en tous sens le fini. Dans son essai *Einwirkung der neueren Philosophie* [Influence de la philosophie récente], où il entreprend de définir non seulement sa position originale dans l'histoire de la recherche mais aussi dans

---

1. J. W. GOETHE, *Versuch aus der vergleichenden Knochenlehre* [Contribution à l'anatomie ostéologique comparée], Iéna, 1784, *Naturwiss. Schr.*, VIII, p. 102.
2. J. W. GOETHE, *Maximen und Reflexionen*, n° 554.
3. *Ibid.*, n° 557 [trad. p. 151 s.].
4. *Ibid.*, n° 1230 [trad. p. 147].

l'histoire de la pensée en général, se trouve également une formulation qui résume bien cette tendance fondamentale.

Dans les recherches de physique, la conviction s'est imposée à moi que le devoir le plus impérieux était, dans toute contemplation d'un objet, d'étudier avec précision chacune des conditions de l'apparition d'un phénomène et de s'efforcer d'atteindre l'intégralité des phénomènes, car ils sont finalement voués à se ranger les uns aux côtés des autres ou plutôt à s'imbriquer les uns dans les autres, et ils doivent aux yeux du chercheur constituer également une sorte d'organisation, manifester leur vie intérieure d'ensemble [1].

Mais cette organisation n'apparaît dans toute sa détermination que là où nous passons de la juxtaposition à la succession, de l'être au devenir. Lorsque Goethe envoie à Knebel, en novembre 1784, son traité sur l'os intermaxillaire, il définit comme résultat de ce traité l'idée que la différence qui sépare l'homme de l'animal ne peut résider dans un détail. Seule l'harmonie de l'ensemble fait de chaque créature ce qu'elle est, si bien que l'homme reçoit sa spécificité caractéristique aussi bien de la forme et de la nature de sa mâchoire supérieure que de la forme et de la nature de la dernière phalange de son petit doigt de pied.

Et de même, chaque créature n'est qu'une teinte, une nuance d'une grande harmonie, qu'il faut étudier dans son ensemble, sans quoi chaque individu n'est qu'une lettre morte [2].

Or cette harmonie n'est nulle part plus clairement visible que là où elle n'est pour ainsi dire ni partagée ni disséminée en des formations diverses, mais se condense en cette unité que nous désignons du nom d'« individu ». En effet, l'individu lui aussi est pluriel, mais sa pluralité ne signifie pas un agrégat de parties mais un constant rapport entre phases de vie. Quant à savoir comment ces phases s'imbriquent, comment la précédente est absorbée par la suivante tout en continuant pourtant d'y vivre et d'y survivre, c'est là le secret qui se dévoile pour nous dans tout devenir. Nous avons reconnu comme le don spécifique du *poète lyrique* Goethe le fait que, pour lui, la nette séparation et scission des moments singuliers du temps était pour ainsi dire suspendue et que le passé et le présent se fondaient ensemble, car chaque moment en tant que tel, poétiquement et sentimentalement, est en même temps l'expression de toute la tranche de vie d'où il se détache. C'est le même trait qui confère à l'examen goethéen de la nature également son caractère spécifique. Son intuition ne considère pas le contenu donné à un moment particulier du

---

1. J. W. GOETHE, *Einwirkung der neueren Philosophie* [Influence de la philosophie récente], *Naturwiss. Schr.*, XI, p. 48.
2. J. W. GOETHE, lettre à Knebel, 17 novembre 1784 [*Correspondance*, trad. p. 83].

temps comme consistant en soi mais le saisit seulement comme la frontière imprécise et mobile où l'ancien fait place au nouveau et le passé à l'avenir. L'unité de la figure vivante ne peut se prouver nulle part ailleurs que dans ce passage et grâce à lui. C'est ici que l'impuissance du mode d'examen dans lequel on place, comme dans une mosaïque, une pièce toute préparée à côté d'une autre, éclate de manière la plus évidente et la plus convaincante ; aucune somme de contenus tout prêts n'est en effet en mesure de nous introduire plus profond dans le « flux vivant » de la nature. Ce qui est refusé à l'élément, l'agrégat ne peut l'atteindre. Le langage déjà révèle le problème qui se dissimule ici. En effet, le terme allemand *Gestalt*[1] semble déjà purement pour lui-même exiger que l'on fasse abstraction de ce qui est mobile, il admet que les éléments formant un tout sont établis, achevés et fixés dans leurs caractères. Si cependant on observe l'ensemble des formes organiques, on constate qu'il ne se trouve nulle part de constance, d'immobilité, d'achèvement, et qu'au contraire tout oscille dans un mouvement incessant[2]. Les deux moments : la stricte fixité comme la constante transformation, nous les pensons ensemble dans le concept de *règle*, règle qui est pour nous stable et éternelle mais en même temps vivante, si bien qu'aucun être ne peut y échapper tout en étant d'un autre côté capable à l'intérieur de cette règle de se transformer constamment à condition de reconnaître, « tenu comme dans des rênes », la souveraineté inéluctable de la loi[3]. Génériquement déterminé et fixé de l'intérieur, il peut encore cependant se spécifier plus avant pour l'extérieur grâce à des transformations successives et se modifier de manière extrêmement variée[4]. Nous possédons ainsi tous les éléments fondamentaux sur lesquels repose pour Goethe l'idée de *métamorphose*.

221   La variabilité des formes végétales, dont je suivais depuis longtemps le cheminement singulier – rapporte Goethe lui-même – éveillait de plus en plus en moi cette représentation : les formes végétales qui nous entourent ne sont pas déterminées et fixées à l'origine ; bien plutôt leur a-t-il été donné, dans leur opiniâtreté générique et spécifique, une heureuse mobilité et plasticité, afin qu'elles puissent s'adapter aux conditions si nombreuses qui agissent sur elles à la surface du globe, se former et se transformer en conséquence. [...] Dès lors que je pouvais les rassembler sous un concept unique, il m'apparut peu à peu de plus en plus clairement que le regard

---

1. *Gestalt* : nous suivons ici le traducteur de Goethe en disant « forme » ; utilisé par Cassirer, *Gestalt* est généralement rendu par « figure » (N.d.T.).
2. J. W. GOETHE, *Zur Morphologie*, *Naturwiss. Schr.*, VI, p. 9 [« Objet et méthode de la morphologie », *La Métamorphose des plantes et autres écrits botaniques*, trad. p. 76].
3. J. W. GOETHE, *Principes de philosophie zoologique*, *Naturwiss. Schr.*, VII, p. 189 s.
4. J. W. GOETHE, *Die Skelette der Nagetiere* [Les squelettes des rongeurs], *Naturwiss. Schr.*, VIII, p. 247.

pourrait être vivifié jusqu'à atteindre un mode d'observation plus élevé encore, exigence qui à cette époque était présente à mon esprit sous la forme sensible d'une plante primordiale suprasensible. Je suivais toutes les transformations telles que je les rencontrais, et c'est ainsi qu'au terme ultime de mon voyage, en Sicile, apparut clairement à mes yeux l'*identité originelle* de toutes les parties du végétal, que je cherchais dès lors à retrouver partout, à percevoir partout [1].

L'ensemble du développement de la conception goethéenne de la nature nous est ici présenté une nouvelle fois dans ses grands traits. Nous avons vu qu'il ne se contentait pas de projeter sur le concept de Dieu, pour l'abolir en lui, l'antinomie entre « repos » et « mouvement », mais la découvrait dans les choses particulières, au sein même de l'individualité. Cette exacerbation du conflit sera cependant désormais sa propre et véritable solution ; nous ne serons plus, en effet, renvoyés à quelque chose de métaphysique et d'incompréhensible, mais au « phénomène originaire » de la vie elle-même. Nul ne peut tenter d'« expliquer » plus avant ce phénomène originaire ni vouloir le faire dériver d'autre chose. Ce que nous pouvons faire, c'est uniquement le contempler dans son repos et sa magnificence éternels pour ensuite le ramener dans le monde des phénomènes « où l'incompréhensible dans sa simplicité se révèle sous mille et mille apparences diverses, invariable dans toute sa variabilité [2] ». « Dans le reflet coloré, nous avons la vie », dans le flux, le devenir et l'autotransformation inlassables nous avons l'Être, la loi et l'idée.

Cependant, l'idée générale de métamorphose, une fois saisie par Goethe dans toutes ses déterminations fondamentales, devait encore subir la dernière et la plus difficile de ses épreuves. Comment, en effet, pouvait bien s'établir la vérité et la nécessité de cette idée, comment devait-il être manifesté qu'elle n'était pas « rêve et ombre » mais prise de conscience de la « forme essentielle de la nature », si elle ne s'incarnait pas elle-même dans une formation objective aux caractéristiques précises ? Mais cette exigence place aussitôt et à nouveau la pensée dans un imbroglio de déterminations antinomiques. En effet, toute chose concrètement déterminée est en tant que telle toujours à la fois quelque chose de concrètement particulier : il s'agit alors de définir un moment susceptible d'embrasser et d'exprimer l'intégralité des figures. Parvenu en ce point, le chercheur se trouve, semble-t-il, placé devant un dilemme incontournable. S'il renonce à se représenter l'idée de métamorphose par une image particulière, celle-ci perd son caractère réel d'idée déterminée ; s'il adopte cette image, l'idée s'en trouve privée de l'universalité de sa fonction. Goethe n'a jamais formulé abstraitement cette

---

1. J. W. GOETHE, *Geschichte meines botanischen Studiums*, Naturwiss. Schr., VI, p. 120 [trad. p. 101].
2. J. W. GOETHE, *Naturwiss. Schr.* [Neptunismus und Plutonismus], IX, p. 195.

opposition, mais il l'a vécue dans tous ses moments et phases particuliers et intérieurement résolue pour lui-même. Lorsqu'il a pour la première fois conçu l'idée de métamorphose, elle avait tout d'abord le sens d'une exigence idéelle, émanant de l'ensemble de son essence spirituelle, qu'il adressait à la nature.

Lors d'un voyage hâtif à travers l'Allemagne du sud pour franchir les Alpes et gagner la Lombardie – raconte-t-il dans l'ébauche de l'histoire de ses études botaniques –, un regard calme et modeste pouvait aussitôt faire naître la conviction qu'il faudrait toute une vie pour avoir une vue d'ensemble et mettre en ordre la vivante et libre activité d'un domaine particulier de la nature, à supposer qu'un talent inné vous y autorise et y trouve plaisir. Je m'imaginais donc d'une part banni de ce champ infini et ne pouvais pourtant accepter un tel bannissement. Je pressentais, je sentais qu'il pouvait se trouver une autre voie pour moi, analogue à ce qu'avait été le reste de mon itinéraire dans la vie. Les phénomènes de variation et de transformation de créatures organiques avaient suscité en moi une attention passionnée ; la force d'imagination et la nature me paraissaient ici rivaliser, à qui se conduirait de manière plus téméraire ou plus conséquente [1].

La nouvelle idée a donc, au début encore, toute l'indétermination mais aussi toute la force d'un principe de recherche « subjectif ». La difficulté de traiter comme immobile et fixe ce qui dans la nature est toujours en mouvement, de réduire à une loi tangible ce qui dans la nature change sans cesse et se dissimule à l'observateur tantôt sous une forme tantôt sous une autre, cette difficulté ne peut être abordée que par celui qui a compris qu'elle renferme en elle une tâche nécessaire et inévitable de l'esprit : « si nous ne pouvions pas nous convaincre pour ainsi dire *a priori* que de telles lois doivent exister, ce serait une témérité que de vouloir en chercher et découvrir [2]. » Car, au fond, on peut se dire que personne ne pose à la nature une question à laquelle il ne peut répondre : dans la simple question, en effet, il y a déjà une sorte de réponse, le sentiment que sur un tel sujet on peut penser, pressentir quelque chose. C'est avec cette sensation « de pressentiment et d'obscur désir » qui, comme dans les années de jeunesse, l'enveloppe d'« une tendre torpeur », que Goethe entre en Italie. Et maintenant, d'un seul coup, il voit dans l'art comme dans l'examen de la nature sa nostalgie tout entière apaisée : sous ce ciel méridional, ce qui jusque-là hantait son âme comme une simple image acquiert consistance, certitude et réalité.

Dis à Herder – écrit-il à Madame von Stein – que je suis tout près de découvrir le mystère de la genèse des plantes et de leur organisation, et qu'il s'agit de la chose la plus simple qu'on puisse imaginer. On peut, sous ce

---

1. J. W. GOETHE, *Geschichte meines botanischen Studiums (Entwurf)*, *Naturwiss. Schr.*, VI, p. 386.
2. J. W. GOETHE, *Naturwiss. Schr.*, VI, p. 301 et 308.

ciel, faire les plus belles observations. Dis-lui que j'ai clairement et sans aucun doute possible découvert le point principal où se trouve le germe, que j'embrasse déjà tout le reste du regard et que seuls quelques points doivent encore être précisés. La plante primordiale sera la plus merveilleuse créature du monde, pour laquelle la nature elle-même doit m'envier. Avec ce modèle et sa clé, on peut ensuite inventer des plantes à l'infini qui doivent être conséquentes, c'est-à-dire qui pourraient exister même si elles n'existent pas et ne sont pas du tout des ombres et des apparences créées par un peintre ou un poète mais ont une vérité et une nécessité internes. La même loi pourra s'appliquer à tout le reste du monde vivant [1].

« Vérité » et « nécessité », « légalité » et « conséquence » de la genèse des plantes : voilà ce que Goethe cherche dans la plante primordiale et ce qu'il attend que son concept lui en découvre. Rien que la désignation elle-même indique cependant qu'un autre problème encore se lie à ces exigences et les complique. Le « modèle » aspire à la réalité ; il veut s'incarner et se vérifier dans une vision particulière. Goethe a lui-même narré comment, occupé à rédiger le plan de sa pièce sur Nausicaa, il se rend au jardin public de Palerme ; arrivé là, alors qu'il est en pleine ébauche artistique, l'idée de la plante primordiale reprend chez lui le dessus et trouble son entreprise :

Le jardin d'Alcinoüs avait disparu, un jardin à l'échelle du monde avait pris forme […]. Les nombreuses plantes, que j'étais jusque-là habitué à voir dans des caisses ou des pots et la plus grande partie du temps uniquement dans une serre se dressent ici heureuses et fraîches en plein air, et comme elles accomplissent intégralement leur vocation, elles sont pour nous plus intelligibles. À la vue de tant de formations nouvelles et revivifiées, la vieille lubie me revint à l'esprit : ne pourrait-on découvrir dans cette richesse la plante primitive ? Il doit bien y en avoir une. Autrement, comment pourrais-je reconnaître que telle ou telle formation est une plante si toutes n'étaient pas formées sur *un seul* modèle [2] ?

Il y a là, de toute évidence, deux considérations différentes qui sont encore résumées sous le même nom et le même concept et qui s'évincent à tour de rôle dans l'esprit de Goethe. D'un côté, l'idée que toutes les figures végétales se sont peut-être *développées* à partir d'une plante unique et selon un principe de variation déterminé ; de l'autre, la poursuite d'une caractéristique ou d'un concept générique de caractéristiques qui serait pour toutes *identique*. Le nouveau « concept de série » et l'ancien « concept de genre » servant à classer les plantes ne sont pas encore définitivement séparés dans leur signification. Du point de vue du premier, nous n'avons pas besoin d'exiger une identité objective des formations comparées et

---

1. J. W. GOETHE, lettre à Mme von Stein, 8 juin 1787.
2. J. W. GOETHE, *Italienische Reise*, Palerme, 17 avril 1787 [*Voyage en Italie*, trad. M. Mutterer, p. 268].

subsumées sous un seul concept, car leur unité nous est déjà entièrement garantie par la possibilité que leur lignée soit ininterrompue. La règle de cette liaison est ce qui les relie véritablement et non un contenu qui serait identiquement présent dans chaque élément particulier. C'est sur le « comment » de cette règle et non sur le « quoi » d'un substrat concret et persistant que l'intuition et la pensée sont ici dirigées de la même façon. Cela, Goethe l'avait déjà senti et exprimé dans ses premières études sur l'anatomie et l'ostéologie. Il est certes difficile de penser comme une unité l'os intermaxillaire de la tortue et celui de l'éléphant, l'humérus de la taupe et celui du lapin ; en effet, devant la différence totale des formes extérieures que nous rencontrons, il nous semble qu'il manque tout *tertium comparationis* [1]. Mais ce que la simultanéité nous refuse se découvre à nous dans la succession, que nous le comprenions empiriquement comme une modification véritablement advenue, ou de façon purement idéelle comme quelque chose de légalement possible. Le véritable rapport, plus profond, ne se manifeste pas dans une identité de la chose formée mais dans la direction constante du processus de formation. Le « triomphe de la métamorphose physiologique » a lieu précisément là où l'ensemble se scinde, se différencie et se réorganise en familles, les familles en tribus, les tribus en sous-tribus, et celles-ci à leur tour en d'autres subdivisions jusqu'à l'individu. Car on peut montrer ici, dans des tribus totalement différentes, que lorsqu'on différencie les espèces on peut s'y prendre de telle manière que l'« une se développe toujours à partir de la précédente, constituant ainsi une série [2] ». Et il se confirme à nouveau à chaque instant que dans le particulier comme dans l'ensemble, tout succès dépend de ce qu'on répertorie en série les traits caractéristiques extérieurs que les corps organiques peuvent se voir attribuer selon leurs différents ordres et classes, genres et espèces [3]. Par conséquent, c'est cette performance qui pour l'essentiel échut également au concept de « plante primordiale » à l'intérieur de son domaine de validité. La véritable objectivité, et « vérité », qui revient à ce concept ne peut être mise en évidence que dans la nouvelle « organisation » qu'il crée pour l'ensemble du règne végétal, dans les relations qu'il fait découvrir entre tous les individus et non dans l'existence d'un individu déterminé lui-même.

Si Goethe semble néanmoins tout d'abord prendre la seconde voie, c'est, il est vrai, en regard de l'ensemble de ses considérations,

---

1. Voir J. W. GOETHE, *Erster Entwurf einer allgemeinen Einleitung in die vergleichende Anatomie* [Première ébauche d'une introduction générale à l'anatomie comparée], Iéna, 1795, *Naturwiss. Schr.*, VIII, p. 41.
2. J. W. GOETHE, *Zur Morphologie, Naturwiss. Schr.*, VI, p. 185.
3. J. W. GOETHE, *Vorträge über die drei ersten Kapitel des Entwurfs einer allgemeinen Einleitung in die vergleichende Anatomie* [Conférences sur les trois premiers chapitres de l'ébauche d'une introduction générale à l'anatomie comparée], *Naturwiss. Schr.*, VIII, p. 63.

une « fausse tendance ». Mais il pouvait malgré tout y persévérer dès lors qu'il s'en tenait au critère qu'il avait lui-même établi pour distinguer le « vrai » et le « faux ».

J'ai remarqué que je tiens pour vraie celle de mes idées qui est pour moi fructueuse, qui se relie à ma pensée antérieure et me stimule en même temps [1].

En ce sens, l'aspiration à trouver la plante primordiale possédait à ses yeux une vérité *interne* éminente. Elle le rivait en effet constamment à l'expérience et empêchait ainsi que l'idée de métamorphose ne se volatilisât pour devenir une simple spéculation philosophique sur la nature. Peu importe que l'hypothèse de l'existence de la plante primordiale dévie de la direction originale prise par Goethe dans son examen de la nature tant qu'il considérait imperturbablement « l'existence », la configuration et la liaison du *réel* comme la question et la tâche fondamentales.

La puissance d'imagination, dit un jour Goethe à Eckermann, est le don sans lequel on ne conçoit pas de grand naturaliste. Et je n'entends point par là une imagination qui se perd dans le vague et se figure des choses qui n'existent pas, mais une imagination qui n'abandonne pas le terrain de la réalité et qui procède avec l'étalon du réel et du connu, pour entrevoir et pressentir des choses inconnues. Alors, elle peut vérifier si ce qu'elle a pressenti est possible et si cela n'entre pas en contradiction avec d'autres lois connues [2].

Selon ses propres postulats, et la voie suivie dans son évolution personnelle, s'il voulait parvenir à cette conception de l'« idée » qu'il a plus tard adoptée et selon laquelle « l'esprit du réel est le véritable idéel », Goethe se devait d'être le « réaliste intraitable » qu'il avouait être, au début, à Schiller. Dans cette expression et dans la conception d'ensemble qu'elle exprime se trouve contenue la synthèse des deux exigences qui guident le développement de son examen de la nature ; elle renvoie à la possibilité d'une intuition qui est en même temps purement « objective » et purement « spirituelle » dans la mesure où, d'une part, elle s'intéresse certes simplement aux rapports et aux liaisons du réel, mais renonce, d'autre part, à résumer le contenu de cette liaison dans l'image d'une chose particulière accessible aux sens. C'est pas à pas que Goethe a conquis cette position au moyen d'une autocritique constante. Lorsqu'il « philosophait à sa manière sur les objets », il le faisait d'abord effectivement avec une « naïveté inconsciente », croyant avoir sous les

---

1. J. W. GOETHE, lettre à Zelter, 31 décembre 1829.
2. J. W. GOETHE à Eckermann, 27 janvier 1830 [trad. p. 579].

yeux ses propres opinions[1]. Mais depuis la conversation avec Schiller dans laquelle ce dernier avait commenté et interprété ce que Goethe croyait être une « expérience » comme étant une « idée », l'examen se modifie. Il cherche maintenant,

> puisque nous reconnaissons bien que la force créatrice produit et développe les créatures organiques plus parfaites selon un schéma universel, à présenter ce prototype, sinon aux sens, du moins à l'esprit, à élaborer nos descriptions en le prenant pour norme [...] et à ramener à celle-ci les figures les plus diverses.

Une espèce particulière ne peut, en effet, constituer un canon quelconque puisque nous ne devons pas chercher dans l'individu un modèle pour tous les autres.

> Les classes, genres, espèces et individus se comportent comme les cas par rapport à la loi ; ils y sont contenus mais ils ne la contiennent pas et ne la donnent pas[2].

227   Le concept de plante primordiale, dans lequel il avait saisi « de manière toujours assez concrète » l'idée fondamentale de métamorphose, passe maintenant de plus en plus au second plan. La sagesse du Goethe de l'âge mûr, qui l'amène de plus en plus à « considérer son activité et sa création comme purement symboliques[3] », étend finalement cette conviction jusque dans ses connaissances fondamentales relatives à la science de la nature. Lorsqu'il fait parvenir en octobre 1816 à Zelter une réimpression de la *Metamorphose der Pflanzen* [*La Métamorphose des plantes*], il conseille à celui-ci, au cas où il relirait cet ouvrage, de le prendre uniquement de manière symbolique et d'imaginer ce faisant toujours un autre être vivant quelconque qui se développe progressivement de lui-même. Et c'est le même conseil qu'il exprime deux années avant sa mort au chancelier von Müller :

> On ne doit pas chercher à expliquer de manière trop extensive la maxime fondamentale de la métamorphose ; si l'on dit qu'elle est riche et créative comme une idée, c'est bien là le mieux [...]. C'est toujours une seule et même vie qui agit tout aussi bien dans la plus petite souris que dans un gigantesque éléphant, dans la plus petite mousse comme dans les plus grands palmiers[4].

---

1. J. W. Goethe, *Einwirkung der neueren Philosophie*, Naturwiss. Schr., XI, p. 48.
2. J. W. Goethe, *Vorträge zur Einleit. in die Anatomie*, 1796, Naturwiss. Schr., VIII, p. 73.
3. J. W. Goethe à Eckermann, 2 mai 1824 [trad. p. 118].
4. J. W. Goethe au chancelier von Müller, 2 juillet 1830.

Le contenu particulier de son ouvrage sur la métamorphose était maintenant pour lui lointain, mais il sentait d'autant plus clairement la signification qu'il revêtait, aussi bien pour l'ensemble de la connaissance que pour l'ensemble de son être et de sa création. Cette signification représente également le moment déterminant de nos considérations. C'est pourquoi nous ne suivrons pas plus avant l'idée fondamentale de Goethe dans les résultats qu'il en dérive, mais nous chercherons à la comprendre plus en profondeur dans son origine ; nous ne la développerons pas dans la totalité de ses applications, mais nous chercherons à en déterminer les racines spirituelles dans l'ensemble du mode de pensée et d'intuition de Goethe.

6

Lorsqu'en janvier 1831 Geoffroy de Saint-Hilaire rendit compte à Paris devant l'Académie de *La Métamorphose des plantes* de Goethe, il souligna que l'ouvrage, lors de sa première publication, n'avait que très peu attiré l'attention et qu'on avait même été bien près d'y voir un égarement. En fait, il aurait bien été fondé sur une erreur, mais de telle nature que seul un génie pouvait la commettre. Goethe n'aurait fait que commettre l'erreur de laisser paraître son livre un demi-siècle trop tôt, avant que n'existent de véritables botanistes, capables de l'étudier et de l'apprécier. Mais ce compte rendu élève ensuite cet ouvrage de Goethe largement au-dessus de la sphère d'intérêt purement naturaliste.

À la vérité – continue Saint-Hilaire –, si l'ouvrage ne portait pas sur son front ce titre restrictif, on pourrait croire lire ici l'histoire du développement de l'esprit humain en général, l'histoire de sa formation par étapes à l'examen et à la compréhension des phénomènes de l'univers [1].

On peut s'en rendre compte : Geoffroy de Saint-Hilaire a pris l'ouvrage de Goethe précisément au sens « symbolique » où celui-ci voulait le comprendre lui-même à l'époque de sa vieillesse. Mais au beau milieu de la conception première de l'idée fondamentale de la doctrine de la métamorphose, Goethe manifeste déjà une tendance à l'étendre à l'ensemble du domaine des phénomènes naturels aussi bien que spirituels. Dans la poésie où il entreprend d'interpréter pour Christiane Vulpius « l'énigme sacrée » de la formation des plantes, l'image de la métamorphose est utilisée comme le « vivant reflet » du devenir et de la croissance de l'amour qu'il éprouve pour elle, et le poème *Metamorphose der Tiere* [*La Métamorphose des animaux*]

---

1. Voir Kalischer, *Einleitung in Goethes naturwiss. Schriften* [Introduction aux écrits scientifiques de Goethe], Hempel XXXIII, p. cxiv.

reprend encore la conception et l'interprétation la plus universelle de cette idée :

> Qu'il fasse grandement ta joie, ce beau concept de force et de limites,
> D'arbitraire et de loi, de liberté et de mesure, d'ordonnance
> Toujours en mouvement, de privilège et de défaut ! La sainte Muse
> Harmonieusement l'apporte, en t'instruisant par de douces contraintes.
> Le penseur occupé de morale n'atteint pas de concept plus haut,
> Ni l'homme qui agit, ni l'artiste qui crée ; le prince, s'il mérite
> D'être tel ne connaît que par lui le bonheur de porter sa couronne.
> Suprême enfant de la nature, sois en joie ; tu te sens le pouvoir
> De penser sur ses pas la suprême pensée où elle s'éleva
> Dans ses créations. Arrête-toi ici et tourne tes regards
> En arrière, examine et compare, et reçois des lèvres de la Muse
> L'agréable et totale assurance de voir et ne pas t'égarer [1].

Était-ce là une vue pénétrante de la science de la nature d'une signification on ne peut plus universelle, était-ce l'idée scientifique d'« évolution » ou peut-être le pressentiment de la théorie de l'évolution que Goethe exprimait ainsi ?

Nous n'avons pas oublié que pour Goethe *La Métamorphose des plantes*, au même titre que n'importe quelle œuvre poétique, comme *Werther* ou *Le Tasse*, représentait la solution d'un conflit interne, la libération d'un combat psychique. Il ne se sentait plus désormais exclu de l'intuition de la nature par des formules et des schémas abstraits qui répugnaient à son esprit, il s'y sentait au contraire chez lui et en sûreté. La multiplicité des phénomènes n'était plus pour lui une masse incomprise et encombrante de « faits », mais se présentait, dans sa configuration et sa transformation, comme une *unité* harmonique de la vie. Il avait acquis la certitude qu'il pouvait, là encore, se laisser guider par sa loi interne, que les forces qui lui étaient accordées ne le limitaient pas à un secteur restreint du réel, mais le conduisaient vers l'ensemble et le maintenaient dans l'intuition de l'ensemble dans la mesure où il les laissait libres d'agir dans leur globalité. C'était une « passion créatrice » qui l'avait originairement conduit à l'examen de la nature [2] et qui maintenant obtenait la plus pure des satisfactions.

Cherchez en vous-mêmes, c'est ainsi que Goethe avait un jour exhorté les artistes, vous y trouverez tout, et réjouissez-vous de ce que, à l'extérieur,

---

1. J. W. GOETHE, « Metamorphose der Tiere » (« Métamorphose des animaux », *Poésies 2*, trad. p. 535) [N.d.T.].
2. Voir J. W. GOETHE, le traité *Über den Zwischenknochen*, 1784, *Naturwiss. Schr.*, VIII, p. 127.

quel que soit le nom que vous donniez à cela, se trouve une nature qui dit amen à tout ce que vous avez trouvé en vous-mêmes [1] !

Il était maintenant sûr de l'existence d'une telle « nature » ; toutes les exigences fantasques et subjectives avaient en lui disparu et il se sentait enfin en terre ferme. Dans les lettres écrites lors du premier voyage en Italie, il exprime toujours la joie profonde ressentie grâce à la « solidité » que son être a ainsi acquise :

> Qui regarde ici autour de lui avec sérieux, qui a des yeux pour voir, doit devenir solide ; il doit accéder à un concept de solidité plus vivant que ce qu'il avait connu auparavant [2].

Mais la synthèse du monde et de l'esprit qui s'accomplit ainsi pour Goethe a ses fondements dans les tout derniers postulats de sa création. Si l'on cherche à exprimer en quoi peut bien avoir consisté la spécificité de son « instinct de formation poétique », on trouve déjà ici, dans une pureté et une intégralité véritablement surprenantes, toutes les prémisses sur lesquelles repose le contenu de l'idée de métamorphose. Dans son analyse de l'imagination poétique de Goethe, Dilthey a attiré l'attention sur un point où Goethe lui-même décrit le devenir interne des images qui se forment en lui :

> J'avais ce don, quand je fermais les yeux, tête basse, pour me représenter une fleur au centre de mon organe de la vue, que celle-ci ne se figeait pas un seul instant sous sa forme première mais elle s'ouvrait et dans son centre s'épanouissaient de nouvelles fleurs aux pétales colorés et feuilles vertes ; ce n'étaient pas des fleurs naturelles mais des fleurs imaginaires, bien que régulières comme les rosaces d'un sculpteur. Il était impossible de fixer cette création jaillissante, elle durait en revanche aussi longtemps que je le désirais, sans gagner ni perdre de sa force. Je pouvais de même, quand je me représentais un vitrail, faire naître son décor polychrome qui ensuite se transformait sans cesse depuis le centre jusqu'à la périphérie, à l'image du kaléidoscope récemment inventé [...]. C'est ici que peut commencer directement l'examen plus conséquent de tous les beaux-arts ; on voit clairement ce que veut dire l'idée que les poètes et tous les vrais artistes doivent être nés tels. Leur force créatrice interne doit en effet sortir d'elle-même, sans préméditation et volonté, ces images, ces idoles conservées dans les sens, dans le souvenir, dans la force d'imagination : elles doivent s'épanouir, grandir, s'épandre et se condenser pour devenir, d'ombres fugitives qu'elles sont, des essences véritablement objectives [3].

230

Ce que rapporte Johannes Müller permet de compléter cette présentation : Goethe, raconte-t-il, possédait la capacité de

---

1. J. W. GOETHE, *Maximen und Reflexionen*, n° 225.
2. J. W. GOETHE, lettre à Mme von Stein, 7 novembre 1786 ; à Herder, 10 novembre 1786.
3. J. W. GOETHE, *Das Sehen in subjektiver Hinsicht*, *Naturwiss. Schr.*, XI, p. 282.

provoquer spontanément la naissance de telles images dans l'imagination alors que pour d'autres cela se produit uniquement de manière passive ; il était capable d'indiquer volontairement le thème, et la transformation apparemment involontaire commençait alors mais suivait une loi et une symétrie [1]. Nous nous trouvons ainsi placés devant une interpénétration spécifique d'une totale détermination et d'une capacité de transformation sans limites des images de l'intuition. L'image n'est pas quelque chose de figé et de donné isolément, elle s'expose elle-même : elle n'est vraie pour nous que dans la mesure où elle se meut devant nous tout en ne s'estompant cependant à aucun moment, en gardant ses contours nets. L'« objectivité » se manifeste en tant que telle dans la transformation et s'affirme également en elle car

les contemplatifs ont un comportement qui est créatif en soi, et les scientifiques, même s'ils se méfient de l'imagination comme du diable, sont obligés, avant même de s'en apercevoir, d'appeler à leur secours cette faculté d'imagination créatrice [2].

Goethe a lui-même décrit pour cette raison comme trait caractéristique de sa poésie et de son examen de la nature le « don de dérivation », non pas au sens d'une « déduction » conceptuelle quelconque mais de l'épanouissement complet d'un moment particulier en la totalité d'une série globale.

Excité précisément par ces considérations – écrit Goethe dans les réflexions qui enchaînent sur la caractéristique que Heinroth donne de sa « pensée objective » –, je continuai de m'analyser et trouvai que toute ma méthode repose sur la dérivation ; je n'ai de cesse avant de trouver un point marquant à partir duquel on puisse dériver beaucoup de choses ou plutôt qui produise spontanément de lui-même beaucoup de choses et me les présente, puisque en cherchant et en recevant je travaille avec circonspection et un respect scrupuleux [3].

En suivant cette direction dans ses recherches, Goethe se sent à l'unisson des « empiristes » les plus profonds de tous les temps ; il s'y sent tout autant attiré par Galilée qu'il se sent heurté par l'image trompeuse et déformée de l'induction baconienne. Tandis, en effet, que chez ce dernier, malgré l'insistance sur l'« universel », c'est à la fin uniquement la somme des « particularités » qui demeure, Galilée, lui, fait la preuve

---

1. *Goethes Gespräche* [Conversations de Goethe], 2ᵉ éd., IV, p. 59.
2. J. W. GOETHE, *Naturwiss. Schr.*, VI, p. 302.
3. J. W. GOETHE, *Bedeutende Fördernis usw*, *Naturwiss. Schr.*, XI, p. 63.

que pour le génie, un seul cas en vaut mille, si l'on voit la façon dont il a développé la théorie du pendule et de la chute des corps à la vue des oscillations des lustres d'une église [1].

Dans la science, en effet, ce qui importe, c'est ce qu'on appelle un aperçu ; mais tout véritable aperçu vient d'une suite et en entraîne une autre après lui :

> Il est le terme intermédiaire d'une longue suite qui se développe de façon créatrice [2].

Toute tentative n'a donc de valeur que dans la mesure où elle ne veut pas être la « confirmation isolée » d'une hypothèse, mais plutôt mène au-delà d'elle-même vers des phénomènes apparentés.

Si nous avons conçu un tel essai, fait une semblable expérience, l'examen de ce qui est voisin, qui suit aussitôt, n'est jamais trop scrupuleux. La multiplication de chacun de ces essais particuliers est par conséquent le devoir proprement dit d'une recherche en science de la nature [3].

Et de même que la méthodologie de la science de la nature mène au « cas marquant », très tôt déjà ce concept prend dans l'intuition artistique de Goethe une importance déterminante. C'est dans cette perspective que dans ses lettres il parle à Schiller des

> cas saillants qui, possédant une richesse et une variété qui les rend typiques, apparaissent comme les représentants d'un grand nombre d'autres, embrassent un certain ensemble de cas analogues, commandent une certaine série [...] et s'arrogent ainsi, extérieurement et intérieurement, des titres à une certaine unité et à une certaine universalité [4].

La « faculté d'imagination créatrice » procède partout de la même façon : elle condense un ensemble infiniment riche en un moment particulier, en une figure particulière, et fait surgir à nouveau l'ensemble de ce moment selon une loi précise.

C'est tout particulièrement sa création poétique qui permet à Goethe de redécouvrir sans cesse ce contenu spirituel du concept de métamorphose. Étant donné qu'il ressent son don poétique parfaitement comme « nature », il est aussi à ses yeux subordonné à la loi

---

1. J. W. GOETHE, *Materialien zur Geschichte der Farbenlehre* [Éléments pour l'histoire de la théorie des couleurs], *Naturwiss. Schr.*, III, p. 236, 246.
2. J. W. GOETHE, *Maximen und Reflexionen*, n° 416.
3. J. W. GOETHE, *Der Versuch als Vermittler von Objekt und Subjekt*, *Naturwiss. Schr.*, XI, p. 32.
4. J. W. GOETHE, lettre à Schiller, 16 août 1797 ; comparer avec Fr. VON SCHILLER, lettre à Goethe, 15 septembre 1797, [dans *Goethe-Schiller, Correspondance*, trad. p. 427.]

universelle de la nature. Goethe conserve des années durant en son for intérieur certaines images poétiques, comme les motifs de la *Braut von Korinth* [La fiancée de Corinthe], de *Gott und die Bajadere* [Le Dieu et la bayadère], de la *Ballade vom vertriebenen und zurückkehrenden* Grafen [*Ballade (du comte exilé et revenu)* [1]], et là, elles « se transforment certes mais sans s'altérer, mûrissent pour prendre une forme plus pure, une présentation plus caractérisée [2] ». Ce processus de croissance et de mûrissement intérieurs trouve son expression achevée dans un poème du *Divan occidental-oriental* qui est en même temps, de par son mode de genèse, la preuve vivante de ce jaillissement des poésies lyriques de Goethe à partir de très simples éléments fondamentaux intuitifs et mélodiques. Le 24 septembre 1815, Goethe se trouve au château de Heidelberg où il contemple dans le parc les marrons jaillissant de leur bogue et tombant à terre. Ce simple épisode particulier tout à fait précis et réel provoque chez lui un afflux de tous les éléments fondamentaux de l'ambiance du moment et de toute son existence spirituelle : la nostalgie pour la bien-aimée, la plénitude nouvelle de la vie et de la poésie qu'elle a suscitée en lui et qui maintenant éclôt « dans la fleur même de sa jeunesse », les formations de son imagination qui s'agitent et enflent et, grandissant à son insu, aspirent à la configuration et à l'expression. Et tout ceci se fondant en même temps avec l'écho doux et mélodique des feuilles qui bruissent dans le vent, avec le mouvement rythmé des rameaux et des branches, fait surgir le poème qui maintenant embrasse tous ces moments particuliers et dans lequel pourtant rien n'est plus présent en tant que moment particulier :

Sur ces rameaux épanouis,
Bien-aimée, jette un regard !
Laisse-moi te montrer les fruits
Entourés d'une coque verte et piquante.

Ils pendent là, depuis longtemps, pelotonnés
En silence et ne se connaissant pas ;
La branche qui oscille doucement
Les berce avec patience.
Mais, par une force intérieure, mûrit
Et se gonfle le noyau brun,
Il voudrait respirer l'air
Et verrait volontiers le soleil.

La coque éclate, il choit
Et se détache joyeusement ;

---

1. *Ballades de Goethe et Schiller*, trad. L. Mis, Paris, Aubier, 1944, p. 128 s. (N.d.T.).
2. J. W. GOETHE, *Bedeutende Fördernis usw.*, *Naturwiss. Schr.*, XI, p. 60.

> Ainsi tombent mes chansons
> Amoncelées dans ton sein [1].

Pour l'auteur de ces vers, il n'existait entre le devenir naturel et le devenir spirituel aucun rapport allégorique médiat ; il savait et sentait au contraire les deux comme ne faisant immédiatement qu'un. Toutes les phases singulières de la vie de Goethe sont pénétrées de ce trait fondamental. Il marque de son empreinte l'œuvre lyrique de la jeunesse, et Goethe a encore interprété à partir de ce point de vue l'une de ses créations particulièrement caractéristiques de sa vieillesse, la *Novelle*.

> Pour vous donner une idée de la marche de cette nouvelle – dit Goethe à Eckermann –, voici une comparaison. Représentez-vous une plante verte qui jaillit de sa racine. Pendant quelque temps, sa forte tige se couvre de feuilles vertes, puis s'achève dans l'éclosion d'une fleur. La fleur était inattendue, surprenante, mais elle devait pourtant venir et la texture du feuillage vert n'était là que pour elle, et sans cette fleur tout cela eût été vain [2].

Cette « croissance depuis l'intérieur » est en fait caractéristique et constamment déterminante non seulement dans l'œuvre lyrique de Goethe mais aussi dans sa poésie épique. Chez lui, l'épopée, même là où, comme dans *Wilhelm Meister*, elle cherche à présenter et refléter indirectement la vie du monde dans toute son étendue, n'est pourtant jamais dirigée simplement vers la description du monde « extérieur » et une suite d'événements qui s'y déroulent : l'œuvre épique présente simplement, dans le monde et par son intermédiaire, des intrications et évolutions psychiques. C'est pour ainsi dire l'épanouissement d'un cosmos spirituel indépendant qui possède en lui-même son centre de gravité et la loi de sa forme. Aussi la « vérité » ou la « vraisemblance » extérieures, d'ordre empirique et causal, ne constituent-elles pas un critère pour ces œuvres ; Goethe a lui-même reconnu à propos de *Wilhelm Meister* qu'il appartenait aux « productions indéchiffrables » pour lesquelles la clé lui faisait presque défaut à lui-même [3]. Certes, ce trait fondamental ne se manifeste dans toute sa pureté que dans les œuvres que Goethe a créées, tel *Werther*, « presque inconsciemment, comme un noctambule » ou dans lesquelles, comme c'est le cas pour *Hermann und Dorothea*, la conception poétique originaire et son exécution ne sont pas séparées par un espace de temps important. Là où, en revanche, Goethe a intentionnellement entrepris la « composition » de l'ensemble et s'est lancé dans des esquisses successives, il n'est pas rare (comme le montre par exemple la comparaison entre le premier livre des

---

1. J. W. GOETHE, *West-östlicher Diwan* [« Le livre de Suleika », *Divan occidental-oriental*, trad. p. 205].
2. J. W. GOETHE à Eckermann, 18 janvier 1827 [trad. p. 193].
3. *Ibid.*, 18 janvier 1825 [trad. p. 138].

Lehrjahre [*Les Années d'apprentissage (de Wilhelm Meister)*] et la première version du *Meister*) de voir cette légalité purement interne à l'épopée violée et mise en péril dans le détail, même si dans l'ensemble elle se rétablit à chaque fois dans sa pureté.

C'est la méthode spécifique de la « variation », qu'elle se réfère à une expérience scientifique ou à un motif poétique, c'est la « dérivation » à partir d'un « point marquant » qui est efficace et féconde dans les deux cas, qui constitue pour Goethe l'opposition décisive entre les hommes empiriques, simplement réceptifs, et l'homme créateur. L'artiste, comme le chercheur en science de la nature, est invité à saisir le plus exactement possible la réalité empirique. En parlant du jeune Goethe, le baron de Schönborn loue dans une lettre à Gerstenberg cette « faculté poétique douée d'une exceptionnelle intuition qui pénètre entièrement les objets par le sentiment » et qui « localise et individualise tout selon son esprit [1] ». Goethe a lui-même, en présence du chancelier von Müller, donné pour caractéristique de sa faculté d'intelligence sensorielle qu'il gardait intacts en mémoire les contours et les formes mais se sentait très vivement affecté par des configurations manquées et des défauts.

> Sans cette faculté aiguë de compréhension et d'impression, je ne pourrais moi-même produire des figures aussi vivantes et individualisées [2].

Cette « faculté d'impression » resterait cependant morte et dépourvue de forme s'il n'y avait pas ce don vivifiant de la modification et transformation du donné selon une loi. Les deux choses sont en relation réciproque et restent indissociables car la mémoire et l'imagination sont déjà à l'œuvre dans les organes des sens eux-mêmes. Goethe est ici en accord avec le contenu du propos de Kant qui, d'après ce dernier, « n'a effleuré aucun psychologue », à savoir que l'imagination serait un ingrédient nécessaire de la perception. Aussi combat-il avec ardeur et indignation la division communément pratiquée entre les facultés psychiques « inférieures » et « supérieures » en usage dans la psychologie de Wolff.

> Dans l'esprit humain comme dans l'univers, rien n'est supérieur ou inférieur, tout exige les mêmes droits à un centre commun qui justement manifeste sa secrète existence dans le rapport harmonieux que toutes les parties entretiennent avec lui [...]. Si quelqu'un n'est pas convaincu de devoir ordonner toutes les manifestations de l'essence humaine, la sensibilité et la raison, l'imagination et l'entendement, en une franche unité, quelle que soit celle entre toutes ces qualités qui domine, il peinera éternellement dans une limitation désagréable [...]. C'est ainsi qu'un homme né et instruit pour les sciences dites exactes aura de la peine à comprendre, au summum de son

---

1. *Der junge Goethe*, nouvelle édition par M. Morris, III, p. 389.
2. J. W. GOETHE au chancelier von Müller, 17 mai 1826.

entendement rationnel, qu'il peut également exister une imagination sensible exacte sans laquelle aucun art n'est à vrai dire pensable [1].

Ce n'est pas l'œil seul mais cette imagination sensible exacte qui assurait à Goethe la possession du monde. Les deux choses n'étaient pour lui pas séparées, ainsi qu'il l'a dit un jour lui-même : quand les artistes parlent de la nature, ils « présupposent [2] », sans en être clairement conscients, toujours l'idée, et il « présupposait » toujours lui-même, quand il parlait de son œil, l'activité intérieure de mise en image. C'est en elle seule qu'il voyait la véritable médiation entre sujet et objet, entre lui-même et la nature.

L'imagination – est-il dit dans les considérations que, sous le titre de *Poetische Metamorphosen*, Goethe a intégrées à ses essais et études sur la morphologie – est beaucoup plus proche de la nature que la sensibilité ; celle-ci est dans la nature, celle-là plane au-dessus. L'imagination est à la hauteur de la nature, la sensibilité est dominée par elle [3].

Aussi n'est-il plus troublé, ainsi qu'il l'exprime lui-même, par le fait que l'idée de la métamorphose des plantes « contredise nos sens », car il sait que « l'expérience n'est jamais que la moitié de l'expérience ». Face à un empirisme dogmatique qui persiste à objecter que tout au moins l'homme primitif – l'enfant – n'idéalise pas, il réplique que l'enfant n'engendre pas non plus, « car il faut avoir passé par une puberté pour parvenir à concevoir l'idéal [4] ». Mais tout comme dans le domaine organique, cet engendrement n'est pas une création entièrement nouvelle ; c'est un « développement » et une « transformation ». De même qu'on ne peut séparer la sensibilité de l'imagination, on ne peut séparer l'« intuition » de l'« examen » ; en effet, « qu'est-ce que la contemplation sans la pensée ? » C'est pourquoi l'introduction du *Traité des couleurs* juge tout à fait étrange cette exigence qui veut que l'on expose des expériences sans le moindre lien théorique pour laisser aux lecteurs et élèves le soin de se faire eux-mêmes à leur gré une conviction quelconque.

Car la seule vue d'une chose ne peut nous faire progresser. Toute observation aboutit à une considération, toute considération à une réflexion, toute réflexion mène à établir des rapports, et ainsi l'on peut dire que déjà tout regard attentif porté sur le monde théorétise. Mais pour le faire avec conscience, en connaissance de soi, dans la liberté et, pour user d'un terme audacieux, avec ironie, une telle habileté est nécessaire pour que soit neutralisée

---

1. J. W. GOETHE, *Über Stiedenroths Psychologie, Naturwiss. Schr.*, XI, p. 74.
2. J. W. GOETHE, *Maximen und Reflexionen*, n° 1071 [trad. p. 73].
3. J. W. GOETHE, *Naturwiss. Schr.*, VI, p. 361.
4. J. W. GOETHE, *Maximen und Reflexionen*, n° 273, 1072 [trad. p. 73, p. 99].

l'abstraction que nous redoutons, et que soit bien vivant et utile le résultat expérimental que nous attendons [1].

L'abstraction n'est pas nocive lorsque, dépassant le phénomène particulier, elle ne se sépare cependant pas de l'ensemble des phénomènes, mais cherche au contraire à présenter cet ensemble lui-même dans la globalité de ses liaisons. La science physique véritablement féconde ne décompose par conséquent pas le « monde de l'œil », comme le fait l'explication mécanique des couleurs, pour en faire quelque chose d'informe, uniquement accessible au calcul mathématique. Elle le laisse au contraire intact dans sa nature spécifique et ne se distingue de la vision sensorielle que par le fait que là où celle-ci n'apporte que des données particulières isolées, elle présente un enchaînement sans faille de relations et de séries, grâce auquel chaque singularité se voit assigner sa place dans la totalité des phénomènes. On voit que, dans cette exigence, Goethe ne fait que transposer à la présentation et à l'explication des phénomènes de la physique la méthode qu'il préconise en biologie. Nous ne chercherons pas ici à savoir si cette transposition est ou non justifiée, on peut seulement faire remarquer que même le jugement sur ce point doit être revu si l'on choisit pour norme non pas le point de vue de la « vision mécaniste du monde », mais celui de la pure connaissance mathématique et physique elle-même. Goethe n'aurait sans doute pas répugné à user d'un mode d'examen différent, d'ordre physique et mathématique, des phénomènes de la couleur, même s'il lui était étranger, si on lui avait permis de « prendre symboliquement » même cet examen-là. Il est certain que ce que la science dogmatique de la nature ne pouvait en la matière lui accorder à cette époque lui serait volontiers concédé par la physique et la critique de la connaissance modernes. La différence caractéristique entre leurs tâches et celles qu'en tant que chercheur en sciences de la nature Goethe s'était fixées n'en serait nullement atténuée – compter et séparer n'était pas dans sa nature –, mais cette différence ne contiendrait concrètement plus rien de ce vif conflit auquel elle avait mené, du fait que Goethe avait toujours, dans la forme historique de la mathématique physique en présence de laquelle il se trouvait, à combattre en même temps les dogmes d'un matérialisme métaphysique abstrait.

Goethe, en effet, n'est certes pas disposé en faveur d'une théorie de la connaissance, mais il exige du « chercheur honnête » qu'il s'observe lui-même et ait le souci, en voyant autour de lui la plasticité de la nature, de garder aussi souple son propre organe de compréhension et sa façon de voir afin de ne pas persister partout

---

1. J. W. Goethe, *Zur Farbenlehre, Didaktischer Teil, Vorwort* (*Traité des couleurs*, Préface, trad. H. Bideau, Paris, Triades, 1980, 2ᵉ éd., p. 73) [N.d.T.].

avec raideur dans le même type d'explication[1]. C'est justement là la liberté intérieure et l'« ironie » qui conviennent à celui qui examine et le préservent de se figer dans un schéma conceptuel uniforme. C'est faire preuve d'assez de scepticisme que d'écrire, comme le fit un jour Goethe au comte Sternberg, qu'il ne faut pas prendre à la lettre le positif mais s'élever au-dessus avec ironie pour lui garder sa qualité de problème. Mais ce « mot osé » a cependant sa fondation profonde dans l'ensemble de l'intuition goethéenne. Très tôt, en effet, il connaît et cultive en lui cette « disposition ironique »,

qui s'élève au-dessus du bonheur et du malheur, du bien et du mal, de la mort et de la vie, et qui arrive ainsi à la possession d'un monde vraiment poétique[2].

C'est donc jusque dans ce concept fondamental que le romantisme a emprunté à Goethe son mode d'expression et d'intuition. Il n'a toutefois pas entendu au sens goethéen le libre vol et la libre configuration de l'imagination grâce auxquels celle-ci se montre à la hauteur de la nature elle-même. Goethe, en effet, ne veut à nouveau s'affranchir de la sujétion aux choses particulières et aux phénomènes particuliers que pour parvenir à l'intuition et à la certitude des lois véritablement objectives et durables de l'ensemble. À l'âge de quatre-vingt-un ans, constatant avec joie, à l'occasion de la traduction par Soret de *La Métamorphose des plantes*, que la maxime vieille de plus de quarante ans garde toujours pour lui sa valeur, il se met à la louer de ce qu'elle nous conduit en sécurité à travers tout le labyrinthe du concevable jusqu'à la limite de l'inconcevable, où on peut bien s'estimer satisfait après avoir tant gagné. À ce moment-là, l'« idée » semble avoir acquis pour lui uniquement le sens d'un « principe régulateur » de la recherche, tel que l'entend la critique kantienne. Mais au fond, sa position intérieure à l'égard de la *Kritik der Urteilskraft* [*Critique de la faculté de juger*] n'a pas changé depuis la parution de l'œuvre en 1790. Il se sent en effet toujours appelé à affronter courageusement, ainsi que le dit Kant, l'« aventure de la raison » ; il espère toujours et s'efforce de se rendre digne, par l'intuition d'une nature toujours créante, de participer par l'esprit à ses productions[3]. La doctrine critique a simplement renforcé en lui la certitude que cette intuition est déjà elle-même une activité, qu'elle est « spontanéité » et non « réceptivité ». Sur ce point, il se situait volontiers, dans la querelle qui oppose les tenants et les adversaires de la critique de la raison, du côté « qui fait le plus honneur à

---

1. J. W. GOETHE, *Naturwiss. Schr.*, VI, p. 349.
2. J. W. GOETHE, *Dichtung und Wahrheit*, 2ᵉ partie, liv. X [trad. p. 27].
3. J. W. GOETHE, *Anschauende Urteilskraft*, *Naturwiss. Schr.*, XI, p. 55, [« Faculté de juger intuitive », *La Métamorphose des plantes et autres écrits botaniques*, trad. p. 199].

l'homme ¹ ». En effet, la véritable créativité de l'homme, la créativité de l'artiste et du chercheur, ne lui est jamais apparue comme isolée de la nature et dirigée contre elle ; elle est au contraire pour lui la continuation et l'achèvement de la productivité de la nature elle-même. Étant donné que l'homme est placé au sommet de la nature, il se considère comme une nature tout entière qui doit faire naître à son tour un sommet en elle-même. Ici également vaut la parole de Faust disant que « pour un esprit qui sait agir ce monde n'est pas muet ² », car dans le principe de son action et de sa création il saisit le principe fondamental proprement dit de ce monde.

Ceci permet de comprendre que, en fin de compte, la fonction spirituelle de formation et de transformation, qui était jusque-là dénommée imagination créatrice, porte un nom plus ample et plus universel encore : elle devient strictement « raison ». Lorsque Goethe accompagna d'un bref commentaire une présentation de la philosophie kantienne qu'il destinait à la grande-duchesse Maria Pavlovna, il plaça, à côté de la sensibilité, de l'entendement et de la raison, l'imagination en tant que « quatrième force principale de notre essence spirituelle ». Mais étant donné que, d'une manière générale, il n'existe plus pour lui aucune séparation absolue entre les différentes « facultés de l'âme », inférieures et supérieures, sensibles et intelligibles, de même l'imagination n'est plus pour lui un sous-ensemble isolé du spirituel mais en quelque sorte le médium dans lequel vivent et tissent toutes les autres forces.

Elle supplée la sensibilité sous la forme de la mémoire, elle propose à notre entendement notre vision du monde sous la forme de l'expérience, elle construit ou trouve des figures aux idées de la raison, vivifiant ainsi l'ensemble de l'unité humaine qui sans elle devrait sombrer dans une morne inactivité. Si, d'une part, l'imagination rend de tels services à ses trois forces-sœurs, en revanche, ce sont ces chères parentes qui l'introduisent dans le royaume de la vérité et de la réalité. La sensibilité lui offre des figures vraies aux contours purs, l'entendement règle sa force créatrice et la raison lui donne l'assurance totale qu'elle ne joue pas avec des images oniriques mais se fonde sur des idées ³.

Cette harmonie interne qui règne entre l'imagination et la raison, entre l'idée artistique et l'idée théorique, repose sur le fait que la caractéristique même de la raison est de décomposer le tout statique de l'Être pour en faire un tout dynamique. Alors que l'« entendement » est dirigé sur ce qui est devenu et stable, alors qu'il prend les

---

1. J. W. GOETHE, *Einwirkung der neueren Philosophie*, *Naturwiss. Schr.*, XI, p. 49.
2. J. W. GOETHE, *Faust II*, acte V, « Nuit profonde » (*Théâtre complet*, trad. S. Paquelin, p. 1497) [N.d.T.].
3. J. W. GOETHE, *Über Kants Philosophie* [À propos de la philosophie de Kant], Jahrbuch der Goethe-Gesellschaft, XIX, p. 39.

objets dans leur existence comme donnés et, ainsi que le fait par exemple la botanique de Linné, s'efforce de les ordonner à l'aide de traits fixes, la raison, elle, se réfère partout au devenir.

La divinité – dit Goethe à Eckermann – agit dans ce qui est vivant et non dans ce qui est mort ; elle est en ce qui devient et se transforme, non en ce qui est devenu et s'est figé. Aussi la raison pure, dans sa tendance vers le divin, n'a-t-elle affaire qu'à ce qui devient et qui vit ; tandis que l'intelligence s'adresse à ce qui est devenu et s'est figé, pour en tirer profit [1].

Ici se situe par suite le point où la pratique quotidienne et banale se sépare de l'action et de l'examen véritablement spirituels. L'homme pratique ne voit que des choses empiriques et des fins empiriques limitées, là où l'authentique théorie voit un rapport interne, fondé sur des lois autonomes, entre la vie et l'effectuation. Mais pour le simple empiriste, son mode d'intuition est sans doute si familier et nécessaire qu'il doit l'utiliser même là où l'objet lui-même le contredit directement. C'est pourquoi il transforme le phénomène de l'évolution également là où il lui est imposé par l'expérience elle-même en phénomène d'« emboîtement », et croit ainsi avoir compris la chose nouvelle qui en naît, c'est-à-dire l'avoir réduite à quelque chose qui a déjà existé. Le « mode de représentation figé », d'après lequel rien ne peut *devenir* qui ne *soit* déjà, affirme ici une fois de plus sa puissance et sa primauté [2]. La liberté intérieure dont Goethe fait ici preuve face à l'ensemble de la science biologique de son temps se manifeste avant tout dans le fait que, sur ce point, il se tient en dehors de la querelle des partis qui caractérise la biologie du XVIIIe siècle. Sa vision fondamentale ne peut pas plus être rangée sous le concept d'épigénèse que sous celui de préformation. Ce qui la sépare du premier, c'est son intuition dynamique de l'advenir dans la nature qui veut que l'on retienne partout comme « concept principal » dans l'étude d'un être vivant

que ses parties sont entre elles dans un rapport nécessaire, que rien n'est édifié et produit par un mécanisme, pour ainsi dire, de l'extérieur ; bien que des parties en viennent à exercer une action vers l'extérieur, et à recevoir de l'extérieur leur détermination [3].

Que seraient donc, au fond, tous les rapports avec la nature – dit Goethe à Eckermann à propos de la célèbre controverse entre Cuvier et Geoffroy de Saint-Hilaire – si par la méthode analytique nous n'avions affaire qu'à des parties isolées de la matière et ne sentions pas le souffle de l'Esprit, qui

---

1. J. W. GOETHE à Eckermann, 13 février 1829 [trad. p. 275] ; voir *Maximen und Reflexionen*, n° 555, 599.
2. Voir J. W. GOETHE, *Campagne in Frankreich* [La campagne de France], novembre 1792.
3. J. W. GOETHE, *Metamorphose der Pflanzen*, *Naturwiss. Schr.*, VI, p. 282 [*La Métamorphose des plantes et autres écrits botaniques*, trad. p. 247 s.].

prescrit sa direction à chacune de ces parties et réprime ou sanctionne toute déviation par une loi immanente [1] ?

Mais d'autre part, Goethe, une fois définitivement élaborée sa conception de la nature, n'en rechigne pas moins à penser cette loi immanente sous la forme d'un modèle précédant tout développement, qu'on puisse exhiber objectivement, interprétant ainsi la formation de la figure comme la simple présentation de quelque chose qui, quoique caché et non perceptible, était cependant présent sous une forme concrète. S'écartant au contraire de cette idée dominante de la « préformation », il en revient à Leibniz et à sa conception plus profonde. Seule la condition d'une figure à venir doit être considérée comme contenue dans le germe et non la figure elle-même sous une forme réduite.

La théorie de l'emboîtement sera bientôt pour l'homme cultivé un objet de répulsion ; mais pour une théorie qui admet un donner et un recevoir, on présuppose bien toujours un élément qui reçoive et un autre qui soit reçu, et si nous ne voulons pas penser une préformation, nous en venons à une prédélinéation, à une prédétermination, à une façon de préétablir, et à tous les vocables possibles pour nommer ce qui doit exister avant que nous ne puissions percevoir quelque chose [2].

Ce qui distingue précisément « prédestination » de « préformation », c'est que dans la première ce n'est pas la forme sensible elle-même qui est prise pour fondement et postulat du devenir, mais la « détermination à la forme » qui ne se conçoit qu'idéellement. Rien ne surgit, sinon ce qui était annoncé à l'avance, mais annoncé uniquement par la direction spécifique du processus dynamique et non pas par une partie déjà achevée de la formation qui doit être engendrée. Dans cette vision se réconcilient aux yeux de Goethe les exigences du concept et de l'intuition. C'est pourquoi il objecte au fondateur de la doctrine de l'épigenèse, Kaspar Friedrich Wolff, tout en reconnaissant ses mérites, que dans la maxime fondamentale de toutes ses recherches, selon laquelle on ne peut supposer ou affirmer que ce que l'on voit de ses yeux et qu'on peut à tout moment montrer à d'autres, il aurait négligé le fait

qu'il existe une différence entre voir et voir, que l'œil de l'esprit doit agir en liaison constante avec l'œil du corps sous peine de courir le danger de voir et pourtant de passer à côté [3].

---

1. J. W. GOETHE à Eckermann, 2 août 1830 (trad. p. 608) [N.d.T.].
2. J. W. GOETHE, *Naturwiss. Schr.*, VII, p. 73 [« Impulsion formatrice », *La Métamorphose des plantes et autres écrits botaniques*, trad. p. 203].
3. *Ibid.*, VI, p. 156.

Mais pour l'homme qui exerce sa raison et qui se soucie du particulier, tout ce qui vient d'une idée et y ramène est pour ainsi dire un fardeau, car un métal qui n'est pas monnayé, qui ne peut être compté, n'est qu'un bien embarrassant, alors que, d'autre part, celui qui se place à un niveau plus élevé méprise facilement le particulier et le précipite dans une universalité où il est anéanti [1]. Seul l'examen génétique sous l'égide de la raison permet d'éviter ces deux dangers. Il ne tombe pas dans le travers de la généralité étouffante de la simple représentation d'espèce, il la remplace par la validité universelle d'une règle selon laquelle le particulier naît en tant que particulier. Dans ce perpétuel mouvement de systole et de diastole, dans cette oscillation entre l'idée et l'expérience, le monde de l'esprit s'édifie pour nous comme celui de la réalité empirique. Tous les empiristes aspirent à l'idée sans pouvoir la découvrir dans la multiplicité ; tous les théoriciens la cherchent dans le multiple où ils ne peuvent la trouver. Face à cette vision limitée des choses, il convient de véritablement faire coïncider unité et pluralité, individualité et norme, grâce à un principe que nous découvrons et qui, lui-même universel, nous guide tranquillement à travers la série des particularités. Ce n'est qu'ainsi que les contraires s'unissent, car le particulier est l'universel qui se révèle sous différentes conditions. En ce sens, toute réalité factuelle est déjà théorie : comment, en effet, cela pourrait-il se révéler factuel sinon parce qu'il se rattache à un autre phénomène factuel et participe avec lui à un rapport d'ensemble qui obéit à des lois [2] ?

Pour nous cependant, ces considérations ne font que témoigner du degré de hauteur et de pureté auquel Goethe élève l'idée universelle de « métamorphose ». On voit maintenant combien cette idée détermine à ses yeux la manière dont non seulement l'être physique mais aussi l'être spirituel s'organisent. C'est elle qui anime de l'intérieur le schéma traditionnel des « facultés de l'âme », qui confère à l'« intuition », à l'« imagination créatrice » et à la « raison », leur signification précise et qui établit en même temps le but unitaire auquel elles se réfèrent en dépit de toute la diversité de leurs fonctions. Un devenir constant, une activité inlassable qui se fixent cependant eux-mêmes une mesure et une limite : telle est pour Goethe désormais la vie de l'esprit, comme c'était auparavant la vie de la nature. Ainsi seulement s'éclaire le sens du poème *La Métamorphose des animaux*, exprimant que nous avons là affaire au concept le plus haut que puissent conquérir le penseur moral, comme l'homme d'action, le poète comme le chercheur. Derrière ce phénomène originaire de l'agir qui se limite lui-même de l'intérieur, aucune considération métaphysique ne cherche à s'imposer : « qu'est-ce que l'homme peut bien attendre de plus de la vie, sinon

---

1. *Ibid.*, VI, p. 6.
2. Voir J. W. GOETHE, *Maximen und Reflexionen*, n° 529, 565, 569, 575, 803.

que la divinité-nature lui révèle comment elle fond le stable dans l'esprit, comment elle préserve stable ce qui est conçu par l'esprit ? » Les deux tendances fondamentales n'agissent en effet que conjointement. L'idée de métamorphose est un « don d'en haut respectable au plus haut point, mais en même temps dangereux au plus haut point » : affranchie de toute condition et de toute limite, elle finirait par détruire toute détermination stable de la figure, si n'était adjointe à cette « *vis centrifuga* » une autre force, centripète. À l'aspiration à la transformation s'oppose l'aspiration à la fixité, cet instinct de « spécification » qui veut maintenir dans son être ce qui est un jour réellement devenu[1]. La forme finit par être processus, mais le processus aspire à redevenir forme. Les formules dans lesquelles Goethe résume cela peuvent bien avoir des accents abstraits et métaphysiques, mais pour lui il n'en est rien et elles ne font qu'exprimer l'expérience fondamentale qui pour lui-même en tant qu'analyste et créateur était partout présente et vivante. Il n'y avait pas pour lui d'image fixe du monde, mais seulement un monde qui se renouvelle sans cesse dans les oppositions, la « polarité » et l'« intensification ». Il ne nous est donné d'exprimer que la direction et non le but de ce processus, mais aucun but transcendant extérieur que nous pourrions éventuellement lui indiquer ne pourrait se substituer à la richesse de son contenu. Telle est la profondeur avec laquelle Goethe s'est emparé du problème fondamental qui accompagne d'un bout à l'autre l'histoire de l'esprit en Allemagne, avec laquelle il interprète l'opposition et les relations réciproques de la « forme » et de la « liberté ». Le motif est le même et pourtant complètement transformé par la teneur spirituelle concrète, d'une richesse infinie, qui est désormais la sienne.

Partant de là, on peut également avoir une vue d'ensemble du changement interne qui s'opère dans le concept goethéen de forme artistique. De même qu'il croyait avoir découvert en Italie que l'Antiquité avait créé selon les mêmes lois que celles qui ont cours dans les formations de la nature, de même, forme artistique et forme naturelle ne constituent désormais pour lui que deux expressions d'un seul et même problème. Ce parallélisme se poursuit jusque dans la configuration du particulier. Il exige désormais de l'art, en des termes qui sont pratiquement les mêmes que pour l'anatomie comparée, qu'il se familiarise avec exactitude, toujours plus d'exactitude, avec les qualités des choses et le mode de leur existence, qu'il ait une vue d'ensemble de la série des figures et sache juxtaposer et imiter les différentes formes caractéristiques[2]. Ce rapport une fois

---

1. J. W. GOETHE, *Problem und Erwiderung*, *Naturwiss. Schr.*, VII, p. 75, [« Problème et réponse », *La Métamorphose des plantes et autres écrits botaniques*, trad. p. 205].
2. Voir en particulier J. W. GOETHE, *Einleitung in die Propyläen*, 1798 [dans *Écrits sur l'art*, trad. p. 142 s.].

satisfait, le style de l'artiste se trouve alors reposer sur « les fondations les plus profondes de la connaissance » mais, avec le progrès de la connaissance, il doit encore se transformer intérieurement lui-même. Ce n'est donc pas un hasard si pour Goethe l'époque du plus strict « classicisme » coïncide avec celle de sa conception de la nature où, plongé dans son nouveau mode d'intuition génétique, il voit encore celle-ci s'incarner directement dans l'image de la « plante primordiale ». De même que la règle du devenir est encore conçue comme quelque chose de consistant et d'existant, comme un prototype et un archétype réel, les « modèles » classiques de l'art semblent devoir signifier une norme fixe et durable. L'équilibre entre « repos » et « mouvement », entre le facteur « plastique » et le facteur « dynamique » qui s'interpénètrent dans la forme naturelle comme dans la forme artistique, n'est donc de ce fait pas encore établi complètement ; on a plutôt l'impression que le premier moment menace de reprendre son indépendance et de s'affranchir de lui-même de cette corrélation. Nous avons étudié dans le détail comment Goethe a surmonté ce péril interne dans le développement de son intuition de la nature. Cependant, dans le domaine de l'art, un développement analogue au sens strict du mot ne peut être mis en évidence que là où Goethe se comporte de manière créatrice et non là où il ne fait qu'examiner et juger. Il a, dans sa poésie, violé les frontières qu'il avait tracées originellement, en suivant le vif instinct originaire de la création ; le *Divan occidental-oriental* ou l'*Élégie de Marienbad* obéissent à une autre loi formelle que la *Natürliche Tochter* [*La Fille naturelle*]. La *théorie* de l'art de Goethe n'a cependant ni entièrement ni inconditionnellement suivi cette transformation et, notamment dans ses jugements sur les beaux-arts et l'art théâtral, on sent souvent une étroitesse de vues qui va à l'encontre de cette liberté intérieure à laquelle il était parvenu entre-temps dans sa propre création comme dans son examen de la nature. Il serait toutefois aussi faux qu'injuste de vouloir mesurer et juger la vision d'ensemble conquise par Goethe sur le problème de la forme à l'aune de cette parcelle limitée de son monde d'idées ; plus que de n'importe quel autre penseur, on peut en effet dire de lui que « ce n'est que l'union du penser et de l'agir, de l'agir et du penser, qui est la somme de toute sagesse ».

Dans cette somme, la poésie elle-même ne constitue qu'un moment particulier.

> Depuis plus d'un demi-siècle – écrit encore Goethe vers la fin de sa vie –, on me connaît comme poète dans mon pays et sans doute aussi à l'étranger, et à la rigueur on me reconnaît comme tel ; mais ce que l'on ne sait pas aussi généralement, et ce à quoi on a encore moins pris garde, c'est la grande attention avec laquelle je me suis activement efforcé de comprendre la nature dans ses phénomènes physiques généraux et dans ses phénomènes organiques, et que j'ai poursuivi par-devers moi, avec constance et passion,

des études et réflexions entreprises avec sérieux. Lorsque donc, imprimé depuis quarante ans en langue allemande, mon essai sur la façon dont il convient de se représenter avec esprit les lois de la formation des plantes fut mieux connu en Suisse et en France en particulier, on ne put s'étonner assez qu'un poète, qui à l'ordinaire ne se préoccupe que des faits moraux, qui ressortissent du sentiment et de l'imagination, ait pu s'écarter un instant de sa route et ait fait en passant rapidement une aussi importante découverte [1].

Depuis que ces propos ont été écrits, le contenu objectif des apports de Goethe à la science de la nature a été, à diverses reprises, présenté en détail par des chercheurs de renom et estimé à sa juste valeur, mais l'étonnement de voir un « poète » parvenir à de tels résultats n'est pas encore complètement surmonté. L'énigme ne se résout en fait que si on en revient au centre de gravité de la créativité spirituelle de Goethe. S'il est à peine besoin de dire que l'imagination poétique de Goethe constitue un moment essentiel de toutes les directions de sa création et que c'est elle qui leur confère leur pleine détermination spécifique, l'origine de cette création, lorsqu'on l'envisage dans toute son envergure, ne peut se trouver dans une énergie spirituelle *singulière* quelconque. La force fondamentale de Goethe est pour ainsi dire tout simplement la « force de formation », la « force d'imagination créatrice », avant qu'elle ne se partage en directions et activités particulières différentes, et sur laquelle repose tout génie scientifique ou poétique. Partie de ce centre qui lui est propre, la voie conduit aussi bien à l'examen de la nature qu'à l'intuition artistique, sans qu'il soit nécessaire que l'un des deux moments soit médiatisé par l'autre, ce qui entraverait ou limiterait sa propre légalité. Ce n'est pas une énergie particulière qui imprime de force sa marque à toutes les autres, mais c'est une nouvelle synthèse qui s'opère à un niveau supérieur, dans laquelle elles s'unissent toutes ensemble, chacune gardant en même temps sa libre spécificité. Ce n'est qu'ainsi que l'on peut comprendre le rapport effectif qui existait entre Goethe chercheur et Goethe poète. En effet, Goethe n'a pas, ainsi que le veut une opinion toujours aussi répandue, donné à la science de la nature organique de géniales « impulsions » de poète, mais il a découvert pour elle des faits fondamentaux et des méthodes fondamentales. La forme spécifique de concept qu'il a établie et défendue face au concept habituel de classification en botanique traditionnelle renvoie même à une opposition encore plus universelle et qui n'est pas limitée à la science de la nature mais se fait jour comme étant caractéristique et fondatrice dans chaque domaine d'activité scientifique. Une description de l'apport de Goethe qui partirait d'une « faculté » déterminée qui

---

1. J. W. GOETHE, *Geschichte meines botanischen Studiums*, Naturwiss. Schr., p. 126 s. [dans *La Métamorphose des plantes et autres écrits botaniques*, trad. p. 104].

dominerait chez lui exclusivement ne ferait pas justice à son ampleur. Aussi n'est-il pertinent que dans une mesure très restreinte de caractériser Goethe, comme cela arrive fréquemment, simplement par son don de « synthèse » censé le distinguer de penseurs comme Kant en qui s'incarnerait l'« analyse » pure. En effet, en dehors du fait de savoir si cette détermination peut être considérée comme valide et suffisante pour Kant, la richesse du travail analytique accompli par Goethe dans ses observations scientifiques de la nature et ses expériences, principalement dans le cadre de la théorie des couleurs, saute immédiatement aux yeux. Au moment où Johann Georg Schlosser, beau-frère de Goethe, entre en lice contre Kant, dans son *Sendschreiben an einen jungen Mann, der die kritische Philosophie studieren wollte* [Lettre à un jeune homme qui voulait étudier la philosophie critique], pour combattre sur « un ton distingué » en faveur de la philosophie du sentiment et de l'intuition, Goethe prend entièrement à son compte le jugement de Schiller sur cette tentative :

> Nous savons – lui avait écrit Schiller à cette époque – comme tout le monde, vous et moi, en simples bonnes gens que nous sommes, que l'homme, dans l'exercice de ses plus hautes fonctions intellectuelles, opère toujours à la manière d'un tout lié, et que, d'une manière générale, la nature, à tous les degrés, procède par synthèses, mais il ne nous viendra jamais à l'idée, sous ce prétexte, de contester à la philosophie le droit de pratiquer la méthode de discrimination et d'analyse qui est l'organe de toute investigation, pas plus que nous ne songerons à faire la guerre au chimiste, parce qu'il détruit artificiellement les synthèses qu'a réalisées la nature.

Là-dessus, Goethe réplique par les propos magnifiques qui caractérisent son être tout entier que, si la philosophie lui devient de jour en jour plus chère, c'est que de jour en jour elle lui enseigne à mieux se distancier de lui-même,

> et la leçon est d'autant plus opportune que ma nature, à la manière des gouttelettes de mercure isolées l'une de l'autre, tend d'elle-même à s'agglomérer avec une extrême aisance et une extrême promptitude [1].

L'analyse, par conséquent, ne demeurait pour lui haïssable que là où elle se présentait unilatéralement comme une fin en soi, là où elle hypostasiait les nécessaires décompositions du concept en décompositions absolues de l'Être. Sous ce rapport, il objectait à son temps qu'un siècle qui s'adonnait uniquement à l'analyse et était en quelque sorte saisi de crainte devant la synthèse faisait fausse route :

---

1. Fr. VON SCHILLER, lettre à Goethe, 9 février 1798 ; GOETHE, lettre à Schiller, 10 février 1798 [*Goethe-Schiller, Correspondance*, trad. t. II, p. 49 s.].

car seules les deux choses réunies, comme l'inspiration et l'expiration, donnent vie à la science[1].

Le but de la distinction méthodique doit être l'articulation méthodique, la connaissance plus précise des parties doit nous faire découvrir plus exactement et plus profondément la manière dont elles se relient à l'ensemble. Là encore, Goethe suit en tant que chercheur et en tant que poète le même chemin. Le *Werther* constitue un tournant historique de l'analyse esthétique psychologique et la base sur laquelle s'est développé le roman psychologique moderne. Mais là encore, nulle part la finesse de l'analyse ne conduit à détacher les éléments, en tant qu'unités autonomes et existantes pour elles-mêmes, du rapport d'ensemble auquel elles appartiennent. Si la psychologie, telle qu'elle règne par exemple dans la comédie ou la tragédie classiques françaises, réduit finalement l'homme à une *qualité* concrète et stable, si elle le présente comme « l' » avare, l'égoïste, l'ambitieux, et prend ces qualités comme des composantes de son essence fixes et propres à l'espèce, Goethe, lui, ainsi qu'on l'a très justement dit[2], a transformé cette « psychologie des qualités » en « psychologie des dispositions » ou, comme on pourrait l'exprimer plus pertinemment encore, en psychologie des fonctions. Il achève ainsi en tant qu'artiste ce à quoi, dans le domaine scientifique, la théorie psychologique allemande avait aspiré depuis Leibniz. Chez Descartes et Spinoza, l'examen psychologique se borne à une « définition » des affects qui, nettement disjoints, sont pour ainsi dire posés comme des essences psychiques particulières et subsumés en concepts fixes. C'est seulement chez Leibniz que, en fonction de la tendance fondamentale de sa philosophie, le regard retourne à nouveau de la consistance du psychique à sa genèse, des « caractéristiques » aux « forces ». Pour appréhender ces forces, l'étude ne doit pas se contenter des contenus et des données achevés de la conscience ; elle doit au contraire se transporter jusqu'à la source de tout advenir psychique, dans l'obscur *« fundus animi »* représentant la force motrice de l'ensemble. Cette présentation à partir du « fond » de l'âme est ce qui caractérise la psychologie esthétique de Goethe. De telle sorte que Werther, Le Tasse, Wilhelm Meister ne sont pas pour nous les représentants individuels d'un caractère universel quelconque, mais des formes vivantes qui se développent à partir d'un moule. De même que Goethe refusait de voir son intuition du monde des plantes atrophiée par l'injonction de ne chercher la détermination caractéristique de chaque plante que dans certains traits génériques, préférant considérer l'infinie multiplicité et « versatilité » de la vie des plantes dans les conditions diverses de la montagne et de la vallée, de la lumière et de l'ombre,

---

1. J. W. GOETHE, *Analyse und Synthese*, *Naturwiss. Schr.*, XI, p. 70.
2. Voir R. M. MEYER, *Goethe als Psycholog*, *Goethe-Jahrbuch*, XII.

de la sécheresse et de l'humidité, de la chaleur et du froid, de même c'est dans tout examen de l'existence humaine qu'il va chercher cette mobilité intérieure. Ici aussi règne le processus de « dérivation à partir d'un point marquant » : on part toujours d'un environnement de circonstances parfaitement précis qui, toutefois, en se développant sous nos yeux, devient la présentation symbolique d'une vie dans son ensemble.

Il est dans les caractères – dit à ce sujet Goethe lui-même à Eckermann – une certaine nécessité, une certaine logique qui font que de tel ou tel trait fondamental découleront tels traits secondaires. Il suffit de l'expérience pour l'enseigner, mais chez certains individus, cette connaissance peut être innée. Si chez moi la connaissance innée s'allie à la connaissance acquise, je ne veux pas chercher à le savoir ; mais ce que je sais fort bien, c'est que si j'ai parlé à quelqu'un pendant un quart d'heure, je le ferai parler deux heures [1].

Dans cet art de la « dérivation », dont il était conscient, Goethe n'a pas seulement toléré qu'on choisisse pour outil l'analyse, il l'a personnellement recherchée dans cet esprit et inlassablement pratiquée. Mais il a lui-même un jour défini avec une clarté incomparable ce qui oppose sa conception à la démarche qu'il avait précisément sous les yeux dans la littérature française du XVIIIe siècle ; il reproche à Crébillon de manier les passions

comme des cartes à jouer, qu'on peut battre, jouer, rebattre, rejouer, sans qu'elles s'en trouvent le moins du monde modifiées. Pas trace – poursuit-il – de cette délicate affinité chimique en vertu de laquelle elles s'attirent et se repoussent, se combinent, se neutralisent, s'isolent à nouveau et reprennent leur nature propre [2].

Ce jugement, contenu dans une lettre à Schiller du 23 octobre 1799, précède de près d'une décennie l'élaboration des *Wahlverwandtschaften* [*Les Affinités électives*], mais il y a peut-être déjà là un motif fondamental de la conception de cette œuvre dans laquelle Goethe a confirmé de la manière la plus profonde et la plus pure cet art de présenter les passions dans leur « délicate affinité chimique ». Ce n'est que dans ce contexte que l'on comprend totalement qu'il ait pu ranger sous un concept de la science de la nature et nommer à travers lui le tableau le plus émouvant de relations spirituelles et psychiques qu'il ait créé : là non plus, il ne s'agit pas d'un simple jeu de « comparaison » mais de la conscience d'une liaison essentielle qu'il tirait de la loi fondamentale de sa propre création.

---

1. J. W. GOETHE à Eckermann, 26 février 1824 [trad p. 102].
2. J. W. GOETHE, lettre à Schiller, 23 octobre 1799 [trad. t. II, p. 305].

7

L'exigence formulée par Goethe qui veut que celui qui examine et étudie la nature garde toute sa souplesse à sa « façon de voir » afin de ne pas stagner dans un seul et même mode de représentation et de pouvoir s'adapter à la mobilité de l'objet grâce à la malléabilité de la pensée, nous pose, dans l'abstrait, un problème difficile. Voilà, en effet, que l'idée de variabilité venue des objets fait maintenant irruption dans les méthodes spirituelles fondamentales sans la médiation desquelles il n'y aurait pas pour nous de monde des objets. S'il y a un domaine où l'exigence d'identité et d'immuabilité doit être inviolable et intangible, c'est pourtant bien ici, semble-t-il. Les phénomènes peuvent se transformer et leurs transformations se poursuivre à l'infini, à condition toutefois que les concepts grâce auxquels nous les appréhendons demeurent univoques et précis. On ne peut renoncer à la constance de ces concepts fondamentaux et avec eux des principes et des méthodes sur lesquels repose tout savoir, sans retomber ainsi dans le plus complet arbitraire de la représentation et dans une subjectivité sans limites qui anéantirait tout critère de vérité. Il semble cependant que Goethe, en poursuivant son idée directrice et fondamentale, n'ait même pas été effarouché par cette conséquence ultime.

Quand je connais mes véritables rapports avec moi-même et avec le monde extérieur – dit-il dans un propos bien connu –, c'est ce que j'appelle la vérité. Chacun peut donc avoir sa vérité propre, et cependant c'est toujours la même[1].

Tout comme cet universel que nous nommons « vie », l'universel que nous désignons du nom de « vérité » ne nous est donc accessible que dans une individualisation continue ; comme dans la nature, la « manière de penser idéellement » ne peut, dans le royaume de l'idée et de la logique, mettre l'éternel en évidence que par cette médiation. Et c'est un trait qui non seulement se manifeste là où il s'agit de comparer les « vérités » de différents sujets, mais qui revendique ses droits à l'intérieur même de l'individualité singulière. Selon le rapport différent dans lequel le moi se trouve par rapport aux objets, selon qu'il vise à les connaître, à les examiner esthétiquement ou à leur imprimer sa volonté, il parvient à un résultat différent de l'examen et donc à une autre « vérité ». Cette relativité de perception se manifeste le plus précisément là où, étant donné l'objet, nous croyons avoir affaire à l'absolu tout court, là où nous nous efforçons d'exprimer la pure essence de *Dieu*. En effet, selon la direction de

---

1. J. W. GOETHE, *Maximen und Reflexionen*, n° 198 [trad. p. 42].

notre approche, selon le point de vue sous lequel nous l'envisageons, il nous apparaît lui-même comme quelque chose de toujours autre.

Nous sommes panthéistes dans notre examen de la nature, polythéistes dans notre poésie, monothéistes dans nos mœurs [1].
Mon cher enfant – dit Goethe à Eckermann –, que savons-nous de l'idée du divin et que signifient donc nos concepts étriqués de l'être suprême ? Quand, pareil aux Turcs, je l'appellerais de cent noms, je n'arriverais pas encore à le définir et je n'aurais encore rien dit si on tient compte de ses facultés innombrables [2].

Aussi l'homme, croyant exprimer Dieu, n'exprime-t-il au fond toujours que lui-même et sa propre condition.

Toute philosophie de la nature n'est malgré tout qu'anthropomorphisme, c'est-à-dire que l'homme, qui ne fait qu'un avec lui-même, communique à tout ce qu'il n'est pas cette unité, l'intègre à la sienne, le fond en lui-même [...]. Nous pouvons observer la nature, la mesurer, calculer, supputer, etc., autant que nous voulons, il ne s'agira jamais que de nos propres poids et mesures, étant donné que l'homme est la mesure des choses [3].

Ainsi donc, de même que le renoncement dans la vie, le scepticisme serait la conclusion ultime de la sagesse, résultat certes assez paradoxal pour un penseur comme Goethe, si purement et si totalement orienté vers le « positif ». Mais la solution consiste en ce qu'ici aussi le positif n'est pas en dernier ressort pour Goethe dans l'examen mais dans le pur « agir ». Les philosophes eux-mêmes, dira-t-il un jour à J. D. Falk, les systèmes stoïcien, épicurien, platonicien, n'ont rien d'autre à nous offrir que des « formes de vie ».

Quant à savoir comment celles-ci nous conviennent et si nous sommes en mesure de leur donner selon notre nature ou nos dispositions le contenu nécessaire, c'est notre affaire. Nous devons nous mettre à l'épreuve et examiner avec la plus grande attention, comme nous le faisons pour les aliments, ce que nous acceptons en nous de l'extérieur ; sinon la philosophie nous ruine ou nous ruinons la philosophie [4].

Ces propos constituent une définition exhaustive de l'essence et de la tendance de l'« anthropomorphisme » de Goethe. Il refuse la philosophie de l'absolu dans la mesure où elle élève la prétention de pouvoir présenter l'ensemble du monde en une seule formule qui veut être valide par-delà toute réalité de la vie, par-delà toutes les

---

1. J. W. GOETHE, *Maximen und Reflexionen*, n° 807 ; à propos du « concept de vérité » de Goethe, voir SIMMEL, *Goethe*, p. 20-49.
2. J. W. GOETHE à Eckermann, 8 mars 1831 [trad. p. 397].
3. J. W. GOETHE à Riemer, *Gespräche* [Conversations], I, p. 505.
4. J. W. GOETHE, *Gespräche* [Conversations], IV, p. 468.

activités d'intuition et de création, d'examen et d'action. Un besoin « métaphysique » abstrait qui le forcerait à aller au-delà de la position qu'il a conquise à l'égard de la réalité en tant qu'homme d'action, en tant que poète et en tant que chercheur, lui est étranger. Ce que peut réaliser la philosophie, c'est interpréter pour l'homme la totalité de ces expressions, non l'élever au-dessus d'elles : mais cette interprétation doit, elle aussi, si elle veut être véritablement féconde pour l'individu, être constamment reliée aux conditions particulières dans lesquelles il se trouve. Ce n'est pas en effet la vocation de l'homme que de déchiffrer dans l'examen et les ruminations l'énigme de l'Être absolu ; il peut seulement chercher le libre épanouissement de son être propre selon toutes les directions qui lui sont permises. Étant donné qu'il découvre ainsi la loi et la nécessité de son action, la somme de son influence sera pour lui la somme du monde. Ainsi le « scepticisme » de Goethe n'est lui-même rien d'autre qu'une forme derrière laquelle s'abrite sa vision fondamentale de la créativité de l'esprit. L'objectivité concevable et accessible pour l'esprit ne peut être exprimée pour elle-même dans un résultat abstrait et de forme unique ; elle décrit au contraire seulement cette unité de tous ses « organes » et de toutes ses forces variés qui s'établit au sein même de son activité et de sa diversité de contenu.

Je ne dois pas m'écarter de la voie qui m'est prescrite – écrit Goethe à trente ans dans son journal –, mon existence n'est pas simple, c'est comme cela ; j'espère seulement que petit à petit se tarira tout ce qui est prétention et qu'il me restera toutefois assez de belles forces pour monter au même niveau les bons colombins les uns à côté des autres. On envie l'homme rivé à son tour quand on voit sortir de ses mains, selon sa volonté, tantôt une cruche, tantôt un plat. Trouver le point d'union du divers reste toujours un mystère, car l'individualité de tout un chacun doit en la matière s'interroger tout particulièrement et n'écouter personne [1].

Goethe s'approchait d'autant plus de ce « point d'union » qu'il se renforçait dans l'idée de ne considérer tous ses faits et gestes que de manière « symbolique » ; il comprenait, en effet, désormais que les différentes directions de sa création n'avaient pas besoin d'*être* une unité pour en *signifier* une au sens suprême. Dans la réflexion comme dans l'action, il avait maintenant reconnu que le défaut des esprits faibles, c'est d'aller d'emblée du particulier au général, « au lieu que c'est dans la totalité seulement que l'on peut chercher la généralité [2] ».

Ce *seul trait* suffit déjà à décrire le rapport de Goethe à la *philosophie* et à dissiper les multiples difficultés et contradictions qui

---

1. J. W. GOETHE, *Tagebücher* [Journaux], 14 juillet 1779, éd. de Weimar, section III., vol. 1, p. 89.
2. J. W. GOETHE, *Maximen und Reflexionen*, n° 1164 [trad. p. 166].

semblaient tout d'abord se présenter. Si l'on place côte à côte les déclarations dans lesquelles Goethe lui-même cherchait à faire la lumière sur ses rapports avec la réflexion philosophique, elles semblent d'une étonnante dissonance. Il a placé Spinoza sur le même plan que Shakespeare et vénéré le premier comme son « saint », tout en plaignant Jacobi, que Dieu, qui lui a planté « cette écharde dans la chair [1] », aurait puni en lui infligeant la métaphysique. Il a déclaré qu'il ne pouvait se hasarder dans le labyrinthe de la philosophie critique et s'est pourtant consacré, sur une période de plusieurs années, à l'étude la plus minutieuse de la *Critique de la faculté de juger* envers laquelle il s'est senti de ce fait redevable d'une « époque suprêmement heureuse de sa vie [2] ». Il avoue ne pas avoir eu de disposition naturelle pour la philosophie au vrai sens du mot, bien que d'autre part sa vie durant il s'y soit appliqué. Ainsi souligne-t-il que personne n'eût pu négliger ou s'opposer impunément au grand mouvement philosophique initié par Kant [3]. Certes, lorsque Hegel vint à remplacer Kant, l'ancienne prise de position ironique et humoristique à l'égard de la philosophie sembla reprendre ses droits :

> J'ai encore en réserve autant de philosophie qu'il me faudra jusqu'à ma fin heureuse, à vrai dire je n'en ai nul besoin [4].

Toutes ces déclarations ne constituent toutefois, si on y regarde de plus près, que l'expression d'une seule et même tendance fondamentale que Goethe a conservée du début jusqu'à la fin. Il repoussait la philosophie lorsqu'elle voulait lui offrir le produit et la « quintessence » de l'Être dans un seul concept figé, mais il l'appréciait sitôt qu'il en espérait qu'elle clarifie et départage les diverses énergies qui conjuguaient leurs effets dans son essence spirituelle. Dans les années où lui et Schiller furent proches, Goethe a acquis de ce rapport fondamental une vue intérieure totalement claire. Et c'est là précisément le moment qui le relie maintenant à Kant : la philosophie critique n'exige pas de lui la reconnaissance d'un absolu concret, mais veut simplement développer et présenter l'organisation de la « raison » et l'unité synthétique de l'esprit dans son entier. Aussi connut-il grâce à elle dans la sphère de la philosophie ce qu'il avait lui-même expérimenté dans la sphère de la connaissance de la nature à travers sa conception de l'idée de métamorphose : il ne se sentait plus exclu du domaine de la pensée pure et pouvait là aussi chercher une voie qui lui serait propre, « analogue à tout le reste de sa

---

1. J. W. GOETHE, lettre à Jacobi, 5 mai 1786 [*Correspondance*, trad. p. 91].
2. J. W. GOETHE, *Einwirk. der neueren Philosophie*, *Naturwiss. Schr.*, XI, p. 49.
3. J. W. GOETHE, *Winckelmann und seine Zeit* [« Winckelmann et son époque », dans J. G. HERDER-J. W. GOETHE, *Le Tombeau de Winckelmann*, trad. M. Charrière, Nîmes, J. Chambon, 1993, p. 99].
4. J. W. GOETHE au chancelier von Müller, 16 juillet 1827.

vie ». Il se voyait libéré de la pression d'une ontologie et d'une métaphysique abstraites comme il l'avait été de la contrainte du schématisme et de la terminologie figés de la botanique par sa propre doctrine. C'est peut-être à ce rapport que fait allusion l'étonnante déclaration de Goethe disant que, de lui-même, il avait choisi une voie analogue à celle de Kant et que sa métamorphose des plantes, certes indépendante de Kant, avait cependant été rédigée « toute dans l'esprit de sa doctrine [1] ». Ce qu'il tenait essentiellement de Kant, c'était la conviction que l'« objet » ne peut être séparé des pures fonctions de la conscience mais ne peut prendre forme que dans et grâce à ces fonctions ; comme désormais il étendait cette vue conceptuelle à l'ensemble concret de sa création, la doctrine critique elle-même était devenue pour lui l'expression d'une certaine forme de vie qui lui était familière et compréhensible. La médiation de cette doctrine lui permettait enfin de se réconcilier avec la spéculation car, telle qu'il la comprenait maintenant, il ne trouvait plus dans cette philosophie quelque chose qui « l'instruisait simplement, sans accroître ni vivifier directement son activité ». Il n'était « pas simple, c'était comme cela », et il voyait avec reconnaissance la *Critique de la faculté de juger* juxtaposer ses « occupations les plus disparates » et les éclairer dans leur interpénétration réciproque.

C'est encore le même rapport qui s'offre quand on considère la position de Goethe à l'égard de la religion. Là aussi, c'est de prime abord un chaos de déclarations discordantes en raison desquelles on a pu le taxer tantôt de chrétien, tantôt de « païen résolu », tantôt d'athée, tantôt de panthéiste, sans qu'aucune ne traduise tout à fait ni purement le sens de son concept de religion. Certes, toute sa vie durant, il a confessé être « croyant » au sens où lui-même a défini le conflit entre la foi et l'incrédulité comme le thème propre, unique et essentiel de l'histoire du monde et des hommes, auquel tous les autres sont subordonnés.

> Toutes les époques où règne la foi, sous quelque forme que se soit, sont brillantes, grandes et fécondes pour les contemporains et la postérité. Par contre, toutes les époques où l'incrédulité, sous quelque forme que ce soit, remporte une triste victoire, quand même elles brilleraient un instant d'un éclat trompeur, disparaissent aux yeux de la postérité, parce que personne ne se soucie de la faculté d'étudier la stérilité [2].

C'est pourquoi le seul critère de la vérité religieuse elle-même que nous possédions semble se résumer à « Que seul cela est vrai qui fructifie [3] ». Goethe a retenu à toutes les époques de sa vie la grandiose tolérance qui en résulte. Dans sa jeunesse, le pur « amour de

---

1. J. W. GOETHE à Eckermann, 11 avril 1827 [trad. p. 220].
2. J. W. GOETHE, *Noten u. Abh. zum West-östl. Diwan* [trad. p. 394].
3. J. W. GOETHE, *Vermächtnis* (Testament, *Poésies 2*, trad. p. 749) [N.d.T.].

Dieu » coïncide totalement avec son universel amour de l'humanité. La parole des hommes est pour lui parole divine

> que ce soient des prêtres ou des putains qui l'aient rassemblée et érigée en canon ou dispersée en fragments. [...] Et l'âme fervente, je me jette au cou de mon frère – Moïse ! Prophète ! Évangéliste ! Apôtre, Spinoza ou Machiavel. Mais je peux aussi dire à chacun : mon cher ami, il en va pour toi comme pour moi ! Dans le particulier ton sentiment est fort et magnifique mais l'ensemble est aussi peu entré dans ta tête que dans la mienne [1].

Et face à tout prosélytisme qui se présente, il persiste dans ce sentiment. S'il devait se prononcer publiquement sur sa foi, il mettrait autant de flamme pour parler et écrire à propos de l'aristocratie instituée, il en est convaincu, par Dieu, écrit-il en 1782 à Lavater, que celui-ci en a mis pour défendre le « royaume égalitaire du Christ [2] ». Cette forme de tolérance semble être, il est vrai, à la limite d'un éclectisme religieux : et on voit effectivement Goethe avouer à la fin de sa vie appartenir à cette secte des « hypsistariens » qui aurait déclaré vénérer ce qu'il y avait de meilleur et de plus parfait qui vienne à être connu d'elle, sans souci de son origine [3]. Mais il règne dans cet aveu la même « ironie » que celle que Goethe décrit comme l'élément de vie du poète et du savant. Dans la foi, avait déjà déclaré le jeune Goethe à ses amis, ce qui importe, c'est seulement *le fait* de croire, *ce que* l'on croit est complètement indifférent. Le caractère inébranlable de la confiance est ce qu'il y a d'essentiel ; la manière dont nous pensons l'être en qui est placée notre confiance dépend de nos autres facultés, voire des circonstances [4]. Là où il voyait la source pure et vivante de la religion, peu lui importait d'où cette source jaillissait et de quels éléments de la tradition ou de la révélation elle se nourrissait. Pour totalement dépourvue de dogmatisme que soit cette position, elle est pourtant, d'autre part, juste le contraire de tout « indifférentisme » : elle est en effet précisément dirigée contre ce qui pourrait lui dissimuler ou lui gâter la teneur fondamentale du religieux en le confondant avec ses formes de manifestation extérieures et contingentes. Goethe écarte toutefois constamment le préjugé « que reposerait sur des noms ce qui ne s'épanouit qu'en silence ».

> S'ils étaient pénétrés de la grandeur de Dieu – dit un jour Goethe parlant des prêtres –, ils se tairaient et, pleins de respect, n'oseraient même pas prononcer son nom [5].

---

1. J. W. GOETHE, lettre à Lavater et Pfenninger, 26 avril 1774.
2. J. W. GOETHE, lettre à Lavater, 26 avril 1774.
3. J. W. GOETHE, lettre à S. Boisserée, 22 mars 1831.
4. J. W. GOETHE, *Dichtung und Wahrheit*, 3ᵉ partie, liv. XIV [trad. p. 393 s.].
5. J. W. GOETHE à Eckermann, 31 [et non 21, comme le note Cassirer] décembre 1823 [trad. p. 450].

En effet, le processus de la nature, comme celui de l'histoire, doit être admis comme un ensemble qui en tant que tel porte en lui-même sa finalité et sa signification, sans que nous ayons à nous poser la question « d'où » il vient et « où » il va, de son origine et de sa fin, ni que nous ayons à y répondre. De même que nous devons nous admettre et nous présupposer nous-mêmes, nous devons le faire aussi pour le monde. « Qu'il s'étende ainsi sous nos yeux sans commencement ni fin, que le lointain soit sans limites et le proche impénétrable, soit, mais l'étendue et la profondeur de ses propres secrets et de ceux du monde que l'esprit peut pénétrer ne seront jamais déterminées ni finies. » À ces termes de ses *Contributions à la morphologie* Goethe a ajouté le poème dans lequel il se distancie des propos de « philistin » selon lesquels aucun esprit créé ne pénétrerait à « l'intérieur de la nature ». Il croit très précisément être à l'intérieur parce qu'il cherche le sens propre de la nature dans sa consistance et non dans son origine ou dans son but. Et c'est ainsi qu'il se contente en tant que chercheur de remonter jusqu'aux sources premières des phénomènes, là où simplement ils apparaissent et sont, sans que rien de plus ne soit en eux à « expliquer [1] ». Il n'y a en effet d'explication qu'au sens où nous rapportons un phénomène à un autre, une manifestation complexe à un « phénomène originaire » et la dérivons à partir de lui en remontant, mais cette explication n'est pas possible à partir du fait global de son apparition lui-même. Celui qui n'a pas compris cela agit comme l'enfant qui, après avoir regardé dans un miroir, le tourne aussitôt pour voir ce qu'il y a derrière. On voit ici que le concept « le plus inné » et le plus nécessaire, le concept de cause et effet, devient pour nous fatal et engendre une quantité innombrable d'erreurs réitérées [2]. C'est lui, en effet, qui nous rend difficile le pur repos dans le phénomène et sa loi et nous attire constamment au-delà, vers un monde transcendant dans lequel nous espérons trouver l'ultime « raison » du phénomène. Cette simple exigence nous fait à elle seule quitter le terrain des faits, le terrain de la pure intuition et de la pure déduction.

Car en fait, c'est en vain que nous entreprenons d'exprimer la nature d'une chose. Nous percevons des effets, et une histoire complète de ces effets engloberait sans doute la nature de cette chose. Nous nous efforçons en vain de peindre le caractère d'un être humain ; rassemblons par contre ses manières d'agir, ses actes, et nous verrons apparaître une image de son caractère [3].

---

1. J. W. GOETHE, *Zur Farbenlehre, Didaktischer Teil, Einleitung, Naturwiss. Schr.*, I, p. XXXVI [*Traité des couleurs*, trad. H. Bideau, p. 83].
2. J. W. GOETHE, *Über Naturwissenschaft im allgemeinen* [À propos des sciences de la nature en général], *Naturwiss. Schr.*, XI, p. 103 ; lettre à Eckermann, 18 février 1829.
3. J. W. GOETHE, *Zur Farbenlehre, Didakt. Teil, Vorwort* [*Traité des couleurs*, trad. p. 71].

De même que le caractère n'est pas un je-ne-sais-quoi mystique et substantiel duquel résultent les actes de l'homme, mais n'en révèle que les rapports et la conséquence interne, de même en va-t-il pour tout ce que nous nommons la force et l'essentialité d'une chose dans l'examen de la nature. L'essence de la lumière ne peut être examinée ailleurs que dans les couleurs qui sont ce que la lumière « fait et subit ». Aussi n'y a-t-il pour nous en général aucune différence entre l'essence elle-même et la totalité de ses expressions, entre l'« absolu » et la globalité de ses manifestations. Grâce à cette conception fondamentale, Goethe a pu avoir une influence sur Hegel, mais ce qui l'a sans cesse tenu à l'écart de la doctrine de ce dernier, en dépit de leurs amicales relations personnelles, ce fut sa répugnance avérée à l'égard de toute présentation du processus de développement sous la forme d'un schéma conceptuel dialectique uniforme. Il ressentait une aversion très profonde, inhérente à son esprit tout entier, pour la transformation des moments du développement en moments d'un processus logique, en thèse et antithèse. Les propos qui, dans l'introduction à la *Logique* de Hegel, évoquant la disparition du bouton causée par le surgissement de la fleur, disent que celle-ci réfuterait ainsi celui-là, de même que le fruit prouverait que la fleur est une fausse existence de la plante, ces propos lui apparaissaient comme une tentative monstrueuse pour anéantir dans une mauvaise plaisanterie à base de sophistique l'éternelle réalité de la nature [1]. Là encore, il refusait entièrement de « parler de l'absolu au sens théorique » ; il voulait uniquement affirmer que « quiconque sait discerner l'absolu dans le phénomène et le garder toujours présent à l'esprit en tire un grand profit [2] ». Car le mode dans lequel il se présente ici ne signifie aucun amoindrissement de sa teneur, aucune trahison de son être véritable. Une forme spirituelle ne sera en effet absolument pas amoindrie si elle apparaît dans un phénomène, à condition que sa manifestation soit une véritable génération. « L'engendré n'est pas inférieur à ce dont il est issu ; c'est même le privilège de la génération vivante que le produit peut être supérieur à ce qui l'a engendré [3]. » N'a pénétré le jeu du devenir comme une « apparence vraie », comme une apparence qui ne dissimule pas l'essence mais la révèle, que ce qui considère le monde et l'histoire comme le vivant manteau de la divinité. Et la question d'une finalité extérieure demeure elle aussi, comme celle du fondement absolu de l'existence, parfaitement vaine. « Comment ? Quand ? Et où ? Les dieux restent muets ! Tiens-t'en au parce que et ne demande pas pourquoi ! » Celui qui aurait complètement saisi le « parce que » des choses particulières, qui aurait compris comment elles s'imbriquent les unes dans les autres et sont reliées entre elles selon des règles

---

1. J. W. GOETHE, lettre à Seebeck, 28 novembre 1812.
2. J. W. GOETHE, *Maximen und Reflexionen*, n° 261 [trad. p. 147].
3. *Ibid.*, n° 642, 643 [trad. p. 22].

fixes, atteindrait ainsi au terme du savoir. Dans cette vision fondamentale, Goethe se sent une fois de plus renforcé par Kant qui, estime-t-il, a « infiniment mérité » de lui et du monde en nous affranchissant des « absurdes causes finales [1] ». Dans un sens plus large, il adopte ici la différence principielle faite par la critique de la raison entre « barrières » et « frontières » de la connaissance et reconnaît en elle la confirmation d'un moment de sa propre forme de vie et de connaissance. Il reste, en effet, lui aussi attaché à l'idée d'un domaine « inexplorable », tout en persistant par ailleurs à dire que l'homme n'a aucune frontière à assigner à sa recherche. Certes, il ne s'est pas hasardé dans le labyrinthe de la doctrine kantienne de la « chose en soi » ; bien caractéristique de Goethe est en revanche le fait qu'il ait extrait de tout le complexe des problèmes qui s'enchevêtrent ici précisément le motif dans lequel cette doctrine prouve sa véritable fécondité positive, et grâce auquel elle est mise en mesure d'avoir un effet « créatif comme celui d'une idée ».

8

Nous voici parvenus à la fin de notre analyse et nous pouvons désormais faire retour sur les propos évoqués au départ. Goethe s'est dépeint comme le libérateur des Allemands, lesquels auraient acquis à son exemple la conscience que, de même que l'homme doit vivre à partir de sa richesse intérieure, c'est en puisant en lui-même que l'artiste doit agir sur les autres. Et vers la fin de sa vie, il a formulé une nouvelle fois le bilan de son influence :

> Quiconque est parvenu à comprendre mes écrits et mon essence en général – dit-il au chancelier von Müller – se doit de reconnaître qu'il y a gagné une certaine liberté intérieure [2].

Cependant, ce contenu de son existence intérieure ne pouvait s'exprimer et se communiquer sans que la totalité de la configuration de l'être spirituel, la figure de la poésie, de la connaissance de la nature, de la vie elle-même, ne s'en trouve fondamentalement changée. En se posant de plus en plus comme son propre objet, Goethe créait par là une forme nouvelle de la vie objective de l'esprit. Ainsi se confirmait dans sa propre personne l'idée qu'il s'était faite à l'âge de vingt-trois ans de l'essence et de l'origine de l'art. Il le voyait alors naître des efforts de l'individu pour se maintenir face à la puissance destructrice du tout que nous rencontrons partout dans la nature. Contre les forces de destruction extérieures, le besoin de « forme » agit en lui, bien clair et bien vivant. Même en

---

1. J. W. GOETHE, lettre à Zelter, 29 janvier 1830.
2. J. W. GOETHE au chancelier von Müller, 5 janvier 1831.

matière de morale, il reconnaît qu'il a dû à plusieurs reprises reconstituer son existence « à partir de décombres et ruines éthiques [...] oui, jour après jour, poursuit-il, nous nous trouvons en présence de circonstances où la force créatrice de notre nature est invitée à de nouveaux travaux de restauration et de création ». Il n'aurait pas eu à faire preuve constamment de cette force créatrice s'il n'avait conjointement possédé au plus haut degré ce qu'il avait décrit lui-même comme un don peu commun, celui de la saine introspection, qui lui permettait de s'intuitionner purement, sans détruire ses propres bases, sans illusion ni affabulation [1]. Et grâce à cette pure intuition, il construisait pour lui-même le monde de l'art, celui de la nature et de l'histoire. C'est ce travail d'édification que nous avons cherché à retracer pour nous-mêmes dans le détail de ses traits principaux, car ce n'est que dans ce *processus* de mise en forme que la signification du *concept* de forme chez Goethe peut être décrite. Ici vaut plus que jamais la condition énoncée par Goethe pour toute description du monde vivant : « La source ne peut être pensée que dans la mesure où elle coule. »

Mais c'était à Goethe poète qu'il revenait de créer l'œuvre dans laquelle la totalité de cette vie apparaît comme condensée en un seul point et résumée en un suprême symbole. Goethe a pu prétendre que le véritable écrivain n'avait pas besoin de s'imprégner fragment après fragment du tableau d'ensemble de la réalité à travers l'expérience, mais qu'il le possédait dès l'origine par « anticipation [2] », don d'anticipation qu'il a confirmé de la manière la plus profonde dans la première ébauche du *Faust*. En effet, cette première ébauche déjà, telle que Goethe la trouva préfigurée dans la légende et dans le livret populaire de Faust, contenait des thèmes et des motifs rudimentaires pour l'épanouissement et l'interprétation véritables desquels il lui a fallu l'ensemble de sa vie. De sorte que le cycle de Faust devint le miroir de son propre développement, non pas qu'il y ait entrelacé des détails biographiques toujours nouveaux, mais en ce sens que chacun de ses changements d'attitude intérieure à l'égard de la réalité y trouve son expression vivante et directe. Il est au fond parfaitement oiseux de discuter le nombre de traits de caractère de Méphisto qui rappellent Merck ou Herder, ou de se demander si dans le personnage de Gretchen est exclusivement conservée l'image de Friederike ou si des souvenirs des années d'enfance ou d'adolescence y prennent une part active. En effet, de cette manière on n'approchera pas le moins du monde le véritable rapport qui existait pour Goethe entre l'art et la vie. Ce n'est pas l'existence de Goethe dans son contenu, mais ses principes formels dans leur devenir et leur variation qui sont, involontairement mais nécessairement, représentés

---

1. J. W. GOETHE, *Das Sehen in subjektiver Hinsicht* [L'intuition d'un point de vue subjectif], *Naturwiss. Schr.*, XI, p. 271.
2. J. W. GOETHE à Eckermann, 26 février 1824.

dans le cycle de Faust. À cela vient s'ajouter un second trait fondamental qui s'offrait pareillement à Goethe dans le livret populaire déjà. La vie de Faust y est insérée dans la situation historique, l'ouvrage intègre les grandes tendances du siècle de la Réforme et résume en une allégorie personnifiée – l'évocation d'Hélène – l'aspiration des humanistes à un retour à l'Antiquité ; de la même façon, Goethe découvre dans l'image de son cycle de Faust sa propre existence qui se détache sur un arrière-plan historique de plus en plus riche et étendu. La tragédie de Faust devient donc pour lui en même temps l'expression du retour à soi intérieur et historique ; le bilan de son propre moi devient un bilan de l'histoire du monde et devant l'histoire. C'est sur cette synthèse que se referme l'ouvrage dans lequel l'évolution vers l'existence personnelle suprême est conduite jusqu'à ce point où la personnalité se conçoit elle-même comme quelque chose de périssable et par là comme un « symbole [1] ».

Le fragment du *Urfaust* que Goethe apporte avec lui à Weimar obéit à la loi générale des œuvres de jeunesse de Goethe : il considère la totalité de l'univers telle qu'elle se découvre dans l'expérience du génie créateur. À cet égard, l'ébauche du Faust est à ranger à côté des ébauches du Prométhée, du César et du Mahomet, mais la *tragédie* de la créativité s'y fait sentir dans aucune autre œuvre de Goethe. Le tragique ici n'a pas sa source à l'extérieur ; dans son sens le plus profond, il n'est enraciné ni dans la dépendance que le monde impose au génie, ni dans les résistances qu'il lui fait éprouver, mais dans les lois les plus intimes de la création elle-même. En effet, l'infinité vers laquelle tend toute création de par sa nature efface la sphère du fini et du conditionné dans laquelle l'existence individuelle empirique plonge ses racines. Dans sa manière d'appréhender la nature, comme dans celle d'appréhender le destin humain, le jeune Goethe a ce rapport constamment présent à l'esprit. Partout il lui saute aux yeux que vie et mort, création et destruction, sont indissolublement contenues et décidées dans un même acte. Et c'est ce sentiment qui fait que Werther sombre intérieurement.

> Quand les vapeurs de la vallée s'élèvent devant moi, que le soleil lance d'aplomb ses feux sur l'impénétrable voûte de mon obscure forêt, et que seulement quelques rayons épars se glissent au fond du sanctuaire ; que, couché sur la terre dans les hautes herbes, près d'un ruisseau, je découvre dans l'épaisseur du gazon mille petites plantes inconnues ; que mon cœur sent de plus près l'existence de ce petit monde qui fourmille parmi les herbes, de cette multitude innombrable de vermisseaux et de moucherons de toutes les formes ; que je sens la présence du Tout-Puissant qui nous a créés à son image, et le souffle du Tout-Aimant qui nous porte et nous soutient flottants sur une mer d'éternelles délices ; mon ami, quand le monde infini commence ainsi à poindre devant mes yeux, et que je réfléchis le ciel dans mon cœur comme l'image d'une bien-aimée, alors je soupire et

---

1. J. W. Goethe, la fin de *Faust II* (N.d.T.).

m'écrie en moi-même : « Ah ! si tu pouvais exprimer ce que tu éprouves ! si tu pouvais exhaler et fixer sur le papier cette vie qui coule en toi avec tant d'abondance et de chaleur, en sorte que le papier devienne le miroir de ton âme, comme ton âme est le miroir d'un Dieu infini !... » Mon ami... Mais je sens que je succombe sous la puissance et la majesté de ces apparitions [1].

En effet, plus il scrute cette puissance et plus se dévoile à lui son double visage. Il semble qu'un rideau se lève devant son âme et le spectacle de la vie infinie se métamorphose devant lui en l'abîme du tombeau éternellement ouvert.

Peut-on dire, « Cela est », quand tout passe, quand tout, avec la vitesse d'un éclair, roule et passe ? quand chaque être n'épuise que si rarement la force que lui confère son existence, et est entraîné dans le torrent, submergé, écrasé sur les rochers ? Il n'y a point d'instant qui ne te dévore, toi et les tiens qui t'entourent ; point d'instant que tu ne sois, que tu ne doives être un destructeur. La plus innocente promenade coûte la vie à mille pauvres vermisseaux ; un seul de tes pas détruit le pénible ouvrage des fourmis, et foule un petit monde dans un tombeau ignominieux. Ah ! ce ne sont pas vos grandes et rares catastrophes, ces inondations qui emportent vos villages, ces tremblements de terre qui engloutissent vos villes, qui me touchent : ce qui me mine le cœur, c'est cette force dévorante qui est cachée dans toute la nature, qui ne produit rien qui ne détruise ce qui l'environne et ne se détruise soi-même [...]. C'est ainsi que j'erre plein de tourments. Ciel, terre, forces actives qui m'environnent, je ne vois rien en tout cela qu'un monstre toujours dévorant et toujours ruminant [2].

Semblable à Werther ici devant la nature, Faust se trouve devant l'esprit de la terre qui lui dévoile que le tout du devenir est à la fois un et double, naissance et tombeau ; et cette opposition l'ébranle plus encore dans la mesure où, pour en venir à bout, il fuit la nature pour gagner le monde des hommes.
L'inépuisable force d'aimer avec laquelle il s'efforce d'étreindre ce monde et de s'ouvrir à lui est soumise à la même fatalité intérieure que l'infinie force de la vie de la nature. Elle entraîne l'existence étrangère à laquelle elle cherche à se donner tout entière dans le cercle démoniaque de la création-destruction. En effet, ce qui est, pour l'homme créateur, le contenu et la jouissance les plus caractéristiques de l'existence sera, pour toute autre vie qui rencontre la sienne, anéantissement et naufrage. Dans le *Fragment du Urfaust*, l'évocation du génie de la terre et les premières scènes de la tragédie de Gretchen sont encore en apparence pratiquement juxtaposées sans lien entre elles ; mais par l'ambiance fondamentale, elles constituent bien dès ce stade un ensemble homogène et équilibré. À travers le

---

1. J. W. GOETHE, *Les Souffrances du jeune Werther*, 10 mai, trad. p. 6 s. (N.d.T.).
2. *Ibid.*, 18 août, trad. p. 49 (N.d.T.).

destin de Gretchen, Faust éprouve de plus en plus profondément la loi à laquelle est soumis son propre moi :

Ne suis-je pas le fugitif [...] l'exilé ? le monstre sans but et sans repos [...] qui, comme un torrent, mugissant de rochers en rochers, aspire avec fureur à l'abîme [1] ?

Dans de tels propos ne transparaît pas la moindre amorce d'une réconciliation à venir ; il s'agit bien de toute la misère de l'humanité qui nous étreint dans le destin de Gretchen et qui déborde, libre, sans aucune retenue, dans les scènes finales du *Urfaust*.

Mais lorsque de longues années plus tard, en Italie, Goethe se tourne à nouveau vers le *Faust*, le climat de sa vie et de son mode de connaissance a entièrement changé. Le monologue « Forêt et caverne » qui va naître alors témoigne de ce changement intérieur. En effet, maintenant Faust tient bon face à l'esprit de la terre ; il pénètre cet esprit auquel il ressemble. Ce n'est pas seulement l'image d'une création-destruction inlassable qu'il affronte dans la nature, mais une multitude de figures qui surgit de cet infini et dont chacune porte en elle-même la règle et la mesure de son devenir. Le réel n'est plus seulement pour ses sens un simple bouillonnement, un simple mouvement indéterminé, mais c'est tel un ensemble harmonieux et articulé que la cohorte des êtres vivants défile sous ses yeux. À l'évocation passionnée, à la violence magique, a succédé l'abandon serein à la contemplation. Aucun trait du *Faust* lui-même ne nous offre l'explication de cette disposition différente, mais cette explication est tout à fait évidente si l'on s'en rapporte à la vie de Goethe. Entre le *Urfaust* et le voyage en Italie se place l'époque où Goethe fait face à la nature en tant que *chercheur*. Il a désormais bâti cet idéal de « *scientia intuitiva* » grâce auquel il cherche à acquérir à travers l'intuition du particulier et du singulier la connaissance du général. Pour lui, ainsi qu'il l'a rapporté, il n'y avait plus « aucune montagne trop haute, aucun puits trop profond, aucune galerie trop basse, aucune caverne assez labyrinthique » tant qu'il s'agissait de découvrir dans le tableau global de la nature un nouveau trait singulier [2]. La soif de « connaître le mystère immense qui se fait jour dans une création et une destruction incessantes » ne recelait plus en elle désormais le risque « de se perdre dans une rêverie obscure, imprécise et insatisfaite [3] », mais plus il progressait et plus il ressentait une clarté et une assurance nouvelles. À cette époque, il écrivit un jour à Madame von Stein : « Je ne puis t'exprimer à quel point le livre de la

---

1. J. W. GOETHE, *Faust I* (*Théâtre complet*, trad. G. de Nerval, p. 1211) [N.d.T.].
2. Voir J. W. GOETHE, *Bildung des Erdkörpers*, *Naturwiss. Schr.*, IX, p. 217.
3. Voir J. W. GOETHE, *Geschichte meines Botanischen Studiums*, *Naturwiss. Schr.*, VI, p. 99 [dans *La Métamorphose des plantes et autres écrits botaniques*, trad. p. 86].

nature devient lisible pour moi ; mon long ânonnement m'a rendu service, maintenant voilà que tout avance d'un coup et ma joie secrète est indicible. » Peu après, il rapporte à nouveau que les fleurs lui ont « donné à voir de fort belles qualités [...]. J'y verrai bientôt parfaitement clair sur tout le monde vivant [1] ». S'il parle maintenant de la nature, il y a toujours à côté de sa richesse infinie sa constance et son impassible « conséquence » que Goethe loue et dans laquelle il se sait à l'abri. Ce que Werther et le Faust de la première ébauche saisissaient de la nature, c'était le spectacle de la plénitude infinie de sa vie, mais cette inlassable succession d'images toujours nouvelles demeurait uniquement un spectacle. Depuis qu'il avait découvert en Italie l'idée de la plante primordiale et de la métamorphose, la succession toujours identique du flot du devenir était maintenant pour Goethe articulée selon un vivant mouvement créateur de rythme. Grâce à cette idée, il percevait désormais la partie dans le tout et le tout dans la moindre partie. La dernière appréhension, l'horreur devant l'infini incompréhensible a ainsi disparu ; ce que lui dévoile l'examen de la réalité, ce n'est plus que la profonde parenté interne entre toutes les essences. C'est de ce sentiment qu'est né le monologue « Forêt et caverne ». La nature a cessé d'être une puissance magique inconnue que nous cherchons à nous soumettre par des incantations depuis qu'une nouvelle capacité de sentir cette nature et d'en jouir s'est manifestée dans l'homme. Il est maintenant permis à Faust « de regarder dans son sein profond comme dans le sein d'un ami » ; toute activité impétueuse s'est résorbée dans l'austère jouissance de l'examen et y a trouvé la paix.

Mais en même temps, un ancien motif fondamental de la légende de Faust et de la tragédie de Faust reprend vie pour Goethe.

L'homme à qui la nature commence à révéler son mystère manifeste – dira-t-il plus tard – éprouve un attrait invincible pour l'art, qui en est le plus digne interprète [2].

Ce n'est qu'en Italie qu'il put appréhender ce rapport dans toute sa signification et sa profondeur. Il crut comprendre alors ce qui faisait des Anciens de grands artistes ; il avait en effet découvert que les lois de leur style sont identiques à celles que suit la nature dans ses formations. Et ce qui maintenant liait dans une unité sans failles la nature et l'art, c'était avant tout la contemplation de la *figure humaine* à laquelle il s'était alors entièrement abandonné. De Rome, il écrit :

---

1. J. W. GOETHE, lettres à Mme von Stein, 15 juin [dans l'appendice de *La Métamorphose des plantes et autres écrits botaniques*, trad. p. 323] ; 6 juillet 1786.
2. J. W. GOETHE, *Maximen und Reflexionen*, n° 201 [trad. p. 67].

Maintenant l'alpha et l'oméga de toutes choses qui nous sont connues, la figure humaine, a fini par s'emparer de moi, et à mon tour je l'ai saisie et je dis : « Seigneur, je ne te lâcherai pas que tu m'aies béni, même si je devais lutter jusqu'à en être paralysé [1]. »

Depuis que cette aspiration s'est imposée, tout le reste, ainsi qu'il l'écrit à Madame von Stein, se détache de lui comme des « loques tombant du corps ».

Mes idées titaniques n'étaient que des fantômes aériens présageant une époque plus sérieuse. Je suis maintenant en plein dans l'étude de la forme humaine, qui est le *nec plus ultra* [...] de toute activité humaine. [...] Maintenant seulement je vois et je goûte ce que l'Antiquité nous a laissé de plus sublime, les statues. Oui, je me rends bien compte qu'on peut étudier toute une vie et qu'à la fin on voudrait pourtant encore s'écrier : « À présent je vois, à présent seulement je jouis [2]. »

C'est ainsi que le problème de la figure humaine est devenu pour lui la clé des considérations sur la nature et l'art, le centre du cosmos spirituel comme du cosmos physique à partir duquel il cherche à parvenir jusqu'à l'origine et jusqu'au secret de toute configuration en général. Toutes les idées titanesques se sont fondues dans cette seule aspiration. Et si, parvenu en ce point, Goethe jette un regard en arrière sur le Faust première manière, il ne le fait qu'avec une réticence intérieure, car penser au cycle de Faust menace de le clouer à nouveau dans cette « sphère des barbaries » à laquelle il croit désormais avoir échappé à tout jamais.

La matière même de la légende de Faust offrait toutefois un symbole dans lequel Goethe pouvait à présent condenser le contenu tout entier de son nouvel état d'esprit. L'évocation magique d'Hélène par Faust, dont le livret populaire fait déjà le récit, prendra maintenant plus de poids qu'un simple épisode pour acquérir sa place dominante dans la construction et le plan d'ensemble de l'œuvre. Certes, le personnage d'Hélène appartenait déjà en tant que motif à la conception première du drame de Faust, mais c'est seulement maintenant que Goethe l'interprète de l'intérieur et se l'approprie. Ce n'est que dix ans après son retour d'Italie que Goethe se met à achever l'acte d'Hélène ; mais en Italie s'est produit en lui ce changement intérieur qui fait que la réunion de Faust et d'Hélène prend maintenant pour lui la valeur de « sommet » de l'œuvre qui s'offre à la vue depuis tous les points de l'ensemble et d'où on a vue sur l'ensemble [3]. Il lui fallait constamment la perspective de ce sommet pour se réconcilier avec la « composition barbare » du *Faust*

---

1. J. W. GOETHE, *Italienische Reise*, 23 août 1787 [avec une allusion à Genèse 32, 27 ; trad. p. 386].
2. *Ibid.*, 10 janvier 1788 [trad. p. 474] ; lettre à Mme von Stein, 25 août 1787.
3. Voir Fr. VON SCHILLER, lettre à Goethe, 23 septembre 1800.

et avec le « monde des symboles, des idées et du brouillard » dans lequel elle voulait le retenir. La part intérieure qu'il prend à son œuvre est liée désormais tout entière à la figure d'Hélène, tant et si bien qu'il est affligé, par le rapport dans lequel il la place ici, d'avoir « à en faire tout à l'heure une caricature [1] ». En elle est en effet concentrée pour lui à jamais la plus intime et douloureuse expérience de cette époque de sa vie. De l'Italie, « riche en formes », il se voyait revenir en arrière dans l'« Allemagne privée de formes » ; ses amis, au lieu de le consoler et de le rapprocher d'eux, le mettaient au désespoir car aucun ne comprenait cette nostalgie de ce qu'il avait perdu, non plus que le langage de cette nostalgie [2]. Il avait maintenant éprouvé dans sa chair la « force unique et effroyablement irrésistible » de la beauté. Et ce n'est pas seulement pour lui un jeu d'« allégorie » quand il ressent et exprime cette force à la fois comme ce qu'il y a de plus individuel et de plus général. Dans les contours les plus vivants et les plus concrets de la figure humaine, qu'il voit devant lui avec une parfaite netteté sensible, ce qu'il sent et connaît d'emblée, c'est directement la puissance de la forme proprement dite, la « *vis superba formae* » qui impose sa loi dans toutes les formations de la nature et de l'art. Ceci permet de comprendre que, chez Goethe, Hélène puisse demeurer tout à fait individualisée et bien déterminée, qu'elle puisse garder les traits qu'elle possédait dans la légende et dans le mythe et acquérir cependant dans l'ensemble de l'œuvre un sens purement symbolique. Car ici règne précisément ce rapport fondamental que Goethe lui-même a dépeint comme la quintessence de tout véritable symbolisme et dans lequel « le particulier représente le général, non pas comme un rêve ou comme une ombre, mais comme la révélation instantanée et vivante de l'insondable [3] ». Ce rapport, tel qu'il existait dans l'esprit de Goethe, dans son sentiment et son intuition, a trouvé son expression poétique la plus pure dans les mots par lesquels Épiméthée décrit l'apparition de Pandora :

> Le plein bonheur, ainsi je l'aurai goûté !
> J'ai tenu la beauté, elle m'a enchaîné !
> Compagne du printemps elle s'avançait.
> Je la reconnus, je la pris, c'en était fait !
> Le noir brouillard des pensées vaines s'envola ;
> Vers la terre et le ciel, elle m'attira. […]
> Sous mille formes, ici-bas elle descend,
> Plane sur les eaux, parcourt les champs ;
> Sur un rythme sacré elle brille et retentit
> Et le contenu par la forme est ennobli,

---

1. J. W. GOETHE, lettre à Schiller, 12 septembre 1800 [trad. p. 361].
2. J. W. GOETHE, *Geschichte meines botanischen Studiums*, *Naturwiss. Schr.*, VI, p. 131 [dans *La Métamorphose des plantes et autres écrits botaniques*, trad. p. 175].
3. J. W. GOETHE, *Maximen und Reflexionen*, n° 314.

Que lui donne et se donne un pouvoir souverain.
Jeunesse et femme – ainsi elle m'apparut sur mon chemin [1].

C'est donc ainsi que, selon la conception de l'œuvre, Hélène doit apparaître à Faust : délivrée du royaume des ombres et ressuscitée à la plénitude de l'existence, tout en incarnant le secret fondamental de la forme auquel se réfère toute vie et tout devenir, toute mesure et toute configuration. De même qu'en Italie s'ouvrit pour Goethe un « abîme de l'art » qu'il scruta cependant avec joie et sans crainte, car son regard s'était accoutumé aux « abîmes de la nature », à la consistance et aux variations de ses figures [2], de même Faust doit descendre chez les « mères », chez les éternels archétypes de tout devenir pour trouver dans ce néant le tout et dans les ombres la vie même.

Mais l'aspiration titanesque n'est pas domptée et réconciliée à jamais par la puissance de la « forme » ; Hélène retourne aux enfers et Faust n'a plus entre les mains que son vêtement et son voile. La véritable libération, la délivrance de Faust ne s'accomplit pas dans le monde de la beauté mais dans le monde de l'action. C'est là également que se reflète le dernier grand tournant dans la vie de Goethe : la vieillesse de Goethe est en effet une époque dominée et pénétrée par la conviction que « ce qu'il y a de plus élevé, ce qu'il y a de meilleur dans l'homme est informe » et que l'on doit se garder de le configurer ailleurs que dans l'action noble. L'unité interne de l'époque classique de la culture en Allemagne est bien illustrée par le fait que le plus grand *créateur d'images* à qui elle a donné naissance ait pu créer cette formule, dans laquelle il se rencontre avec Kant et Fichte. L'aspiration infinie ne trouve ses limites dans aucun objet fini, dans aucune forme finie, elle ne trouve sa véritable dimension intérieure que dans la pure loi de l'agir à laquelle elle se soumet. Dans son travail sur le tout qui n'est jamais terminé et ne peut jamais l'être, l'individu reste fidèle à lui-même et à son incessante propension fondamentale à l'activité. Le voici désormais solidement amarré à lui-même au beau milieu de l'espace sans fin ni limites : et le même principe que celui qui garantit son constant progrès garantit aussi sa véritable permanence. Pour prendre conscience de cette permanence, l'individu n'a pas besoin d'aller chercher dans l'éternité ou dans un au-delà intemporel ; au sein même de son devenir temporel, il aura découvert le point qui confère la durée à son action. La liberté intérieure – vivre et agir à partir d'un centre autonome – est sauvegardée ; mais le but suprême sans la recherche duquel cette liberté ne se vérifie pas dans sa pureté et sa plénitude a été reconnu, c'est la libération de l'humanité. L'accomplissement de la subjectivité a conduit, dans une tâche qui est en même temps infinie et objective, à sa propre limitation. Et c'est ainsi que Méphisto a perdu la

---

1. J. W. GOETHE, *Pandora* [*Théâtre complet*, trad. J. Tardieu, p. 1090 s.].
2. J. W. GOETHE, lettre à Charles Auguste, 21 janvier 1788.

partie, car cette forme de « temps suspendu » est inconcevable pour les êtres de son genre. Là où il s'imaginait leurrer par la *jouissance* l'esprit humain, celui-ci a découvert un *contenu* idéel inépuisable qu'il peut donner à la vie. Ce n'est qu'en avançant qu'on peut se saisir de ce contenu ; mais la loi immuable à laquelle obéit cette marche en avant ramène l'apaisement intérieur à l'aspiration. Tout le bonheur et toute la douleur de l'instant ont disparu aux yeux de Faust depuis que l'image du bonheur suprême est devant lui, toujours simple pressentiment et par là même cependant en même temps exaucement. Que la nuit de l'Être tombe maintenant sur lui ; intérieurement brille la vive clarté de l'idée que tout le contenu de la vie consiste à la conquérir chaque jour, au sens physique comme au sens spirituel. C'est donc au motif fondamental, au motif du départ de l'œuvre, que revient le drame de Faust à son point culminant et final. Émergeant du monde de la forme, de la sujétion idéelle la plus haute et la plus pure même, le monde de la liberté se précise à nouveau, qui n'existe que parce qu'il *devient* sans cesse, parce qu'il doit constamment, à chaque étape atteinte, s'engendrer à nouveau.

Cela dit, il ne faut absolument pas voir en cela l'« idée » qui, en tant qu'unité abstraite, serait le fondement du *Faust*. C'est à juste titre que Goethe s'est élevé contre l'assertion selon laquelle il aurait pu et voulu enfiler une vie aussi riche, aussi pittoresque et hautement variée que celle qu'il avait représentée dans le *Faust*, « sur le maigre cordon d'une seule idée reliant le tout [1] ». Mais de même que pour lui la teneur poétique et la teneur de sa propre vie avaient le même sens, ce n'est aussi que la loi structurante de sa propre existence qui a trouvé dans le *Faust* son objectivation et sa description. De même que dans le surgissement de presque tous les ouvrages de Goethe – par exemple dans le *Werther* ou le *Torquato Tasso*, dans les *Élégies romaines* ou le *Divan occidental-oriental* –, ce n'est à vrai dire pas un simple reflet qui est à l'œuvre et déterminant dans la construction du Faust, mais plutôt une « suite de reflets [2] ». Aussi est-ce avant tout une immense richesse d'intuition historique sur laquelle se trouve pour ainsi dire projeté ici le contenu de l'expérience existentielle personnelle. Dans le cours de ses événements extérieurs déjà, l'œuvre couvre toute l'étendue de l'espace temporel, depuis les temps légendaires jusqu'au présent immédiat, « depuis le déclin de Troie jusqu'à la prise de Missolonghi [3] ». Les figures historiques qu'il rassemble vont de Thalès à Byron ; la vision spirituelle du monde au Moyen Âge, la magie et l'alchimie de la Renaissance, tout comme les théories du « neptunisme » moderne y trouvent place ; la vie des étudiants au XVIIIe siècle, la vie de la Cour et de

---

1. J. W. Goethe à Eckermann, 6 mai 1827 [trad. p. 522].
2. Voir à ce sujet l'exposé de K. Burdach sur le *Divan occidental-oriental*, *Goethe-Jahrbuch*, XVII, p. 1896.
3. Voir J. W. Goethe, lettre à W. von Humboldt, 22 octobre 1826.

l'État dans l'Allemagne du Moyen Âge y sont restituées ; les souvenirs sur Louis XIV, le château de Versailles, le papier-monnaie et les assignats y trouvent écho. Mais tout cela n'est pas ce qui crée le symbolisme historique particulier du drame de Faust. Le trait le plus profond et le plus remarquable de ce symbolisme, c'est bien plutôt le rapport, involontaire et fortuit, entre la propre évolution de Goethe et l'histoire générale de l'évolution de l'esprit en Allemagne qui s'expose ici. Étant donné que l'opposition et la réconciliation de la « forme » et de la « liberté » sont un thème fondamental dans la vie de Goethe et un thème également fondamental de l'histoire de l'esprit en Allemagne, on croit quelquefois reconnaître dans le miroir magique du *Faust* toutes les figures connues de cette histoire. Si le début de l'œuvre est placé sous le signe de la mystique allemande, à son terme, dans la nouvelle place accordée à l'existence terrestre et à l'action, les idées de la Réforme ont laissé leur trace ; de même que dans le *Urfaust* on croit entendre, dans la scène entre Faust et Wagner, lorsqu'on se gausse de l'interprétation et de l'utilisation « pragmatiques » de l'histoire, l'emphase pathétique de Herder, de même l'évocation magique d'Hélène par Faust rappelle-t-elle Winckelmann tentant de retrouver à partir de l'étroitesse de l'existence du savant allemand le chemin vers la « source première du beau ». Ainsi cette œuvre singulière, qui est à la fois la représentation la plus directe de la vie et l'œuvre la plus symbolique qui soit, jeu de marionnettes et ouvrage de réflexion, tragédie et bouffonnerie, mystère et drame d'idées, a fait la preuve du don poétique fondamental de Goethe : ne faire qu'un du passé et du présent. En exprimant ce qui était pour lui-même un présent spirituel vivant, Goethe a redécouvert le contenu spirituel du passé national de son peuple pour l'élever à la claire lumière de la conscience et de la configuration artistique.

V

SCHILLER

Le problème de la liberté et le problème de la forme
dans l'esthétique classique

1

Bien que les effets de la loi universelle de forme qui préside à la création chez Goethe ainsi qu'à son intuition générale de la réalité ne s'exercent pas seulement dans une direction unique, la spécificité de cette loi s'exprime cependant purement et complètement dans son œuvre poétique. D'une perception lyrique fondamentale résulte la mélodie qui, quelle que soit l'apparente diversité de ses formes, accompagne partout la vie et l'œuvre de Goethe et dont on perçoit toujours chez lui l'écho. C'est elle qui constitue l'unité de sa personne, celle qui s'affirme face à la diversité des objets et des tâches auxquels il se consacre. Dans la sagesse théorique mûrie que lui confère son âge avancé, dans le travail méthodique de ses recherches scientifiques, dans chaque détail de l'observation et de l'expérience, partout on trouve trace de cette tonique et de cette harmonique de son être. Aussi était-ce de ce principe formel de la lyrique goethéenne qu'il nous fallait partir pour y mettre en évidence les moments dont l'épanouissement autonome mesure la totalité de l'œuvre accomplie durant sa vie. Si l'on cherche à définir de manière analogue un centre de gravité de l'être et de l'originalité spirituelle de Schiller, on se sent invité à suivre une autre voie. Chez lui, en effet, pas de pur « instinct de formation » poétique qui, en se déployant, créerait pour lui-même le monde extérieur comme le monde intérieur, mais d'emblée des postulats et des exigences plus universels qui déterminent cet instinct en même temps qu'ils lui impriment une certaine direction de préférence à toute autre. Chez Schiller, au départ comme au terme de sa création, on trouve une expérience vécue fondamentale, théorique et éthique, et un postulat de même caractère. Sa poésie elle-même n'est pour lui qu'une condition et un point de passage obligé de la réalisation de ce postulat. Si c'est avant tout le moment de la « consistance », faite d'agencements stables, que Goethe privilégie dans l'intuition de la réalité, si cette dernière signifie pour lui une puissance objective qui, là même où elle va à l'encontre de l'aspiration et des exigences du sujet, doit être appréhendée et reconnue comme quelque chose de légalement nécessaire, Schiller, lui, est déterminé par le pathos inverse. La nature est pour lui la contestation et l'antithèse de l'idée de liberté. Il ne découvre pas, comme Goethe, le monde extérieur en tant qu'accomplissement et vérification du monde intérieur, mais c'est d'emblée et avant tout sous la forme de la contrainte que le monde extérieur s'impose à lui dans la rude discipline qui est celle de sa jeunesse. Résister à cette contrainte, s'affirmer en face d'elle dans la pureté de sa personnalité éthique, telle sera désormais la « grande idée » de sa vie. C'est de ce sentiment que sont nés ses drames de jeunesse. Toutes leurs figures et tous leurs motifs sont placés sous le signe de cette opposition prédominante. La devise « *In tyrannos* » qu'une main étrangère ajouta à l'une des premières éditions des *Räuber* [*Les Brigands*] marque partout de son sceau ces œuvres de jeunesse. Partout retentit l'appel à s'opposer à la loi, car la loi n'est que ce qui a été « posé », n'est que la convention qui, de l'extérieur, cherche à brider et à dompter la volonté libre de l'individu.

On veut m'obliger à serrer mon corps dans un corset et ma volonté dans des lois. La loi a tout gâté en mettant au pas de la limace ce qui aurait volé comme l'aigle. La loi n'a pas encore formé un grand homme, tandis que la liberté fait éclore des colosses et des êtres extraordinaires [1].

« Colosses et êtres extraordinaires », voilà vers quoi tendent les drames du jeune Schiller. Si Goethe, en plein dans le Sturm und Drang des œuvres de jeunesse, a pour axe constant l'intuition et la configuration du *tout* de la nature et de la vie, ici le but universellement visé est de condenser ce tout en un sommet suprême et unique. Si le premier s'accoutume de bonne heure à considérer même les puissances de la vie et les individus maléfiques comme des êtres de la nature objectivement déterminés et « complètement réels » qui doivent suivre inexorablement la voie toute tracée, partout règne chez Schiller, en revanche, la révolte contre tout ce qui est simplement donné et fixé de l'extérieur. C'est constamment le même combat intérieur qui s'exprime sous les formes les plus diverses. Le sentiment qui se présente avec un caractère abstrait tout à fait juvénile encore dans la déclaration de guerre de Karl Moor à l'« humanité » se concrétise et se précise de plus en plus ; avec *Fiesco*, qui fait le lien entre les motifs de Brutus et de Virginius, il cherche à acquérir une teneur politique et historique ; dans *Kabale und Liebe* [*Intrigue et amour*], il s'élargit jusqu'à devenir une critique de la société et des conventions sociales, pour finalement placer dans *Don Carlos*

---

1. Fr. von Schiller, *Die Räuber*, acte I, scène 2 (*Les Brigands*, trad. R. Dhaleine, Paris, Aubier, 1968, p. 127) [N.d.T.].

l'ensemble de la vie historique sous le signe de l'opposition entre le despotisme et la « liberté de pensée » ; mais à travers tous ces changements, il garde la même teneur. Ce motif poétique particulier sert partout de moyen d'expression au processus général de libération spirituelle qui se déroule en Schiller lui-même. Ce que le jeune Schiller exige de l'artiste comme du philosophe et du poète, c'est que

dans l'heureux moment de l'idéal, ils soient effectivement les grands hommes, les hommes bons dont ils tracent le portrait [1].

Ce propos reste également vrai pour lui si on l'inverse : toutes les figures poétiques qu'il conçoit et modèle à cette époque signifient moins des présentations du monde que des projections vers l'extérieur de son exigence éthique fondamentale. Lorsque le jeune Goethe ressent la « reproduction du monde » qui l'entoure par le monde intérieur comme le point de départ et d'aboutissement de toute écriture et s'abandonne presque inconsciemment et « comme un somnambule » à ce don, pour Schiller, en revanche, toute œuvre nouvelle est un nouveau pas franchi dans le processus sans cesse en marche de l'autojustification morale et intellectuelle. Ses œuvres ne sont pas le miroir de l'existence, de la vie objective de l'homme, mais elles sont l'interprétation toujours plus pénétrante du *devoir* qui le pousse en avant, de l'impératif sous le signe duquel il place l'ensemble de son agir. Aussi la réflexion est-elle pour lui un élément tout à fait actif dans la configuration de sa conception fondamentale : la théorie de la forme dans son constant développement constitue une composante nécessaire de l'édification du monde concret des formes lui-même. C'est d'elle, en tant que centre spirituel, que partent les fils qui assurent la liaison et la cohésion internes de l'ensemble de son œuvre et de la conception philosophique du monde de Schiller.

Plus Schiller allait de l'avant, plus il comprenait lui-même et de plus en plus consciemment sa propre création de ce point de vue. Ce qui le poussait à philosopher ne fut jamais le désir de résoudre les énigmes métaphysiques de l'existence, mais la nécessité intérieure qu'il ressentait de rendre transparente l'originalité de son œuvre et d'assigner à celle-ci dans l'ensemble du domaine spirituel sa place précise et sûre. Ce n'est que progressivement que mûrit chez lui la solution à emprunter dans cette tâche ; le poète juvénile voit encore sans hésitation la scène du théâtre comme une « institution morale » qui, grâce à l'intensification et à l'exaltation de l'activité imaginatrice qu'elle provoque chez le spectateur, dispose en même temps celui-ci à accomplir des tâches morales particulières et l'en rend

---

1. Fr. VON SCHILLER, « Theosophie des Julius : Gott », *Philosophische Briefe* [« Théosophie de Julius : Dieu », Lettres philosophiques], éd. Cotta, *Werke*, XI, p. 120 s.

capable. Ce que la religion et l'institution des lois, par les moyens dont elles disposent, ne lui permettent d'atteindre qu'incomplètement peut, grâce au théâtre, être atteint indirectement et, de ce fait justement, d'une manière plus profonde et plus complète. Plus que toute autre institution publique, la scène est une école de sagesse pratique, un guide dans la vie civique, une clé infaillible ouvrant les accès les plus secrets de l'âme humaine. Ici déjà, l'état de jouissance esthétique est décrit comme un « état médiat » destiné à unir et réconcilier les deux extrêmes contradictoires de notre essence : la tendance sensible qui nous rattache à l'animalité et la pure contemplation intellectuelle qui constitue le témoignage de notre nature spirituelle. Et de même que le mérite du « meilleur théâtre » est grand dans la formation morale, de même est important le progrès qui, grâce à lui, en découle pour l'« éclaircissement de l'entendement dans son ensemble ».

> La scène est le canal commun à travers lequel s'écoule, venue de la partie pensante, la meilleure, du peuple, la lumière de la sagesse qui se disperse à partir de là en rayons plus atténués à travers l'État tout entier. De là coulent dans toutes les artères du peuple des concepts plus exacts, des principes plus clairs, des sentiments plus purs. Le brouillard de la barbarie, de la sinistre superstition disparaît, la nuit fait place à la lumière victorieuse [1].

Si ces propos participent encore dans leur entier de la philosophie des Lumières du XVIIIe siècle et ne lui ajoutent aucune idée esthétique originale, il faut en chercher la véritable raison dans le fait qu'à cette époque Schiller n'a pas encore de position autonome et sûre à l'égard des problèmes fondamentaux de l'éthique elle-même. Il est toujours entièrement sous l'influence de l'éclectisme de ces doctrines qui cherchent le principe de l'éthique dans le concept aux sens multiples et vagues de « félicité », de cette conception qu'il connaît pour être représentée en Allemagne particulièrement par Garve et dans la philosophie anglo-écossaise par Ferguson, l'élève de Shaftesbury. Mais, dans la mesure où, dépassant ce point de départ initial, il poursuit ses spéculations éthiques, il pénètre et approfondit de manière nouvelle le sens et la teneur de l'art. L'époque marquée par la conception et l'achèvement du poème *Die Künstler* [*Les Artistes*] est celle où est franchi le pas dans l'éthique entre le « principe de félicité » et le « principe de perfection » ; à la place de la philosophie populaire en Allemagne et en Angleterre, c'est l'école méthodique plus rigoureuse du rationalisme de Wolff qui entre en scène. Schiller trouve là une nouvelle autonomie accordée à l'art, autonomie que l'ébauche baumgartienne d'une esthétique scientifique devait établir systématiquement. Il retiendra

---

1. Fr. VON SCHILLER, *Die Schaubühne als moralische Anstalt* [La scène considérée comme une institution morale], 1784, *Werke*, XI, p. 89 s., 97.

désormais cette esquisse, avec ses qualités et ses défauts, comme base théorique de sa poésie didactique. La forme de la dérivation et de la justification téléologiques de l'art est toujours considérée comme un premier stade qui, au-delà de lui-même, vise un but extérieur à lui. C'est lui qui, à travers des énigmes faciles, fait deviner aux hommes « le secret de la sublime vertu », qui exerce l'entendement humain aux *stimuli* sensibles pour l'habituer à l'éclat supérieur de la connaissance. Il devient ainsi le guide qui conduit non plus à la félicité mais à l'élévation spirituelle de l'homme, dans laquelle celui-ci s'unit à l'esprit universel de façon consciente et volontaire. Dans le symbole du beau, s'ouvre pour l'« entendement puéril » un avant-goût de ce qui un jour se présentera à lui dans son achèvement suprême comme la vérité :

> Conduisez-le ainsi, dans une marche insensible,
> À travers des formes et des harmonies toujours plus pures,
> Par des hauteurs toujours plus hautes et des beautés toujours plus belles,
> Conduisez-le doucement jusqu'au sommet de l'échelle fleurie de la poésie :
> À la fin, au dernier stade de maturité des temps,
> Encore un heureux mouvement d'enthousiasme,
> Suprême essor poétique du dernier âge de l'Humanité,
> Et […] l'homme glissera entre les bras de la Vérité [1].

Aussi cette fondation de l'art est-elle plutôt une dissolution de sa teneur spécifique, mais cette dissolution est encore pour l'auteur des *Artistes* la seule voie possible pour donner à l'art sa place dans le « plan du monde » et le référer à l'« océan de la grande harmonie [2] ». De même qu'auparavant c'était l'idéal éthique eudémoniste qui étriquait sa conception, c'est aujourd'hui l'idéal de vérité rationaliste. Seule la philosophie critique le libère de cette double limitation. Elle procure à ce qui était en lui vivant en tant qu'exigence intérieure son expression théorique complète et adéquate. Il comprend désormais l'ensemble de son essence, car l'idée de liberté n'agit plus en lui simplement comme un affect subjectif fondamental, mais il le voit promu en principe de la connaissance et en principe de l'être. Et dans la mesure où désormais la doctrine critique permet également l'application du concept universel d'« autonomie » à tous les domaines particuliers de la création spirituelle, l'art y trouve en même temps en lui-même pour la première fois véritablement sa forme et sa fin. Désormais, Schiller n'a plus à cet égard aucune hésitation. Le 7 août 1797, il écrit à Goethe :

---

1. Fr. VON SCHILLER, *Die Künstler*, XXVII (*Les Artistes, Poèmes philosophiques*, trad. R. d'Harcourt, Paris, Aubier, 1954, p. 125) [N.d.T.].
2. *Ibid.*, XXIX, p. 127 (N.d.T.).

> Je suis revenu ces jours derniers à l'essai de Diderot *Sur la peinture*, pour puiser des forces nouvelles au contact vivifiant de cet esprit. J'ai l'impression qu'il en va pour Diderot comme pour bon nombre d'autres, qui ont la juste intuition du vrai, mais qui le laissent trop souvent glisser de leurs mains lorsqu'ils en viennent à raisonner abstraitement. Lorsqu'il a affaire à des œuvres d'art, il se préoccupe trop à mon goût de fins étrangères à l'art et d'intentions morales, et il porte insuffisamment son attention sur l'objet même et sur l'exécution. Il veut à toute force que l'œuvre belle ait en outre une utilité d'un autre ordre. Et, comme la beauté véritable et la perfection artistique ont pour effet nécessaire d'améliorer l'homme, il va chercher l'explication de ces heureux effets de l'art dans le sujet et le contenu des œuvres et dans le profit positif qu'en tirent l'entendement et le sentiment moral. Je considère comme l'un des avantages de la philosophie nouvelle de nous procurer une formule pure de tout mélange qui nous permet de définir les effets subjectifs de la beauté sans en altérer le caractère [1].

Parlant de Diderot, Schiller décrivait dans ces lignes sa propre évolution intérieure. S'il n'a pas trouvé la « pure formule » pour dépeindre ce qui était en lui contenu, la raison en est qu'il se voyait en la matière renvoyé à la médiation et au soutien de la philosophie de son temps. Ce qu'il voulait, c'était une justification de l'art par rapport à l'idée qu'il se faisait de la nature et de la vie en général ; mais quoiqu'il eût souvent cherché auparavant à exprimer cette idée, il était alors forcé d'utiliser des outils philosophiques conceptuels qui n'étaient pas à la hauteur de la tâche. Ce n'est qu'avec la doctrine de Kant qu'il verra cette contradiction intérieure trouver son interprétation et sa solution. Elle le rend à lui-même ; elle confirme son droit et son originalité en tant qu'artiste en affirmant et en fondant en même temps dans toute leur rigueur les exigences fondamentales sur lesquelles s'établit son essence. Ce n'est qu'avec cette possibilité de *concevoir* la forme spirituelle qui est la sienne que Schiller la *découvre*. À une époque où, délaissant complètement la création poétique, il se retranche dans la « spéculation », le sens de ce qu'il est et de ce qu'il peut en tant que poète lui apparaît pour la première fois ; l'essai *Über naive und sentimentalische Dichtung* [*De la poésie naïve et sentimentale*], dans lequel il trace en des traits précis et clairs sa propre image, constituera aussi dans sa création artistique un tournant décisif.

Wilhelm von Humboldt déjà a finement et précisément exprimé la différence caractéristique qui sépare là Schiller de Goethe. Il écrit dans une lettre à Schiller de septembre 1800 :

> Là où chez vous se mêlaient la critique et les louanges, il s'agit d'un déséquilibre en faveur de la subjectivité par rapport à l'objectivité ; qu'on le

---

1. Fr. VON SCHILLER, lettre à Goethe, 7 août 1797 (*Goethe-Schiller, Correspondance 1794-1805*, trad. L. Herr et C. Roëls, Paris, Gallimard, 1994, t. I, p. 419) [N.d.T.].

juge sévèrement comme un défaut de vérité naturelle ou qu'on le comprenne simplement comme ce qui détermine votre originalité, c'est-à-dire comme un processus inhabituel, par lequel vous rétablissiez pour ainsi dire de vous-même cette vérité là où vous ne la ressentiez pas comme évidente. Il ne fait pour moi aucun doute que la force de votre direction intérieure propre a sur vous plus de pouvoir que l'impression extérieure. Peut-être n'y a-t-il que vous sur qui les idées exercent une force aussi certaine et exclusive [...]. À considérer le style, vous partagez avec Goethe, comme jamais ce ne fut le cas pour deux poètes, toute la gamme de l'art poétique. Mais la démarche de l'imagination est chez lui tout à fait différente. Il met en scène différemment les phénomènes de la vie, il les présente différemment à notre cœur, il nous élève différemment à la contemplation spirituelle. Même là où c'est bien lui qui crée, il semble encore recevoir, il paraît presque toujours plus observer et simplement exprimer ce qu'il a vu que travailler et progresser dans son for intérieur [...]. Vous avez un effet plus fort sur la part d'activité autonome de l'homme que vous déterminez de manière irrésistible ; lui rend pour le moins la nécessité de cette part moins évidente, car il fait vibrer avant tout directement celle qui intuitionne et ressent.

Et cinq années auparavant déjà, Humboldt avait tenté de caractériser de la même façon le trait fondamental de l'art poétique de Schiller :

Toutes vos œuvres poétiques – lui avait-il écrit – font preuve d'une emprise du pouvoir de l'idée plus grande que chez aucun autre poète et plus grande que celle qu'on pourrait sans expérience considérer comme supportable pour la poésie. Je n'entends absolument pas par là simplement ce par quoi votre poésie est philosophique, mais je trouve ce trait précisément dans l'originalité avec laquelle vous traitez ce qui est purement poétique et donc invention artistique [...]. Pour exprimer cela dans toute son universalité, je dois par conséquent plutôt l'appeler pour ainsi dire un excès d'activité autonome telle qu'elle crée pour elle-même également la matière qu'elle eût dû simplement recevoir mais qui ensuite se lie à elle comme un simple donné. Cela confère à tout ce qui vous touche une empreinte toute personnelle de hauteur, de dignité et de liberté, conduit à proprement parler dans un domaine éthéré et instaure le genre suprême du sublime qui agit à travers l'idée [...]. De là précisément peut surgir cependant à propos de vos personnages et de vos descriptions l'idée que, nonobstant leur extrême degré de vérité et de continuité logique, ils manquent pour le moins souvent de la couleur naturelle.

Et effectivement, tous les moments de son épanouissement philosophique et artistique peuvent être dérivés de ce motif de « spontanéité » débordante, du fait que Schiller

court de son propre chef pour ainsi dire à la rencontre de la nature avant qu'elle ne puisse agir sur lui complètement [1].

---

1. W. VON HUMBOLDT, lettre à Schiller, 16 octobre 1795, Correspondance rassem-

Cela procure à son art agissant sa force intérieure et lui confère en même temps ce trait de violence que Goethe ressentait souvent chez lui. Ce n'est cependant pas en tant qu'artiste mais en tant que penseur que Schiller a découvert le plus pur rapport entre « idée » et « expérience », la balance parfaite entre le « subjectif » et l'« objectif ». De même qu'il loue la philosophie critique d'avoir ouvert la voie qui ramène l'empirique à des principes et la spéculation à l'expérience [1], il a constamment suivi ce double itinéraire dans l'établissement de son esthétique. Sans cesse la création le tourne vers la contemplation et sans cesse la contemplation le ramène à la création : c'est dans la synthèse de ces deux moments que le pathos subjectif de la liberté acquiert son support objectif et sa fondation.

2

Lorsque le jeune Schiller cherche à exprimer dans des concepts philosophiques la globalité de sa conception du monde et de la poésie, il recourt à l'idée fondamentale de la théorie leibnizienne des monades qui, grâce à Abel, son professeur, lui était familière depuis sa jeunesse. L'univers lui apparaît sous l'image d'un système de forces qui ont leur fondement et leur centre de gravité commun dans une force divine originaire. De cette divinité de l'univers, il n'y a aucune autre preuve, et aucune preuve plus convaincante ou plus profonde n'est requise que l'harmonie qui règne entre toutes ces forces singulières. De même que le monde est une idée de Dieu, de même est-ce la vocation suprême de l'être pensant que de retrouver dans ce tout donné la première esquisse, de rechercher la loi dans le phénomène et de remettre l'édifice sur le tracé de l'ébauche fondamentale. Ce qui sépare alors l'esprit fini et l'esprit infini, ce que nous avons coutume de décrire comme la simple « nature », comme un ensemble de choses et de forces physiques, ne se révèle pas dans ce mouvement régressif comme quelque chose d'autonome et d'absolu mais comme une enveloppe simplement symbolique sous laquelle peuvent également se reconnaître, une fois qu'on a appris à voir au travers de cette enveloppe, des rapports et des relations de mode purement spirituel. Une expérience nouvelle dans le royaume de la liberté naturelle – la gravitation, la découverte de la circulation sanguine, le système de Linné – signifie pour nous de ce point de vue exactement la même chose qu'une antiquité retirée des fouilles

---

blée par A. Leitzmann, 3ᵉ éd., Stuttgart, 1900, p. 165 s. ; la lettre de septembre 1800 se trouve dans *Neue Briefe W. von Humboldts an Schiller* [Nouvelles lettres de W. von Humboldt à Schiller], éditées par F.C. Ebrard, Berlin, 1911.

1. Fr. VON SCHILLER, *Briefe über die ästhetische Erziehung des Menschen*, lettre XV, *Werke*, XII, p. 57 [*Lettres sur l'éducation esthétique de l'homme*, trad. R. Leroux, Paris, Aubier, 1992].

d'Herculanum : les deux choses ne sont que le reflet d'un esprit, la rencontre que l'on fait d'une essence analogue à la nôtre.

Ce n'est donc pas à travers la *vie* immédiate des êtres singuliers mais à travers l'*ordre* systématique dans lequel ils vont s'unir que nous est sensible et reconnaissable, de la manière la plus pure, l'âme de l'artiste divin. C'est cet ordre que nous rencontrons dans le monde physique, dans le phénomène de la gravitation universelle et dans le monde de l'esprit, dans le phénomène de l'amour. De même que dans le domaine de l'existence physique toute particule de matière se rattache au tout cosmique par des règles universelles, de même, dans le domaine du psychique, tout individu aspire à se dépasser et cherche à se pénétrer du sentiment de l'univers. L'Être suprême lui-même ne possède la plénitude de l'être que parce qu'il se communique aux autres et se reconnaît en eux comme en des « reflets bienheureux de sa béatitude ». « Dans la coupe débordante du royaume des essences se présente à lui l'infini [1]. » Malgré le dithyrambisme de cette philosophie de jeunesse, nous n'en sommes pas moins au centre de gravité du développement de l'idéalisme spéculatif ; de même que cette philosophie remonte directement à Leibniz, c'est en se souvenant d'elle que Hegel, plus tard, concluera sa *Phänomenologie des Geistes* [*Phénoménologie de l'esprit*]. Ce qui cependant trahit le caractère leibnizien de cette doctrine, ce n'est pas principalement sa teneur métaphysique, car celle-ci pourrait tout aussi bien être attribuée à Herder ou Shaftesbury, de même qu'elle pourrait passer pour le patrimoine commun du XVIIIe siècle, c'est plutôt la fondation logique que Schiller cherche à lui donner. Celle-ci remonte en effet directement à l'un des traits fondamentaux les plus caractéristiques de la philosophie de Leibniz, à la transformation du concept de vérité qui s'est accomplie en elle. Pour Leibniz, la vérité de la représentation ne réside plus dans le fait que celle-ci « reflète » un objet extérieur, dans l'analogie matérielle entre elle et un original physique objectif ; cette vérité se présente dans la relation qui veut que ce qui, dans la représentation, est individuel et contingent permette cependant l'expression d'un rapport universel et nécessaire. De sorte qu'un seul et même concept intégratif de vérités mathématiques peut être compris par des sujets divers sous les signes sensibles les plus divers, mais demeure néanmoins identique à lui-même, dans la mesure où, en dépit de toutes les différences entre symboles particuliers, le rapport qui existe entre eux obéit à une loi précise toujours semblable à elle-même. Tout individu, si l'on considère simplement le contenu de ses représentations, a ainsi son monde propre, on peut dire sa « vérité » propre ; ce qui cependant l'unit au monde commun sera déterminé par la forme de la liaison qu'il donne

---

1. Fr. von Schiller, *Die Freundschaft* (L'amitié), derniers vers d'un poème de 1781 ; en fait, Schiller dit *Seelenreich* là où Cassirer écrit *Wesenreich* (royaume des essences) [N.d.T.].

à ces représentations. En ce sens, « concept » et « signe », « raison » et « langage » sont en rapport de corrélation. Le XVIIIe siècle, tout particulièrement dans ses fréquents efforts pour mettre en œuvre l'idée leibnizienne de « caractéristique universelle », a fixé et développé cette manière de voir fondamentale, et on peut supposer que c'est tout particulièrement Ploucquet, professeur de philosophie à la Karlsschule [1], qui la transmit au jeune Schiller. Celui-ci, dont la philosophie de jeunesse cherche désormais à préciser cette idée, écrit :

> Notre savoir tout entier, ainsi que tous les sages de la terre en conviennent, aboutit à une illusion conventionnelle avec laquelle cependant peut coexister la vérité la plus rigoureuse. Nos concepts les plus purs ne sont en aucune façon des images des choses mais simplement leurs signes, nécessairement déterminés et coexistants. Ni Dieu ni l'âme humaine ne sont effectivement ce que nous les pensons. Nos idées de ces choses ne sont que les formes endémiques sous lesquelles la planète que nous habitons nous les livre ; notre cerveau appartient à cette planète et par suite également les idiomes de nos concepts qui les conservent. Mais la force de l'âme est originale, nécessaire et toujours identique à elle-même ; l'arbitraire des matériaux dans lesquels elle s'extériorise ne change rien aux lois éternelles selon lesquelles elle s'extériorise aussi longtemps que cet arbitraire n'entre pas en contradiction avec lui-même, aussi longtemps que le signe reste intégralement fidèle à ce qu'il signifie. De même que la faculté de penser développe les rapports entre les idiomes, de même les rapports doivent-ils être effectivement donnés dans les choses. C'est ainsi que la théorie des nombres se sert de chiffres qui n'existent nulle part ailleurs que sur le papier et trouve grâce à eux ce qui est donné dans le monde réel. Qu'ont donc d'analogue par exemple les lettres A et B, les signes : et =, + et -, avec le fait qui doit être maîtrisé ? Et pourtant la comète annoncée depuis des siècles apparaît dans le ciel lointain, pourtant la planète attendue passe devant le disque solaire [2].

Si l'on met ces propos en regard de ce qui constituait pour Schiller le contenu de son concept de Dieu, on est déjà en possession du cadre dans lequel devait s'accomplir le développement futur de sa philosophie et de sa théorie de l'art : d'un côté, l'intuition de la réalité, vue comme quelque chose de constamment mis en forme par l'individu et dans lequel la force divine fondamentale *qui est une* s'est morcelée en d'innombrables substances sensitives, à l'image du rayon de lumière blanche décomposé dans le prisme ; de l'autre, l'idée dominante que l'image que nous ébauchons dans notre âme de cette réalité est conditionnée par les lois de cette âme elle-même et par les règles de sa faculté de penser. Sitôt que ce concept de « faculté de penser » s'élargit, sitôt qu'est reconnue dans l'âme une multiplicité

---

1. Pour plus de détails à propos de l'activité de Ploucquet à la Karlsschule, voir J. MINOR, *Schiller*, I, p. 198 s.
2. Fr. VON SCHILLER, *Philosophische Briefe*, p. 117 s., 129 s. ; voir ci-dessus p. 91 [du texte all., chap. II, 4].

de fonctions autonomes qui, chacune selon un principe spécifique, confèrent ordre et forme au tissu de la sensation, nous sommes sur la voie qui mène aux idées fondamentales de l'esthétique idéaliste de Schiller.

Ce sont, dans la première conception schillerienne de l'esthétique, deux séries d'idées distinctes de par leur nature et leur moment d'apparition chronologique qui s'interpénètrent et vont former une nouvelle liaison. Le point de départ déterminant se trouve dans l'analogie constante qui existe pour Schiller entre l'authentique œuvre d'art et la figure vivante organique. Cette analogie avait trouvé depuis la *Critique de la faculté de juger* son expression et sa justification systématiques dans la juxtaposition directe des jugements « esthétique » et « téléologique » qui y étaient soumis à un principe commun. Mais Kant lui-même n'a fait là qu'amener à la parfaite maturité conceptuelle ce qui déjà bourgeonnait et germait dans les aspirations et les tendances spirituelles les plus diverses du XVIIIe siècle. La « finalité » de la nature et celle de l'art constituent ici dès le début des problèmes étroitement liés, qui se sont développés à partir d'une racine commune : le concept leibnizien d'« harmonie ». La philosophie des Lumières n'a certes compris et présenté la finalité du monde organique que sous la forme sous laquelle nous la rencontrons dans la preuve téléologique de l'existence de Dieu. L'ordre qui règne dans la nature, l'ajustement de toute chose vivante à ses conditions de vie particulières sont ici l'argument principal utilisé pour montrer que ce n'est pas dans la vie elle-même qu'il faut chercher son ultime fondement, mais dans une cause extérieure transcendante. C'est selon le même esprit, par exemple, que Reimarus a saisi ce rapport, dans une œuvre célèbre sur *« les instincts artistiques des animaux »* dont l'influence fut très grande. Selon cette conception, le monde vivant n'apparaît pas tant comme une œuvre d'art que comme un objet techniquement achevé : son système de rapports n'a pas en lui-même sa raison, mais obéit au doigt et à l'œil à une puissance extérieure qui soumet la matière rebelle à une loi téléologique constante [1]. Le « mécanisme » du monde renvoie, selon le mot de Frédéric le Grand, à l'« horloger ». De bonne heure, cependant, on invoqua pour contrer cette forme de « déisme » le concept leibnizien de Dieu, plus profond, par lequel le système de l'« harmonie préétablie » se distinguait du système des « causes accidentelles ». Ici nul besoin de l'intervention de la force fondamentale divine pour guider le mécanisme du monde ; c'est au contraire justement la liberté avec laquelle tout être individuel se configure, purement de l'intérieur, selon sa loi propre et autonome, qui était la preuve et l'expression du caractère divin de l'univers. Il en résultait pour toutes les formations de la nature et de l'art la

---

1. REIMARUS, *Allgem. Betrachtungen über die Triebe der Tiere* [Considérations générales sur les instincts des animaux], Hambourg, 1760, en particulier p. 363 s.

conséquence qu'elles étaient affranchies de toute finalité matérielle extérieure. Dans les deux cas, elles sont désormais achevées en elles-mêmes et n'ont besoin que de se chercher, et c'est ainsi précisément que se présente à nous dans ces formations la pure loi de l'ensemble. Cette intuition fondamentale qui réunit Shaftesbury et Winckelmann, Herder et Goethe, avait trouvé, avant même l'apparition de la *Critique de la faculté de juger*, sa présentation historique exhaustive. Karl Philipp Moritz, qui accompagna Goethe dans son voyage en Italie et était familiarisé de la manière la plus intime avec l'essence artistique de celui-ci, l'avait développée de manière aussi profonde que complète dans son ouvrage sur l'imitation figurative du beau. De même que Goethe à Rome voit la supériorité de l'Antiquité dans le fait qu'elle est purement dirigée vers la contemplation de l'« objet », tandis que les modernes visent toujours en même temps un certain « effet » qui doit être produit chez le spectateur, de même Moritz généralisera cette position en disant que le beau n'a besoin d'aucune finalité ultime, d'aucune intention, d'aucune raison d'être en dehors de lui-même et que c'est en lui-même qu'il possède toute sa valeur ainsi que la finalité ultime de son existence. Là où une finalité quelconque, fût-ce la jouissance personnelle de l'artiste, apparaîtrait, alors, à coup sûr, l'instinct de formation ne serait pas pur : le point focal, le point d'achèvement de l'œuvre ne serait alors plus en elle mais dans l'effet qu'elle doit exercer, et à la place de son unité interne surviendrait un éclatement dans la multiplicité et l'aliénation.

Le beau réclame justement tout autant d'être contemplé et ressenti simplement pour l'amour de lui-même que d'être produit. Nous le contemplons car il est là présent dans la série des choses et parce que nous sommes des êtres contemplatifs chez qui l'activité fébrile fait place à des moments de silencieuse contemplation [1].

On se rend compte en lisant ces propos qui, comme on l'a déjà dit, *précèdent* la *Critique de la faculté de juger*, combien la définition kantienne du beau en tant qu'objet du « plaisir dénué d'intérêt » exprime et systématise définitivement les tendances spirituelles fondamentales de cette époque. La doctrine kantienne du génie est, elle aussi, préfigurée chez Moritz qui lui donne vie à travers des traits concrets empruntés à l'intuition qu'il a de l'originalité de l'artiste chez Goethe : celui, poursuit-il, que la nature elle-même a rendu sensible dans tout son être à sa force créatrice ne peut se contenter de la contempler mais doit chercher à l'imiter et à créer comme elle avec un cœur enflammé. La totalité de la nature, qui n'est saisie dans l'intuition que sous la forme d'une impression obscure, élabore à partir d'elle-même la « faculté d'agir ». Aussi le génie créateur est-il,

---

1. K. Ph. MORITZ, *Über die bildende Nachahmung des Schönen* [De l'imitation figurative du beau], 1788, en particulier p. 13, 19, 27, 37 s.

dans le grand plan de la nature, tout d'abord là pour lui-même, ensuite seulement pour nous, pour que nous aussi nous participions à cette libre jouissance de la création. Si dans l'absolu on peut encore parler ici d'« imitation », il ne s'agit pourtant pas de l'imitation du singulier ; c'est au contraire la grande harmonie de l'ensemble, simultanément ressentie, qui s'empare de l'art avec ses symboles les plus nobles et les plus purs. Ce n'est que dans cette existence sans cesse rajeunie que nous *sommes* totalement ; et le mot le plus sublime que possède notre langue pour parler du beau, c'est de dire qu'il *est*, qu'il possède purement en soi-même sa consistance nécessaire et bien fondée, hors d'atteinte de toutes les finalités et de tous les critères étrangers [1].

La valeur que représentait pour la naissance et la formation de l'esthétique de Schiller l'œuvre de Karl Philipp Moritz résidait avant tout dans le fait que Schiller y découvrait condensé dans un résultat tangible et une description vigoureuse et précise le contenu d'une longue évolution. Alors qu'auparavant il s'était constamment heurté à la difficulté née du fait que la fondation du beau semblait signifier en même temps qu'il dérivait d'une valeur plus haute, ce qui menaçait de rabaisser l'art à être simplement le premier degré de la moralité ou de la vérité, il trouvait là la voie ouverte vers un examen systématique qui garantissait au beau sa pureté et son autonomie totales, tout en lui assurant cependant la plus haute signification pour l'ensemble de l'être spirituel. « Moritz est un penseur profond », écrit-il à Körner, après avoir lu l'ouvrage *Über die bildende Nachahmung des Schönen* [De l'imitation figurative du beau], « il saisit avec précision sa matière et creuse profond. Son esthétique et sa morale sont tissées du même fil ; son existence tout entière repose sur son sentiment de la beauté ». Auparavant déjà, il avait indiqué que pour certains de ses « sentiments de prédilection », en partie disséminés dans les lettres philosophiques de Julius, il aurait trouvé avec Moritz beaucoup de points communs [2]. Il suffisait effectivement maintenant de relier l'idée fondamentale de la *Théosophie de Julius* à cette nouvelle clarté systématique à laquelle Schiller était entre-temps parvenu pour aboutir à une élaboration conséquente de l'esthétique. Lire l'âme de l'artiste dans son œuvre, reconnaître l'activité infinie du créateur derrière chacune de ses formations particulières, telles étaient les exigences que Schiller avait déjà formulées dans la *Théosophie*. Mais dans ces exigences, il y avait tout d'abord pour lui plus un problème métaphysique qu'un problème proprement esthétique. Cependant, plus il avançait sur la voie de cette séparation analytique

---

1. *Ibid.* À propos de l'influence de Moritz sur l'esthétique de Schiller, voir WALZEL dans l'introduction aux Écrits philosophiques de Schiller, éd. du centenaire, vol. XI, ainsi que E. SPRANGER, *W. von Humboldt und die Humanitätsidee* [W. von Humboldt et l'idée d'humanité], p. 24 s.
2. Fr. VON SCHILLER, lettres à Körner, 12 décembre 1788, 2 février 1789.

d'avec la pure « théorie du beau », et plus il devait ressentir la nécessité d'exprimer sous une forme conceptuelle rigoureuse ce qu'il avait jusque-là décrit pour son propre compte sous forme uniquement métaphorique. Et, lorsque est publiée en 1790 la *Critique de la faculté de juger*, elle trouve en lui d'emblée un lecteur et un disciple intérieurement préparé. Mais lorsqu'il pousse plus avant et s'attaque à l'ensemble du système critique, il fait une expérience totalement nouvelle. Ce qu'il avait cherché, c'était un soutien philosophique pour sa spéculation esthétique ; ce qu'il découvrait, c'était une doctrine qui, pour la première fois, éclairait et interprétait pour lui l'ensemble de sa propre essence spirituelle. Dans l'idée kantienne d'« autodétermination », il voit désormais l'expression de la loi de sa personnalité. Il se débarrasse de toutes les idées qu'il avait empruntées par nécessité à la philosophie populaire, de tous les concepts du système éthique traditionnel.

Jamais à coup sûr n'a été prononcé par un homme mortel – écrit-il à Körner – quelque chose de plus grand que ces mots de Kant qui constituent en même temps le contenu de sa philosophie tout entière : détermine-toi à partir de toi-même ; tout comme ce qu'il a dit dans la philosophie théorique : la nature est subordonnée aux lois de l'entendement [1].

Devant la noblesse de ces propos disparaît tout ce qui, un certain temps, avait semblé donner à Schiller l'« apparence d'un opposant » à Kant [2]. Dans ses tout premiers écrits, sous l'effet de la première impression laissée par la doctrine critique, le principe fondamental de l'éthique critique se trouve effectivement retenu et développé dans tout le « rigorisme » de sa précision.

Toute la puissance de la loi morale ne se montre que dans son conflit avec les autres forces de la nature et toutes perdent, face à elle, la puissance qu'elles exercent sur un cœur humain. Ces forces de la nature comprennent tout ce qui n'est pas moral, tout ce qui n'est pas subordonné à la législation suprême de la raison, c'est-à-dire les sensations, les instincts, les affects, les passions, aussi bien que la nécessité physique et le destin. Plus l'adversaire est terrible et plus la victoire est retentissante ; seule la résistance peut rendre visible la force [3].

Cependant, tandis que Schiller approfondit ainsi la teneur et le postulat de l'éthique kantienne, il ne peut manquer de se heurter à un nouveau et difficile problème. Il se voit derechef renvoyé de cette manière à l'idée centrale de la « fin en soi », bien que cette idée

---

1. Fr. VON SCHILLER, lettre à Körner, 18 février 1793.
2. Voir Fr. VON SCHILLER, lettre à Kant, 13 juin 1794.
3. Fr. VON SCHILLER, *Über den Grund des Vergnügens an tragischen Gegenständen* [À propos des causes du plaisir provoqué par les sujets tragiques], 1791 ; *Werke*, XI, p. 146.

s'impose à lui maintenant avec une signification plus large et plus universelle. « La nature raisonnable existe en tant que finalité en elle-même » : telle est la proposition qu'il trouve exprimée chez Kant comme le résultat de sa doctrine morale et la plus haute formulation de l'impératif catégorique. Mais comment cette proposition peut-elle maintenant s'accorder avec cette idée de fin en soi, terme final de l'analyse et de l'intuition de l'œuvre d'art ? Cela a-t-il un sens de dédoubler la finalité ultime elle-même pour la scinder en une fin esthétique et une fin éthique ; ou bien devons-nous, en lui conservant son unité et son unicité, soumettre à nouveau le beau à une norme qu'il ne possède pas en lui-même ? D'un côté, nous courons le danger de perdre la liaison systématique du beau avec l'éthique ; de l'autre, nous nous exposons à voir disparaître sa spécificité bien précise. Il faut chercher un concept qui non seulement médiatise cette opposition mais la résolve véritablement, un concept qui décrive la différence spécifique de l'esthétique et qui, en même temps, rende compte de son rapport nécessaire avec les exigences que l'on a coutume d'exprimer sous la forme d'impératifs logiques ou éthiques.

Maintenant seulement, nous sommes en possession de tous les fils qui constituent la trame sur laquelle s'est bâtie l'esthétique de Schiller. La correspondance avec Körner de l'année 1793 nous permet de suivre jusque dans le détail comment, à partir de ce point de départ, le système esthétique de Schiller s'édifie de manière constante et conséquente. Il lui fallait encore franchir un pas décisif : l'idée de fin en soi, telle qu'il l'avait rencontrée tout d'abord dans la contemplation de l'art et du devenir organique, devait être référée à l'idée d'autolégislation éthique et fondue avec elle pour parvenir à une synthèse de degré supérieur. En décembre 1792, Schiller rapporte à Körner qu'il croit avoir trouvé « le concept objectif du beau ». La lettre détaillée de février 1793 donne ensuite une explication plus complète qui marque en même temps une restriction par rapport à la prétention antérieure. Schiller concède maintenant que son principe de beauté doit lui aussi, dans un certain sens, être et rester « subjectif », mais qu'il n'est pas plus subjectif que tout ce qui est *a priori* dérivé de la raison. Il veut être l'expression de la loi « objective » du beau, qui est affranchie de toutes les contingences propres au spectateur individuel, mais il ne peut conquérir et fonder cette objectivité précisément que par un retour à une fonction spirituelle de validité universelle. Or, Schiller a désormais reconnu l'idée de liberté comme la pure forme de toute spiritualité en général ; si donc il faut désigner la spécificité du beau, celle-ci ne peut être mise en évidence que comme une détermination particulière qui affecte l'idée de liberté elle-même, comme une direction originale dans laquelle cette idée est à l'œuvre. C'est le concept d'autonomie qui délimite l'ensemble du domaine de la raison en général ; c'est la particularisation de ce concept qui doit, à l'intérieur de la raison, produire et expliciter toutes les spécifications.

Il y a donc une façon de considérer la nature ou les phénomènes par laquelle nous n'exigeons d'eux rien d'autre que la liberté, par laquelle nous nous contentons de voir s'ils ne doivent bien qu'à eux-mêmes ce qu'ils sont. Un tel type de jugement n'est important et possible que grâce à la raison pratique, car le concept de liberté n'existe absolument pas dans la raison théorique. [...] La raison pratique appliquée à des actions libres exige que l'action ne survienne que pour la façon d'agir (la forme), et que ni la matière ni la finalité (qui est toujours aussi matière) n'aient exercé là leur influence. Si donc il s'avère que dans le monde sensible il y a un objet uniquement déterminé par lui-même, s'il se présente aux sens de telle sorte qu'on ne discerne en lui aucune influence de la matière ou d'une finalité, il est considéré comme un *analogon* de la pure détermination de la volonté (et pas comme un produit d'une détermination de la volonté). Et comme une volonté qui peut se déterminer uniquement d'après la forme est dite *libre*, la forme qui, dans le monde sensible, apparaît déterminée uniquement par elle-même est une *présentation de la liberté*, car une idée est dite présentée lorsqu'elle est liée à une intuition de telle sorte que toutes deux participent au même principe de connaissance [1].

Et c'est précisément cette manifestation de la liberté dans un fait sensible concret qui constitue le phénomène de la beauté. Une formation de la nature est dite « belle » si chaque trait de sa constitution extérieure apparaît comme l'expression et le reflet d'une vie intérieure propre qui s'épanouit de manière autonome, si rien en elle ne suggère la contrainte de causes uniquement extérieures qui la déterminent de manière contingente et si elle peut être considérée par nous comme une chose activement configurée par elle-même et non comme une chose passivement devenue. C'est le même moment qui confère à toute beauté artistique son caractère et sa teneur. La maîtrise de la « matière » par la « forme » qui est exigée de toute véritable œuvre d'art équivaut au remplacement de l'hétéronomie par l'autonomie. Le marbre ne devient image divine que lorsqu'en lui est effacé tout ce qui rappelle qu'il est une lourde masse, une chose physique qui subit les effets d'autres choses. Il peut bien être cela malgré tout, il peut bien devoir être considéré ainsi de par la simple loi de la « nature » et de la causalité, il doit cependant *apparaître* comme autre chose à notre contemplation. La raison pratique exige strictement d'un acte de volonté ou d'un acte moral que s'exprime en lui uniquement la forme de la raison elle-même ; elle ne peut que souhaiter et non exiger d'un effet de la nature qu'il soit par lui-même, qu'il manifeste son autonomie.

---

1. Fr. von Schiller, lettre à Körner, février 1793.

Si maintenant la raison pratique découvre, en contemplant un être naturel, qu'il est déterminé par lui-même, elle voit en lui une analogie de la liberté, ou la liberté tout court (à l'image de la raison théorique qui dans un cas identique accepte de voir dans une intuition une analogie de la raison). Mais comme cette liberté n'est que prêtée à l'objet par la raison, car rien ne peut être libre puisque le suprasensible et la liberté ne peuvent eux-mêmes en tant que tels jamais être saisis par les sens, bref comme ici la seule chose importante, c'est qu'un objet *paraisse* libre et non pas *soit* effectivement libre, cette analogie d'un objet avec la forme de la raison pratique n'est pas une liberté dans les faits mais simplement dans l'apparence, autonomie dans l'apparence [1].

Parmi les objets de la nature, ce sont en premier lieu uniquement les êtres organiques qui, étant de l'intérieur dotés de vie et de forme, présentent pour nous en eux-mêmes les traits d'une telle autonomie ; mais cette « autonomie de l'organique » peut se communiquer indirectement à tout objet, pour peu que nous voulions y lire comme dans un pilier ou une colonne l'expression d'une aspiration dynamique et de son contraire. C'est en cela, selon Schiller, que réside l'immense fécondité de la proposition kantienne selon laquelle la nature est belle lorsqu'elle a l'apparence de l'art et l'art beau lorsqu'il a l'apparence de la nature. La beauté est ainsi définie comme la nature à l'intérieur de la technique ou comme la liberté dans le cadre de l'art. Le bel objet est devant nous, identique à une chose de la nature qui tire d'elle-même et par elle-même sa consistance, mais nous devons en même temps le considérer comme le produit d'une *règle* qui se manifeste en lui.

Les deux représentations : *cette chose existe par elle-même* et *cette chose existe par une règle* ne peuvent cependant être ramenées à une seule que d'une façon, en disant : *cette chose existe par une règle qu'elle s'est elle-même donnée* [2].

Ainsi le beau reflète-t-il dans la formation de la nature et dans celle de l'art la grande idée d'autodétermination. Le royaume du goût est un royaume de liberté :

le beau monde sensible est le plus heureux des symboles de ce que devrait être le monde moral et tout être beau de la nature en dehors de moi un témoin heureux qui m'interpelle : sois libre comme moi [3] !

On voit maintenant comment les concepts fondamentaux de l'esthétique de Schiller sont mis sur pied : les deux grands domaines dans lesquels s'est présentée à lui pour la première fois l'idée de « fin

---

1. *Ibid.* (N.d.T.).
2. *Ibid.* (N.d.T.).
3. *Ibid.* (N.d.T.).

en soi » se réfléchissent l'un dans l'autre. Étant donné qu'il examine la nature organique à travers le médium du concept de liberté, l'idée de liberté acquiert pour lui, d'autre part, une nouvelle détermination puisqu'il la lie à l'idée du devenir organique. Partant de là, on arrive aussitôt, par un autre accent mis sur ce rapport fondamental, à toutes les transformations que Schiller fait subir ou semble faire subir aux concepts kantiens. De même que tout ce qui est organique s'est révélé être l'« analogon du moral », de même ce qui est moral doit se révéler l'« analogon de l'organique » dans la mesure où cela n'a pas besoin pour son effectuation d'une contrainte extérieure mais surgit au contraire de manière autonome des lois de la nature humaine elle-même. Il va de soi que, selon cette exigence, le contenu de la loi morale dans la conception de Kant ne doit pas en tant que tel être modifié et que la force de l'« impératif catégorique » ne doit pas être émoussée, car il ne s'agit pas ici de ce que cette loi « est » et signifie en soi et pour soi, mais du mode de son exécution et de son application à l'intérieur de la réalité empirique. Pour celui-ci seulement, on renvoie à l'ambiance esthétique en tant que « domaine intermédiaire » à l'intérieur duquel « nature » et « liberté », réceptivité et spontanéité, sont purement confondues l'une dans l'autre. Pour le sujet placé dans cette ambiance, la loi morale, qui selon sa teneur reste valide sans changements ni limites, apparaît comme quelque chose que l'on a voulu soi-même, comme l'expression et l'épanouissement de la personnalité et de son « instinct de formation » organique. Ce qui aux yeux de l'homme sensible est contrainte et doit le rester est pour l'individu qui s'est hissé à la contemplation esthétique plutôt le pur accomplissement de ce qu'il comprend comme sa tâche la plus spécifique et par là comme sa « nature » la plus spécifique. Cette unité de la nature et de la liberté ne peut visiblement être obtenue en rabaissant la teneur et la fondation de la loi morale pour les adapter aux besoins de la sensibilité, mais uniquement en dotant l'homme par la médiation du beau d'une nouvelle force qui l'élève au-dessus du conditionnement des *stimuli* et buts matériels jusqu'au stade de l'inconditionné, de la « pure conscience de soi ». On voit ainsi que les deux idées fondamentales sur lesquelles s'édifie l'esthétique de Schiller se complètent et s'exigent mutuellement, qu'elles ne sont que les différentes expressions d'un seul et même rapport idéel. L'idée clairement saisie et précisément déterminée de la liberté implique en même temps l'exigence immédiate de construire la « liberté dans le phénomène » ; mais cette « liberté dans le phénomène » est ce qui était retenu comme la détermination fondamentale de la beauté. Si donc on a coutume de dire que Schiller aurait « esthétiquement atténué » la rigueur de l'éthique kantienne, il faudrait plutôt dire le contraire si l'on s'en tient à sa nature et à sa tendance spirituelle fondamentale. Au contraire de Kant, il n'a pas réintroduit un moment de simple « réceptivité » dans la fondation de l'éthique, mais il a conçu le beau lui-même comme un impératif et donc comme une expression de la pure spontanéité de l'esprit.

> Je suis désormais persuadé – écrit-il à Körner en octobre 1794 – que toutes les discordances qui se font jour là-dessus entre nous et nos semblables, alors que dans le sentiment et les propositions fondamentales nous sommes à peu près d'accord, viennent simplement du fait que nous prenons pour fondement un concept empirique de beauté qui n'est cependant pas disponible [...]. Le beau n'est pas un concept d'expérience, mais plutôt un impératif. Il est certes objectif, tout en étant simplement une tâche nécessaire pour la nature sensible et raisonnable.

L'impératif du beau et celui de l'éthique sont pour Schiller des expressions tout aussi originaires et tout aussi indépendantes de l'idée d'autonomie, et la doctrine de « l'éducation esthétique du genre humain » ne se propose pas plus de faire de l'art un simple outil du progrès politique et social qu'elle ne cherche par ailleurs à ignorer ou à vider de sa substance le contenu caractéristique de l'éthique en tant que tel.

En même temps qu'il définissait en profondeur son rapport à Kant, Schiller déterminait également son rapport à Goethe. Avec une clarté et une conscience que n'avait aucun de ses contemporains, pas même les amis les plus proches de Goethe, il exprime désormais, avant même d'avoir lié une relation personnelle avec Goethe, l'originalité de son essence et de sa vocation de poète. Les commentaires sur la « manière » et le « style » contenus dans la correspondance avec Körner ne mentionnent pas le nom de Goethe, mais ils sont déjà totalement marqués par la lecture que Schiller a faite de ses œuvres. Si on a l'habitude de considérer Schiller avant tout comme un artiste qui pense de manière subjective, pour qui l'objet dont il s'occupe ne sert que de tremplin pour s'exprimer lui-même et exprimer l'ensemble de ses idées, il faut dire qu'au moins sa théorie esthétique dénote ici le trait exactement contraire. C'est en effet avec la rigueur la plus expresse que la pure « objectivité » de la présentation est maintenant avancée comme étant la loi fondamentale du style artistique ; rien de ce qui rappelle l'individualité contingente de l'artiste ne doit s'y mêler, car celle-ci appartient elle aussi, comme l'argile ou le marbre qui servent à former l'œuvre, aux présupposés simplement matériels que la pure forme de l'ensemble doit intégrer et maîtriser :

> Sitôt qu'interviennent [...] soit la nature de la matière, soit celle de l'artiste, l'objet présenté n'apparaît plus comme déterminé par lui-même, mais il y a déjà hétéronomie. La nature de ce qui est représenté subit la violence de celui qui représente sitôt que celui-ci fait valoir sa nature. Un objet ne peut donc être dit librement présenté que lorsque la nature de ce qui est présenté n'a pas eu à souffrir de celle de ce qui présente [...]. S'il y a sur un dessin un seul trait qui trahisse la plume, le burin, le papier ou le cuivre,

le pinceau ou la main qui le tenait, ce dessin est brut et lourd ; s'il laisse voir le goût particulier de l'artiste, sa nature d'artiste, il est alors maniéré [...]. Le contraire de la manière, c'est le style, qui n'est rien d'autre que la suprême indépendance de la présentation par rapport à toutes les déterminations subjectives contingentes [1].

Ces propos proclament une conception fondamentale identique à celle que Goethe avait établie pour lui-même en Italie. Désormais le style repose également pour Schiller

sur les fondements les plus profonds de la connaissance, sur l'essence des objets pour autant qu'il nous soit permis de la connaître sous forme de figures visibles et tangibles [2].

Cette coïncidence n'est pas fortuite, pas plus qu'elle n'est à mettre au compte d'une influence simplement extérieure (même si les extraits du journal de voyage en Italie contenant cette définition goethéenne du style étaient déjà parus en 1788 dans le « *Teutsche Merkur* » de Wieland) ; elle repose sur le postulat fondamental commun selon lequel Schiller et Goethe considèrent désormais le phénomène de l'art. L'analogie entre la configuration artistique et la configuration du monde organique vivant est devenue déterminante pour eux deux. Et c'est précisément cette concordance de contenu du résultat et des prémisses qui nous permettra maintenant de déceler d'autant plus nettement la différence caractéristique qui sépare Schiller de Goethe dans la motivation. Pour Schiller, c'est en le rangeant sous l'idée universelle d'autonomie, en l'interprétant comme le symbole de la liberté, que se révèle l'essence de l'« organique ». Le monde de la vie devient pour lui le miroir qui lui renvoie, pur et intact, le sens suprême de l'exigence morale.

> Cherches-tu ce qu'il y a de plus haut et de plus noble ? La plante peut te l'apprendre.
> Ce qu'elle est sans effort de volonté, sois-le, toi, par ta volonté.
> – Voilà [3] !

Connaître la nature, c'est la reconnaître dans le reflet de la liberté : l'impératif du devoir devient la seule clé qui nous ouvre vraiment le système et l'harmonie de l'être. Pour Goethe, au contraire, le chemin est inverse. Il ne ramène pas les moments du devenir naturel au postulat abstrait de l'éthique, mais il cherche dans l'intuition pure à

---

1. Fr. VON SCHILLER, lettre à Körner, 28 février 1793.
2. J. W. GOETHE, *Schriften zur Kunst. Einfache Nachahmung der Natur, Manier, Stil* (« Simple imitation de la nature, manière, style », *Écrits sur l'art*, trad. J.-M. Schaeffer, Paris, Flammarion, 1996, p. 98) [N.d.T.].
3. Fr. VON SCHILLER, *Épigramme* (trad. R. d'Harcourt dans son Introduction aux *Poèmes philosophiques*, Paris, Aubier, 1954, p. 11) [N.d.T.].

se rendre présente la nature comme un ensemble qui se suffit à soi-même. Il ne vise pas le *but* de celle-ci, il veut la saisir et la retenir dans la globalité de sa *consistance*. Pour lui, l'éthique elle-même ne sera ainsi en quelque sorte que le résultat ultime, le pur épanouissement de l'« instinct de formation » universel qui imprègne la nature. Alors que Schiller retrouve la teneur du principe d'autonomie jusque dans le dynamisme de la vie, l'autonomie, telle qu'elle s'exprime dans l'esthétique et l'éthique, signifie uniquement pour Goethe le prolongement naturel de cette dynamique de la vie elle-même ; en effet :

étant donné que l'homme est placé au sommet de la nature, il se considère comme une nature entière qui a derechef à faire surgir un sommet [1].

C'est donc une seule et même forme d'« idéalité » spirituelle que Goethe et Schiller aspirent de manière identique à exprimer ; mais c'est dans une direction différente qu'ils cherchent à l'établir. Un propos prononcé plus tard par Goethe décrit et éclaire singulièrement ce rapport et cette différence :

L'audace, la témérité, le grandiose de Byron – dit-il un jour à Eckermann –, tout cela ne contribue-t-il point à notre développement ? Gardons-nous de ne chercher ce qui peut nous développer que dans ce qui est absolument pur et moral. Tout ce qui est *grand* nous éduque dès que nous l'apercevons [2].

Ce qui détermine donc la position de Goethe et de Schiller à l'égard du problème de la forme comme à l'égard du problème de la liberté, c'est qu'ils les appréhendent tous deux dans leurs rapports internes ; chez Schiller, toutefois, la liberté est le concept qui coiffe la globalité de toute forme et de toute formation, tandis que pour Goethe, la « formation » est le principe le plus universel à partir duquel il cherche encore à interpréter l'éthique et avec elle la liberté elle-même comme une énergie particulière. Dans la mesure où ces deux conceptions fondamentales se rencontrent et s'interpénètrent, il semble qu'on atteigne là un sommet de la création poétique nationale ; mais si l'on en est parvenu à ce point, c'est uniquement parce que, concurremment, l'*évolution des idées* qui déterminait en Allemagne la vie de l'esprit depuis l'époque de la Réforme et de la Renaissance de manière toujours plus claire et décisive avait trouvé là son terme et la plénitude de son achèvement intérieur.

---

1. J. W. GOETHE, *Schriften zur Kunst. Winckelmann und sein Jahrhundert. Schönheit* (*Écrits sur l'art. Winckelmann et son époque. Beauté*) [N.d.T.].
2. J. W. GOETHE à Eckermann, 16 décembre 1828 [*Conversations de Goethe avec Eckermann*, trad. J. Chuzeville, Paris, Gallimard, 1988, p. 267].

3

J'ai maintenant – écrit Schiller à Körner le 4 juillet 1794 – laissé pour un moment tous mes autres travaux pour étudier Kant. Il faut enfin que je sache à quoi m'en tenir à cet égard si je ne veux pas toujours poursuivre mon chemin dans la spéculation d'un pas incertain. Le commerce de Humboldt me facilite énormément le travail ; et le nouveau regard que jette Fichte sur le système kantien me procure également une aide non négligeable dans l'approfondissement de cette matière. Je trouverai peut-être bientôt l'occasion de te faire part de certaines des idées maîtresses de Fichte qui ne manqueront pas de t'intéresser. Ce que tu critiques de ses écrits est assurément difficile ou impossible à défendre, mais en dépit de tous ses défauts, ce livre porte cependant la marque d'un esprit créateur et laisse espérer de la part de son auteur de grandes choses qu'il a déjà commencé à réaliser.

Les « idées maîtresses » de Fichte que Schiller promettait à Körner de développer comprenaient les concepts du « Moi » et du « Non-Moi » et ce concept d'« action réciproque » auquel Schiller peu après se référera explicitement dans les *Briefe über die ästhetische Erziehung des Menschen* [*Lettres sur l'éducation esthétique de l'homme*]. Il semble certes étrange, au premier abord, que le schéma abstrait de la dialectique fichtéenne ait pu avoir un intérêt quelconque pour la formation et la présentation des idées esthétiques fondamentales de Schiller. En effet, dans les premières présentations de la doctrine de la science dont celui-ci disposait, le principe sur lequel repose la philosophie kantienne ne semble pas vraiment développé mais plutôt réduit en ce sens que toutes les déductions semblent alignées sur le fil bien maigre du principe logique d'identité, de la proposition A = A. Kühnemann semble avoir raison de souligner que Schiller n'est redevable envers Fichte que des outils conceptuels qu'il utilisa pour remanier les *Lettres sur l'éducation esthétique de l'homme* et qu'il n'accepta cette aide que pour forger les outils de la présentation, alors que l'idée artistique créatrice ne devait la vie qu'à lui seul. Cela ne rend pourtant qu'imparfaitement compte du rapport entre Schiller et Fichte ; en effet, en se plongeant désormais dans le nouveau langage conceptuel créé par Fichte pour la philosophie, Schiller concevait maintenant la teneur de la liberté elle-même dans un nouvel esprit. L'identité entre « Moi » et « Non-Moi », censée être pour Fichte le contenu de la synthèse suprême de sa philosophie, n'a pas pour lui le sens d'une union de deux substances dont chacune aurait en soi sa consistance, mais celui d'une liaison entre deux problèmes et *tâches* différents destinée à unifier le mode d'examen. Le principe du Moi exprime le principe de raison, les règles et lois générales de celle-ci, tandis que par le « Non-Moi » on comprend n'importe quelle diversité du contenu de la conscience dans la mesure où elle n'est pas encore référée à la pure forme de la raison, mais lui fait simplement face comme un « donné », une simple matière. Et ce qui apparaît maintenant comme l'exigence fondamentale à laquelle tout *savoir* en tant que tel est lié, quelle que soit la particularité de son objet, c'est que, en lui, ce qui se présente tout d'abord comme une simple multiplicité sans liens, comme un chaos d'« impressions » isolées et de « faits » isolés, se transforme en quelque chose de conceptualisé et mis en forme selon des lois. Dans la mesure où ce processus progresse, où l'agrégat de faits se configure en un système de vérités, dépendantes et dérivables les unes des autres, la connaissance a rempli sa fonction et parcouru le chemin tracé. Elle a saisi le factuel et le particulier en les faisant entrer dans un système de rapports dont elle est capable d'établir à partir d'elle-même les règles universelles et l'entière fondation. Cependant, tant que nous restons purement dans la sphère du savoir théorique, on voit aussitôt que la tâche qui se présente ici peut sans doute être accomplie pas à pas mais jamais globalement. Le donné en tant que tel ne se fond jamais entièrement dans la pure forme de la raison, car même s'il se dispose en ordres de plus en plus vastes et de plus en plus universels, il garde cependant toujours une nature spécifique – qui pour nous ne s'exprime que dans la sensation – et que nous recevons par conséquent de manière passive, que nous ne pouvons de par notre activité produire à partir du Moi. Même la « déduction » intégrale du contenu de la conscience que nous promet la doctrine de la science de Fichte ne peut écarter cette barrière, car cette déduction précisément ramène à un « butoir » originaire, à une autolimitation primitive de la conscience qu'elle peut seulement reconnaître et non expliquer plus avant. Aussi la philosophie transcendantale, considérée et maniée comme une théorie abstraite, ne peut-elle à vrai dire faire plus que nous montrer l'ensemble de la réalité de la conscience comme un agencement bâti à partir de certains matériaux de la sensation et en fonction d'actes originaires dérivés du Moi. Ce que, cependant, la raison théorique doit ici abandonner comme un reste non compris apparaît sous un jour nouveau sitôt que nous l'examinons du point de vue de l'exigence morale, sitôt par conséquent que nous ne nous interrogeons plus sur son origine mais sur son sens et sa signification. On doit, à propos de la limitation originaire à laquelle le Moi empirique et fini se trouve reconduit, cesser de se poser la question « d'où vient-elle ? » pour se demander « à quoi tend-elle ? ». Nous pouvons alors répondre d'une manière précise aux questions que nous nous posons constamment en progressant dans notre activité morale. La limite du fini « est » là pour être levée par l'aspiration infinie de l'esprit et pour que, dans cet acte négatif de suppression, l'esprit devienne conscient de sa *détermination* infinie. C'est ce que Fichte a exprimé plus tard dans son essai *Über den Grund unseres Glaubens an eine göttliche Weltregierung* [*Sur le fondement de notre croyance en une divine providence*], mais l'idée elle-même était déjà présente dans la *Grundlage der gesamten Wissenschaftslehre* [*Les Principes de la doctrine de la science*] de l'année 1794 :

Le monde n'est rien d'autre que la vision de notre propre activité intérieure devenue sensible selon les lois compréhensibles de la raison, activité qui consiste en une pure intelligence s'exerçant à l'intérieur des limites incompréhensibles dans lesquelles nous sommes enfermés, dit la théorie transcendantale ; et l'homme ne doit pas être blâmé s'il est pris de frayeur en sentant ainsi s'enfoncer complètement le sol sous ses pieds. En effet, ces limites sont incompréhensibles, considérées sous l'angle de leur origine. « Mais que t'importe ? » dit la philosophie pratique, « ce qu'elles *signifient* est ce qu'il y a de plus limpide et de plus certain au monde ; elles sont la place qui t'est assignée dans l'ordre moral des choses. Ce que tu perçois grâce à elles a une réalité, la seule réalité qui te concerne et qui existe pour toi ; c'est l'interprétation continue du commandement moral, l'expression vivante de *ce que* tu dois, puisque tu dois ; voici ce qui est véritablement réel dans les choses, voici la vraie matière première de tout phénomène. » L'obligation avec laquelle la foi en la réalité du monde s'impose à nous est une obligation morale – la seule qui soit possible pour l'être libre [1].

Tel est donc le tableau de la réalité transformée par l'idéalisme éthique spéculatif. Cette réalité n'est pas le reflet statique d'un être originaire qui se tiendrait derrière elle mais elle est le contenu qui, dans sa configuration et sa transformation, nous fait prendre conscience des règles permanentes et des buts nécessaires de notre agir. Celui-ci, en tant que tel et selon sa fonction pure, tend vers l'infini, mais dans la mesure où il se fige dans cette pure infinité, il n'est pas encore devenu objectif pour lui-même, ne s'est pas encore conçu lui-même *comme agir*. Pour y parvenir, il doit plutôt se fixer sur un objet déterminé, mais toute détermination est en même temps une limitation. En s'orientant sur *un seul* contenu, l'aspiration a du même coup écarté tous les autres contenus sur lesquels elle aurait pu se diriger d'après sa pure nature et, dans la mesure où elle se donne une réalité déterminée, elle a fait disparaître sa « potentialité » et sa possibilité illimitées au profit d'une occurrence à chaque fois unique. Il semble à nouveau ici qu'au plan théorique une contradiction insoluble surgisse. Pour que l'aspiration ait connaissance d'elle-même, elle doit se donner un objet ; mais en se donnant un objet, elle renonce déjà à l'infini de sa teneur. Elle ne se connaît donc plus ainsi pour ce qu'elle est mais pour ce qu'elle n'est pas ; ce n'est que dans son anéantissement qu'elle devient claire et transparente pour elle-même. Ici encore, il importe de trancher en pratique le nœud

---

1. J. G. Fichte, *Über den Grund unseres Glaubens an eine göttliche Weltregierung* (*Sur le fondement de notre croyance en une divine providence*, *Écrits de Philosophie Première. Doctrine de la science. 1801-1802 et Textes annexes*, trad. A. Philonenko, Paris, Vrin, 1987, t. 2, p. 204) [N.d.T.].

qu'il n'est pas possible de dénouer en théorie. Seul l'acte et non pas, encore une fois, la connaissance théorique nous permet d'interpréter complètement la manière dont s'unissent l'aspiration infinie et l'objet fini, car l'acte nous fait passer par la totalité des états intérieurs et extérieurs du Moi, par la totalité de ce que nous appelons notre monde, sans nous figer dans l'un ou l'autre de ces états. Il n'est dirigé sur un contenu déterminé que pour le faire disparaître et en mettre un autre à sa place ; mais comme cet autre se montre à son tour déterminé et limité, il doit disparaître lui aussi de la même manière. Nous parcourons donc dans l'agir une suite infinie de déterminations concrètes, sans être pourtant jamais retenus par une seule d'entre elles. Ce n'est qu'ainsi que nous faisons l'expérience de la solution de l'antinomie entre ce qui pousse à l'illimité et ce qui pousse à la limitation. Le passage à travers la série du limité nous confirme que nous ne pouvons conclure cette série ni donc la tâche dévolue à notre action. Le Moi doit poser la limite afin que grâce à la constante levée de cette limite, de ce renvoi à l'infini, il devienne certain de sa liberté inconditionnée. Ce n'est qu'avec la finitude de l'« être » qu'il appréhende le caractère infini du « devoir-être », avec la nécessité de dépasser tout but empirique limité qu'il conçoit la finalité « absolue » de la pure volonté et du pur agir.

Le Moi [...] n'est soumis à aucune condition, si ce n'est à celle de devoir en général poser des limites qu'il peut repousser à l'infini, car cette extension ne dépend que de lui [...]. L'effort non déterminé en général – il ne faudrait pas le nommer effort dans la mesure où il est tel, étant donné qu'il n'a pas d'objet ; mais nous n'avons pas de termes pour le désigner et ne pouvons en trouver – [...] est infini ; mais comme tel, il ne parvient pas à la conscience et ne peut y parvenir, parce que la conscience n'est possible que par la réflexion et que la réflexion n'est possible que par la détermination. Dès qu'on réfléchit sur cet effort, il devient nécessairement fini. Dès que l'esprit devient conscient de sa finitude, il se dépasse à nouveau ; dès qu'il se pose la question de savoir s'il est infini, par cette question même il devient fini ; et ainsi en est-il indéfiniment *(und so fort ins Unendliche)*. Ainsi la liaison de l'*infini* et de l'*objectif* est une contradiction : ce qui se dirige sur un objet est fini ; et ce qui est fini se dirige sur un objet. Cette contradiction ne pourrait être surmontée que par la disparition de l'objet ; mais il ne peut disparaître que dans une infinité en acte *(in einer vollendeten Unendlichkeit)*. Le Moi peut étendre jusqu'à l'infini l'objet de son effort ; mais si celui-ci était, à un moment déterminé, étendu jusqu'à l'infini, ce ne serait plus du tout un objet, l'Idée de l'infinité serait réalisée, ce qui est une contradiction. Et cependant, l'idée d'une telle infinité à réaliser se présente à nous et est comprise au plus profond de notre être. En vertu de l'exigence de notre être, nous devons surmonter cette contradiction ; même si nous ne pouvons penser la solution de cette contradiction comme possible, même si nous prévoyons qu'en aucun moment de notre existence *(Dasein)*, prolongée dans l'éternité, nous ne pourrons penser cette solution comme possible ! Mais c'est justement là le sceau de notre destination pour l'éternité [1].

Nous avons dû nous appesantir sur ces fondements de la dialectique de Fichte car ils peuvent seuls nous permettre de décrire avec précision ce qui lie Schiller à Fichte et ce qui l'en sépare. Les rapports personnels entre les deux hommes connurent, comme on le sait, bien des vicissitudes, mais la relation concrète entre les idées et tendances fondamentales de l'un et de l'autre ne s'en trouva pas affectée. Ici encore, Schiller se trouvait confronté au concept de liberté de l'idéalisme transcendantal dans toute sa force et sa grandeur et c'est précisément pour cette raison qu'il devait ressentir une fois encore d'autant plus profondément la nécessité d'affirmer, face à ce concept qui embrassait et conditionnait tout, son droit d'artiste et le droit de la formation esthétique en général. Il avait au même moment trouvé les moyens de formuler le problème esthétique fondamental lui-même dans un esprit nouveau et plus universel. Il s'agit, dans l'art également, de cette antithèse entre l'aspiration à l'infini et l'aspiration à l'objectivité, entre « idéalité » et « réalité », entre « liberté » et « nature ». Mais l'art ne s'en tient pas à la seule solution que l'éthique pure puisse offrir à cette opposition. La conduite pratique ne peut se libérer de la limitation par l'objet empirique particulier qu'en anéantissant cet objet lui-même. À l'image de la manière dont par exemple l'homme, poussé vers la nourriture par l'instinct sensible, réduit à néant en le mangeant l'objet de cette pulsion, on trouve dans les activités pratiques les plus nobles un trait analogue. Elles doivent tout d'abord se soumettre la réalité qu'elles veulent déterminer et transformer, elles doivent la dépouiller de sa propre consistance et de son être autonome. Ce n'est que dans la négation progressive du réel que la force de l'idéal éthique pur peut se prouver et s'affirmer. Et pourtant, cette négation ne saurait constituer le dernier et suprême degré du rapport à la « nature » et à l'« existence » que nous donnons à notre esprit. Le monde doit signifier pour nous plus que la simple matière du précepte du devoir, plus que ce matériau récalcitrant que nous devons peu à peu soumettre et rendre disponible aux exigences du Moi pur. Il possède, lui aussi, sa propre « essence » pure qui a droit à sa conservation. C'est cette conservation qui nous est pour la première fois véritablement donnée dans la conscience esthétique. La forme de la volonté de la raison morale ne peut s'appliquer au donné qu'en dépassant celui-ci ; la forme de l'intuition artistique s'accomplit en lui en s'arrêtant à lui et en lui. Dans l'ambiance esthétique, nous nous éloignons de la réalité mais seulement pour nous relier à elle plus profondément. Ce n'est

---

1. J. G. FICHTE, *Grundlage der gesamten Wissenschaftslehre*, Werke, I, p. 269 s. [*Les Principes de la doctrine de la science*, Œuvres choisies de Philosophie première, trad. A. Philonenko, Paris, Vrin, 1990, p. 138 s.].

en effet qu'en tant que *matière*, qu'en tant qu'objet de nos désirs sensibles et de nos choix limités de finalités matérielles, que cette réalité est suspendue, alors qu'elle persiste dans la pure concrétion de l'*image*. Nous ne rêvons, par conséquent, pas seulement de la totalité, vers laquelle nous aiguille l'exigence de la raison, comme d'une tâche sans cesse renouvelée et sans cesse inachevée, mais nous l'instaurons au centre de l'intuition du particulier. Le singulier devient pour nous l'ensemble, le sensible devient le symbole sitôt que nous y introduisons la loi de la configuration artistique. Cette loi se soumet l'objet tout en ne faisant rien d'autre que présenter et exprimer totalement la vie propre de cet objet. Il n'est entièrement universel que parce qu'il est entièrement spécifique. Devant nous se présente, dans la conscience esthétique, l'objet qui n'est plus soumis à aucune contrainte étrangère, qui n'appartient qu'à lui-même et n'exprime que lui-même ; et pourtant, nous ne sentons en fin de compte dans la détermination de ses rapports rien d'autre que le jeu harmonieux des forces de notre âme. L'harmonie de l'« intérieur » et de l'« extérieur » est ainsi établie par une voie nouvelle. Le Moi et le Non-Moi ne s'opposent plus dans une lutte incessante ; ils ont trouvé dans le médium de l'œuvre d'art achevée une référence réciproque dans laquelle leur opposition, qui doit subsister pour le monde de l'action et de l'effectuation, se résout pour la contemplation en une pure unité.

C'est à partir de cette idée fondamentale que les *Lettres sur l'éducation esthétique* de Schiller développent l'ensemble de leur objet. Le sens de l'« éducation » ne peut être ni directement ni indirectement inhérent à l'œuvre d'art particulière ; celle-ci n'acquiert en effet sa teneur qu'en renonçant totalement et sans conditions à toute finalité extérieure. Et on ne peut pas non plus commettre l'erreur de penser que, à travers la médiation assignée ici à l'art, le caractère original de l'exigence théorique et morale, ainsi que son efficience propre, puissent être entamés de quelque façon que ce soit. Dans la vingt-troisième lettre, Schiller écrit :

> Mais vous pourriez m'objecter : cet intermédiaire est-il tout à fait indispensable ? La vérité et le devoir ne devraient-ils pas en eux-mêmes et par eux-mêmes déjà pouvoir trouver accès jusqu'à l'homme sensible ? À cette objection, je ne peux que répondre : non seulement il est possible, mais encore il faut absolument qu'ils ne doivent leur force déterminante qu'à eux-mêmes, et rien ne contredirait davantage mes affirmations précédentes que de les interpréter comme si elles semblaient donner leur appui à l'opinion opposée. Il a été expressément démontré que la beauté n'engendre de résultat ni pour l'intelligence ni pour la volonté, qu'elle n'intervient dans l'activité ni de la pensée ni de la décision volontaire, qu'elle rend seulement capable de ces deux activités, mais qu'elle ne décide rien quant à l'usage réel que l'on fera du pouvoir qu'elle confère. En usant de ce pouvoir, on écarte toute aide étrangère, et il faut que la pure forme logique, c'est-à-dire

le concept, parle immédiatement à l'intelligence – et que la pure forme morale, c'est-à-dire la loi, parle immédiatement à la volonté [1].

Par conséquent, ce qui est d'ordre esthétique ne se substitue pas aux autres forces de la conscience pour les compléter ou les promouvoir au sens matériel d'une manière ou d'une autre, mais crée pour la conscience en tant qu'ensemble la liberté intérieure grâce à laquelle elle deviendra accessible et réceptive aux impératifs particuliers du spirituel. L'esthétique n'exerce pas d'emprise sur le particulier mais engendre pour ainsi dire seulement un « climat de totalité » qui, de simple point de départ qu'il était, doit cependant, pour parvenir à l'accomplissement et à la réalité effective, faire appel aux forces particulières de la logique et de l'éthique et les laisser s'épanouir librement. Aussi longtemps que l'homme, dans l'état physico-sensible qui est le sien, ne laisse entrer en lui la réalité que passivement, à travers une suite d'impressions, le *phénomène* du monde – car l'homme n'est précisément qu'une partie du monde – n'a pas encore pour lui de consistance.

C'est seulement à partir du moment où, dans l'état esthétique, il le pose en dehors de lui ou le contemple, que sa personnalité se distingue de l'univers, et le monde lui apparaît parce qu'il a cessé de faire un avec lui [2].

Le temps lui-même, l'éternel changement, se fige, et un reflet de l'infini, la forme, se dessine sur l'arrière-plan de l'éphémère. La nature qui, en tant que puissance, dominait auparavant l'homme, se présente maintenant à lui comme un objet, comme un ensemble dont il pèse et distingue les parties et leurs rapports. Et c'est bien ainsi qu'avec la beauté nous entrons dans le royaume des idées, sans pour cela abandonner, comme c'est nécessairement le cas dans la connaissance théorique et dans l'action morale, la sphère du sensible elle-même. Dans l'ensemble du domaine spirituel, sa valeur la plus grande et la plus spécifique repose sur cette liaison, sur le fait qu'elle efface l'*alternance* entre agir et subir, entre productivité et réceptivité, entre travail et jouissance, qui est le lot de toute effectuation simplement pratique. L'homme qui se consacre exclusivement au service d'une finalité matérielle déterminée, fût-ce la plus noble, ne vaut que par ce qu'il accomplit pour elle. Mais comme cette finalité ne peut se réaliser que progressivement et par éléments successifs, cet homme n'existe lui aussi jamais que comme fragment ne possédant aucune signification autonome. Lié à jamais et de façon exclusive à un petit fragment isolé de l'ensemble, il ne se forme lui-même que comme fragment ;

---

1. Fr. VON SCHILLER, *Briefe über die ästhetische Erziehung des Menschen* (trad. p. 297) [N.d.T.].
2. *Ibid.*, lettre XXV, p. 323 (N.d.T.).

n'ayant éternellement dans l'oreille que le bruit monotone de la roue qu'il fait tourner, il ne développe jamais l'harmonie de son être, et au lieu d'imprimer à sa nature la marque de l'humanité, il n'est plus qu'un reflet de sa profession, de sa science [1].

Ce qui distingue le concept éthique d'humanité de son concept esthétique, c'est que le premier exige seulement que les conditions auxquelles l'individu empirique est subordonné n'aillent pas à l'encontre de la pure forme de la raison, de la forme de l'impératif catégorique, tandis que le second exige que l'individu se pénètre de l'ensemble de la teneur de la réalité dans la mesure où cette teneur est spirituellement concevable par l'homme. C'est bien en effet l'unité qu'exige la raison tandis que la nature exige la multiplicité, et l'homme est concerné par les deux législations. Sa véritable humanité esthétique tient au fait qu'il ne traite pas la nature elle-même strictement comme une limite et que, comme il est lui-même libre, il respecte aussi la liberté de la nature et l'autonomie de l'objet, en se contentant d'en brider l'arbitraire.

À travers tout cela, on se rend compte que Fichte a non seulement fourni de nouveaux moyens d'expression à la pensée de Schiller mais qu'il a même contribué de manière décisive à en déterminer la teneur ; ceci n'est vrai cependant qu'au sens où, grâce à l'opposition que Schiller voyait maintenant se présenter à lui, ce qu'il y avait de spécifique dans sa tendance fondamentale pouvait se manifester de manière plus nette et plus énergique. Son développement se poursuit librement et sûrement à l'intérieur du schéma catégorial créé par Fichte, mais il aspire à dépasser ce cadre dans son résultat. À l'identité et au pur caractère figé du soi nous opposons, grâce à la double perspective que nous impose notre nature raisonnable et sensible, le constant et infatigable changement de ses déterminations. Sur l'un repose l'idée de l'être absolu fondé en lui-même, sur l'autre la représentation du temps comme la condition de tout être ou de tout devenir dépendant. Ce n'est que parce que nous relions le cours du temps, quel qu'il soit, au moi permanent et parce que, à l'inverse, nous permettons à la teneur de ce moi d'être amenée à la présentation dans le phénomène temporel, que l'ensemble des relations et la totalité de notre être viennent à exister pour nous. L'homme n'*existe* que par le changement, et ce n'est que parce qu'il demeure immuable qu'*il* existe. Aussi longtemps que nous ne faisons que sentir et désirer, nous ne sommes nous-mêmes rien d'autre que *monde*, car nous sommes toujours intimement fondus avec les objets de la sensation et du désir, par conséquent avec le contenu informel du temps : aussi longtemps que nous considérons notre personnalité seulement pour elle-même, indépendamment de toute matière sensible, nous ne la pensons que comme une *disposition* abstraite à une possible

---

1. *Ibid.*, lettre VI, p. 123 s. (N.d.T.).

extériorisation infinie. Mais il ne suffit pas de lier les deux, il faut encore les faire se fondre mutuellement l'un dans l'autre. Pour n'être pas seulement monde, l'homme doit donner forme à la matière ; pour n'être pas seulement forme, il doit donner réalité à la disposition qu'il porte en lui. C'est en cela que s'enracinent les deux lois fondamentales de sa nature.

La première tend à la réalité absolue : il doit transformer en monde tout ce qui est simplement forme, et extérioriser toutes ses virtualités ; la deuxième tend à la forme absolue ; il doit détruire en lui tout ce qui est simplement monde et introduire de l'accord dans toutes ses variations. En d'autres termes, il doit extérioriser tout ce qui est intérieur et mettre en forme tout ce qui est extérieur [1].

Dans l'ambiance esthétique et dans la création esthétique se présente l'accomplissement de cette double tâche. Ici nous écartons de nous le monde pour tirer le monde à nous ; ici nous lui faisons face dans la liberté de la réflexion et de la contemplation pure alors que nous sommes pourtant entièrement pénétrés de sa teneur. La beauté est en même temps notre état et notre acte. Instinct sensible et instinct formel, tension vers l'infini et tension vers la limitation sont réunis dans l'instinct de jeu, car c'est à lui qu'il revient d'anéantir le temps dans le temps, de concilier le devenir et l'être absolu, le changement avec l'identité. Ce qu'il crée est effectivement un monde de l'apparence puisque ici nous sommes purement coupés de cette « réalité effective » qui se présente dans les contenus et les buts de notre agir pratique empirique ; mais, dans la mesure où cette apparence nous affranchit du *stimulus* sensible et du besoin sensible, elle est en même temps devenue la garantie de notre véritable essence spirituelle. Aussi n'est-ce pas un paradoxe, mais simplement la dernière expression conséquente de l'ensemble de l'examen auquel nous nous livrons, de dire que l'homme joue seulement là où il est homme au plein sens du mot et qu'il n'est totalement homme que là où il joue [2]. Lorsque nous pouvons décrire comme la vie, au sens le plus large de ce concept, tout ce qui fait le contenu de notre aspiration à la réalité, lorsque toutes les exigences de la « forme » peuvent être condensées dans le concept de figure, la vie est, dans la beauté, devenue forme et la forme vie. Elle est « figure vivante » dans l'unité et l'équilibre parfait des deux moments ; ce n'est pas un ensemble fait d'éléments hétérogènes mais une synthèse dans laquelle la différence est à la fois conservée et abolie. Ce que Goethe avait réussi dans la pratique, l'union du concept de forme « plastique » et du concept de forme « dynamique », est ici présenté dans la pure théorie. La définition que Schiller donne du beau contient

---

1. *Ibid.*, lettre XI, p. 181 (N.d.T.).
2. *Ibid.*, lettre XV, p. 220 (N.d.T.).

effectivement comme parties intégrantes les déterminations résultant de la vision fondamentale de Winckelmann et de celle de Herder, mais chacun des deux facteurs a trouvé dans la prise en considération de l'autre un contenu spécifiquement nouveau.

L'ensemble de ces développements détermine en toute rigueur conceptuelle la spécificité du principe « classique » de forme sur lequel Schiller se sait désormais intérieurement en accord avec Goethe. D'un point de vue historique, tous deux avancent ici sur une ligne de démarcation très étroite car s'ils doivent tout d'abord parvenir, face à la culture de l'époque des Lumières, au nouveau concept de forme, ils doivent d'un autre côté le défendre face au romantisme philosophique et littéraire. Deux voies peuvent en effet conduire à une dissolution de la forme : d'une part, la contemplation peut rester attachée à la simple matière et ne pas s'élever jusqu'à la liberté de la vie spirituelle, ou bien, d'autre part, cette vie peut simplement irradier comme quelque chose d'illimité et d'infini sans se cristalliser en une formation déterminée. C'est ainsi qu'au premier sens Nicolai sera dans les *Xenien* [Xénies] décrit comme le prototype de la non-forme : « Il fait la guerre à toutes les formes ; il sait bien que, sa vie durant, il a seulement amassé à grand peine de la matière. » Mais Schiller, avec la précision et la profondeur qui le caractérisent toujours, a également exprimé l'autre perspective.

Certes – écrit-il dans une lettre à Körner à propos du *Musenalmanach* [Almanach des Muses] de Schlegel et Tieck –, je respecte tous les sentiments authentiques et je peux être en sympathie avec chacun de ceux qui se réjouissent d'un brin d'herbe ou s'enthousiasment pour une représentation religieuse quelconque. Mais on ne peut ni aimer ni présenter l'Universum. C'est pourtant bien de cela qu'il s'agit dans cette secte et ce qui rend ces messieurs si infatués d'eux-mêmes. Le cœur exige de l'imagination une image lorsqu'il doit se réchauffer, mais cette poésie ne produit pas d'images, elle oscille dans un infini informel [1].

De même que Nicolai représente la fausse tétanisation dans le fini, de même, selon Schiller, le romantisme représente la fausse tendance à l'infini. La beauté en tant que « figure vivante » reste insaisissable pour l'un comme pour l'autre, étant donné que l'un nie le moment de la vie et l'autre le moment de la figure. Schiller ne fait qu'exprimer ici ce que Goethe ressentait lui aussi à l'égard du romantisme ; c'est ce que nous apprend une lettre dans laquelle ce dernier, bien des années après, reprend avec les mêmes mots ce jugement pratique.

Werner, Öhlenschläger, Arnim, Brentano et d'autres – écrit-il à Zelter en octobre 1808 – travaillent et s'escriment sans cesse, mais tout cela n'a au bout du compte ni forme ni caractère. Il n'est personne qui veuille comprendre que la plus noble et la seule opération de la nature et de l'art est

---

1. Fr. VON SCHILLER, lettre à Körner, 19 décembre 1801.

la configuration, et dans la figure la spécification, pour que toute chose devienne quelque chose de particulier et de signifiant, le soit et le reste. Ce n'est pas de l'art que de laisser son talent régner au gré de ses humeurs par commodité individuelle ; il doit toujours en sortir quelque chose tout comme de la semence jetée au vent de Vulcain sortit un merveilleux corps de serpent [...]. Il faut une fois pour toutes se calmer sur ce sujet et maudire tout ce mouvement, ne pas songer à l'éducation d'autrui et consacrer le temps si court qui reste à chacun à ses propres œuvres.

Cette tendance à la « spécification » s'identifiait strictement pour Goethe à la loi de sa propre imagination créatrice qui fonde l'ensemble de son œuvre littéraire et de sa contemplation de la nature ; pour Schiller, il y avait là une exigence qu'il avait développée pour lui-même à partir de l'idée pure pour en faire une application de plus en plus précise. Mais il s'est très expressément prononcé contre toute pétrification de l'idéal « classique » en un schéma et un modèle uniformes. Il écrit un jour à Körner :

Si on considère l'art et la philosophie comme quelque chose qui toujours *devient* et jamais n'*est*, sous un angle dynamique par conséquent et non atomiciste, comme on dit maintenant, on peut rendre justice à n'importe quelle création sans pour cela s'enfermer. Mais il y a un trait propre aux Allemands qui fait que pour eux tout se fige sur-le-champ, et qu'ils doivent faire entrer l'art infini tout de suite dans un symbole, de la même façon qu'ils l'ont fait pour la théologie dans la Réforme. De cette façon, même des œuvres excellentes font leur malheur parce qu'elles sont aussitôt déclarées sacrées et éternelles, tandis que l'artiste qui cherche est toujours renvoyé à ces œuvres. Ne pas croire religieusement à celles-ci, c'est être hérétique, car l'art transcende toutes les œuvres. Il y a certes dans l'art un maximum, mais pas dans l'art moderne qui ne peut trouver son salut que dans un progrès éternel.

302   On voit bien ici que le « classicisme » de Schiller n'est pas directement enraciné dans son principe esthétique fondamental, mais vient de cette vision historique à caractère philosophique sur le monde grec qu'il partage avec Goethe et Wilhelm von Humboldt. Quelle que soit la détermination avec laquelle il écarte lui-même cependant l'idée d'un « maximum » absolu de la poésie moderne, l'ensemble de la *formation de l'esprit* allemande a bien atteint ici son maximum relatif dans la mesure où désormais tous ses facteurs sont parvenus à une pure autonomie et concourent cependant à *un* seul résultat. Le principe originaire de la littérature classique allemande et de la philosophie classique allemande est le même ; c'est en effet la même opposition fondamentale entre « liberté » et « forme » qui règne dans les deux et y trouve, grâce à une tendance identique, sa solution.

VI

L'IDÉE DE LIBERTÉ ET L'IDÉE D'ÉTAT

1

À travers toutes les œuvres de Schiller, dit en 1827 Goethe à Eckermann, circule l'idée de liberté, et cette idée prit un autre aspect à mesure que Schiller avança dans sa culture et devint lui-même un autre homme. Dans sa jeunesse, c'était la liberté physique qui le préoccupait et qui passait dans ses poésies ; plus tard, ce fut la liberté idéale [1].

Dans ce passage du « physique » à l'« idéel », il n'y eut pas seulement approfondissement spirituel du problème de la liberté, mais en même temps une certaine limitation et un renoncement conscient par rapport aux écrits de jeunesse. La passion politique et sociale des œuvres de jeunesse commence petit à petit à occuper à l'égard de la réalité empirique une place plus modeste. De plus en plus, l'idée de liberté politique fait place à la liberté esthétique.

> C'est dans le silence sacré des demeures du cœur
> Qu'il faut fuir hors de la poursuite harcelante de la vie :
> La Liberté n'existe que dans le royaume des rêves,
> Et le Beau ne fleurit que dans le chant du poète [2].

Certes, la vivante participation de Schiller aux problèmes du présent historique et national reste intacte, mais elle s'inscrit désormais sous le signe de la résignation. Il est vain de réclamer du monde de la réalité historique une réconciliation que seul le monde du « jeu » est capable de garantir dans toute sa pureté. Même la tâche historique des Allemands est maintenant envisagée par Schiller dans cette perspective. Après la paix de Lunéville en février 1801, il composa le plan d'un poème qui, bien qu'il soit demeuré à l'état fragmentaire, dépeint de la manière la plus parfaite la direction qu'a prise désormais son idéal de culture politique et nationale.

---

1. J. W. GOETHE à Eckermann, 18 janvier 1827 (trad. p. 196) [N.d.T.].
2. Fr. VON SCHILLER, *Der Antritt des neuen Jahrhunderts* (*Début du nouveau siècle, Poèmes philosophiques*, trad. R. d'Harcourt, Paris, Aubier, 1954, p. 259) [N.d.T.].

À l'instant où le peuple allemand sort sans gloire du sang et des larmes de cette guerre – écrit-il dans l'esquisse de ce poème –, alors que deux peuples présomptueux ont le pied sur sa gorge et que le vainqueur détermine son destin, a-t-il le droit au sentiment d'exister ? A-t-il le droit de se glorifier et de se réjouir de son nom ? A-t-il le droit de relever la tête et de s'avancer sûr de lui dans la cohorte des peuples ? Oui, il en a le droit ! Il sort malheureux du combat, mais il n'a pas perdu ce qui fait sa valeur. Le Reich allemand et la nation allemande sont deux choses différentes. La majesté des Allemands n'a jamais eu son siège dans la tête de leurs princes. À l'écart de toute valeur politique, l'Allemand a fondé la sienne propre, et quand bien même l'empire périrait, la dignité allemande resterait intacte. C'est une grandeur morale qui réside dans la culture et le caractère de la nation, caractère qui est indépendant de ses destinées politiques. Ce royaume fleurit en Allemagne, il est en pleine croissance, et au milieu des ruines gothiques d'une antique constitution barbare, la vie prend forme [...]. L'Allemand est l'élu de l'esprit du monde pour continuer à travailler pendant le combat temporel au chantier sans fin de la formation humaine ; non pas pour briller dans le moment présent et jouer son rôle, mais pour sortir justifié aux yeux du grand tribunal du temps. Chaque peuple a son jour dans l'histoire, mais le jour de l'Allemand est la moisson du temps dans son ensemble. Car le gouvernement doit finalement échoir à celui qui forme et maîtrise l'esprit, si toutefois le monde a un plan, si la vie de l'homme a une quelconque signification. La morale et la raison doivent finir par triompher, la force brute doit céder à la forme, et le peuple le plus lent va rattraper tous ceux qui, rapides, ne font que passer [1].

Si Schiller avait achevé le poème dont le contenu est ici esquissé, l'Allemagne spirituelle du début du XIXe siècle y aurait reconnu, trait pour trait, son portrait et son sentiment national fondamental. C'était en effet bien là le sentiment commun sur lequel on se repliait : le concept de germanité, en ce qui concerne son contenu, n'est déterminé ni par le présent étatique ni par le passé historique : il renferme une tâche spirituelle universelle que seul l'avenir peut progressivement amener à sa détermination et à son épanouissement. L'Allemand doit, dans l'accomplissement de cette tâche, reconnaître sa vocation propre et fonder sur elle son existence spécifique. Ce qui montre la force inhérente à cette idée, c'est le fait que le romantisme lui-même, qui partout cherche à explorer les profondeurs du passé national concret, est à ses débuts encore totalement dominé par elle. Dans ses *Lyzeumsfragmente* [Fragments du Lycée] de 1797, Friedrich Schlegel dit expressément qu'il n'y a rien à blâmer dans l'archétype de la germanité que « certains grands découvreurs de notre patrie » ont établi, si ce n'est la place qu'on lui assigne : « cette

---

1. Voir B. Suphan, *Deutsche Größe, ein unvollendetes Gedicht Schillers*, Weimar, 1902 ; voir les œuvres de Schiller (Säkul-Ausg.), II, p. 385 s. [Grandeur allemande, un poème inachevé de Schiller de 1801.]

germanité n'est pas derrière nous, mais devant nous [1] ». Schlegel parle là encore tout à fait en disciple de Fichte, qu'il citera effectivement dans un fragment ultérieur à côté de Kepler et de Dürer, de Luther et de Böhme, de Lessing, Winckelmann et Goethe, comme le parangon de cet authentique esprit allemand pour lequel ce ne sont pas « Hermann et Wodan » mais l'« art et la science » qui sont les vrais dieux nationaux [2]. Fichte a lui-même gardé intacte cette tendance fondamentale en dépit de tous les changements qu'a connus sa position personnelle à l'égard du problème de la germanité. Alors même que sa vie s'achève, il y revient dans les réflexions de l'année 1813 qu'il annexe à l'appel *An mein Volk* [À mon peuple]. Pour lui, ce qu'il y a d'original dans le caractère national allemand, c'est précisément que ce caractère n'est pas un simple produit de l'histoire, les Allemands en tant qu'Allemands n'ayant dans les derniers siècles plus eu en effet d'histoire commune, mais qu'il a grandi hors de l'histoire, comme quelque chose d'originaire.

Le trait remarquable dans le caractère national des Allemands serait justement leur existence a-étatique et supra-étatique, leur formation purement spirituelle. Et si l'on considère ce qui s'est passé jusqu'ici, cela continuera d'être : le concept de l'unité du peuple allemand n'est absolument pas encore effectif ; c'est un postulat universel de l'avenir. Mais il ne conférera pas sa validité à une spécificité nationale quelconque, il rendra réelle la liberté pour les citoyens [3].

Par conséquent, le concept de germanité que Schiller exprime au tournant du siècle et celui que Fichte, parti de postulats totalement différents, formule à la fin de sa carrière de philosophe ont en commun un trait déterminant. Le concept de Fichte, né de l'expérience historique vécue à l'époque napoléonienne, n'en reste pas moins attaché de manière rigoureuse et ferme aux exigences spirituelles universelles de l'époque de l'humanisme allemand. Mais dès le début, le problème des rapports entre « peuple » et « État » sera transporté sur un terrain tout autre que dans les autres grandes nations européennes. Les fortes entités politiques ont ce privilège qu'en elles, petit à petit, théorie et pratique de la vie étatique s'épanouissent concurremment et coïncident dans leurs traits essentiels. La théorie ne fait qu'amener à la conscience ce qui est donné dans l'existence historique concrète ; le concept exprime en une pure universalité ce qui se présente directement à lui dans un exemple singulier. C'est dans cet esprit que les doctrines modernes du droit

---

1. *Friedrich Schlegels prosaische Jugendschriften* [Les écrits de jeunesse en prose de Fr. Schlegel], éd. J. Minor, II, p. 188.
2. *Ibid.*, *Athenäum Fragmente von 1800* [Fragments de l'Athenéum de 1800], p. 304.
3. Extrait de l'ébauche d'un ouvrage politique de Fichte du printemps 1813, *Werke*, VII, p. 572 s.

public étaient nées originairement des intérêts vivants immédiats du siècle de la Renaissance. Dépassant les querelles sur le droit et la justification religieuse de l'empire et de la papauté, sur la délimitation entre le pouvoir temporel et le pouvoir spirituel, qui avaient marqué tout le Moyen Âge, le regard, avec ce regain d'intérêt pour la réalité partout inhérent à l'époque, s'était pour la première fois tourné vers l'origine naturelle, pour ainsi dire physique, des formes étatiques particulières, et l'on croyait pouvoir toucher du doigt cette origine tout particulièrement dans l'Italie du quattrocento et du cinquecento. On se trouvait là, en effet, au centre d'une fermentation politique qui ne cessait de donner naissance à de nouvelles formes d'État qui ne reposaient pas sur le droit vénérable accordé par Dieu au souverain, sur la tradition et la légitimité, mais devaient leur apparition à la faveur et à la puissance du moment. Les chefs de guerre de la Renaissance, les grands condottieri italiens des XIVe et XVe siècles, deviennent les fondateurs de nouveaux États dans lesquels ils tentent de s'affirmer avec toutes les ressources de la force et de la ruse. C'est à cette naissance d'États nouveaux que correspond la théorie de l'État qui va maintenant trouver sa fondation. Machiavel, avec l'objectivité de l'analyste psychologue et de l'observateur historique, cherche, sans distinguer le « bon » du « mauvais », le « juste » de l'« injuste », à exposer dans son ouvrage sur le Prince comment ces constitutions peuvent être instaurées, consolidées et défendues, grâce à une technique du pouvoir complexe et raffinée. Aucun autre critère, aucun autre point de vue ne prévalent ici en dehors de la finalité de la puissance et de la domination elles-mêmes. Cette finalité devient la véritable « *ragione di stato* », ce qui sera résumé plus tard dans le concept de « raison d'État ». Cette « raison d'État » ne veut pas être un idéal abstrait et par conséquent ineffectif et inefficient, qui servirait de modèle et d'aune à l'État, mais uniquement exprimer les conditions auxquelles est liée sa consistance, son existence historico-empirique. Elle ne réclame aucune finalité qui se situerait hors de l'État lui-même, mais elle constate les moyens dont il est tributaire pour protéger et élargir, ainsi que le ferait en quelque sorte un être naturel, son existence physique. C'est une autre forme d'évolution de l'État, en même temps qu'un nouvel aspect de la théorie politique, qui se présente plus tard dans l'histoire moderne de la France. La forme d'État et de gouvernement de la France moderne se distingue des formes étatiques de l'Italie de la Renaissance, au déclin aussi rapide que l'essor, avant tout par l'évolution constante, on serait tenté de dire « méthodique », qu'elle a connue. Dans des luttes difficiles, qui secouent la nation jusque dans ses couches les plus profondes, la nouveauté s'affirme ici progressivement face aux puissances traditionnelles et face aux prétentions qui, dans leurs fondements juridiques les plus profonds, dataient du système seigneurial et féodal du Moyen Âge. Les premiers siècles de l'histoire de France sont remplis des querelles permanentes qui ne cessent d'éclater entre le pouvoir royal et la puissance autonome, jalousement gardée, des nobles et des grands. La nouvelle forme d'État sera pourtant établie en France par l'homme d'État génial qui clôt définitivement cette lutte en faveur de la royauté. Richelieu qui mène à bien cette tâche est, comme bien peu de grands politiques, clairement conscient de ce dont il va favoriser ici la création. Sa volonté est que, de cette unité étatique telle qu'elle s'exprime et se révèle dans la monarchie absolue, naisse l'unité nationale du peuple français ; c'est en elle qu'elle doit se fonder et devenir sûre d'elle-même. Dans les luttes internes qui ont précédé, cette unité était constamment menacée ; dans les conflits entre royauté et vassaux, entre catholiques et huguenots, on avait sans cesse fait appel à une aide extérieure, à laquelle avaient recouru les deux parties et qu'elles avaient utilisée contre des compatriotes. La grande idée politique constante chez Richelieu est, face à cela, de lier réciproquement unité de la nation et unité de l'État, et de les fonder l'une sur l'autre. La religion elle-même sera consciemment intégrée par ce cardinal et prince de l'Église au sein de cette détermination universelle. Il en découle une signification idéelle originale, une « dignité » spécifique de l'État, mais elle n'a d'existence, il est vrai, qu'autant qu'elle se présente et s'incarne en même temps dans son être-là historico-empirique, dans sa force et sa grandeur matérielle. « Car l'État, dit un jour Richelieu, n'a, passé cette vie, aucune existence ; son salut est dans le présent ou bien il est nul et non avenu [1]. » Ces mots sont l'expression de cette passion universelle qui domine et imprègne chacune de ses actions en particulier. Louis XIV n'a fait ici qu'entrer en possession de cet héritage ; l'éclat du pouvoir absolu n'est que l'image reflétée de la puissance de la nouvelle idée d'État absolu. Le mot : « *L'État, c'est moi* » recèle, dans cette perspective, un sens symbolique profond ; seule la concentration dans l'unique et le singulier permit en effet à l'universalité et à la toute-puissance du concept d'État de se manifester véritablement dans le cadre des conditions historiques données. La Révolution française a anéanti cette puissance individuelle, mais cependant, même dans cet anéantissement, elle a préservé pour ainsi dire la structure universelle de l'*idée* française d'État. À la suite de Taine, nous pouvons retrouver partout comment, pour chacune de ces nouvelles formes d'État, il existait déjà dans l'« Ancien Régime » une prédisposition et une base. La centralisation du pouvoir de l'État dans la personne du souverain représentait le postulat qui permettait de transférer le pouvoir au peuple en tant que sujet abstrait et impersonnel. Dans cette perspective, l'idée rousseauiste d'État, qui réclame l'abdication totale et inconditionnelle de toute volonté privée au profit de la « volonté générale », est certes concrètement à l'opposé de ce qui en constitue à cet égard la

---

1. Voir L. VON RANKE, *Französische Geschichte* [Histoire de France aux XVIe et XVIIe siècles], 3e éd., vol. II, p. 353.

contrepartie exacte, mais elle est pourtant, en même temps, le corrélat idéel et méthodologique du rapport qui s'était établi sous la monarchie absolue dans une tout autre sphère. L'originaire volonté de puissance de l'État doit trouver à se réaliser en étendant son emprise au-delà de tous les intérêts particuliers des individus et de toutes les particularités de classe et de condition nées de l'histoire.

Si, partant de là, on considère le problème dans le cadre de l'Allemagne, c'est une tout autre image qui s'offre d'emblée à nous. L'unité de l'État et de la nation était perdue à tout jamais depuis les luttes de la Réforme. Un court moment, sous le *Reichsregiment* entre 1521 et 1523, il avait pu sembler qu'elle pouvait être maintenue malgré la scission religieuse, et sous les successeurs de Charles V, Ferdinand Ier et Maximilien II, il n'avait pas manqué de tentatives pour rétablir cette unité au moins dans les questions qui ne concernaient pas directement le domaine religieux [1]. Mais à chaque fois que de telles tendances se faisaient sentir, elles étaient partout inhibées et écartées par les formes survivantes de l'ancienne Constitution de l'empire. Les deux éléments qui dans tous les États modernes d'une certaine taille ont fini par se confondre, au prix certes de luttes répétées, sont de ce fait ici restés séparés l'un de l'autre. Dans la conscience des individus comme dans celle de l'ensemble des théoriciens s'établit le sentiment de ce défaut fondamental. Samuel Pufendorf, un des plus célèbres spécialistes du droit public du XVIIe siècle, a fondé sa théorie sur la démonstration de la « monstruosité » de la constitution allemande, selon lui absolument à l'opposé de tout ordre étatique rationnel [2]. Même la vie historique directe de la nation est menacée par ce conflit. Dans l'histoire du grand électeur Friedrich Wilhelm de Brandebourg, il y a un moment où ce prince, qui était en général le représentant le plus puissant et le plus décidé de la résistance nationale à Louis XIV, conçut le plan d'abandonner à Louis ou à ses successeurs la couronne d'empereur d'Allemagne. Le manque d'assurance intérieure qui transparaît dans des traits de ce genre a eu des effets durables, non seulement pour le destin politique extérieur de l'Allemagne, mais aussi d'une manière générale pour sa constitution purement spirituelle. Or, c'est justement à partir de ce point que se produit alors la véritable réaction décisive. Une nouvelle conception de l'État est acquise et fondée, non pas comme en France ou en Angleterre grâce à la force de l'advenir, grâce à la puissance des faits, mais grâce à la puissance de l'idée. La justification de l'État dans et par l'Idée, son élévation non pas à une réalité physique mais à une valeur spirituelle spécifique, sera désormais un des grands

---

1. Voir L. VON RANKE, *Über die Zeiten Ferdinands I. und Maximilians II.* [Les époques de Ferdinand I et Maximilien II], ainsi que *Deutsche Geschichte im Zeitalter der Reformation* [Histoire d'Allemagne au temps de la Réforme], liv. III, chap. 2.
2. SEVERINUS A MONZAMBANO, *De statu reipublicae Germanicae*, 1667.

thèmes fondamentaux de la philosophie allemande. Ainsi se confirme à nouveau un trait essentiel de tous les aspects de la vie de l'esprit en Allemagne, de son développement religieux et théorique, de la naissance de sa littérature et de son esthétique [1]. C'est ce rapport qui seul permet de comprendre parfaitement le paradoxe contenu dans le mot de Fichte disant que la germanité ne peut être comprise comme un simple produit de l'histoire mais qu'elle a « grandi en dehors de toute histoire ». C'est ici le théoricien de la « doctrine de la science » qui parle, celui pour qui la véritable réalité est ce qui est posé dans et pour la conscience de soi. Du point de vue de l'existence empirique, les Allemands ont certes eu, eux aussi, leur histoire, mais la conscience de ce qu'ils signifient dans leur caractère spirituel fondamental, de ce qu'ils sont selon l'« Idée » pure, ne peut leur être donnée par cette histoire ; elle doit plutôt être conquise et préservée *malgré* elle. De même en effet que, dans l'esprit de Fichte, le Moi n'*est* que pour autant qu'il se réalise lui-même dans la liberté, la même exigence vaut pour l'être des entités supra-individuelles auxquelles nous donnons le nom de nations particulières. Elles non plus ne « sont » pas tant que leur cohésion repose simplement sur la volonté d'un souverain extérieur ou même sur ces relations naturelles qui rassemblent les individus en raison de leur origine commune, de leur destin commun, de leurs us et coutumes. La véritable unité du peuple ne peut naître que par la transformation de cette œuvre de la nature en œuvre de la volonté morale consciente. Mais, dans cette perspective, Fichte reconnaît désormais justement dans ce moment qui doit apparaître à l'examen empirico-historique comme un défaut fondamental plutôt une condition nécessaire du développement idéel de la germanité. L'histoire a enlevé aux Allemands l'unité sous la forme de l'existence étatique afin qu'ils l'atteignent et la conservent pour eux-mêmes sous une autre forme « spirituelle ». Aussi ne doivent-ils pas être les continuateurs de l'histoire ancienne – celle-ci n'a à proprement parler donné pour eux aucun résultat et n'existe que pour les savants –, mais apprendre à se voir comme le début d'une nouvelle histoire.

Leur caractère réside dans l'avenir : pour le moment il consiste en l'*espoir* d'une histoire nouvelle et glorieuse. Le commencement de celle-ci : qu'ils se fassent eux-mêmes *consciemment*. Ce serait là la détermination la plus glorieuse [2].

Nous n'étudierons pas ici plus avant la manière dont, pour Fichte et les temps qui suivent, l'idée d'État national allemand s'élabore progressivement et avec une clarté toujours grandissante à partir de

---

1. Voir ci-dessus, p. 64 [du texte allemand].
2. J. G. Fichte, *Politische Fragmente* [Fragments politiques], 1813, *Werke*, VII, p. 571.

ce trait de pensée universaliste ; il suffit pour cela de renvoyer aux explications détaillées de Friedrich Meinecke sur le sujet [1]. Nous essaierons de présenter non pas la genèse du concept d'État *allemand*, mais la « déduction » et la justification dont l'État *en tant que tel* fait l'objet dans le développement progressif de la vie de l'esprit en Allemagne. Nous voudrions montrer comment, à l'intérieur de sa sphère particulière, ce processus idéel cristallise les problèmes centraux qui dominent l'histoire de la culture en Allemagne dans son ensemble. C'est encore l'idée de liberté qui assure ici la médiation déterminante. La spécificité de cette idée est en effet de toucher d'aussi près la globalité des problèmes spéculatifs et philosophiques que les tendances concrètes de la vie historique. Les luttes d'idées comme les grandes luttes politiques se livrent sous son emblème. Le combat des classes sociales particulières pour une participation au pouvoir de l'État, les problèmes de droit constitutionnel qui tournent autour de l'opposition entre souveraineté du peuple et souveraineté du gouvernant, les exigences économiques et sociales enfin, sont là tous imbriqués et cherchent, en se réclamant et en s'appuyant sur le principe de liberté, à se ménager pour ainsi dire une base idéelle. Certes, les choses semblent se passer comme si ce principe, mis au service de revendications aussi variées qu'hétérogènes, perdait de plus en plus de sa signification constante et précise et devenait un simple slogan dont les parties se servent arbitrairement. Et pourtant, même de ce chaos d'intérêts et de passions jaillit progressivement une corrélation plus précise entre l'idée de liberté et l'idée d'État. Il ne s'agit pas d'une franche fusion, mais plutôt d'une mutuelle opposition qui les amène à se limiter et se contester réciproquement. L'idée de liberté doit tout d'abord constituer un rempart contre la force physique de l'État et la maintenir dans des limites précises. Dans cet esprit, elle est revendiquée non seulement par les individus, mais aussi par les grands domaines culturels objectifs, comme gardienne de leur droit autonome face à toutes les interventions et mainmises de l'État. Mais le rapport véritablement définitif n'est pas ainsi atteint. Les pures négation et exclusion doivent se transformer en une relation réciproque grâce à laquelle désormais l'idée de liberté et cette « forme » objective, qui se présente dans l'État et ses liens, apparaissent comme l'expression et l'accomplissement d'une seule et même exigence principielle. C'est cette transformation qui s'accomplit dans l'idéalisme philosophique allemand et constitue dans l'histoire de ce dernier une part essentielle.

---

1. F. Meinecke,*Weltbürgertum und Nationalstaat, Studien zur Genesis des deutschen Nationalstaates* [Citoyenneté universelle et État national, Études sur la genèse de l'État national en Allemagne], 3ᵉ éd., Munich et Berlin, 1915.

2

Dès le tout début de son histoire déjà, l'idéalisme philosophique allemand s'était intéressé au problème de l'État et s'était efforcé de comprendre le système de ses rapports avec les problèmes généraux fondamentaux de l'esprit. Nicolas de Cuse, dont la doctrine, sur des points essentiels, offre des fondements aux spéculations de Descartes et Leibniz qu'elle anticipe, est en même temps le premier penseur des Temps modernes à chercher, à partir d'un principe unitaire, à développer la doctrine de l'État comme un élément du système de la philosophie. Dans la vie de l'État, et dans le rapport qui existe entre la volonté étatique globale et la volonté des individus, se présente pour lui, sous une forme concrète, le problème de l'unité et de la pluralité qui l'occupe partout dans les sinuosités multiples de ses spéculations philosophiques et mathématiques. Aussi la métaphysique de l'État deviendra-t-elle pour lui l'expression de sa métaphysique universelle, de même qu'à l'inverse la métamorphose de cette dernière se reflète nettement dans les changements subis par sa doctrine de l'État. À l'aide d'un petit nombre de propositions percutantes, il place au centre de sa doctrine l'idée de souveraineté populaire, dont l'influence se fera désormais sentir, sous la forme où il l'a conçue, à travers tous les avatars jusnaturalistes que connaîtra ce concept, des « monarchomaques » jusqu'à Rousseau [1]. Tous les pouvoirs temporels sont, de par leur fondement juridique propre, liés à ce principe fondamental. Le souverain n'a aucune autre qualité que celle qui lui échoit en tant que représentant et gérant de la volonté de l'ensemble. En même temps, sans se laisser émouvoir par sa position personnelle dans l'Église, Nicolas de Cuse établit avec une grande rigueur conceptuelle les frontières entre le pouvoir de l'État et celui de l'Église. Le pouvoir temporel n'est pas pour lui transmis par la papauté, mais repose sur son propre fondement, et ce n'est qu'en affirmant cette indépendance qu'il peut accomplir sa tâche spécifique. L'instauration d'assemblées générales annuelles des États, le maintien d'une armée permanente, directement subordonnée au pouvoir de l'empire, des réformes des juridictions ecclésiastiques seront les caractéristiques extérieures de cette autonomie. Ce sont donc les exigences de l'autonomie de l'État et de la souveraineté populaire qui, dans la doctrine de l'État de Nicolas de Cuse, s'interpénètrent et s'unissent pour former un nouvel ensemble théorique

---

1. Voir GIERKE, *Johannes Althusius und die Entwicklungen der naturrechtlichen Staatstheorien* [J.Althusius et les développements des théories jusnaturalistes de l'État], 2ᵉ éd., Breslau, 1902 ; pour plus de détails sur la théorie de l'État de Nicolas DE CUSE, voir en part. l'ouvrage à paraître prochainement d'Erich CASSIRER, *Natur- und Völkerrecht im Lichte der Geschichte und der systematischen Philosophie* [Droit naturel et droit international à la lumière de l'histoire et de la philosophie systématique].

dont toute l'importance n'apparaîtra que dans les luttes historiques modernes.

Chez Leibniz, c'est aussi à partir de l'idée fondamentale d'un système métaphysique que la doctrine de l'État prend forme. Si l'on examine les postulats universels de la doctrine de Leibniz, il pourrait sembler que le contenu traditionnel de la théorie jusnaturaliste de l'État doive s'adapter parfaitement à sa conception fondamentale, car le droit naturel n'est en fait rien d'autre que l'application de la méthode universelle du rationalisme au domaine particulier des problèmes moraux et juridiques. La dérivation « génétique » du droit et de l'État que tente le droit naturel correspond trait pour trait au processus exigé par le rationalisme pour la fondation de tout contenu de savoir en général. De même que nous ne comprenons véritablement que ce que nous pouvons dériver déductivement et édifier de manière constructive à partir de ses fondements premiers, nous ne pouvons légitimer pour la pensée les formations étatiques et juridiques réelles que si nous remontons au fondement juridique originaire de leur naissance. En conséquence, partant de l'ensemble de l'État donné et achevé, nous devons retourner analytiquement aux volontés particulières en qui il possède ses éléments constitutifs proprement dit. Il s'agit de montrer comment les sujets individuels existant pour soi, en tant que véritables unités fondamentales, s'unissent dans un contrat social et permettent ainsi la naissance des formations sociales. Cette conception ne semble-t-elle pas être en parfaite analogie avec l'intuition philosophique fondamentale de Leibniz qui exige pareillement que tout « composé » se démembre communément en « éléments », et toute multiplicité en « unités substantielles » ? Et cependant, dès le début, ainsi qu'un examen plus poussé nous l'enseigne, une différence spécifique persiste entre l'examen jusnaturaliste de l'individualité et la place qu'elle occupe dans l'ensemble du système leibnizien. En effet, au concept d'individu et de la « monade » particulière s'oppose chez Leibniz, en tant que corrélat nécessaire, le concept d'« harmonie ». Tout objet particulier n'est ce qu'il est que parce qu'il se fait en même temps dans sa particularité l'expression de tous les objets restants et de leur ordre rationnel propre. Ici intervient cette nouvelle détermination du rapport entre « partie » et « ensemble » qui constitue la catégorie théorique fondamentale de la pensée leibnizienne : l'individu n'est pas un simple fragment de l'univers, mais il est cet univers lui-même conçu d'un certain « point de vue ». Dans cette pensée se trouvent aussi le cœur et l'originalité spécifique de la théorie de l'État de Leibniz. Il apparaît, en effet, clairement maintenant que l'ensemble étatique ne peut être conçu, ainsi que le fait le droit naturel, comme une simple somme des individus, mais que les éléments qui le composent possèdent déjà une relation nécessaire, imposée par leur essence même. Ils appartiennent, s'ils doivent être compris comme des sujets spirituels, à une constitution universelle « intelligible » dans laquelle ils baignent originairement. L'abstraction et la fragmentation opérées par le jusnaturalisme trouvent leurs limites dans cet ordre fondamental. L'idée d'« unité des finalités » intelligible, l'idée d'« État de raison et de Dieu » deviennent les postulats de toute dérivation et de toute justification des formes étatiques empiriques. Dans ces idées se présente l'authentique ensemble à l'intérieur duquel la particularité de chaque individu semble préservée, mais en même temps intensifiée grâce à la relation active qu'elle entretient avec les autres particularités. Avec cette conception s'achève maintenant la véritable théodicée de l'État. La légitimation suprême de la communauté étatique ne réside pas pour Leibniz dans la protection physique ou dans le soutien matériel qu'elle offre à l'individu, mais dans cette adhésion des volontés particulières à une unique « république des esprits » qu'elle a pour rôle d'incarner et de représenter dans l'existence historique. Ce dessein implique que l'*éducation* soit un droit et un devoir fondamental à l'intérieur de toute forme de communauté empirique, car aucun de ses membres ne peut par principe se voir ôter la possibilité de s'élever progressivement à l'autonomie de ses vues et de la détermination de sa volonté. L'individu ne peut renoncer à ce droit quel que soit le contrat d'association ou de soumission, car la propriété de soi dont jouit chaque « âme raisonnable » ne peut être abandonnée ni confiée à un autre. Tel est le domaine de sa liberté naturelle et inaliénable qui dresse une barrière à tout absolutisme du pouvoir [1].

Ainsi sont formulées les idées et les exigences fondamentales de la philosophie des Lumières qui vont maintenant trouver leur plein épanouissement et être systématiquement mises en œuvre dans toutes les parties de la doctrine du droit et de l'État des huit volumes du *Naturrecht* [*Principes du droit de la nature et des gens*] de Christian Wolff. Cette œuvre ne possède aucun des mérites prestigieux dans la présentation et le développement des idées dont font preuve les œuvres classiques du XVIIIe siècle qui traitent de la philosophie de l'État ou les œuvres de Montesquieu et de Rousseau. Dépourvue de tous les charmes d'un style personnel, elle s'avance sous la cuirasse de la « méthode géométrique » ; elle présente son objet dans une prolixité lassante et dissèque de façon aride les concepts. Pourtant, cet ouvrage de Wolff connut un rayonnement discret mais profond qui lui vaudra une influence décisive jusque dans le développement réel de l'histoire moderne du droit public. En s'appuyant sur les idées fondamentales de Leibniz, Wolff parvint à exprimer plus précisément et à appliquer, de manière plus conséquente que Locke,

---

1. Voir à ce sujet à titre documentaire A. GÖRLAND, *Der Gottesbegriff bei Leibniz* [Le concept de Dieu chez Leibniz], Giessen, 1907, ainsi que mon ouvrage *Leibniz' System in seinen wissenschaftlichen Grundlagen* [Le système de Leibniz dans ses fondements scientifiques], Marbourg, 1902, p. 449-458 ; voir ci-dessus, p. 47 s. [du texte allemand].

Montesquieu et Rousseau ne surent le faire, le principe des droits fondamentaux, immuables et inaliénables de l'individu. Et comme sa propre formulation de ce principe se retrouve, grâce à la médiation des *Commentaries on the law of England* de Blackstone, dans les « *declarations of right* » où les États libres d'Amérique du Nord se donnèrent les premiers fondements de leur future constitution [1], elle aura également une importance capitale pour les idées de la Révolution française ; en effet, à la suite de la démonstration détaillée de Jellinek, on ne peut plus douter du rapport direct qui existe entre cette Déclaration américaine des droits de l'homme et du citoyen et les exigences fondamentales établies par la Constituante en France le 26 août 1789 [2]. Pour ce qui est de Wolff, il parvient de la manière la plus simple qu'on puisse imaginer au principe des droits inaliénables ; il pense en effet n'exprimer par là sous une forme particulière rien d'autre que le postulat le plus universel de son rationalisme. L'opposition entre vérités de raison nécessaires et vérités de fait contingentes, qu'il emprunte à Leibniz, est pour lui le point de départ de sa déduction. De même que dans le domaine théorique les propositions touchant l'essence se distinguent des propositions touchant les déterminations accidentelles, et que les premières expriment une relation immuable entre des idées tandis que les secondes expriment un rapport de faits changeant selon la particularité des circonstances, c'est une différence analogue qui traverse toute détermination des *droits*. Aux vérités innées de la connaissance correspond le droit qui est né avec nous. En effet, selon l'hypothèse fondamentale de Wolff, tout droit provient d'une obligation morale ; on appelle « obligation innée » *(obligatio connata)* celle dont la « raison première » est située dans l'essentialité et la nature de l'homme lui-même, tandis qu'une obligation contractée *(obligatio contracta)* doit être comprise comme celle qui est fondée uniquement par la médiation de circonstances factuelles particulières. C'est ainsi que, par exemple, dans cet esprit, l'obligation d'entretenir son corps est innée chez l'individu, et celle qui naît d'une opération juridique quelconque, par exemple un achat, est contractée parce que liée à des conditions particulières empiriquement déterminées qui

---

1. Voir pour plus de détails à ce sujet REHM, *Allgemeine Staatslehre* [Théorie générale de l'État], Fribourg-en-Brisgau et Leipzig, 1899, p. 239s. ; p. 243s. ; voir également GIERKE, *Althusius*, p. 112s., p. 346s. ; *Deutsches Genossenschaftsrecht* [Droit d'association allemand], IV, p. 407.
2. Voir JELLINEK, *Die Erklärung der Menschen- und Bürgerrechte. Ein Beitrag zur modernen Verfassungsgeschichte* [La déclaration des droits de l'homme et du citoyen. Une contribution à l'histoire constitutionnelle moderne], Leipzig, 1895. La preuve avancée par Jellinek de l'origine religieuse des idées fondamentales des *bills of right* américains n'est naturellement pas affectée par l'existence de ce rapport avec WOLFF ; il est cependant d'un grand intérêt d'observer comment, à côté des motifs religieux, ici aussi, les idées autonomes des Lumières et de l'idéalisme philosophique allemand étaient déjà à l'œuvre.

sont la conclusion et la forme du contrat d'achat¹. Cette distinction entre dorénavant dans le système du droit naturel en tant que composante durable ; elle se retrouve inchangée par exemple dans les *Metaphysische Anfangsgründe der Rechtslehre* [*Premiers principes métaphysiques de la doctrine du droit*] de Kant. Si donc le « droit inné » est une conséquence directe de l'essentialité de l'homme, il doit être, à l'image de celle-ci, tout simplement universel et immuable. Il en va de même pour tous les individus et il n'y a là aucune place pour de quelconques prérogatives, aussi vrai que dans le pur concept d'homme sur lequel il est fondé toutes les différences entre les exemplaires de ce concept sont effacées. C'est ainsi que le postulat fondamental éthico-juridique de l'égalité naît directement des présupposés logico-rationnels du système. Il ne peut être question de différence entre sujets juridiques que dans la sphère des droits et devoirs contractés et non dans celle des droits et devoirs originaires. Ces derniers sont sans doute de ce fait limitables, eu égard aux exigences du bien commun, mais ils ne peuvent jamais être abrogés, tout comme un concept universel qui connaîtrait, du fait de l'ajout d'une caractéristique quelconque, une détermination plus précise et une limitation de son extension n'en verrait pas pour cela sa validité abolie. Au droit fondamental à l'égalité viennent ensuite s'ajouter le droit à la liberté naturelle et le droit à la sécurité *(jus securitatis)* qui garantissent à l'individu l'exercice paisible de toutes les activités sur lesquelles repose sa consistance d'être physique et spirituel². Dans un esprit authentiquement leibnizien, cette consistance n'est pas considérée par Wolff ici comme une existence purement passive mais comme la force et l'activité dans lesquelles le sujet cherche à se hisser à des degrés toujours plus élevés de sa réalité et de sa « perfection ». C'est de ce point de vue qu'il exprime déjà avec une netteté et une clarté étonnantes l'idéal d'humanité du XVIIIe siècle, cette exigence du libre épanouissement de la totalité des forces humaines. Dans cette exigence est finalement résumé tout ce que l'individu possède de droits inaliénables. Comme la perfection de l'âme réside dans l'usage harmonieux qu'elle fait de toutes ses forces, les plus basses comme les plus nobles, le devoir et le droit naturels de chaque individu consistent à amener la globalité de ses forces psychiques à un usage toujours plus libre et un accord toujours plus grand. « Puisque la disposition à agir est dénommée aptitude *(habitus)*, c'est donc le devoir de l'homme que d'acquérir cette aptitude pour utiliser ses facultés et dans cet usage les amener à s'harmoniser. Il a donc par conséquent droit à tout ce qui lui est nécessaire pour user ainsi de ses facultés et les amener à l'unité et à

---

1. Ch. WOLFF, *Ius naturae methodo scientifica pertractatum*, Halle, 1744, t. I, § 17 et 18.
2. Voir à ce sujet Ch. WOLFF, *Institutiones juris naturae et gentium*, Halle, 1750, § 95, 74 et 77 ; *Ius naturae*, liv.I, § 17, 18, 26, 28, 29, 31, 81, 85, 84 s.

l'harmonie ¹. » Au beau milieu de cette démarche déductive d'école, on se trouve transporté d'un seul coup dans le libre monde d'idées de l'humanisme allemand, dans le monde de Schiller et de Wilhelm von Humboldt : le concept métaphysique d'harmonie de Leibniz entame son passage vers le concept d'harmonie esthétique de la culture allemande classique.

Pourtant, quand on remonte des résultats aux motifs philosophiques fondamentaux, il est clair en ce point que Wolff n'a pas complètement épuisé la teneur globale des idées de Leibniz. Il s'est partout efforcé de conserver le contenu rationnel des idées leibniziennes tout en faisant cependant de plus en plus passer à l'arrière-plan la fondation « métaphysique » du concept de monade, et c'est ici aussi le même rapport que l'on constate. Wolff n'a pas compris la synthèse originale du « rationalisme » et de l'« individualisme » qui s'accomplit dans le concept de monade. Leibniz n'aurait pas pu déduire la persistance de droits universels et inaliénables de l'« égalité » originaire de tous les sujets, car pour lui l'égalité est un simple concept abstrait qui n'a pas sa place dans le monde de l'effectif. Dans celui-ci, c'est plutôt la différence ininterrompue et tendant vers l'infini des éléments qui est la loi caractéristique fondamentale. L'unité juridique et morale entre les individus ne peut par conséquent pour Leibniz être dérivée d'une identité entre eux mais uniquement de l'exigence d'harmonie. Les forces individuelles infiniment nombreuses et infiniment différentes constituent pourtant un « règne des fins » fermé. C'est précisément parce qu'ils préservent les uns à l'égard des autres leur différence qu'ils sont unis dans la relation à tâche commune à laquelle chaque sujet, à sa place et à sa manière, doit participer. Chez Wolff, l'égalité originaire des droits est ontologiquement déduite de l'égalité d'essence entre les individus ; chez Leibniz, elle est constituée en tant que communauté universelle d'ordre éthique. L'un part du concept abstrait, l'autre de l'idée de l'homme ; chez le premier, l'égalité conduit à conclure à la liberté, chez le second, on passe de la liberté individuelle et de la multiplicité concrète des sujets à l'exigence d'égalité en tant que norme de la justice, de la « *justitia commutativa* ». Si l'originalité des vues de Leibniz consistait dans le fait que le principe qui décrit les frontières des pouvoirs attribués à l'État contient en même temps la justification idéelle de l'État, il ne reste de cela chez Wolff que la partie négative de la détermination. En vertu du droit naturel, la sphère de l'individu et de sa libre acculturation se sépare de la sphère de l'État pour qui, cependant, il ne reste dans cette séparation d'autre finalité que celle du « bien-être commun » et de la « sécurité commune ² ». Le concept d'État retombe ainsi dans ce domaine de la simple utilité d'où Leibniz, grâce au concept régulateur d'« État de

---

1. Ch. WOLFF, *Institutiones juris naturae et gentium*, § 106 s.
2. Voir G. W. LEIBNIZ, *Vernünftige Gedanken von dem gesellschaftlichen Leben*

Dieu », cherchait à le tirer. Ce n'est que pas à pas qu'il en est sorti, à la faveur des considérables métamorphoses théoriques que l'idéalisme allemand a connues en son sein.

Ce n'est pas la force de l'idée seule qui a, il est vrai, permis cette transformation, mais ici, plus qu'ailleurs, l'union de toutes les forces de volonté et d'action se révéla nécessaire. Cette union se présente sous une forme accomplie chez le penseur et l'homme d'État dont la vie entière fut déterminée par l'idéal de Platon selon qui les philosophes devaient être rois ou les rois philosophes. Frédéric le Grand avait étudié avec zèle dans sa jeunesse le système de Wolff et en avait été influencé de manière déterminante ; il est vrai qu'il s'en est détourné plus tard, alors que, confronté aux grandes réalités historiques de l'État, il lui paraissait de plus en plus possible de se passer du schématisme des systèmes logiques. Néanmoins, le concept qu'il se faisait de l'État se situe idéellement parlant sur la même ligne de développement que celle qui, de Leibniz en passant par Wolff, conduit aux doctrines éthique et philosophique fondamentales de Kant. Cela peut, il est vrai, paraître paradoxal, car l'ensemble des outils de pensée à l'aide desquels opère Frédéric le Grand a été emprunté à la philosophie des Lumières française et non à l'idéalisme allemand. Il lui emprunte avant tout l'ensemble de la conception théorique sensualiste fondamentale, que couronne la proposition selon laquelle seul l'individuel est le véritable réel. Il doit donc toujours, en vertu de la conséquence théorique de son idée, connaître et reconnaître l'« universel » uniquement comme quelque chose de postérieur et de dérivé ; il ne doit lui accorder aucune signification objective propre et aucune force autonome ; il ne doit voir en lui qu'un signe arbitraire, une marque symbolique de l'esprit. Mais c'est là qu'intervient chez Frédéric le Grand la réaction originale qui caractérise l'ensemble de sa conception philosophique et politique. Le contenu, l'intuition concrète et le sentiment concret de l'ensemble que forme l'État prennent chez lui le dessus sur l'unique et exclusive forme de dérivation que le système des Encyclopédistes suggérait. Dans un court écrit de l'année 1779, dans ses *Briefe über die Vaterlandsliebe* [*Lettres sur l'amour de la Patrie*], on peut suivre dans le détail ce changement dans le cours de la démonstration. Une objection est placée en tête :

> Est-il possible d'aimer véritablement sa patrie ? Ce soi-disant amour n'aurait-il pas été inventé par quelque philosophe ou par quelque songe-creux de législateur […]. Comment voulez-vous qu'on aime le peuple ? Comment se sacrifier pour le salut d'une province appartenant à notre monarchie, lors même qu'on n'a jamais vu cette province ? Tout cela se

---

des Menschen [Considérations rationnelles sur la vie sociale de l'homme], Halle, 1721, § 210 s.

réduit-il à m'expliquer, comment il est possible d'aimer avec ferveur et avec enthousiasme ce que l'on ne connaît point du tout [1] ?

Mais ce doute logique aura vite fait de disparaître et ce froid scepticisme gnoséologique sera surmonté grâce à une nouvelle forme d'universel qui n'a pour soi ni l'existence ni la certitude physico-sensibles d'une chose particulière, mais qui néanmoins échappe à tout soupçon de n'être qu'une simple « abstraction » et une simple fiction. L'unité de l'État qui représente cette nouvelle forme n'est pas l'unité du simple concept ou de la pensée synthétisante, mais une unité qui se révèle en tant que telle directement dans l'agir et ses effets. En tant que telle, elle n'est pas tant attestée dans ce qu'elle est que dans ce qu'elle produit et accomplit. Elle est présente pour l'agir de l'individu, non pas à la manière de quelque chose de mystique et suprasensible, mais dans la claire détermination incluse dans l'idée du devoir.

L'amour de la patrie n'est donc pas un être de raison, il existe réellement [2].

Ce n'est pas à partir du centre de gravité de la pensée mais bien de celui de la volonté que le sensualisme philosophique est ainsi déraciné. Car le devoir, tel qu'il est ici compris et pris pour fondement de toute la vie de l'État, est sans doute une abstraction, mais seulement dans le sens où il s'oppose, comme une exigence qui englobe et lie universellement, à toute particularisation individuelle des penchants et des conditions extérieures. Ce devoir vaut pour tous les membres de la collectivité étatique, pour le bourgeois comme pour le noble et le prince à un degré et pour une raison identiques, et c'est lui qui, dans la nécessité qui est la sienne, doit finalement surmonter les différences contingentes entre les individus.

C'est à quoi j'ai travaillé – écrit Frédéric dans son testament politique de l'année 1752 – et pendant le cours de la première guerre de Silésie, je me suis donné tous les mouvements possibles pour faire passer le nom de « Prussiens », pour apprendre à tous les officiers que, de quelque province qu'ils fussent, ils […] font un corps ensemble [3].

Cette unicité de la formation ne repose pas ici sur la communauté de la tradition, ni sur l'unité de l'origine historique, très diverse et

---

1. FRÉDÉRIC II, roi de Prusse, *Briefe über die Vaterlandsliebe*, édition allemande des œuvres de Frédéric le Grand, Berlin, 1913 s., vol. VIII, p. 282, 284, 290, 299 s. [édition originale en français : *Lettres sur l'amour de la Patrie*, Berlin, 1779, p. 16 s.].
2. *Ibid.*
3. FRÉDÉRIC II, roi de Prusse, *Politisches Testament*, *Werke*, VII, p. 146 [texte original en français : *Testament politique*, dans *Frédéric II, roi de Prusse*, P. Gaxotte (éd.), Paris, Albin Michel, 1967, p. 262].

hétérogène dans les provinces de la monarchie prussienne, mais sur l'unité d'une organisation étatique, qui est pourtant sensée ne pas être un simple échafaudage de règles et de décrets, mais devoir sa force spécifique à l'unité d'une volonté organisatrice et donc finalement à une idée éthique. Frédéric le Grand lui-même, bien qu'en lui se distinguent les germes d'une nouvelle conception[1], considère encore l'État en général comme un « mécanisme » destiné à atteindre le plus grand bien possible pour l'ensemble ; mais ce qui donne à sa conception de l'État son importance et sa largeur de vue, c'est qu'il ne voit pas la force motrice de ce mécanisme dans le simple instinct de conservation individuel à partir duquel par ailleurs le droit naturel opère habituellement, mais dans ces puissances vitales dont il a expérimenté en lui-même le caractère déterminant et fondamental. Son concept d'État prend racine dans les vues théoriques des Lumières en France et en Allemagne, mais son principe moral préfigure indéniablement la nouvelle conception d'ensemble de la philosophie caractérisée par l'idée du « primat de la raison pratique ».

3

Si l'on veut apprécier dans un esprit historique la position de Kant à l'égard du problème de l'État, on doit ici examiner quels étaient ses rapports avec son entourage spirituel immédiat. Sous la forme dont on la concevait en Allemagne, la citoyenneté du monde telle que la voyait le XVIII siècle n'excluait aucunement une relation intime avec les intérêts et les exigences *nationales*. Et là où l'on semblait précisément se détacher de ces exigences parce qu'on désespérait de les voir réalisées, leur force interne se manifestait de manière indubitable. En 1768, Lessing écrivait :

> La plaisante idée de vouloir fonder un théâtre national chez les Allemands, quand les Allemands ne sont pas encore une nation ! Je ne parle pas de l'organisation politique, mais seulement du caractère moral. On devrait presque dire que notre caractère est de n'en vouloir pas avoir[2].

Mais ce jugement amer figure dans la conclusion de la *Dramaturgie de Hambourg*, à la fin par conséquent de cette œuvre qui, plus que toute autre, a déterminé et explicité la personnalité propre à la littérature allemande. Si Lessing, en une autre occasion, a qualifié d'un mot célèbre le patriotisme d'« héroïque faiblesse », la critique

---

1. Voir à ce sujet GIERKE, *Johannes Althusius*, p. 356 s. ; *Deutsches Genossenschaftsrecht*, IV, p. 410 s., 447.
2. G. E. LESSING, *Hamburgische Dramaturgie*, 101ᵉ à 103ᵉ pièce, 19 avril 1768 (*Dramaturgie de Hambourg*, trad. E. de Suckau, Paris, Didier, 1885, p. 459) [N.d.T.].

était tout autant celle d'un Allemand que d'un citoyen du monde ; car c'est justement au-dessus de l'abondance et des divergences des « patriotismes » des petits États allemands qu'il se situe et c'est ce qu'il veut atteindre dans cette boutade. Mais ce sens des nécessités nationales n'est pas identique au sens des nécessités étatiques. Il n'y a qu'un seul endroit – dans le deuxième dialogue maçonnique entre Ernst et Falk – où Lessing, qui par ailleurs ne laissait pas facilement de côté une question spirituelle fondamentale quelconque, expose sa vision de l'État et de la société civile de manière systématique. À cet endroit, sa conception jaillit aussitôt avec la clarté et la précision caractéristiques qu'il donne à chacune de ses pensées. L'État appartient au domaine du simple moyen, non à l'ordre des fins pures et autonomes.

> Les États rassemblent les hommes pour que, par cette réunion, chaque individu puisse plus sûrement et plus complètement jouir de sa part de bonheur. L'ensemble des bonheurs individuels étant le bonheur de l'État. Il ne peut pas y en avoir d'autre. Toute autre forme de la prospérité de l'État qui impliquerait pour ses membres une obligation de souffrir, même si peu que ce soit, est une forme de la tyrannie. Tout simplement [1].

Ce sont donc là des moyens d'assurer la félicité humaine et plus précisément des moyens sortis de l'imagination humaine qui se présentent à nous dans toutes les associations sociales et étatiques. Et celui qui fait de ces associations elles-mêmes des unités réelles, des finalités naturelles, ne fait par là que personnifier et vénérer une abstraction qu'il a lui-même créée,

> comme si la nature avait en vue plutôt le bonheur d'un concept abstrait, comme l'État ou la patrie, que le bonheur des individus qui sont des êtres vivants réels [2] !

C'est tout à fait dans le même sens que Herder argumentait contre la « réalité » de l'idée d'État, bien qu'il ait été animé d'un sentiment entièrement nouveau à l'égard de la spécificité des ensembles ethniques. Chez lui, ce n'est plus exclusivement l'autonomie des individus mais précisément celle des individualités ethniques qui se défend contre la mise sous le joug et la mécanisation qui la menacent dans le concept d'État. C'était une bonté de la Providence que d'avoir séparé les peuples, non seulement par des forêts et des montagnes, des mers et des déserts, des fleuves et des climats, mais aussi tout particulièrement par des langues, des penchants, des caractères, les préservant ainsi de l'asservissement par de grandes unités étatiques.

---

1. G. E. LESSING, *Freimaurergespräche* (« Dialogues maçonniques », *L'Éducation du genre humain*, trad. P. Grappin, Paris, Aubier, 1968, p. 51) [N. d. T.].
2. *Ibid.*, p. 53 (N.d.T.).

Père et mère, époux et femme, enfant et frère, ami et être humain, ce sont là des rapports naturels qui nous rendent heureux ; ce que l'État peut nous donner, ce sont des instruments artificiels ; malheureusement, il peut nous dépouiller de quelque chose de plus essentiel : de nous-mêmes [1].

Si donc quelqu'un voulait prétendre que ce n'est pas l'homme pris individuellement mais le genre humain qui est le sujet de l'éducation et de la culture, son langage serait incompréhensible, puisque genre humain et espèce ne sont rien d'autre que de simples concepts universels.

Si même j'attribuais à ce concept universel toutes les perfections de l'humanité, de la culture et de l'esprit le plus éclairé, tout ce qu'autorise un concept idéaliste, j'en aurais dit sur la véritable histoire de notre genre humain tout autant que si j'avais parlé du monde animal, minéral et des métaux en général et les avais dotés des attributs les plus merveilleux, mais qui, rapportés à un individu particulier, se contredisent l'un l'autre. Sur cette voie de la philosophie averroïste [...] notre philosophie de l'histoire ne doit pas s'égarer [2].

Ce que Herder combat par ces mots n'est pas une fiction dont il serait le créateur mais la philosophie critique de Kant, qui était pour Herder l'expression de l'hypostase « averroïste » de l'universel. C'est ici que l'opposition à Kant s'exprime avec le plus d'âpreté : le point est atteint où se produit la rupture définitive entre Herder et Kant.

C'était en effet une autre idée de l'État qui avait été exprimée dans l'*Idee zu einer allgemeinen Geschichte in weltbürgerlicher Absicht* [*Idée d'une histoire universelle au point de vue cosmopolitique*] de Kant. Le rêve optimiste d'un état de nature où règne le bonheur en dehors de tout État, tel que le caressaient Rousseau et son temps, était pour Kant dépassé. L'histoire de l'humanité, son origine et son but ne sont pas pour lui placés sous le signe de l'idylle esthétique, mais sous celui de la lutte et du renoncement. Car ce n'est pas dans ce que l'homme a reçu originairement en partage comme don de la nature et du destin, mais dans ce qu'il a conquis dans cette lutte, que réside sa valeur essentielle, sa valeur en tant que « nature raisonnable ». Mais de ce point de vue, se définissent également pour l'État une nouvelle sphère et une nouvelle détermination finale. Ce qui lui donne sa véritable justification, ce n'est pas ce qu'il représente pour le bonheur de l'humanité, mais pour sa tâche éthico-historique, son éducation à l'autodétermination. Et Kant, avec un scepticisme empreint de froide ironie, remarque à l'adresse de Herder :

---

1. J. G. HERDER, *Ideen zu einer Philosophie der Geschichte der Menschheit*, Deuxième partie, liv. 8 [*Idées pour la philosophie de l'histoire de l'humanité*, trad. M. Rouché, Paris, Aubier, 1962, p. 145].
2. *Ibid.*, liv. 9 [Passage non retenu dans le choix de M. Rouché].

L'opinion de notre auteur serai-t-elle celle-ci ? Que si les heureux habitants de Tahiti n'avaient jamais reçu la visite de nations plus policées et se trouvaient destinés à vivre dans leur tranquille indolence encore des milliers de siècles, on tiendrait une réponse à la question : à quoi bon l'existence de ces gens et est-ce qu'il ne vaudrait pas autant avoir peuplé ces îles de moutons et de veaux heureux que d'hommes heureux dans leur pure satisfaction physique [1] ?

Ce n'est pas cette « image de la félicité » que chacun imagine différemment qui est susceptible de constituer la norme du sens et du *telos* de l'histoire, mais si cette norme est bien présente quelque part, c'est dans l'activité et la culture sans cesse en progrès et en croissance et

> dont le point culminant ne peut être que le produit d'une constitution politique établie selon des concepts relevant du droit humain, donc une œuvre des hommes [2].

L'histoire de l'espèce humaine dans son ensemble peut être regardée, ainsi que Kant le formule dans la langue du XVIIIe siècle, comme l'accomplissement d'un plan caché de la nature

> pour produire une constitution politique parfaite à l'intérieur et, dans ce but, également parfaite à l'extérieur, une telle constitution réalisant l'unique situation dans laquelle la nature peut développer complètement dans l'humanité toutes ses dispositions [3].

Pour accéder à cet état, il est certes besoin d'une contrainte extérieure, à laquelle la volonté individuelle doit avant tout se soumettre sans condition.

> L'homme veut la concorde, mais la nature sait mieux que lui ce qui est bon pour son espèce : elle veut la discorde. Il veut vivre sans effort et à son aise, mais la nature veut qu'il soit obligé de sortir de son indolence et de sa frugalité inactive pour se jeter dans le travail et dans les peines afin d'y trouver, il est vrai, des moyens de s'en délivrer en retour par la prudence [4].

324   Par conséquent, la vie à l'intérieur de l'État n'est pas le lieu du bonheur et ce n'est ni la sécurité ni le repos qu'il offre et garantit à

---

1. E. Kant, *Rezension zu Johann Gottfried Herder : Ideen zur Philosophie der Geschichte der Menschheit. Zweiter Teil* [compte rendu de l'ouvrage de Herder : « Idées en vue d'une philosophie de l'histoire de l'humanité », *Opuscules sur l'histoire*, trad. S. Piobetta, Paris, Flammarion, 1990, p. 120].

2. *Ibid.* (N. d.T.).

3. E. Kant, *Idee zu einer allgemeinen Geschichte in weltbürgerlicher Absicht* (*Idée d'une histoire universelle au point de vue cosmopolitique*, Œuvres philosophiques, vol. II, trad. L. Ferry, Paris, Gallimard, « Bibliothèque de la Pléiade », 1985, p. 200) [N.d.T.].

4. *Ibid.*, p. 193 (N. d.T.).

l'individu ; il provoque et entretient au contraire l'antagonisme et la contradiction interne de toutes les forces. Mais cet antagonisme lui-même est le premier degré indispensable de cette unité authentique qui ne peut être d'emblée possédée et qui ne nous appartient que dans la mesure où nous la construisons à partir du conflit. Ce que Kant défend là est une conception héroïque de l'État ; une conception qui admet sans réticence la contrainte et la souffrance liées à toute existence sociale et politique, mais qui voit dans cette souffrance elle-même la condition et le ressort de l'agir sans cesse renouvelé et rehaussé. Si chez Wolff les domaines de l'ordre moral et de l'ordre juridique sont encore entièrement traités d'un *seul et même* point de vue, chez Kant, une frontière claire et nette sera tracée entre « légalité » et « moralité » pour préserver la pureté de la fondation éthique. Mais dans le cours du processus historique effectif, la légalité a pour lui valeur de premier degré nécessaire et indispensable pour atteindre le but de la moralité. La vie politique et juridique n'est ainsi sans doute pas le contenu de l'idéal moral lui-même, mais la seule voie pour avancer et s'en approcher de manière empirique. Et Kant démasque maintenant du même coup, avec la clarté et la sûreté méthodique du penseur critique, le double sens du concept d'« espèce » qui avait égaré la théorie de l'État au cours de l'ensemble de son développement. L'« espèce », en tant que concept d'unité historique et de fin éthique, et l'espèce, en tant qu'abstraction logique, sont deux choses différentes ; ce qu'on oppose à la seconde ne concerne en rien la première.

Certes, quiconque dirait : « Nul cheval n'a de cornes, mais l'espèce chevaline est pourvue de cornes » énoncerait une grosse bêtise. Car en ce cas l'espèce signifie uniquement : le signe particulier qui permet précisément de grouper ensemble tous les individus. Mais si par espèce humaine on entend : la *totalité* d'une lignée de générations s'étendant à l'infini (dans l'indéterminable), et c'est là un sens très usuel de l'expression ; si l'on admet encore que cette lignée se rapproche continuellement de sa destination qui court à ses côtés, il n'y a plus contradiction à dire qu'elle est asymptotique à celle-ci et que pourtant dans son ensemble elle se confond avec elle. En d'autres termes on peut dire : aucun membre pris isolément dans toutes ces générations du genre humain, mais l'espèce seule atteint pleinement sa destination [1].

Dans le fait que l'État soit reconnu dans ce progrès asymptotique comme une étape intermédiaire et nécessaire réside la véritable « infinité », la signification spirituelle à laquelle il est associé [2]. La

---

1. E. KANT, *Rezension zu Johann Gottfried Herder : Ideen zur Philosophie der Geschichte der Menschheit. Zweiter Teil* [trad. p. 121].
2. Pour la question d'ensemble, voir E. KANT, *Idee zu einer allgemeinen Geschichte in weltbürgerlicher Absicht*, 1784 ; les deux comptes rendus des *Ideen* de Herder, 1785, et l'essai *Mutmaßlicher Anfang der Menschengeschichte*, 1786

philosophie ne veut maintenant ni critiquer l'État du point de vue de la félicité ni chercher à convaincre l'individu à y entrer en lui faisant miroiter sa prospérité ou sa sécurité, elle érige au contraire son concept en exigence sévère et nécessaire.

En ce qui concerne les détails de la doctrine de l'État de Kant, il est vrai qu'ils restent dans les limites de la méthode universelle du droit naturel, mais Kant a fait pour celle-ci exactement ce qui lui incombait en tant que philosophe critique. Il a déterminé le caractère de sa validité et l'a hissée jusqu'à une conscience claire et nette de son propre procédé. Et si dans toutes les constructions antérieures basées sur le droit naturel l'essence de la dérivation génétique qui y est utilisée est laissée dans l'ombre, si la théorie du contrat est tantôt conçue comme l'expression d'un pur postulat, tantôt réintroduite sous la forme du récit des origines historiques de l'État et de la société, cette équivoque persistante sera une fois pour toutes dissipée par Kant. Le « contrat originel », considéré comme coalition chez un peuple de toutes les volontés particulières et privées pour constituer une volonté commune et publique n'a, explique-t-il,

> absolument pas à être nécessairement présupposé comme *fait* (il est d'ailleurs absolument impossible de le présupposer comme fait) [1].

Il est plutôt une simple idée de la raison qui possède cependant sa réalité pratique indubitable

> qui consiste à obliger toute personne qui légifère à produire ses lois de telle façon qu'elles puissent être nées de la volonté unie de tout un peuple et à considérer tout sujet, dans la mesure où il veut être citoyen, comme ayant donné son suffrage à une telle volonté [2].

En ce sens, l'idée de contrat ne désigne pas le passé historique, d'où l'État tirerait ses titres et sa légitimité, mais l'avenir vers lequel il aspire. Il représente pour ainsi dire le noumène de l'État dans la mesure où il exprime la tâche intelligible dont il doit de plus en plus se rapprocher en tant que forme empirique phénoménale. De même que dans l'éthique la personnalité libre ne retrouve, dans la loi universelle à laquelle elle se soumet, que la nécessité de son « soi », de même un peuple doit être en mesure de reconnaître comme la sienne propre la volonté légale à laquelle il est lié. La véritable souveraineté que l'État doit établir et représenter, c'est cette

---

[*Conjectures sur le commencement de l'histoire humaine*, Œuvres philosophiques, II, trad. L. Ferry et H. Wismann, p. 503 s.].
1. E. KANT, *Über den Gemeinspruch : Das mag in der Theorie richtig sein, taugt aber nicht für die Praxis* [*Sur le lieu commun : Il se peut que ce soit juste en théorie mais, en pratique, cela ne vaut point*, Œuvres philosophiques, vol. III, trad. L. Ferry, p. 279].
2. *Ibid*.

souveraineté de la volonté raisonnable. Seule la volonté unanime et unifiée de tous, dans la mesure où chacun décide la même chose pour tous et tous pour chacun, donc seule la volonté populaire universelle et unifiée peut avoir force de loi.

Les membres d'une telle société *(societas civilis)* c'est-à-dire d'un État, unifiés en vue de légiférer, s'appellent *citoyens* (*cives*), et les attributs inséparables de leur essence (en tant que telle) sont : la *liberté* légitime de n'obéir à aucune autre loi que celle à laquelle chacun a donné son accord ; l'*égalité* civile qui consiste pour chacun à ne reconnaître dans le peuple d'autre supérieur par rapport à soi que celui qu'il a le pouvoir moral d'obliger juridiquement tout autant que le premier peut l'obliger à son tour ; troisièmement, l'attribut de l'*indépendance* civile qui consiste à pouvoir être redevable de son existence et de sa conservation, non pas à l'arbitre d'un autre dans le peuple mais à ses propres droits et à ses propres forces en tant que membre de la république [1].

C'est pourquoi les formes d'État ne sont jamais que la lettre de la législation originaire dans la condition de citoyen ; l'esprit du contrat originaire contient, lui, pour la force constituante l'obligation d'adapter le mode de gouvernement à cette idée. Les vieilles formes empiriques et statutaires, qui n'avaient d'autre but que d'assurer la sujétion du peuple, doivent à cette fin être abolies pour faire place aux formes originaires et rationnelles, selon lesquelles seule la liberté sera élevée en principe de toute contrainte juridique et étatique, et même en deviendra la condition.

Telle est la seule constitution politique stable, celle où la *loi* commande par elle-même et ne dépend d'aucune personne particulière ; telle est la fin ultime de tout droit public, le seul état où puisse être attribué *péremptoirement* à chacun le sien. Au contraire, aussi longtemps que ces formes de l'État seront, à la lettre, représentées par autant de personnes morales différentes revêtues du pouvoir suprême, on ne pourra consentir à la société civile qu'un droit interne *provisoire* et nullement un état absolument juridique [2].

Les idées concernant le droit naturel, sur lesquelles la Révolution française se fonde, transparaissent ici par la médiation de la doctrine kantienne de la liberté et reçoivent ainsi une nouvelle empreinte spécifique. L'idée d'État et l'idée de liberté sont ici en co-référence, car l'hétéronomie de l'État basé lui-même sur la puissance est ici comprise et appréciée comme un moyen de mener l'idée d'autonomie à la victoire dans la vie empirique historique. L'État est le but final de l'histoire pour autant qu'il reconnaisse comme sa tâche la plus élevée la réalisation progressive de la liberté.

---

1. E. KANT, *Die Metaphysik der Sitten. Metaphysische Anfangsgründe der Rechtslehre*, § 46 [*Œuvres philosophiques*, vol. III, trad. J. et O. Masson, p. 579].
2. *Ibid.*, § 52 [*Œuvres philosophiques*, vol. III, trad., p. 613].

4

À dater de la Réforme, c'est partout le même trait qui caractérise le développement de l'idée d'État. Il devient sans cesse de plus en plus clair que les forces qui sont tout d'abord convoquées *contre* l'État contribuent elles-mêmes, tout en luttant contre lui, à parfaire l'approfondissement idéel toujours plus poussé du contenu du concept d'État. Ce n'est qu'à travers l'aspiration de l'individu à obtenir pour lui-même, au cours des luttes religieuses de la Réforme, la reconnaissance de sa liberté de conscience et, à l'époque des Lumières, la reconnaissance de sa liberté de pensée, qu'un nouveau contenu positif est acquis et sauvegardé qui détermine la tâche de l'État moderne. Mais il est encore un domaine spirituel qui demeure totalement à l'écart de ce développement d'ensemble. En établissant sa propre fondation, l'individualisme religieux aussi bien qu'éthique ne peut nulle part considérer comme superflue ou négligeable la référence à l'image renvoyée par la vie politique et sociale. Mais c'est en totale indépendance par rapport à cela que l'ensemble de la culture *esthétique* s'affirme comme le domaine qui semble constituer la propriété spirituelle exclusive et spécifique de l'individu. Toutefois, au cours de la structuration culturelle du XVIIIe siècle, plus ce domaine se renforce intérieurement et devient conscient et maître de lui-même, plus il se voit confronté à la même problématique universelle. La simple coexistence des problèmes ne tarde guère à engendrer contacts et démêlés. Ces luttes ont tout d'abord simplement le caractère de la négation et de la défense ; mais ici aussi l'antagonisme, comparé à la simple indifférence qui régnait jusque-là dans cette coexistence des deux sphères de problèmes, se révèle être le principe le plus fécond et véritablement stimulant. L'opposition, traduite ici en un concept abstrait, a trouvé dans la doctrine et l'évolution spirituelle de Wilhelm de Humboldt sa vivante expression.

Les premières réflexions de Humboldt à propos du problème de l'État se rattachent au domaine d'idées représenté de manière achevée dans les *Briefe über die ästhetische Erziehung* [*Lettres sur l'éducation esthétique de l'homme*] de Schiller. L'éducation esthétique est ici le moyen terme entre le simple « État de nécessité » qui existe dans la réalité et l'« État de raison », et elle est censée assurer le passage de l'un à l'autre. Dès que l'homme prend conscience de soi, il se trouve dans l'État. La contrainte des besoins l'y a jeté avant qu'il ait pu par sa liberté choisir cette situation. La nécessité a organisé cet État selon de simples lois naturelles avant qu'il pût lui donner des lois raisonnables. Mais cette même nécessité, inhérente à sa simple existence physique empirique, n'est pas en mesure d'enchaîner le sujet libre qu'il est. Il doit briser grâce à la pensée le lien que la nature a noué sans qu'il y ait participé de manière autonome. Ainsi rebâtit-il l'État par la pensée à partir de ses premiers fondements rationnels ; ainsi le fait-il surgir dans la théorie, par une intelligence claire et une décision libre, d'un contrat réciproque entre individus. Cependant, l'homme véritable se voit d'un seul coup déraciné et installé pour ainsi dire dans l'espace vide par cette construction de la raison. Quelque chose lui est enlevé qu'il possédait réellement et en échange on lui assigne seulement quelque chose qu'il pourrait et devrait posséder.

Ce qui donc mérite longue réflexion, c'est que la société physique ne peut pas un seul instant cesser d'exister tandis que la société morale est, dans l'ordre de l'Idée, en train de se constituer ; on n'a pas le droit de mettre, par amour de la dignité humaine, l'existence de la société en péril. [...] Il faut donc pour assurer la durée de la société chercher à celle-ci un appui qui la rende indépendante de l'État de la nature que l'on veut dissoudre [1].

Cet appui ne peut être trouvé que dans l'attitude où l'individu est en même temps libre et contraint, où il appartient à la nature tout en étant séparé d'elle. C'est la condition esthétique qui répond à cette double exigence, car elle réalise une nouvelle unité du réel et de l'idéel, du sensible et du spirituel. L'individualité trouve en elle une universalité vraie et pure, ce qui ne l'empêche pas de garder sa diversité et sa plénitude. Une fois ce point atteint dans sa formation interne, elle a du même coup dépassé la contrainte dont la menaçait le simple « État de nécessité ».

> Le lien sévère de la Loi n'enchaîne
> Que l'esprit de l'esclave qui la repousse [2],

et qui s'est élevé en lui-même et par lui-même à la liberté n'a plus besoin de cette « abstraction de l'ensemble » par laquelle est anéantie la vie concrète de l'individu.

Alors que Schiller développait cette pensée, il était déjà sous l'influence de l'œuvre philosophique et politique du jeune Humboldt. Dans *Ideen zu einem Versuch, die Grenzen der Wirksamkeit des Staates zu bestimmen* [Idées pour un essai de détermination des limites de l'influence de l'État] que Humboldt écrivit en 1792, l'exigence de « totalité du caractère » est ce qui constitue le critère et le principe directeur de l'examen et de l'appréciation de l'idée

---

1. Fr. VON SCHILLER, *Briefe über die ästhetische Erziehung des Menschengeschlechts*, lettre III (*Lettres sur l'éducation ésthétique de l'homme*, trad. p. 97) [N.d.T.].
2. Fr. VON SCHILLER, *Das Ideal und das Leben* (*L'Idéal et la Vie*, XI, *Poèmes philosophiques*, trad. R. d'Harcourt, Paris, Aubier, 1954, p. 167) [N.d.T.].

d'État. Humboldt ne fait qu'y donner une valeur universelle à la maxime fondamentale qui a guidé sa propre formation et à laquelle il s'est tenu toute sa vie.

L'homme semble être au monde – écrivit-il un jour à Schiller – pour s'approprier tout ce qui l'entoure, pour que son entendement se l'approprie ; la vie est courte et je voudrais, le jour où je devrai quitter ce monde, laisser derrière moi le moins de choses possible avec lesquelles je ne serais pas entré en relation [1].

Aussi veut-il appréhender les « figures de la nature et de l'humanité » dans toute leur diversité et les intégrer à son existence propre dans toute leur vitalité et toute leur plénitude [2]. « Forme-toi toi-même », telle est pour lui la première loi de la vraie morale ; ce n'est qu'en second lieu que celle-ci nous ordonne d'agir sur autrui en fonction de ce que nous sommes [3]. C'est à partir de ce point de vue que Humboldt poursuivra désormais la critique de l'État et de l'ordre social. Le droit fondamental et originaire de l'individu, qu'il importe de défendre contre ces deux institutions, n'est plus le droit à la liberté à l'intérieur d'une sphère individuelle précisément délimitée – comme c'est par exemple le cas pour la revendication de la liberté de conscience ou de pensée –, mais pour ainsi dire tout simplement le droit à la spécificité. Le défaut essentiel du mécanisme étatique est qu'il a tendance à niveler et, par là, à faire disparaître cette spécificité, ces différences internes. Car l'individu n'est pas important pour l'État par ce qu'il *est*, mais par ce qu'il *produit* pour la tâche que celui-ci lui a assignée. Le sujet vivant et actif sera ainsi rabaissé au rôle de simple outil et la différence entre personnes ramenée à une indifférence entre des choses. Si on argumentait ailleurs contre l'État du point de vue de l'individu, c'était le plus souvent parce que l'État menaçait l'individu au sein même de la propriété « naturelle » qui lui avait été mesurée ; ici en revanche, c'est le point de vue opposé qui préside à l'examen : ce n'est pas l'agression de cette propriété mais sa fixation et sa confirmation par l'État qui sont à proprement parler au centre de la contestation. Car ce qui devrait être le résultat de la seule activité personnelle et libre est ainsi transformé en un bien achevé. L'individu reçoit de l'État des biens, mais comme il les accepte en tant que dons externes, il les acquiert au détriment des forces qui sont à l'œuvre en lui-même.

---

1. *Briefwechsel zwischen Schiller und W. von Humboldt*, éd. von Leitzmann, p. 149 [Lettre de W. von Humboldt à Schiller].
2. Voir la lettre de Humboldt à Goethe en 1800, *Goethes Briefwechsel mit den Brüdern Humboldt*, éd. Geiger, p. 129.
3. Lettre de Humboldt à Forster ; voir R. HAYM, *W. von Humboldt*, Berlin, 1856, p. 37 ; à propos de la position de Humboldt à l'égard du développement de l'idée d'humanité, voir SPRANGER, *W. von Humboldt u. die Humanitätsidee*, Berlin, 1909.

Mais ce que l'homme se propose et doit se proposer est tout à fait différent ; c'est la diversité et l'activité. Cela seulement produit des caractères variés et forts, et assurément aucun homme n'est encore tombé assez bas pour préférer à la grandeur le bien-être et le bonheur pour lui-même. Celui qui cependant raisonne ainsi à propos d'autrui peut être soupçonné, et qui plus est à juste titre, de méconnaître l'humanité et de vouloir faire des hommes des machines [1].

Tel est donc le véritable reproche fait ici à l'État, accusé de dissoudre la pure subjectivité dans la simple objectivité, d'avoir pour but les résultats et non les énergies.

Le bénéfice qu'engrange l'homme en grandeur et beauté, quand il aspire inlassablement à ce que son existence intérieure conserve toujours la première place, qu'elle soit toujours la source première et le but ultime de toute action, et que tout ce qui est corporel et extérieur n'en soit que l'enveloppe et l'outil, ce bénéfice est infini [2].

C'est un authentique esprit goethéen qui règne dans cette vision des choses, cet esprit qui ne veut considérer et juger tout agir extérieur que « symboliquement ». En conséquence, ce n'est jamais de la simple utilité que nous devons nous réclamer pour la légitimation de la société, dont le sens véritable doit être cherché dans les liens qui jaillissent de l'intérieur des essences et permettent à chacun de faire sienne la richesse de l'autre, pour que s'effectue ainsi indirectement la totalité de l'être de l'humanité. Et plus chacun permet à l'autre de partager sa teneur, plus il reçoit de celui-ci ; plus la cause première de l'action est individuelle, et plus l'effet qu'il engendre est étendu et universel. Cette richesse intérieure où l'on donne et reçoit sera cependant immédiatement anéantie sitôt qu'elle passera sous la tutelle d'une instance extérieure. L'État en tant que tel devrait donc s'abstenir de toute intervention dans ce tissu infiniment ténu qui se présente et se bâtit dans les relations entre individus. Qu'il lui suffise de créer et de sauvegarder les bases matérielles sur lesquelles les rapports spirituels s'édifieront ensuite en tant qu'œuvre libre des individus. Qu'il rende ainsi chacun à lui-même et attende confiant que de l'épanouissement sans entraves des différentes pulsions se développe l'harmonie universelle des forces.

La nature physique et morale finirait bien par rapprocher ces hommes, et de même que les combats sont plus glorieux dans la guerre que dans l'arène, de même que les luttes de citoyens exaspérés sont les garants d'une plus haute renommée que celles de mercenaires poussés sur le champ de bataille,

---

1. W. VON HUMBOLDT, *Ideen zu einem Versuch, die Grenzen der Wirksamkeit des Staates zu bestimmen*, *Werke* (éd. de l'Académie), I, p. 107 s. [Idées pour un essai de détermination des limites de l'influence de l'État].
2. *Ibid.*

de même l'affrontement des forces de ces hommes manifesterait et engendrerait à la fois la plus haute énergie [1].

Ce n'est par conséquent ni dans l'éducation ni dans la formation des hommes, ni dans l'influence sur les mœurs et le caractère de la nation, que l'État doit chercher sa tâche, car il imprimerait à ces domaines sa loi propre, celle de la régulation extérieure et de l'uniformité mécanique. Dans la mesure où le citoyen est déjà, dès son enfance, élevé pour devenir un citoyen, l'homme est lui aussi sacrifié au citoyen. La véritable délimitation des domaines, favorable aux deux parties, ne peut s'effectuer que si l'État s'abstient de tout souci pour le bien-être positif et la culture des citoyens et s'en tient strictement à ce qui est nécessaire pour les protéger contre eux-mêmes et contre des ennemis extérieurs : « qu'il ne limite leur liberté à aucune autre fin [2] ».

C'est ainsi que Humboldt fait de l'État un mécanisme afin que les individus puissent s'épanouir sans entraves en un organisme ; l'État se voit ainsi dépossédé de tout contenu spirituel, lequel se reporte exclusivement sur les individus. L'esprit de Humboldt est tout entier tendu vers la pure formation des personnalités ; aucun penchant chez lui en revanche qui le lie à la « totalité abstraite ». Pourtant, dans ces considérations de cette œuvre de jeunesse, on voit déjà se dessiner le biais par lequel plus tard la médiation entre ces deux termes opposés pouvait s'introduire. Car si l'*État* est ici traité d'un bout à l'autre comme une simple machine, Humboldt reconnaît dans la *nation* quelque chose d'analogue à la vie personnelle et individuelle. Il lui attribue de la même façon qu'à l'individu une « libre action ».

Et cette dernière, cette libre action de la nation en son sein, c'est précisément ce qui préserve tous les biens dont la nostalgie conduit les hommes à vivre en société. La véritable constitution d'un État est subordonnée à celle-ci qui est sa finalité, et elle n'est jamais choisie que comme un moyen et un mal nécessaires puisque, à chaque fois, elle est liée à des limitations de la liberté [3].

Mais on est cependant déjà renvoyé ainsi à une formation dans laquelle « universalité » et « concrétion » s'interpénètrent mutuellement. De même, en effet, que le sujet singulier, chaque nation en particulier est aussi pour Humboldt un ensemble original qui porte en lui-même une loi spécifique de formation. Elle appartient à ces « figures de la nature et de l'humanité » qu'il cherche à saisir par l'intuition dans leur plénitude et leur diversité interne. Là se trouvait le germe d'une nouvelle détermination du concept d'État, qui n'a, il est vrai, connu son épanouissement que lorsque Humboldt eut, dans

---

1. *Ibid.*
2. *Ibid.*, p. 113 s., 129, 143.
3. *Ibid.*, I, p. 236.

sa propre activité d'homme d'État et la dure école que fut l'époque napoléonienne, appris à saisir plus en profondeur le rapport entre nation et État. Dans le mémoire de décembre 1813 à propos de la constitution allemande, il redonne la première place au concept de nation et entrevoit à nouveau en lui la médiation dans une opposition fondamentale qui traverse toute vie spirituelle. Dans la manière dont la nature unit les individus dans des nations et sépare le genre humain en nations, il voit un moyen extrêmement profond et mystérieux

de maintenir l'individu, qui n'est rien à lui seul, et le genre humain, qui ne vaut que par l'individu, sur la voie véritable du développement équilibré et progressif de leurs forces ; et – ajoute-t-il – bien que la politique n'ait jamais besoin d'entrer dans ces considérations, elle ne doit cependant pas avoir la prétention d'agir en contradiction avec le mode d'être naturel des choses [1].

Puisque le sentiment que l'Allemagne constitue un ensemble ne saurait être extirpé d'aucune poitrine allemande et puisqu'il ne reposerait pas simplement sur une communauté de mœurs, de langage et de littérature, mais sur le souvenir de la jouissance commune de droits et de libertés, de la conquête d'une gloire commune et de dangers partagés en commun, ce sentiment réclamerait également une expression extérieure stable et précise. Car seule une nation à l'image forte peut préserver en elle l'esprit dont découlent tous les bienfaits à l'intérieur d'elle-même. L'Allemagne doit être libre et forte,

afin de nourrir un nécessaire sentiment d'elle-même, même s'il ne doit jamais être mis à l'épreuve, et afin de poursuivre posément en toute quiétude son développement national et pouvoir défendre durablement le rôle salutaire qu'elle joue au milieu des nations européennes [2].

Ici s'exprime, ainsi qu'on peut le voir, non seulement un nouveau sentiment national, mais aussi un nouveau sentiment de l'État. Humboldt en vient maintenant à établir une nouvelle synthèse entre les deux facteurs. L'œuvre politique de jeunesse avait distingué de manière nette et précise entre « institutions nationales » et « établissements étatiques ». Si les uns sont une association autonome de plusieurs individus poursuivant le même but, les autres sont des institutions devenues stables qui s'imposent aux individus sans leur intervention ou contre leur volonté ; si les premières font de l'appartenance à l'ensemble l'objet d'une décision indépendante, les autres conservent toujours le caractère de communautés à caractère

---

1. 2. W. VON HUMBOLDT, *Denkschrift über die deutsche Verfassung* [Mémoire à propos de la constitution allemande], *Werke*, XI, I, p. 95 s. ; en ce qui concerne la position de Humboldt à l'égard des questions nationales à cette époque, voir MEINECKE, p. 187 s.
3. *Ibid.*

contraignant qui ne laissent à l'individu qu'un rôle d'instrument passif. Mais ceci avait précisément pour conséquence, dans la logique des idées de Humboldt, la proposition suivant laquelle les institutions nationales ne pouvaient et ne devaient être autre chose que des unions aux liens relâchés qu'il importait de soustraire à tout regroupement visant à une volonté globale et à une « personnalité globale ». En présence de la « quantité d'inconvénients » que même ces institutions contiennent encore, un décret explicite de l'État était exigé, précisant

> que toute personne ou toute société morale ne soit considérée comme rien d'autre que comme l'union des membres qui la composent et que par conséquent rien ne fasse obstacle à ce qu'elle décide à sa guise par la majorité des voix de l'utilisation des forces et des moyens de la société [1].

C'est une autre forme d'édification et de progrès de l'individu vers l'ensemble que Humboldt défend dans ses mémoires politiques postérieurs. L'esprit des réformes de Stein est désormais vivant en lui et aspire à la formulation théorique. Dans le mémoire sur la constitution corporative prussienne, ébauché en 1819 à l'intention de Stein, Humboldt part de l'idée que la vie dans l'État se déroule à trois niveaux d'activité et de participation à l'ensemble : l'insertion passive dans l'ordre établi, la participation à la fondation et au maintien de l'ordre par la vocation universelle de citoyen, et finalement la participation par la vocation particulière de serviteur de l'État. Mais le niveau intermédiaire serait justement délaissé dans l'État prussien depuis une longue série d'années ; par ambition et vanité, des gens se seraient pressés en foule vers le niveau supérieur tandis que d'autres, par laisser-aller et paresse, seraient retombés au niveau inférieur. Ceci aurait relâché en même temps les liens qui font des citoyens, en dehors de l'union universelle, les membres de petites associations. C'est ce qui a fait que les individus, qui avaient à nouveau été entraînés par la Révolution française dans le flot des événements politiques et poussés à participer derechef à la vie politique, passant outre la consultation de chacun, avaient de nouveau opté directement pour des mesures de gouvernement des plus générales et prises au niveau le plus élevé. Mais l'État prussien doit, grâce à sa particularité, chercher à suivre d'autres voies. Il doit avoir pour tendance fondamentale d'attacher progressivement l'intérêt aux petites communautés particulières de citoyens déjà présentes dans l'État ou de le susciter, et de donner cette direction à tout intérêt déjà existant pour les affaires de l'État. Ce n'est que de cette manière que l'État peut trouver dans la force morale rehaussée de la nation, et dans sa participation vivante et convenablement orientée à ses affaires, le moyen de garantir sûrement son maintien à l'extérieur et

---

1. W. VON HUMBOLDT, *Ideen*, I, p. 132, 200.

son développement progressif à l'intérieur. On doit avoir de plus en plus la certitude que se contenter de gouverner par le truchement de l'État, les affaires engendrant les affaires, ne peut que le conduire à sa propre destruction, le laisser dans des formes de plus en plus vides et lui faire perdre de plus en plus toute relation avec les véritables besoins et opinions du peuple. Il n'y a de contrepoids à cela que dans une organisation politique du peuple qui, de son côté, doit être construite à partir d'éléments proportionnés, cependant que la force étatique n'a d'autre tâche que d'empêcher que ces éléments n'usent les uns à l'égard des autres d'une violence illégale, ou ne se démarquent trop pour pouvoir se fondre dans un ensemble [1]. Ces exigences réconcilient l'idée directrice dominante de l'œuvre politique de jeunesse de Humboldt avec les tâches concrètes de la vie de l'État. Ici encore les « institutions nationales » s'interposent entre le sujet individuel et l'ensemble ; mais ils ne servent plus n'importe quels buts arbitrairement choisis ; ils sont déterminés, chacun dans sa sphère particulière, à représenter et à mener à bien le but universel de l'État. Dans le maintien de cette singularité, face aux tendances à tout niveler du pouvoir étatique, gît désormais le but de l'« individualisme » politique de Humboldt.

Du mémoire sur la constitution corporative de la Prusse, où Humboldt laisse voir à de nombreuses reprises combien il est lié, intérieurement et extérieurement, par une situation historique déterminée et par sa propre position politique, il ne peut être question de tirer une représentation purement théorique de ce but ; mais auparavant déjà, Humboldt, dans ses considérations sur l'histoire universelle, avait établi pour lui-même cette nouvelle conception fondamentale. C'est dans les *Betrachtungen über die Weltgeschichte* [Considérations sur l'histoire mondiale] de 1814, qui n'ont été portées à la connaissance du public que grâce à l'édition par Leitzmann des archives de Tegel et des œuvres de Humboldt par l'Académie, qu'est décrite de la façon la plus profonde et la plus claire la position qu'il assigne désormais à l'individu à l'égard de l'ensemble. L'individu singulier n'est par rapport à sa nation un individu qu'à la façon dont une feuille l'est par rapport à un arbre ; car l'espèce humaine est une « plante naturelle », comme l'espèce des lions et des éléphants, avec cette seule différence que là s'ajoute, aux germes de sa formation organique visible, l'idée du langage et de la liberté. C'est pourquoi on doit cesser de s'intéresser toujours aux individus avec le souci d'une justice bien partagée pour n'avoir en vue que le tout et n'observer que là le progrès de l'élévation.

---

1. W. von Humboldt, *Denkschrift über Preußens ständische Verfassung vom 4. Februar 1819* [Mémoire à propos de la constitution corporative de la Prusse], *Werke*, XII, I, p. 225 s.

Car toute la force de ce qui existe dans la création ne constitue qu'une masse unique ; de même que l'individualité, dans la mesure où elle est pour ainsi dire relative, est susceptible d'un élargissement graduel, sa conscience n'est que celle d'une existence individuelle et transitoire [...]. C'est pourquoi l'histoire mondiale, dans son existence terrestre divisée, n'est que la solution visible pour nous du problème de savoir comment la plénitude et la diversité de la force inhérente à l'humanité parviennent peu à peu à se réaliser effectivement [1].

Aussi l'homme n'est-il pas un animal sociable dans le sens où, comme d'autres espèces animales, il aurait besoin d'un autre pour la protection, l'aide, la procréation ou une vie reposant sur l'habitude, mais au sens beaucoup plus profond où il ne s'élève jusqu'à la *conscience* de son Moi qu'à travers un autre, et où un « Moi » sans un « Toi » n'est pour son entendement et sa sensibilité qu'une absurdité. Ainsi la rupture que connaît son individualité (son Moi) est en même temps celle de la société dans laquelle il vit (son Toi) [2]. Au sens physique en effet, comme au sens historique et moral, « vivre » ne signifie rien d'autre que le fait que dans une masse de matière une forme de pensée est maintenue au pouvoir en tant que loi. Dans le monde physique, cette forme et cette loi se nomment organisation, dans l'univers intellectuel et moral, caractère. L'humanité en tant qu'ensemble possède un tel caractère, car l'esprit qui la domine survit à l'individu ; aussi l'observation de cet esprit qui se transporte, se modifie et parfois aussi décline, est-elle le thème proprement dit de l'histoire mondiale. Dans un tel type d'examen, la nation devient un individu, tout comme l'individu singulier devient un « individu d'individu ».

Que le concept d'humanité soit jamais réellement élargi, même par cette totalité dans son intégralité, que les vieilles bornes de la création soient déplacées, voilà qui est impossible dans le temps. Μή ματευε θεος γενεσθαι ! [Ne cherche pas à devenir un dieu !] Mais il est possible et nécessaire que la quintessence de l'humanité, la profondeur contenue dans ses limites, parvienne peu à peu à la clarté de la conscience, et que l'esprit, par un effort en ce sens et une réussite partielle, accueille en lui purement et de manière fructueuse l'Idée d'humanité et (comme celle d'un Toi donné par le Moi) celle de la divinité, c'est-à-dire de la force et de la légalité en soi [3].

Ici gît le véritable *telos* de l'histoire mondiale qu'il est nécessaire de dissocier clairement de toute téléologie qui attribue à l'advenir

---

1. W. von Humboldt, *Betrachtungen über die Weltgeschichte*, Werke, III, p. 350 s. ; voir II, p. 397 [*Considérations sur l'histoire mondiale, La Tâche de l'historien*, trad. A. Disselkamp et A. Laks, Presses universitaires de Lille, 1985, p. 50].
2. *Ibid.* [trad. p. 53].
3. *Ibid.* [trad. p. 55].

certains desseins matériels singuliers. Ce qu'on doit reconnaître dans l'histoire mondiale, c'est la force de la nature et de l'humanité, et non des intentions concoctées de quelques pauvres milliers d'années et prêtées à un être étranger, mal perçu du sentiment et plus mal connu encore.

Cependant, comme le tout ne peut être reconnu qu'à travers le particulier, on doit étudier les nations et les individus [1].

C'est encore, ainsi qu'on peut le voir, le concept de forme et d'énergie spirituelle qui est au centre de la pensée de Humboldt. Mais ce concept ne conduit plus désormais à une limitation de l'efficacité de l'État, car les nations, et avec elles les États, leur expression visible, sont elles-mêmes incluses dans la sphère des énergies spirituelles et des puissances de vie originaires dont la totalité doit être embrassée du regard dans la contemplation historique du monde.

Humboldt est toutefois resté fidèle à sa conviction première dans la mesure où c'était la vie des *Idées* qu'il voulait découvrir dans la vie des États, ce qui le poussait partout plus à contempler qu'à agir pratiquement et directement. Et la vie de réflexion, de contemplation, de recherche, demeure pour lui, ainsi qu'il l'écrit dans une lettre de l'année 1824 à Charlotte Diede, ce qu'il y a de plus noble et de plus humain. Mais face à l'affairement quotidien général, cette joie intérieure et profonde éprouvée à contempler se transforme facilement en un penchant à se faire simple spectateur. En plein travail pratique, il s'abandonne à ce sentiment :

> À vrai dire, il peut se faire qu'il n'en soit pas de même de toute nature, mais la mienne a tendance plus qu'il ne conviendrait à voir la vie comme un spectacle, et même lorsque j'étais dans des situations où je devais sérieusement mettre moi-même la main à la pâte, cette joie du simple spectacle du développement des hommes et des événements ne m'a jamais quitté. J'y ai trouvé un supplément de bonheur intérieur et une aide non négligeable dans mon travail [2].

Et à ce mode de contemplation s'associe un autre trait fondamental : lorsqu'il cherche à rapporter à quelque chose d'intérieur tout être et tout advenir extérieurs, il s'arrête finalement toujours sur le mystère de l'individualité.

Même dans les incidents et les événements du monde que vivent des États entiers – avance-t-il encore vers la fin de sa vie –, ce qui reste de véritablement important, c'est bien ce qui touche à l'activité, l'esprit et la

---

1. *Ibid.* [trad. p. 56].
2. W. von Humboldt, lettre à Charlotte Diede, 9 mai 1826, *Humboldts Briefe an eine Freundin*, présentées par Leitzmann, I, p. 248 s. ; voir I, p. 106, 142, II, p. 50, 84 s.

sensibilité des individus. L'homme est décidément partout au centre, et chaque homme reste finalement seul, si bien que seul lui importe ce qui se passe en lui et émane de lui [1].

Mais cette direction de son esprit, sur laquelle se fonde la vraie grandeur de l'homme et du penseur Humboldt, constitue également la nécessaire limite de ce qu'il a pu réaliser en tant qu'homme politique et théoricien de l'État. L'accomplissement véritable du concept d'État de l'idéalisme allemand ne pouvait pas résulter du pathos de la contemplation esthétique mais seulement du pathos de l'action éthique ; il ne s'est pas réalisé dans l'idéal d'humanité de Humboldt mais chez Fichte, dans cette conception philosophique du monde qui s'enracine purement et exclusivement dans le concept fondamental de l'agir.

5

Parmi tous les penseurs allemands dont les racines plongent encore dans la conception du monde du XVIIIe siècle, c'est Fichte qui a les relations internes personnelles les plus proches avec les problèmes de la vie de l'État. Avant même que ne soit esquissé dans son esprit le système de la doctrine de la science, il se tourne vers les questions politiques du présent le plus immédiat pour les comprendre à partir du monde de la pensée pure. La *Zurückforderung der Denkfreiheit von den Fürsten Europas* [*Revendication pour la liberté de penser*] et les *Beiträge zur Berichtigung der Urteile des Publikums über die französische Revolution* [*Considérations destinées à rectifier les jugements du public sur la Révolution française*] sont, à côté du *Versuch einer Kritik aller Offenbarung* [*Essai d'une critique de toute révélation*] qui concerne la philosophie des religions, les premiers de ses écrits rendus publics. Cependant, chez lui non plus, le concept d'État ne ressort nullement comme un ensemble achevé mais est au contraire subordonné à tous les bouleversements que connaît sa philosophie théorique. Il accompagne le développement de cette philosophie comme une tâche universelle qui demeure constamment à accomplir, sans toutefois pouvoir trouver sa solution en elle-même, tant elle est intimement mêlée aux problèmes fondamentaux de l'esprit : celui de l'éthique, celui de la logique et de la doctrine des principes scientifiques. Fichte a prétendu que les Allemands posséderaient non seulement un Moi purement historique, formé à travers la tradition, mais également un Moi « métaphysique » : un propos qui, dans sa langue, signifie simplement qu'ils se seraient donné et auraient fondé ce Moi par une action libre de l'esprit. Ces paroles sont l'objectivation d'une

---

1. *Ibid.*

expérience personnelle de sa vie et de son cursus de formation interne. En tant que philosophe et citoyen de la culture, Fichte ne se comptait pas au nombre de ces

hommes nés de la terre qui reconnaissent leur patrie dans telle motte de terre, telle rivière, telle montagne [1].

Il a repoussé loin de lui toutes les racines simplement naturelles du sentiment de la patrie tout comme sa fondation sur de primitives pulsions non conscientes d'elles-mêmes. Et il a malgré tout conservé dans son principe cette conception, qu'il avait formulée dans les conférences de l'année 1804 et 1805 sur les *Grundzüge des gegenwärtigen Zeitalters* [*Le Caractère de l'époque actuelle*], lorsque dans la pratique les concepts de citoyenneté du monde et de germanité en étaient venus à se fondre objectivement pour lui en une unité. Et pourtant, ce penseur qui partait de la pure *doctrine de la science* avait fini par voir dans la *doctrine de l'État* le centre de toute éducation authentique. « Que cherchent donc tous nos efforts à propos des sciences les plus abstraites ? Admettons que le but ultime de ces efforts soit de transmettre les sciences de génération en génération et de les maintenir dans le monde, mais pourquoi *doivent*-elles être maintenues ? Visiblement dans le seul but de former, le moment venu, la vie en général et l'ensemble de l'ordre humain des choses. Tel est leur ultime but ; d'après cela, toute aspiration scientifique sert indirectement l'État, ne serait-ce que dans un futur plus lointain. » À vrai dire, il y avait là pour Fichte une influence réciproque pure et totale : la doctrine du savoir a aidé à constituer sa doctrine de l'État, de même qu'en retour cette dernière marquait la première.

Aussi convient-il, pour déterminer le point de départ de la doctrine de l'État chez Fichte, de remonter au premier postulat de sa philosophie théorique, à son concept spécifique de liberté. Mais la doctrine de la liberté est pour Fichte de la même importance que la doctrine du Moi. Pour cette raison déjà, son premier ouvrage de jeunesse, les *Considérations destinées à rectifier les jugements du public sur la Révolution française*, fait déboucher la déduction des droits originaires inaliénables, et qu'aucun contrat ne peut supprimer, dans le concept du « Moi pur ». Le « droit au Moi » est le droit fondamental qui doit être garanti à chaque individu.

La forme de mon moi pur est déterminée d'une manière immuable par la loi morale qui est en moi : je dois être un moi, un être agissant par lui-même, une personne, – je dois toujours vouloir mon devoir ; j'ai donc le droit d'être une personne et celui de *vouloir* mon devoir [2].

---

1. J. G. Fichte, *Die Grundzüge des gegenwärtigen Zeitalters* (*Le Caractère de l'époque actuelle*, trad. I. Radrizzani, Paris, Vrin, 1990, p. 216) [N.d.T.].
2. J. G. Fichte, *Beiträge zur Berichtigung der Urteile des Publikums über die französische Revolution*, *Werke*, VI, p. 108 s. ; voir VI, p. 170 s., p. 59 [*Considéra-*

L'analyse que nous allons faire de cette exigence originaire montrera qu'elle inclut aussi bien les droits de la spiritualité inaltérable que ceux de la sensibilité altérable. Ce qui en effet caractérise précisément tout agir éthique, c'est qu'en lui s'exprime une forme spirituelle constante du monde sensible, variable et modifiable. Dans notre Moi, pour peu qu'il ne soit pas formé en vertu de l'expérience par les choses extérieures, mais se représente à nous dans l'exigence pure et inconditionnée du devoir, nous possédons l'archétype selon lequel l'agir médiatisé doit se dérouler dans le monde sensible. Cette forme originaire et inaltérable de notre Moi souhaite accorder avec elle-même les formes altérables de celui-ci, qui sont déterminées par l'expérience, c'est-à-dire ses penchants et ses buts changeants tels qu'ils sont désignés par la diversité des objets empiriques sensibles, d'où son nom de *précepte* ; elle souhaite cela sans exception pour tous les esprits raisonnables, car elle est la forme originaire de la raison en soi, d'où son nom de loi. C'est avec cette « raison en soi » et non avec la « *chose* en soi », pas plus qu'avec le sujet empirico-individuel, que Fichte entame sa spéculation.

Tant que l'on n'envisage la grande société, l'humanité entière, ou, si l'on veut, tout le royaume des esprits, qu'au regard de la loi morale, il faut le considérer comme un individu. La loi est la même, et dans son domaine il n'y a qu'*une* volonté. Il ne commence à y avoir plusieurs individus que quand cette loi nous fait passer dans le champ du libre arbitre. Ce champ est le domaine du *contrat* ; il faut plusieurs individus pour le conclure [1].

Fichte va alors chercher à déduire de ce « contrat de plusieurs individus », dans l'esprit de la méthode du droit naturel, l'essence et la détermination de l'État. Pour lui, qui est l'élève de Kant, il va de soi qu'il ne s'agit pas ainsi de raconter un fait historique mais tout simplement d'établir le principe méthodologique de la critique, et il défend énergiquement Rousseau aussi contre le malentendu qui consisterait à dire que le concept de contrat social de celui-ci serait la réponse à la question de la naissance de l'État et non à celle de sa légitimation [2]. L'axiome fondateur adopté par Fichte pour toutes ses déductions futures est bien que légitimement aucun autre principe que celui de Rousseau n'aurait de validité et que tout État qui irait à l'encontre de celui-ci dans son édification contreviendrait totalement au droit. En revanche, ceci implique immédiatement pour lui la conséquence que, de même que le rapport de l'individu à l'État peut être considéré comme contractuel, il doit également être considéré comme résiliable. Sitôt qu'un individu fait connaître par ses paroles ou ses actes sa volonté de rompre l'association, il n'est plus en

---

tions (destinées à rectifier le jugement du public) sur la Révolution française, trad. J. Barni, prés. M. Richir, Paris, Payot, 1974, p. 175].
    1. *Ibid.*, trad. p. 131 (N.d.T.).
    2. *Ibid.*, *Werke*, VI, p. 80.

contrat aux yeux du tribunal invisible : il n'a plus aucun droit sur l'État et l'État n'a plus sur lui aucun droit. C'est en effet un droit inaliénable de l'homme que celui de résilier aussitôt qu'il le veut et même unilatéralement chacun de ses contrats ; l'irréversibilité et la validité éternelle d'un contrat quelconque constituent la violation la plus grave du droit de l'humanité en soi [1].

La *Grundlage des Naturrechts* [*Fondement du droit naturel*] de Fichte, publiée en 1796, obéit encore elle aussi à cette conception d'ensemble, mais comme cet ouvrage, ainsi que le fait apparaître son titre, est bâti « selon les principes de la doctrine de la science », ses assises systématiques sont plus larges, ce qui, grâce à cette relation, donne aux concepts singuliers une signification modifiée. C'est en particulier la déduction du concept de droit lui-même qui est marquée au sceau de ce changement. Si dans les *Considérations* les principes du droit sont dérivés de ceux de l'éthique, le *Droit naturel*, lui, vise à une *séparation* nette des deux domaines. La raison plus profonde de cette division est à chercher dans l'analyse universelle du problème de l'objet conduite dans la *Grundlage der gesamten Wissenschaftslehre* [*Principes de la doctrine de la science*] de 1794. Le tournant transcendantal de la problématique philosophique qui y avait été pris gagne à son tour la philosophie du droit. Le point de vue « dogmatique », tel qu'il se présente dans le domaine de la pure doctrine de la connaissance, consiste, selon Fichte, en ce que l'« objet » est présupposé en tant que *datum* donné absolument, et que l'on se soucie seulement de savoir comment cet être existant en soi peut accéder à la « représentation » et à la conscience ; la vision idéaliste au contraire montre que tout ce que nous nommons « être » n'est rien d'autre que l'expression de la nécessité de certains actes fondamentaux de l'intelligence. Le concept d'objet découle de ce que l'intelligence libre se limite elle-même dans l'accomplissement de ses actes. Il repose sur le fait qu'au cours même de l'exercice de l'activité de penser, une limite est dressée à cette activité. L'objet, au sens théorique, n'est pas par conséquent la raison absolue de cette limite, mais il est la limite elle-même dans la mesure où elle est intuitionnée sous une forme objective [2]. Si l'on applique le principe d'un tel examen à la fondation du *Droit naturel*, il apparaît alors que le véritable défaut de toutes les déductions qu'on avait voulu faire dans ce domaine est qu'elles dépendaient elles aussi de cette *petitio principii* qui caractérise plus généralement la compréhension dogmatique du concept d'objet. Ici une pluralité de choses était tout simplement présupposée comme là une pluralité de sujets du droit. Mais l'exigence essentielle de la théorie est justement de faire apparaître le concept qui seul permet de fonder et de justifier une telle

---

1. *Ibid.*, *Werke*, VI, p. 115, 159.
2. Voir p. 293 s. [du texte allemand] [J. G. Fichte, *Grundlage der gesamten Wissenschaftslehre*, trad. p. 152 s.].

pluralité. Et c'est justement cette tâche qui sera désormais assignée au concept de droit : il ne naît pas d'un rapport que les sujets particuliers se donnent postérieurement l'un à l'autre, mais il est ce en quoi s'exprime et se constitue originairement pour le Moi la nécessité de la position de sujets étrangers. Si la doctrine de la science entreprend de parachever la déduction du Non-Moi au sens d'objet physico-matériel, la doctrine du droit doit, de la même façon, amener à la déduction du « Non-Moi » sous la forme de la *personne*, sous la forme du « Tu » et du « Il ». Si nous partons dans le premier cas de l'intuition et de l'« imagination productive », dans le second nous partons de la forme fondamentale de la volonté et de son autodétermination. L'être raisonnable ne peut s'attribuer aucune efficacité sans penser celle-ci comme une efficacité *déterminée* ; et cette détermination ne s'exprime à son tour qu'en ce que son effet s'applique à un objet. Désormais, tant que cet objet ne sera pensé que comme une « chose », comme un objet du monde sensible, l'exigence de lier la volonté sera certes satisfaite mais pas celle de son autodétermination. En effet, face à la simple chose sensible, on ne trouve uniquement qu'une conscience de la passivité ; elle apparaît seulement comme le frein extérieur qui s'oppose à nos aspirations. Si nous devons nous sentir libres et liés, déterminés et déterminants et, qui plus est, les deux choses étant indissociablement présentes dans un seul et même acte, ceci ne peut se produire que si nous pensons également le moment marquant la limite comme appartenant encore à la sphère de la liberté. Ici ce n'est donc pas tout simplement l'« actif » qui doit être opposé au « passif », mais un certain « quantum » de l'activité libre qui doit être opposé à un autre. Dans la mesure où le moi pose *en soi* une certaine proportion d'activité libre, il doit en poser à la fois une proportion correspondante *hors de soi*. En d'autres termes, l'être raisonnable fini ne peut s'attribuer aucune efficacité libre dans le monde sensible sans l'attribuer également à d'autres. Il ne s'approprie pas exclusivement l'ensemble de la sphère de l'effectuation mais limite celle-ci à travers le concept de la possibilité de la liberté d'autres êtres raisonnables. Et ce rapport qui veut précisément que, dans un ensemble d'êtres raisonnables, chacun limite sa liberté par le concept de la possibilité de la liberté d'autrui, à la condition qu'autrui limite de même la sienne, s'appelle le *rapport de droit* et la formule ainsi exposée le *principe du droit*[1]. La transformation transcendantale exigée est ainsi achevée : la consistance du droit n'est pas fonction de l'*être-là* de différents sujets doués de raison, mais c'est la reconnaissance de la nécessaire validité d'une norme juridique qui est elle-même la *condition* pour

---

1. J. G. FICHTE, *Grundlage des Naturrechts* (1796), § 3 et 4 ; *Werke*, III, p. 30 s., 52 [*Fondement du droit naturel selon les principes de la doctrine de la science*, trad. A. Renaut, Paris, PUF, 1984] ; *System der Sittenlehre* (1798), *Werke*, IV, p. 218 s. [*Système de l'éthique*, trad. P. Naulin, Paris, PUF, 1986].

que le moi admette en dehors de lui non pas seulement des choses empiriques, mais aussi des êtres raisonnables libres qui s'autodéterminent.

Cependant, cette « déduction » du droit en tant que concept fondamental constitutif de l'être spirituel et moral n'est pas pour Fichte immédiatement transposable au concept d'État. L'État en effet se fonde certes sur le droit et ne peut ni ne veut, selon Fichte, signifier autre chose que la garantie extérieure de la mise en œuvre du droit mais, ce faisant, il semble précisément pour cette raison devoir devenir purement et simplement une institution extérieure contraignante pourvue de certains moyens de contrainte physiques. Sitôt que cette nécessité de la contrainte disparaît (comme c'est le cas dans les rapports véritablement moraux), son être propre devient par là caduc. Et en conséquence, la vie dans l'État, ainsi que Fichte le dit encore en 1794 dans ses conférences sur la destination du savant, ne fait pas partie des fins absolues de l'homme, mais est simplement un moyen qui existe dans certaines conditions de fonder une société parfaite placée sous de pures lois de raison. Comme toutes les institutions humaines, qui sont de simples moyens, l'État tend vers son propre anéantissement : c'est le but de tout gouvernement que de rendre le gouvernement superflu [1]. Le *Fondement du droit naturel* semble reprendre cette façon de voir, mais utilise pour le rapport entre la vie étatique et la « vie dans la raison » un concept qui dépasse déjà la simple catégorie de moyen et fin. La nature, ainsi qu'il est exposé ici, réunit à nouveau dans l'État ce qu'elle séparait en créant une pluralité d'individus. De même qu'il n'y a qu'*une* raison, de même sa présentation dans le monde sensible doit-elle être seulement une, et l'humanité constituer, sous l'égide de la raison, un tout unique, organique et organisant. L'humanité a été divisée en plusieurs membres indépendants les uns des autres, mais déjà l'institution naturelle de l'État met fin provisoirement à cette indépendance et fond ces quantités particulières en un ensemble, jusqu'à ce que le monde éthique unifie le genre humain tout entier [2]. Certes, cette « institution naturelle » ne rétablit pas la raison dans son essence pure, mais elle est cependant son vivant symbole et sa manifestation historico-sensible adéquate. Pour Fichte, cette conception se confirme d'autant plus qu'au-delà des tâches simplement juridiques de l'État il vient à prendre conscience des tâches *sociales* de celui-ci. Là réside le véritable progrès que connaît sa théorie.

Il n'est cependant pas complètement faux – dit-il dans *Der geschlossene Handelsstaat* [L'État commercial fermé] de 1801, et l'on peut trouver dans

---

1. J. G. FICHTE, *Über die Bestimmung des Gelehrten*, Deuxième conférence, *Werke*, III, p. 306 [*La Destination du savant*, trad. J.-L. Vieillard-Baron, Paris, Vrin, 2ᵉ éd., 1994].
2. J. G. FICHTE, *Grundlage des Naturrechts*, *Werke*, III, p. 203.

ces propos une relation avec les idées de Humboldt sur les limites de l'efficacité de l'État [1] –, et on a même de bonnes raisons de dire que l'État n'a pas d'autre rôle que de se borner à maintenir chacun dans ses droits personnels et dans ses possessions, et de les protéger : cela serait légitime si on ne semblait pas admettre souvent implicitement qu'il existe une possession indépendamment de l'existence de l'État et que celui-ci ne doit reconnaître que les possessions aux mains de ses citoyens, sans avoir cependant à s'interroger sur le fondement légal de leur acquisition. En opposition à cette opinion, j'affirmerais que la destination de l'État est de donner d'abord à chacun son bien propre, de le mettre en jouissance de ce bien propre, et, alors seulement, de le *protéger* dans sa jouissance [2].

Mais ces propos ne parviennent à leur détermination complète que grâce au sens spécifique que Fichte donne au concept de propriété. Si le « propre » du Moi ne se laisse pas mettre en évidence par une marque concrète qu'il aurait en soi et qui le différencierait de tous les autres, mais ne se représente et ne se révèle que dans la forme de son agir, il en va de même pour tout ce qui doit entrer dans un rapport valide avec ce Moi. Le Moi ne peut pas non plus s'approprier un objet extérieur du monde sensible autrement qu'en déterminant celui-ci comme le contenu de son activité. En vertu de quoi, le droit de propriété est exclusivement un droit relatif aux activités et non un droit relatif aux choses. Une chose ne peut être appelée « mienne » que dans un sens médiat, dans la mesure où je possède précisément le droit de l'accueillir exclusivement dans la sphère de mon activité et d'exclure l'influence sur cette chose de tous les autres sujets juridiques. Cette attribution de propriété, qui selon Fichte revient à l'État, ne peut donc signifier la garantie pour l'individu d'un actif existant quelconque ou d'un actif qui se laisse espérer, mais simplement la distribution et l'organisation du travail. Ce n'est pas le lieu de décrire ici dans le détail comment, à partir de là, se construit et s'organise le socialisme de Fichte [3]. L'élément déterminant est qu'en ce qui concerne le rapport général de l'individu à l'État, ce dernier intervient comme le garant et mandataire des droits fondamentaux qui échoient de façon inaliénable à l'individu et qui sont ce qui le constitue vraiment en tant que tel. Ces droits sont le droit à l'existence et le droit au travail, à condition qu'ils ne soient pas considérés séparément mais comme se déterminant et

---

1. Ce n'est qu'en 1851 que les *Idées* de Humboldt ont été publiées *dans leur intégralité* ; les idées fondamentales essentielles étaient cependant déjà contenues dans les chapitres publiés dans la *Berlinische Monatsschrift* et dans la *Thalia* de Schiller.
2. J. G. FICHTE, *Der geschlossene Handelsstaat*, 1801, *Werke*, III, p. 399 [*L'État commercial fermé*, trad. D. Schulthess, Lausanne, L'Âge d'homme, 1980, p. 70].
3. Voir à ce sujet SCHMOLLER, *J. G. Fichte, eine Studie auf dem Gebiete der Ethik und Nationalökonomie* [J. G. Fichte, une étude dans le domaine de l'éthique et de l'économie politique], ainsi que Marianne WEBER, *Fichtes Sozialismus und sein Verhältnis zur Marxschen Doktrin* [Le socialisme de Fichte et son rapport à la doctrine marxienne], Tübingen, 1900.

conditionnant mutuellement. L'existence qui doit être garantie est l'existence dans et pour l'agir. De même que Dieu n'est pas, selon la philosophie religieuse de Fichte, le « dispensateur de la félicité » mais signifie, en tant qu'« *ordo ordinans* », la certitude de l'organisation progressive du royaume de la raison, de même l'État, y compris là où il s'intéresse simplement aux buts matériels et à la réglementation de la production économique, ne sert pas ces buts eux-mêmes, mais la tâche « intelligible » d'amener à la présentation, dans les limites de l'expérience, l'idée pure de la liberté.

Dans cet esprit, l'« État absolu » signifie désormais pour Fichte le moyen par lequel toutes les forces individuelles doivent être orientées sur la vie de l'espèce et fusionnées dans celle-ci. Cela suppose nécessairement que tous les individus, sans aucune exception, doivent être sollicités de la même manière et que cet appel ne doit pas se restreindre à un domaine limité de leurs capacités ou de leurs réalisations mais s'étendre à l'ensemble. Dans cette conception, l'individualité de tous se confond complètement avec l'espèce et chacun reçoit en retour *sa* contribution à la force universelle augmentée de la force universelle *de tous les autres*.

La fin de l'individu isolé est le plaisir propre, et il utilise ses forces comme instrument de ce plaisir. La fin de l'espèce est la culture, et des moyens respectables de subsistance sont la condition de cette culture. Dans l'État, chacun utilise immédiatement ses forces, non pas pour le plaisir propre, mais pour la fin de l'espèce, et il obtient en retour tout le niveau de culture atteint par l'espèce, avec en plus des moyens respectables de subsistance. Gardons-nous simplement de penser l'État comme dépendant de tels ou tels individus, ou comme dépendant d'une façon générale d'individus, et comme étant un agrégat d'individus, ce qui est presque l'unique façon dont les philosophes ordinaires sont capables de penser un tout. L'État est un concept en soi invisible [...] il est non pas les individus particuliers, mais le rapport permanent qui les lie, produit d'une manière continue et changeante par le travail des individus, tels qu'ils existent dans l'espace. [...] S'élever librement et progressivement à cet État, absolu selon la forme, comme à une institution humaine exigée par la raison, telle est la détermination de la race humaine [1].

Cependant, la difficulté fondamentale née du conflit entre le but et les moyens d'action de l'État n'est toujours pas surmontée. Le but de l'État est d'amener à la liberté tandis que les moyens mis en œuvre ne peuvent être que contraignants, et l'on sait combien ce caractère de contrainte prend, dans les constructions étatiques propres à Fichte, de plus en plus d'importance et pénètre de plus en plus les rapports particuliers. Imaginer que de cette contrainte puisse sortir la

---

1. J. G. Fichte, *Die Grundzüge des gegenwärtigen Zeitalters* (1804-1805), Werke, VII, p. 144 s. [*Le Caractère de l'époque actuelle*, trad. I. Radrizzani, p. 157 s.].

détermination à la liberté ne signifie, semble-t-il, rien de moins que l'anéantissement de l'idée fondamentale de l'idéalisme fichtéen et l'absorption de la pure autonomie de la volonté dans l'hétéronomie. Fichte a effectivement affronté ce problème jusque dans ses derniers écrits sur la philosophie du droit et celle de l'État. Dans les conférences qu'il a prononcées en été 1812 sur le système de la doctrine du droit, cela est une fois de plus très nettement perceptible. Il y expose que la liberté suppose que chacun élabore son concept de finalité dans une autonomie d'action absolue et que, par conséquent, ce concept ne lui soit pas imposé par la nécessité ; autrement, la volonté serait un simple dérivé, un simple produit d'une double nécessité : celle que la nature et celle que l'État imposent à l'individu. Mais alors, comment concilier maintenant cette forme de liberté avec celles du droit et de l'État puisque le droit cesse d'être le droit lorsque l'État ne peut pas l'*imposer* en tant que tel par la force ? On pourrait exprimer cette contradiction de la manière suivante : on entre dans le cadre juridique uniquement pour l'amour de la liberté, mais à travers les mesures que l'on prend pour préserver cette liberté, c'est à l'inverse qu'on aboutit, à l'anéantissement de cette liberté. La *Doctrine du droit* cherche à parvenir à la solution de ce conflit en complétant les premières déterminations exclusivement relatives à la réglementation de la production et de la répartition des biens matériels. Une fois que chacun a satisfait à ses propres besoins et rempli ses devoirs de citoyen, il doit lui rester assez de liberté pour esquisser des finalités librement choisies. C'est cette liberté qui constitue le droit personnel absolu.

Qui n'a pas obtenu cela ne possède pas de droit du tout et n'est pas lié aux autres par des obligations. L'État n'est pas la volonté du droit et il n'est pas État si en son sein il n'est pas garanti à chacun la possibilité de se donner la forme choisie par lui-même pour construire cette liberté. C'est pourquoi l'État a deux faces, deux aspects parfaitement différents [...]. Il est une institution absolument contraignante et astreignante : il a le droit, ou plutôt il est lui-même le droit, devenu une force contraignante de la nature. Mais il ne possède ce droit qu'à la condition de se faire un devoir d'assurer à tous une liberté supérieure : l'indépendance de tous à son égard. Si cela n'est pas réalisé en lui, il ne peut être question de parler de droit, car il lèse l'élément essentiel du droit et est lui-même illégitime ; il n'est que contrainte et asservissement [1].

On ne peut faire avancer la seule finalité nécessaire, celle de l'éthique, par des moyens extérieurs et sensibles que jusqu'au point où tous accèdent à la liberté de poser pour eux-mêmes une finalité éthique. Le droit et la puissance de l'État se limitent donc à la condition impliquant l'*éducation* de tous à la liberté. Posséder des

---

1. J. G. FICHTE, *Das System der Rechtslehre* [Le système de la doctrine du droit], 1812, œuvres posthumes de Fichte, t. II, p. 534 s.

institutions destinées à former à la liberté et à la faculté de manifester d'emblée et avant tout autre chose une volonté, poser par soi-même, par-delà l'État, ses propres concepts téléologiques : tel est le devoir de l'État légitime ; mais ces institutions ne peuvent en aucun cas être des institutions de dressage, c'est-à-dire donner l'aptitude et l'habileté d'être les instruments d'une volonté étrangère.

Dresser jusqu'à rendre apte à agir selon une loi non comprise et une finalité ultime qu'on ignore, à être un habile exécutant, un instrument : face à cela, éduquer pour rendre apte à poser soi-même des finalités et à saisir clairement les lois qui permettent d'y parvenir. Nous avons ainsi d'un côté découvert le critère qui distingue l'État et le despotisme. Est-ce l'éducation ou le dressage qui domine en lui ? Le premier stade d'évolution vers la liberté est celui où l'État, en tant que principe moteur de la volonté, est aboli. C'est pourquoi il vise à *s'effacer* car son but ultime est le monde de l'éthique, qui précisément, l'efface. De cela, le despotisme est incapable car il possède une finalité qui ne peut jamais être celle de tous [1].

Il s'agit là de ce que Fichte a trouvé pour finir de plus achevé pour régler ce conflit entre la forme de l'État et l'exigence de liberté. La forme de l'État elle-même doit être de nature telle que, se dépassant elle-même, elle hisse l'individu jusqu'à la liberté. Et c'est précisément cette synthèse qui constitue en même temps pour lui le véritable concept fondamental de la *germanité*. Si jusque-là il a été refusé aux Allemands en tant que tels une véritable existence en tant qu'entité politique, cela ne peut avoir d'autre raison téléologique profonde que la tâche politique qui les attend. Le passé ne leur a légué aucun État, mais c'est l'État de l'avenir, l'État de la liberté qui doit un jour trouver avec eux sa réalité. Les hommes doivent simplement s'organiser pour former des règnes de liberté, car ce n'est qu'en eux que se réalise la finalité éthique absolue. La vie antérieure de l'humanité n'a de valeur que dans la mesure où elle représente le moyen et le stimulant de ce développement ; sinon elle ne vaut rien. Ce n'est qu'avec le début d'un tel règne que la vie humaine est née et instaurée ; auparavant, il n'y avait que l'embryon d'un genre humain dont le temps éternel était porteur.

À mon avis, c'est à présenter ce postulat d'un État unifié, d'un État parfaitement fondu intérieurement et organiquement que les Allemands sont appelés et ils sont là pour cela dans le projet du monde. Avec eux, l'État doit partir de la liberté construite, personnelle, individuelle, et non l'inverse ; partir de la personnalité, formée dans un premier temps avant que n'existe un État quelconque, puis dans les États particuliers où ils [les Allemands] se répartissaient autrefois et qui, en tant que simple moyens ordonnés à une finalité plus haute, sont ensuite destinés à dépérir. Et ainsi, seulement à partir d'eux, sera présenté un véritable règne du droit, comme il

---

1. *Ibid.*

n'en est encore apparu aucun dans le monde en dépit de tout l'enthousiasme pour la liberté du citoyen que nous observons dans le vieux monde, un règne où ne soit pas sacrifiée à l'esclavage la majorité des hommes, ce sans quoi les anciens États ne pouvaient exister : un règne pour la liberté, fondé sur l'égalité de tout ce qui a visage humain [1].

L'idéal national et l'idéal cosmopolite de Fichte en viennent ainsi à coïncider. Tous deux sont à ses yeux identiques quant à leur contenu, car ce qui constitue pour lui précisément ce à quoi sont de toute éternité déterminés les Allemands, c'est à amener à une réalité toujours plus pure l'idée du peuple originaire, du « peuple tout court ». Ce qui est ici visé, ce n'est pas le maintien de traits particuliers, physiques ou spirituels, mais la connaissance de ce que ces particularités n'ont d'autre sens que de marquer le point de départ et le point d'insertion empiriques de la représentation historique d'un pur universel. Ce n'est que par les Allemands, qui depuis des siècles sont là pour cette noble finalité et mûrissent lentement à leur rôle, que sera un jour achevée la véritable conciliation de l'idée d'État et de l'idée de liberté : « il n'existe pas dans l'humanité d'autre élément capable d'un tel développement [2]. »

Cette affirmation apparaît certes au premier coup d'œil purement arbitraire, car il est évident qu'elle marque une volte-face soudaine dans l'ensemble de la méthode d'examen. À la place de la déduction d'une exigence universellement contraignante, c'est d'un seul coup une affirmation empirique à propos de rapports concrets de l'existence historique donnée qui semblait entrer en scène. Mais la médiation réside pour Fichte dans le trait le plus original de son concept d'État comme dans celui de son concept de nation. De même que seul aura droit au titre d'État celui qui est toujours en mesure de pousser à dépasser les limites de la sphère étatique en général, de même la seule nation à remplir parfaitement sa vocation sera celle qui, partant d'une certaine particularité de son caractère, a encore dans cette particularité la force de ne pas se figer en elle, comme dans quelque chose de fixe et de donné, mais de se faire de plus en plus le pur dépositaire de l'idée de citoyenneté universelle. Et comme Fichte, conformément à sa conception philosophique fondamentale de l'histoire, attribue à la germanité cette libre énergie de la croissance indépendamment de tout conditionnement imposé par la nature, c'est en elle qu'il voit la puissance historique seule capable de libérer des liens que représente l'idéal mécaniste d'État, uniquement orienté au simple « dressage » de la volonté, qui s'incarne en Napoléon. Le véritable caractère d'un peuple et d'un État n'est pas

---

1. J. G. Fichte, *Die Staatslehre oder über das Verhältnis des Urstaates zum Vernunftreiche* [Doctrine de l'État ou à propos du rapport entre l'État originel et le règne de la raison], 1813, *Werke*, IV, p. 415 s.
2. *Ibid.*, IV, p. 423 s. ; comparer en particulier avec le fragment politique de l'année 1813, *Werke*, VII, p. 546-573 (voir ci-dessus, p. 305 [du texte allemand]).

dans ce qu'ils sont, mais dans la direction de leur vouloir et de leur agir ; le seul agir vrai, cependant, est, selon le principe fondamental de la philosophie de Fichte, celui qui non seulement veut surmonter telle ou telle limite empirique du particulier, mais toutes ces limites, et cherche à les effacer dans un nouveau départ. Ce n'est qu'une fois que l'effectuation est devenue consciente de cette infinité qui est la sienne qu'elle a compris sa propre liberté et sa propre obligation ; ces deux choses réunies sont ce qui se présente dans la véritable idée de l'État et dans la véritable idée de la germanité.

6

L'opposition entre Fichte et Schelling, encore diffuse au point de départ de leur philosophie, a trouvé son expression définitive la plus nette dans le résultat auquel la doctrine de Fichte aboutit. Ce ne sont pas simplement des motifs et des expériences personnels qui ont conduit Fichte à sa doctrine de l'État ; en elle s'exprime la tendance fondamentale qui domine dès l'origine son idéalisme. Le « subjectivisme » de Fichte n'est toujours qu'apparent ou formel, car dès le commencement il est convaincu que tous les individus « sont inclus dans une grande unité du pur esprit ». Mais cette unité de l'esprit se crée un corps dans l'État, et ceci seul permet que se révèle véritablement le sens de toute existence historique. Le concept d'histoire lui-même n'est pas par conséquent constitué par le regard jeté en arrière sur le passé, mais par la vision de l'avenir. Les degrés qui conduisent à l'« État de raison » peuvent, une fois ce but atteint, devenir la proie de l'obscurité et de l'oubli. En effet, nous ne tenons pas encore en eux la vie de l'humanité elle-même, mais seulement l'« embryon d'un genre humain ». L'*ethos* de Fichte l'entraîne irrésistiblement et inlassablement vers un point où il saisit la finalité de tout devenir, et cette irrésistible marche en avant réduit le passé, et le présent empirique lui-même, à une simple manifestation et annonce de l'avenir. La tâche infinie du devoir-être est la véritable réalité, à côté de laquelle toute « consistance » d'une vision dogmatique de l'Être et du monde doit progressivement être reconnue comme insignifiante et disparaître.

Si Schelling semble encore au début de sa philosophie suivre exactement le même chemin que Fichte, si son ouvrage *Vom Ich als Prinzip der Philosophie* [Du Moi comme principe de la philosophie] et ses *Briefe über Dogmatismus und Kritizismus* [Lettres philosophiques sur le dogmatisme et le criticisme] semblent ne rien contenir de plus qu'une formulation précise des résultats auxquels Fichte était parvenu, la raison en est qu'il s'accorde en effet pleinement avec ce dernier sur le principe originaire de l'idéalisme qui donne la priorité à l'agir sur l'Être. Là où l'intuition commune voit simplement le produit achevé d'un monde, il cherche lui aussi à remonter jusqu'à l'activité de production créatrice et formatrice à laquelle ce monde doit d'être là. Mais pour lui, même s'il s'accommode tout d'abord de la langue de Fichte, le noyau de cette activité productrice se situe d'emblée non pas dans l'autonomie de la volonté morale mais dans l'autonomie de la création artistique. Toute force créatrice de la réalité doit être comprise en fonction du modèle que représente cette création. La nature, elle non plus, n'« est » pas, mais elle « devient » sans cesse suivant des règles identiques à celles qui, dans le travail de création et d'organisation du génie artistique, accèdent à la manifestation objective. Mais c'est justement ce qui fait qu'elle n'est pas, comme chez Fichte, simplement « notre devoir matérialisé par les sens », la limite empirique imposée à notre volonté, pour qu'en la surmontant celle-ci apprenne à se connaître elle-même et à connaître sa détermination infinie. Elle affirme plutôt sa valeur spécifique comme la condition nécessaire et préalable et comme le reflet de l'« esprit ». Ce n'est que dans son devenir inconscient que le Moi, libre et conscient de soi, se comprend lui-même. Il se découvre dans la mesure où il ne se pense plus comme un élément séparé, mais comme le terme ultime d'une série qui embrasse l'ensemble de l'advenir naturel et la totalité de ses phases de développement. Depuis les mousses, où la trace d'une organisation est encore à peine visible, jusqu'à la figure noble qui s'est débarrassée des chaînes de la matière, et de cette figure naturelle jusqu'à la formation artistique la plus élaborée, c'est un seul et même instinct qui domine et s'applique à opérer en fonction d'un seul et même idéal de conformité à une fin, et à exprimer jusqu'à l'infini un seul et même archétype, la forme pure de notre esprit. Ce que nous nommons nature est un poème qui est écrit dans un langage secret et merveilleux ; mais si l'énigme venait à se dévoiler, nous y reconnaîtrions l'odyssée de l'esprit qui, abusé par le charme, se fuit en se cherchant lui-même, « car le sens ne transparaît à travers le monde des sens que par le truchement des mots, de même que le pays de l'imagination auquel nous aspirons ne transparaît que dans un brouillard diffus [1] ».

On peut prévoir le virage que doit prendre cette vision fondamentale lorsqu'elle abordera le problème de la vie historique et politique. Si Fichte, qui cherche à montrer l'universalité de la loi morale dans la forme de la volonté individuelle elle-même, a encore pu habiller sa pensée des formules du droit naturel traditionnel et de la théorie du contrat, celles-ci sont en revanche devenues purement et simplement caduques pour Schelling, car elles se meuvent toutes à l'intérieur

---

1. Je ne peux dans le cadre de cet ouvrage entrer plus avant dans les détails de la doctrine de Schelling et du *concept romantique de forme* qui y a trouvé son expression spéculative ; je dois donc, en ce qui concerne la fondation générale et les compléments, renvoyer au troisième tome de mon ouvrage à paraître bientôt (c'est-à-dire en 1919) : *Das Erkenntnisproblem in der Philosophie u. Wissenschaft der neueren Zeit* [Le problème de la connaissance dans la philosophie et la science des temps modernes].

d'une conception « mécaniste » : elles cherchent à assembler atome par atome l'ensemble qu'elles veulent expliquer en partant d'éléments qui sont donnés comme autonomes. Mais, selon Schelling, aucune unité vivante, pas plus celle de la nature que celle de l'art, ne peut résulter d'une telle addition d'éléments particuliers. Tout organisme, naturel ou spirituel, est caractérisé par la priorité du tout sur les parties que, en tant que puissance autonome, il domine et organise de l'intérieur. C'est un rapport identique qu'il faut appliquer à l'État si toutefois on veut lui conférer la dignité d'un véritable tout. Schelling revient ainsi à la théorie de l'État « organiciste » selon Aristote, à laquelle il imprime cependant le sceau de sa propre conception métaphysique fondamentale. De même que dans celle-ci la nature s'était peu à peu confondue avec l'histoire, de même, à l'inverse, l'histoire se confond-elle pour lui maintenant avec la nature. L'« indifférence » entre réel et idéel, qui constitue pour lui l'essence de l'« absolu », conduit par-delà à l'indifférenciation entre l'être-là naturel et l'être-là historico-spirituel.

La représentation commune de la nature et de l'Histoire – est-il écrit dans les *Vorlesungen über die Methode des akademischen Studiums* [Leçons sur la méthode des études académiques] de 1803 – postule que dans celle-là tout arrive selon une nécessité empirique, dans celle-ci par liberté. Mais ce ne sont là encore que des formes ou des manières d'être en dehors de l'absolu. L'histoire est une puissance plus élevée que la nature, dans la mesure où elle exprime dans l'idéal ce que celle-là exprime dans le réel ; or c'est précisément pour cette raison que ce qui se déploie essentiellement dans l'une comme dans l'autre est le même, modifié seulement par la détermination ou l'exposant *(Potenz)* sous lequel il est placé. Si l'on pouvait apercevoir dans l'une comme dans l'autre le pur en-soi, nous reconnaîtrions par là que ce qui est préfiguré de manière réale dans la nature, est figuré de manière idéale dans l'Histoire. La liberté, en tant que manifestation, ne peut rien créer ; c'est *un* seul et même univers *(Universum)* qu'exprime, donc, chacune pour soi et à sa façon, la double forme du monde réfléchi-en-une-image. Le monde de l'Histoire une fois achevé serait par conséquent lui-même une nature idéale – l'État –, à titre d'organisme manifestant extérieurement l'harmonie de la nécessité et de la liberté telle qu'elle est accessible au sein même de la liberté. L'Histoire, dans la mesure où elle a pour objet privilégié la forme de cette association, serait Histoire au sens strict du terme [1].

Ainsi l'absolu est saisi en tant que processus vivant qui possède en la nature et l'histoire deux degrés et deux puissances de son effectuation. La nature est pénétrée par le concept de développement, échappant ainsi au simple mécanisme, tandis que, d'un autre côté, le devenir historico-spirituel doit, pour échapper à l'arbitraire pur et

---

1. F. W. J. SCHELLING, *Über die Methode des akademischen Studiums* [*Leçons sur la méthode des études académiques*, dans *Philosophies de l'Université*, trad. J.-Fr. Courtine, J. Rivelaygue, Paris, Payot, 1979, p. 123 s.].

simple, être saisi dans sa nécessité immanente qu'un sujet individuel ne peut briser. La catégorie de la subjectivité et celle de l'intériorité seront pour ainsi dire transportées à l'intérieur de la nature et celle de la déterminité objective à l'intérieur de l'histoire. Et c'est grâce à cette démarche que nous accédons maintenant, dans la série des puissances spirituelles, à l'idée d'État. Celui-ci érige au sein du domaine de la volonté, qui passe pour la sphère de la liberté proprement dite, la loi de la nécessité. Il n'est pas né, en effet, du vouloir des individus et sa validité n'en est pas dérivée, mais il se dresse face à ce vouloir telle une puissance naturelle existant en soi et ne reposant que sur elle-même. Il n'est pas créé, il a grandi ; il n'est pas le résultat de la convention ni du calcul conceptuel, il est une formation de forces vivantes qui règnent originairement et inconsciemment. Si Fichte en était resté à l'opposition entre « forme » et « matière », entre « déterminabilité » et « détermination », parce qu'il y voyait l'expression de la forme même de l'agir et donc le fondement originaire de toute conscience, la philosophie de l'identité de Schelling cherche par la spéculation à dépasser cette opposition elle-même. Que ce dépassement ne soit pas seulement exigé subjectivement mais réalisé objectivement, c'est précisément ce que Schelling trouve confirmé et présenté dans le phénomène de l'État. En lui se manifeste, en effet, une harmonie entre nécessité et liberté qui s'exprime nécessairement à l'extérieur et dans une unité objective. L'État parfait est la manifestation parfaite de cette harmonie ; son idée est atteinte aussitôt que particulier et universel ne font absolument plus qu'un, sitôt que tout ce qui est nécessaire est en même temps libre et que tout ce qui advient librement est en même temps nécessaire. Ce n'est que dans cette conception, et non pas dans l'étroitesse de l'historiographie « pragmatique » traditionnelle ou la téléologie morale de Fichte, que l'État est, selon Schelling, compris et érigé en tant qu'« image immédiate et visible de la vie absolue [1] ».

Certes, ce que Hegel reprochait âprement à la méthode de Schelling dans son ensemble dans sa préface à la *Phänomenologie des Geistes* [*Phénoménologie de l'esprit*] vaut aussi pleinement à l'encontre de cette doctrine de l'État. Elle fait effectivement passer l'« absolu » uniquement pour « la nuit où, comme on a coutume de le dire, tous les chats sont gris ». Aucun résultat particulier, déterminé d'une manière quelconque, aucune conséquence ou exigence ne sont dérivés par Schelling de son idée de l'État. Lui-même a, sans conteste, senti ce défaut et, quittant les problèmes de l'État et de l'histoire après les avoir seulement effleurés, il aspire aussitôt à retrouver le « pays de l'imagination », ce domaine de l'intuition esthétique, le seul où il soit véritablement à son aise. Dans notre

---

1. *Ibid.*, dixième conférence, *Werke*, V, p. 306 [trad. p. 132.] ; voir en particulier *System des transzendentalen Idealismus* [Système de l'idéalisme transcendantal], *Werke*, III, p. 587 s.

enquête, qui ne vise qu'à mettre en lumière les étapes décisives de l'évolution de l'idée d'État, nous aurions pu passer complètement sous silence la doctrine de Schelling si, à travers elle, ne s'exprimait, en dépit de l'inconséquence de sa mise en œuvre, un nouveau type de penser. De même que Schelling a, dans l'histoire universelle de l'esprit, sinon créé *l'esprit romantique*, du moins établi son expression théorique universelle – tant et si bien que désormais toutes les manifestations de cet esprit sont en partie marquées par sa philosophie –, de même constate-t-on dans le domaine politique le même rapport. Ici aussi, sa doctrine, même si le problème de l'État n'avait pour lui qu'un intérêt secondaire, a pu exercer sur la marche universelle des idées un effet *indirect* important. C'est de l'influence de Schelling dont témoigne par exemple une œuvre comme les *Elemente der Staatskunst* [Éléments de l'art politique] d'Adam Müller, quand on y voit d'emblée opposer de manière polémique son « Idée » au simple « concept » de l'État. Car l'idée n'arbore plus ici le caractère kantien et fichtéen de la tâche et de la maxime éthique régulatrice, mais elle revêt tous les traits caractéristiques de la manière de penser propre à la philosophie de la nature. Le simple concept est, selon Schelling, impuissant à saisir complètement et à traduire un être naturel quel qu'il soit, car l'abstraction dont il émane ne s'adresse jamais qu'à ce qui est déjà devenu et fixé et non au procès continu du devenir lui-même. Ce dernier, et avec lui la véritable productivité infinie de la nature, nous est en revanche accessible dans l'« intuition intellectuelle » qui nous hisse du niveau de la simple comparaison et de la simple collation empirique des détails à celui de l'authentique spéculation dans laquelle nous comprenons la nature comme un ensemble vivant mû de l'intérieur. La distinction développée ici par Schelling pour la connaissance de la nature sera pour la première fois transposée dans toute sa précision à l'ensemble de la connaissance politique par Adam Müller dans ses *Éléments de l'art politique*. Lui aussi doit se libérer du carcan des simples concepts auquel se ramenait presque exclusivement jusque-là cette connaissance, car dans ce carcan on apprend à connaître quelque chose qui n'est que l'« État immobile ». La véritable conception de l'État n'est à notre portée que si nous le pensons dans l'ensemble de son mouvement et non dans la somme de ses états successifs ou de ses institutions.

> La science de l'État telle que je l'entends doit saisir l'État au vol, dans sa mobilité ; c'est pourquoi je ne me satisfais entièrement d'aucune des théories antérieures concernant cette étude. Elles sont très approfondies et soigneuses quant à l'énumération de tout l'appareil exigé par un État, très judicieuses quant à l'indication des dispositions à prendre, quant au détail des avantages et des inconvénients de chacune des lois ou institutions à disposer ; elles sont, pour emprunter une comparaison à la médecine, parfaites pour faire l'anatomie d'un État [...] mais quand il s'agit de saisir

l'ensemble du phénomène de la vie d'un État de manière adéquate, elles manquent en elles-mêmes pour ce faire de la vie que cela exige [1].

Et l'exigence, qui est ici formulée pour l'ensemble, s'applique à la connaissance de chacun de ses éléments particuliers. En effet, tous les éléments de l'État, toutes ses lois, ses institutions, etc., ne sont toujours visibles et évaluables que par un seul côté, tandis que de l'autre chacun a en ce qui le concerne sa vie personnelle et mystérieuse et son mouvement spécifique. Pour celui qui ne se situe pas à l'intérieur même de cette vie mais l'aborde à l'aide de la simple réflexion, il peut sembler qu'il existe un art de construction de l'État comme il existe un art de construire un orgue ou une horloge.

Un mécanisme qu'on indique, un poids qu'on désigne comme ce qui doit mettre la machine en mouvement ; un engrenage d'institutions et d'organismes sociaux et ensuite, tel le poids qu'on y attache, les besoins de première nécessité ou le ressort, avec l'intelligence pour balancier ou instrument de correction : voilà ce qu'ils appellent *un État*. Connaître tout cela, c'est comprendre l'État comme une grande chose faite d'un assemblage de plusieurs petites choses ; ce qu'il y a de grossier, de corporel dans un État, la masse visible, est maintenant vu. Tout ce qu'il y a à portée de main est saisi [2].

Mais le plus important, la force originaire qui soude cet ensemble et le met en mouvement de l'intérieur, nous échappe alors. Cette force qui constitue l'« âme » proprement dite de l'État ne peut ni être mise en évidence ni déterminée dans une élucidation scolaire de mots ou de concepts, car de telles explications n'extrairaient jamais, des phénomènes variables et multiples, qu'un groupe de caractéristiques relativement constantes, tandis qu'il s'agit ici précisément de saisir l'ensemble des phénomènes qui constituent l'État dans sa totalité et le conflit de toutes les formes de manifestations particulières. Toute nouvelle génération, tout nouveau grand homme donnent à l'État une forme nouvelle pour laquelle l'ancienne explication qu'on en proposait jusque-là ne convient plus. Seule une pensée qui serait elle-même mobile pourrait exprimer la plénitude interne en présence de laquelle nous nous trouvons ici.

355   Une telle pensée est justement, à la différence du concept, ce que nous désignons sous le nom d'*idée* de la chose. Cette « idée » de l'État ne provient pas de la pluralité de ses formes historiques desquelles nous extrairions ce qu'il y a de commun dans leur schéma, mais de ce que nous nous transportons grâce à la vie de la pensée dans le processus individuel de croissance, de

---

1. A. MÜLLER, *Die Elemente der Staatskunst* [Éléments de l'art politique], Première partie, Berlin, 1809, chap. 1 et 2.
2. *Ibid.*

développement, de lutte interne et externe, auquel chaque État doit faire face de manière diverse en fonction de ses conditions particulières.

Ou bien on se transporte en tant qu'homme d'État ou en tant que penseur de l'État au sein même des vicissitudes de la vie politique et on assume la fierté, les souffrances de ce corps politique sublime comme les siennes propres, et ce à jamais, ou bien on demeure éternellement en dehors [1].

C'était là justement l'erreur de l'ancienne conception rationaliste basée sur le droit naturel : on cherchait un point d'appui solide *en dehors* de l'État pour démonter à partir de là, à l'aide de concepts, l'État existant. Toutes les erreurs malheureuses de la Révolution française reposent sur la fiction de la possibilité pour l'individu de rompre le lien social et de l'affronter à l'aide de l'arbitraire illimité de la critique subjective. Mais à la vérité, l'homme ne peut jamais être posé comme « précédant » l'État, mais toujours seulement comme étant en lui, tel une partie de sa vie omniprésente.

L'État n'est pas une simple manufacture, une métairie, une société d'assurance ou de commerce ; il est l'alliage intime de l'ensemble des besoins physiques et spirituels, des richesses matérielles et intellectuelles, de la vie intérieure et extérieure d'une nation qui forge un ensemble plein d'énergie, infiniment mobile, grand et vivant. La science ne peut nous donner de cet ensemble aucune image morte et figée, aucun concept, car la mort ne peut rendre compte de la vie ni l'immobilité du mouvement [2].

Les méthodes de la pensée politique du romantisme, leur fécondité et leurs limites ressortent clairement de ces affirmations. Comme partout ailleurs, le romantisme aspire ici aussi à sortir de la sphère du « concept » pour en revenir à l'immédiateté de la « vie ». Ce qui vaut pour toutes les sciences supérieures doit également être valable pour les sciences de l'État. « Elles demandent à être vécues, non pas simplement reconnues et étudiées. » Dans un tel mode d'examen, l'État ne sera pas seulement un « organisme » mais aussi une « personne ». Il n'est pas simplement un jouet ou un instrument entre les mains d'un gouvernant, mais

une personne lui-même, un ensemble libre qui grandit, composé en soi d'idées qui se combattent et se réconcilient dans une interaction incessante [3].

Mais la lutte menée contre les théories rationalistes de l'État devient en même temps une lutte contre la détermination rationnelle

---

1. *Ibid.*
2. *Ibid.*
3. A. MÜLLER, *Vermischte Schriften* [Écrits mélangés], I, p. 221 (voir MEINECKE, p. 144).

de ses fins. Avec l'exclusion du moment de l'*arbitraire* que les théories jusnaturalistes du contrat étatique contenaient, le moment de la *volonté* éthique est lui aussi ébranlé. Chez Schelling, l'État était désigné comme l'« harmonie entre liberté et nécessité » ; mais plus la théorie romantique va de l'avant et plus le second terme l'emporte sur le premier. L'État n'est pas une formation de la volonté, mais une « excroissance » de l'esprit national qui se manifeste inconsciemment par des forces internes qui œuvrent en secret. Cette conception du spirituel contient cependant une ambiguïté et une contradiction latente. La critique romantique, cherchant à épuiser la vie historique de l'État dans toute sa plénitude et à la saisir dans sa pure dynamique interne, a été conduite au *concept* d'État. Mais le « concept » en tant que tel n'est en rien la simple expression des produits morts de la pensée, mais bien celle de l'énergie pure de la pensée elle-même. Et le romantisme, en refoulant cette énergie pour considérer partout l'être et le développement véritables du spirituel comme fondés sur des puissances « inconscientes » et « irrationnelles », va être finalement conduit dans ses résultats à nier la tendance fondamentale de laquelle il était originairement parti. Ce qui devait éveiller le sens de l'infinité de la vie fut précisément ce qui conduisit à la limiter et à la figer. Aussi l'État, renvoyé au passé historique tenu pour sa véritable origine, sera assujetti en même temps à ce passé. À la place du mouvement incessant qu'on voulait découvrir en lui grâce à l'intuition, c'est maintenant plutôt la stagnation du devenir qui prévaut. Alors que la spéculation promettait de conduire à une activité plus pure et approfondie, elle finit en réalité par préparer la voie à la réaction politique de la Restauration. La contradiction que l'on observe ici désigne cependant en même temps la tâche la plus universelle désormais assignée à la doctrine philosophique de l'État. C'est une nouvelle synthèse entre les moments « rationnel » et « historique » du concept d'État qui sera désormais exigée. C'est cette synthèse que s'efforcera de faire la philosophie de Hegel. Elle aussi s'enracine dans l'intuition de la vie historique, mais pour elle la voie qui mène à l'histoire ne renvoie plus à l'obscurité de l'irrationnel. Ce qui doit plutôt être vérifié dans une véritable idée de l'État, c'est que l'essence de l'histoire coïncide avec l'essence de la raison, que le rationnel est réel et le réel rationnel.

7

La doctrine hégélienne de l'État, dans la plus ancienne version qui nous soit connue, prend racine dans le monde des idées de l'humanisme esthétique tel que l'ont développé Schiller et W. von Humboldt. Le monde grec rassemblait, dans une unité pure et harmonieuse, les éléments spirituels fondamentaux qui pour l'homme contemporain paraissent à jamais irréconciliables. C'est ce qui pour Hegel se présente surtout dans l'image de la constitution politique grecque. Dans celle-ci, la sphère de l'« universel » n'est pas encore séparée de celle du particulier. La prétention que l'État élève à l'égard de l'individu ne peut ni ne doit ici prendre la forme d'une exigence qui lui serait adressée de l'extérieur, car celui-ci ne possède la base de son essence spirituelle que dans l'existence de l'État et l'existence pour l'État. C'est dans ce rapport que s'enracine le concept de liberté tel que l'Antiquité l'a pour la première fois réalisé. C'est en tant qu'hommes libres que les citoyens des cités grecques obéissaient à des hommes qu'ils avaient eux-mêmes choisis pour gouvernants, qu'ils menaient des guerres qu'ils avaient eux-mêmes décidées, qu'ils sacrifiaient leurs biens et leur vie à une cause qui était la leur. « Dans la vie publique, comme dans la vie privée et domestique, chacun était un homme libre, chacun vivait d'après ses propres lois. L'idée de sa patrie, de son État, était au-dessus de lui la chose invisible, le bien pour lequel il travaillait et qui l'y poussait. C'était là sa finalité du monde ou la finalité de son monde telle qu'elle se présentait à lui dans la réalité ou telle qu'il contribuait lui-même à la présenter et à la maintenir. Devant cette idée, son individualité s'effaçait ; c'est uniquement pour cette idée qu'il réclamait préservation, vie et durée, et pouvait lui-même réaliser cela. » Pour l'homme qui vivait à l'intérieur de cette mentalité, l'idée de l'immortalité personnelle n'était pas nécessaire, car il liait l'idée d'une durée infinie non pas à l'individualité particulière en tant que telle mais à l'ensemble pour lequel il agissait. Caton ne se tourna vers le *Phédon* de Platon que le jour où ce qui pour lui était jusque-là l'ordre suprême des choses, son monde, sa République, fut détruit. Ainsi donc, d'une manière générale, à ce niveau, aucune médiation par des idées religieuses n'était nécessaire pour hisser l'individu au-dessus de l'étroitesse de l'existence individuelle. Le christianisme ne connut sa diffusion et son influence universelle que le jour où le lien qui unissait jusque-là l'individu et la totalité dans l'idée de l'ensemble étatique fut rompu. L'idée d'Église acquit sa puissance alors que celles de patrie et d'État libre avaient déjà connu leur déclin. Elle projette dans l'au-delà et le transcendant ce qui jusque-là possédait une place durable dans l'effectivité historique elle-même. C'est le despotisme des princes romains qui chassa l'esprit de l'homme de ce monde ; le rapt de la liberté força l'homme à trouver dans la divinité un refuge pour sa part d'éternité et d'absolu.

L'objectivité de la divinité est allée de pair avec la décadence et l'esclavage des hommes et elle est à proprement parler seulement la révélation, la manifestation de cet esprit des temps [1].

---

1. Voir les écrits théologiques du jeune Hegel, éd. H. Nohl, Berlin, 1907, p. 219 s.

La réconciliation entre le fini et l'infini, entre le « sujet » et l'« absolu », ne put devenir un *problème* religieux et philosophique que lorsqu'elle eut cessé d'exister en tant que factum historique tel qu'il s'incarnait dans l'État antique. Mais à vrai dire, tant qu'elle s'accomplit uniquement dans la réflexion, dans le désir et l'opinion subjectifs, cette réconciliation n'est pas atteinte. La philosophie n'a rien à faire avec de telles exigences creuses envers la réalité car sa tâche est de comprendre *ce qui est*. Elle ne peut substituer au présent vivant de l'État tel qu'il existait pour les Grecs une image idéale de l'État tel qu'il *devrait* être. Aussi longtemps que ce devoir-être sera conçu comme une simple prétention élevée contre la réalité, c'est plutôt l'impuissance de la raison qui s'exprimera en lui. Mais la raison ne se cantonne pas à cette sphère du simple vœu pieux ; il faut au contraire la reconnaître comme la substance et la puissance infinie, comme la matière et la forme infinies de toute vie naturelle et spirituelle.

Elle est la *substance*, c'est-à-dire ce par quoi et en quoi toute réalité a l'être et la subsistance – *l'infinie puissance*, attendu que la raison n'est pas impuissante au point de n'en arriver qu'à l'idéal, au devoir et de ne se trouver qu'en dehors de la réalité, qui sait où, comme une chose particulière dans la tête de quelques hommes ; le *contenu infini*, toute essence et vérité, sa propre matière qu'elle donne à élaborer à son *activité*, car elle n'a pas besoin, comme l'acte fini, des conditions d'un matériel extérieur de moyens donnés, pour fournir à son activité aliments et objets ; elle vit d'elle-même ; elle est pour elle-même la matière qu'elle élabore ; de même qu'elle est à elle-même sa propre condition et sa fin absolue, elle en est la réalisation et l'extériorisation phénoménale, non seulement celle de l'univers naturel, mais encore celle de l'univers spirituel – dans l'histoire universelle [1].

359 Ce témoignage de la productivité de la raison dans l'histoire du monde se présente à nous dans l'État, en qui nous avons de ce fait la théodicée même de l'histoire, la preuve de sa rationalité objective. Dans l'histoire du monde, on ne peut par conséquent parler que des peuples qui constituent un État. Certes, ceux-ci, avant de parvenir à se déterminer en tant qu'États, peuvent avoir eu une longue existence, mais la seule chose qui soit adaptée à l'examen philosophique et qui en soit digne, c'est de prendre l'histoire là où la rationalité fait son entrée dans l'existence du monde et y trouve des circonstances qui font qu'elle accède à la conscience, à la volonté, à l'acte. Sans la forme de l'État, un peuple, dans la mesure où il est en soi substance morale, souffre du manque de l'objectivité qui lui permet d'avoir pour soi et pour les autres une existence universellement valide,

---

1. Voir G. W. F. Hegel, *Vorlesungen über die Philosophie der Geschichte*, Einleitung [*Leçons sur la philosophie de l'histoire*, Introduction, trad. J. Gibelin, Paris, Vrin, 1987, p. 22].

inscrite dans des lois constituant ses déterminations réfléchies. Se manifester dans les déterminations des lois et dans des institutions objectives est cependant le droit absolu de l'Idée qui acquiert, uniquement grâce à cela, la conscience de soi [1].

La contradiction entre le monde antique et le monde moderne consiste donc généralement dans le fait que l'unité qui était donnée dans le premier, en tant que possession directe, doit dans le second se développer et s'instaurer en passant par une série de médiations progressives. Ce n'est que de cette manière que s'accomplit la loi fondamentale du développement de la raison qui doit faire de tout simple « en soi » un « pour soi », et appréhender le vrai non seulement comme « substance » mais tout autant comme « sujet ». Cette double détermination est nécessaire pour que se manifeste clairement la situation historique de la philosophie hégélienne ; elle montre ce qui lie cette dernière à Fichte et Schelling et ce qui l'en sépare. Dans la première présentation systématique par Hegel de sa doctrine du droit et de l'État dans l'essai *Über die wissenschaftlichen Behandlungen des Naturrechts* [*Des manières de traiter scientifiquement du droit naturel*] datant de 1802, il semble encore totalement camper sur les mêmes positions que Schelling. Il est surtout en accord avec lui pour critiquer Fichte dont la doctrine est pour lui le type de cette « philosophie de la réflexion » incapable de dépasser la forme vide du devoir-être et de l'exigence subjective. Le fossé qui sépare « raison » et « sensibilité », conscience de l'autonomie et de l'auto-activité et détermination passive de l'objet empirique particulier, ne peut être comblé dans le cadre de la philosophie fichtéenne : au lieu d'être résolue dans l'aspiration infinie que le principe de cette doctrine constitue, la contradiction est plutôt figée une fois pour toutes et posée comme insurmontable [2]. Mais la « moralité absolue », telle que Hegel la comprend, est au-dessus de cette contradiction de laquelle la moralité de l'individu reste nécessairement prisonnière. Elle est si essentiellement la moralité de tous que l'on ne peut pas dire d'elle qu'elle se reflète en tant que telle dans l'individu.

---

1. Voir G. W. F. Hegel, *Grundlinien der Philosophie des Rechts*, § 349, 350 [*Principes de la philosophie du droit*, trad. J.-Fr. Kervégan, Paris, PUF, 1998, p. 416], et *Enzyklopädie des philosophischen Wissens*, § 549 [*Encyclopédie des Sciences philosophiques*, trad. B. Bourgeois, Paris, Vrin, 1988].
2. G. W. F. Hegel, *Über die wissenschaftlichen Behandlungen des Naturrechts*, voir en particulier *Werke*, I, p. 343 s. [*Des manières de traiter scientifiquement du droit naturel*, trad. B. Bourgeois, Paris, Vrin, 1972] ; voir également *Glauben und Wissen* [Foi et savoir], 1802, *Werke*, I, p. 3 s., et *Differenz des Fichteschen und Schellingschen Systems der Philosophie* [La différence entre les systèmes philosophiques de Fichte et de Schelling], 1801.

Elle ne peut, en premier lieu, s'exprimer dans l'[individu] singulier si elle n'est pas son âme, et elle ne l'est que pour autant qu'elle est un universel et l'esprit pur d'un peuple [1].

En effet, de même que le positif, selon la nature, précède le négatif, de même, selon le mot d'Aristote, le peuple, selon la nature, précède l'individu. À partir de cette « individualité de l'ensemble », on peut également comprendre désormais l'ensemble du système de la vie publique ; on peut découvrir comment toutes les parties de la constitution et de la législation, toutes les déterminations des rapports éthiques, sont fonction de l'ensemble et forment un édifice dans lequel chaque partie ne s'est faite qu'à travers lui et lui obéit. C'est dans cet esprit que Montesquieu a saisi l'esprit des lois et des constitutions ; il a montré que la raison et l'entendement humain, ainsi que l'expérience, desquels dérive un concept générique de lois déterminées, ne sont ni une raison, ni un entendement humain *a priori*, ni une expérience tout bonnement universelle au mode partout identique, mais qu'ils ont uniquement pour origine l'individualité vivante d'un peuple qu'ils décrivent et constituent [2]. Mais dans toute individualité de ce type, dans tout ensemble de mœurs et de lois, l'esprit du monde a pour chacune de ces figures joui du sentiment de soi, brut ou évolué, et de son essence ; on trouve en effet dans la nature du polype la totalité de la vie, aussi bien que dans la nature du rossignol ou du lion. C'est encore, comme on peut s'en rendre compte, tout à fait le langage du système schellingien de l'identité qui habille ici la conception fondamentale de Hegel. De ce fait, même les forces formatrices de la vie de l'État semblent être totalement renvoyées au pur « naturel » et la moralité être confondue avec la tradition des « mœurs ». Dès que, cependant, en 1806, la préface à la *Phénoménologie de l'esprit* aura mis un point final à la grande explication méthodologique avec Schelling, le motif de la conception que Hegel se fait de l'État, dirigé contre Schelling, apparaît plus net et plus déterminé encore. Étant donné qu'il sera maintenant exprimé de manière générale que l'absolu ne peut être appréhendé sous la forme du sentiment et de l'intuition mais seulement sous celle du concept, le principe de l'« esprit national » doit lui aussi être de plus en plus dépouillé de toutes connotations sentimentales et hissé jusqu'à la pure détermination conceptuelle. Ce ne sera chose faite qu'avec les *Grundlinien der Philosophie des Rechts* [*Principes de la philosophie du droit*] qui s'attaqueront à cette tâche dans toute son ampleur ; on y trouve en même temps, définitivement décrite par rapport aux théories antérieures et déterminée au sens

---

1. G. W. F. HEGEL, *Über die wissenschaftlichen Behandlungen des Naturrechts* (trad. p. 79) [N.d.T.].
2. Voir G. W. F. HEGEL, *Werke*, I, p. 395 s., 416 s.

positif comme au sens négatif, la position historique de la doctrine de l'État de Hegel.

Dans les traits négatifs de sa doctrine, Hegel est là toujours d'accord avec Schelling pour rejeter le mode de fondation qui part du droit naturel. Lui, le logicien, le rationaliste, était certes toujours resté sensible à la plus grande qualité spécifique du droit naturel. Il a lui-même vécu dans son être et proclamé dans ses *Leçons sur la philosophie de l'histoire* cet « enthousiasme de l'esprit » éveillé par la Révolution française.

La pensée, le concept du droit se fit tout d'un coup valoir et le vieil édifice d'iniquité ne put lui résister. Dans la pensée du droit, on construisit donc alors une constitution, tout devant désormais reposer sur cette base [...]. Anaxagore avait dit le premier que le νοῦς gouverne le monde ; mais c'est maintenant seulement que l'homme est parvenu à reconnaître que la pensée doit régir la réalité spirituelle. C'était donc là un superbe lever de soleil. Tous les êtres pensants ont célébré cette époque [1].

Cependant, tout en comprenant et valorisant ainsi précisément le plus profond *motif* du droit naturel, Hegel passe en même temps à la critique de son *contenu*. Ainsi qu'il le souligne, Rousseau avait eu sur le chapitre de la recherche du concept de droit et d'État le mérite de choisir un principe qui, de par son contenu, est la pensée, et assurément l'acte de penser même. Il a établi la volonté en principe de l'État ; mais comme il l'a conçu uniquement sous la forme de la volonté singulière et considéré la volonté générale simplement comme « l'élément collectif » qui résulte des volontés singulières, la réunion des êtres singuliers dans l'État devient un contrat qui a pour base leur volonté de choix, leur opinion et leur engagement facultatif et explicite. À cela, il faut opposer que ce n'est aucunement quelque chose de facultatif que d'être membre de l'État, car l'État étant « Esprit objectif », l'individu même n'a d'objectivité, de vérité et de réalité morale, qu'en tant qu'il en est membre.

La *réunion* en tant que telle est elle-même le contenu et la fin véritables, et la destination des individus est de mener une vie universelle ; leur satisfaction particulière ultérieure, leur activité, leur mode de comportement ont pour point de départ et résultat cet élément-substantiel doté d'une validité universelle [2].

Par conséquent, Hegel ne s'oppose pas globalement à la théorie de Rousseau, mais montre simplement que son défaut essentiel est de n'avoir trouvé aucun principe précis permettant de distinguer la

---

1. G. W. F. Hegel, *Leçons sur la philosophie de l'histoire*, 4ᵉ part., 3ᵉ sect., chap. III (trad. p. 340) [N.d.T.].
2. G. W. F. Hegel, *Principes de la philosophie du droit*, § 258 (trad. p. 314) [N.d.T.].

volonté universellement valide de la volonté collective, la « volonté générale » de la « volonté de tous ». Mais, plus encore qu'à la théorie de Rousseau et à la Révolution française, Hegel s'en prend à ces théoriciens de l'époque de la Restauration qui, comme Ludwig von Haller, ne voient dans l'État que le degré le plus haut des rapports sociaux naturels et privés, et cherchent pour ces raisons à le faire dériver du simple principe de puissance. L'extériorité de l'apparence phénoménale de l'État, la contingence de la détresse, du besoin de protection, de la force, etc., ne sont pas considérées ici comme des facteurs de son développement historique, mais comme sa substance [1]. La singularité des individus, là encore, constitue une fois de plus le principe de la connaissance ; ce n'est pas pour autant la *pensée* de cette singularité, mais au contraire les singularités empiriques qui, avec une totale naïveté, seront prises pour base en vertu de leurs propriétés contingentes : force et faiblesse, richesse et pauvreté, etc. La teneur objective contenue dans l'idée de loi en tant que telle n'est ainsi nulle part reconnue ; au contraire, cette pensée elle-même est repoussée aussi loin que possible et on invoque à sa place une « loi naturelle divine » qui serait implantée dans chaque individu. C'est donc véritablement la chose la plus terrible qui puisse arriver aux hommes, à savoir de s'écarter de la pensée et de la rationalité, du respect des lois, et d'oublier combien il est important que les devoirs de l'État et les droits des citoyens, de même que les droits de l'État et les devoirs des citoyens, soient déterminés par des lois. Hegel prend ici ses distances tant à l'égard du droit naturel qu'à l'égard de l'école historique du droit. Son opposition à cette dernière rend à nouveau manifeste son opposition à Schelling, car entre ce dernier et l'école historique du droit, en dehors de l'influence historique directe qui, au moins pour Puchta [2] est démontrable, il existe un rapport concret dû aux postulats romantiques qu'ils ont en commun. S'opposant à l'ouvrage de Savigny *Vom Beruf unserer Zeit für Gesetzgebung und Rechtswissenschaft* [De la vocation de notre temps pour la législation et la science du droit], Hegel remarque :

> Dénier à une nation cultivée [...] la capacité de faire un code – étant donné qu'il ne peut s'agir de faire un système de lois *nouvelles* quant à leur *contenu*, mais au contraire de connaître dans son universalité déterminée le contenu légal qui est présent-là, c'est-à-dire [...] de le concevoir de façon *pensante* – serait une des plus grandes injures que l'on puisse faire à cette nation [3].

---

1. *Ibid.*, p. 316 (N.d.T.).
2. Voir à ce sujet BRIE, *Der Weltgeist bei Hegel und in der historischen Rechtsschule*, Archiv für Rechts- und Wirtschaftsphilosophie [L'esprit du monde chez Hegel et dans l'école historique du droit, Archives de philosophie du droit et de l'économie], vol. II.
3. Pour l'ensemble, voir G. W. F. HEGEL, *Principes de la philosophie du droit*, § 211 et § 258 [trad. p. 281].

Cette double direction de la critique hégélienne permet de se rendre compte de la manière dont son rapport philosophique à Fichte et à Schelling s'est désormais constitué bien que, en ce qui concerne Fichte, il faille tenir compte du fait que Hegel n'a connu et pris en considération que la première phase de sa doctrine de la science et du droit naturel, alors que la nouvelle configuration plus approfondie de la doctrine de l'État, développée dans les écrits plus tardifs de Fichte, semble lui avoir totalement échappé. La thèse de la « liberté » telle qu'elle se présente chez Fichte, et l'antithèse de la « nature » chez Schelling vont maintenant céder la place à leur pure synthèse. Alors que Fichte cherchait l'idéal dans l'agir moral et subséquemment dans la « conscience de soi », alors que Schelling croyait la trouver dans la nature, l'histoire, et leur identité, l'action de la raison dans l'histoire doit maintenant être mise en évidence et présentée. C'est uniquement dans ce rapport que le concept d'« esprit objectif » trouve son accomplissement. Le spirituel n'a plus maintenant à désigner une puissance obscure et mystérieuse, il se connaît et se reconnaît lui-même dans sa formation. L'« universel », qui s'oppose d'abord à la volonté individuelle comme quelque chose de non compris et donc d'« extérieur », se révèle progressivement comme la forme propre et le principe de cette volonté. Pénétrer cette liaison, c'est pour Hegel pénétrer le véritable caractère fondamental de l'État, qui se trouve ainsi bien entendu arraché à la sphère de l'arbitraire mais en même temps maintenu dans celle de la volonté.

Il est faux de dire que le libre arbitre de tous conduit à la formation d'un État ; on devrait dire plutôt que c'est une nécessité pour tout homme d'être citoyen d'un État [1].

Cette nécessité, cependant, n'est ni une fatalité ni la nécessité d'une « providence » extérieure ; en elle s'exprime tout simplement la loi même de l'esprit :

L'État, c'est l'Esprit présent dans le monde et qui se réalise *consciemment* en lui [...]. Ce n'est qu'en tant qu'il est présent dans la conscience et qu'il se connaît lui-même comme objet existant, que l'Esprit est l'État. [...] C'est la marche de Dieu dans le monde qui fait que l'État existe. Le fondement de l'État est la force de la raison qui devient effective en tant que volonté [2].

L'histoire, son contenu et son objet essentiels ne peuvent certes pas, comme chez Schelling, être mis sur le même pied que l'art [3].

---

1. *Ibid.*, add. au § 75 [trad. R. Derathé, Paris, Vrin, 1982, p. 127].
2. *Ibid.*, add. au § 258 (N.d.T.).
3. Voir F. W. J. SCHELLING, *Über die Methode des akademischen Studiums*, Werke, V, p. 310.

Aussi l'État n'est-il pas lui non plus une œuvre d'art, il est dans le monde et donc dans la sphère de l'arbitraire, de la contingence et de l'erreur. Mais en s'affirmant lui-même, il établit au centre de cette sphère la certitude de l'universel et la certitude de la liberté[1]. C'est essentiellement avec l'État moderne que cette détermination s'accomplit, et c'est par conséquent en lui que la véritable unité de l'universalité et de la singularité se réalise. Dans les États de l'Antiquité, la finalité subjective ne faisait encore purement et simplement qu'un avec le vouloir de l'État ; dans les Temps modernes, en revanche, on exige des vues autonomes, un vouloir et une conscience morale propres. L'homme veut ici être respecté dans son intériorité ; mais tandis qu'il se reconnaît dans cette intériorité, il comprend que ce que l'État exige comme un *devoir* est en même temps directement ce à quoi l'individualité prétend véritablement et son *droit*. Les déterminations de la volonté individuelle acquièrent grâce à l'État une existence objective et ne parviennent donc que par lui à leur vérité. Ainsi la liberté trouve-t-elle en lui son objectivité et vit dans la jouissance de celle-ci.

L'État, la patrie constituant une communauté d'existence et la volonté subjective de l'homme se soumettant aux lois, l'opposition de liberté et de nécessité s'efface. Le rationnel, en tant que substantiel, est nécessaire et nous sommes libres si nous le reconnaissons comme loi et si nous lui obéissons comme à la substance de notre être propre : alors les volontés objective et subjective sont réconciliées et forment la même totalité sereine [2].

Ces déterminations marquent l'aboutissement de l'ensemble du développement idéel qui visait à affranchir l'État de la mécanique destinée à en faire une « institution » artificielle, orientée vers des buts matériels déterminés, pour lui assigner sa place dans l'ensemble des valeurs spirituelles. Or, selon Hegel, ce n'est qu'en corrélation avec le système philosophique et grâce à la force de la pensée pure qui se récapitule en elle-même que l'État peut trouver sa légitimation suprême et véritable. Tous les autres éléments de ce système sont désormais intérieurement référés à l'État ; considérés dans leur ensemble, ils ne sont en effet rien d'autre que les moments de cette synthèse de l'« universel » et du « particulier » qui crée sa propre expression objective dans l'État. Et comme l'agir spirituel, tel qu'il se présente dans l'art et la science, la religion et la philosophie, ne vise, en dépit de sa variété, qu'une seule finalité : celle de prendre conscience de cette union, il se trouve déjà originairement sur le même terrain que l'État. Étant donné que la religion, l'art et la

---

1. G. W. F. HEGEL, *Principes de la philosophie du droit*, add. aux § 258, 260, 261.
2. G. W. F. HEGEL, *Leçons sur la philosophie de l'histoire*, Introduction [trad. p. 41].

philosophie, chacun suivant son mode bien déterminé, expriment l'« union dans l'esprit du subjectif et de l'objectif », ils trouvent, en tant qu'aspects concrets de la vie nationale, leur fondement et leur centre de gravité dans l'État [1]. Ils ne sont plus vis-à-vis de lui comme des directions et des tendances particulières du spirituel, qui seraient ainsi susceptibles de choisir et de trouver pour elles seules un développement, mais ne peuvent se constituer qu'en lui et avec lui.

Une reconnaissance et une fondation plus profondes que celles dont bénéficie l'État ici ne semblent effectivement pas possibles. Pourtant, ainsi que le montre un examen plus attentif, l'ancienne opposition entre la forme « objective » de l'État et l'exigence « subjective » de liberté n'aboutit dans la doctrine de Hegel à aucune réconciliation définitive. En effet, précisément dans cette *absoluité* qui est ici attribuée à l'État, il reste encore une équivoque qui a ses racines dans les derniers postulats du système hégélien. La mise en œuvre par Hegel de son Idée a, comme on le sait, fait soupçonner sa doctrine de vouloir être une philosophie de la réaction politique qui devait en quelque sorte justifier conceptuellement la forme précise de l'État prussien que Hegel avait sous les yeux. Semblable interprétation de l'affirmation selon laquelle tout le réel est rationnel et tout le rationnel réel ne correspond toutefois pas à son sens véritable ni à sa tendance fondamentale essentielle. En effet, à l'intérieur du système hégélien, « réalité » et existence empirique effective sont strictement séparées, et il faut honnêtement renoncer au reproche fait à Hegel d'avoir confondu la réalité de l'Idée et de l'esprit avec ce qu'il appelle lui-même l'« existence paresseuse » des choses. Mais la raison profonde pour laquelle une telle conception de son système pouvait dans l'absolu voir le jour réside dans le conflit interne inhérent au système lui-même. La réalisation de la raison réside pour Hegel dans la totalité de l'histoire : le *tout* est la vérité. Et pourtant, d'autre part, il semble que cette vérité considérée comme immanente à la série complète devrait en plus se manifester visiblement et complètement dans le dernier terme. De même que la philosophie hégélienne se veut la quintessence et le concept intégratif de l'ensemble du passé philosophique, et qu'en elle tout mouvement de la pensée doit connaître sa conclusion et voir apparaître tous ses résultats, il semble qu'il y ait pour Hegel une forme d'État absolue dans laquelle le but du processus de l'histoire du monde, c'est-à-dire le développement achevé du concept de liberté, soit atteint. C'est là le point sur lequel Hegel se sépare le plus nettement de Fichte. Il n'a cessé de se moquer ouvertement de ce « mauvais infini » duquel la pensée de Fichte reste prisonnière, de ce « devoir être » figé à tout jamais dans la seule forme de la tâche impossible. Sa métaphysique ne voulait pas seulement formuler cette tâche, elle voulait définir et être son accomplissement. Mais en critiquant ainsi Fichte, Hegel a

---

1. *Ibid.*, Introduction.

laissé voir un défaut de son propre système. Si, pour lui, la raison ne signifie pas le simple idéal d'un devoir être, mais la « *puissance infinie* » qui se révèle dans le monde de l'advenir et ne révèle là rien d'autre qu'elle-même, cette détermination, si noble qu'elle puisse paraître, obscurcit néanmoins l'idée banale que le médium, à travers lequel se fait cette effectuation, réside simplement dans le travail éthique que les individus ont à accomplir. La force inhérente à ce travail sera cependant émoussée si on prévoit pour elle un résultat « absolu » que l'« esprit du monde », en tant que tel, fait naître dans l'histoire. Fichte et Hegel sont d'accord sur l'idée fondamentale de leur théorie selon laquelle la forme de l'État signifie le véritable accomplissement, riche de contenu, de l'idée de liberté. Mais la *dynamique* spécifique inhérente à ce rapport est appréhendée et présentée par Fichte avec beaucoup plus de clarté que par Hegel. Il n'existe pour Fichte, entre les deux tendances dont il s'agit ici, aucun équilibre stable mais un équilibre qui doit d'abord s'établir à partir de leur opposition. L'idée d'État semble alors, et alors seulement, connaître pour lui sa plus haute expression quand elle a appris à questionner au-delà d'elle-même. L'idée de liberté poursuit l'idée d'État sans jamais se confondre totalement avec elle. Elle conserve sa propre teneur autonome grâce à laquelle elle exerce continuellement et garde en éveil sa critique à l'égard de la *forme d'État existante* car, selon Fichte, toute objectivité que se donnent l'Idée et la volonté éthique doit être considérée comme une objectivité susceptible d'être remplacée par une objectivité plus grande encore.

En dépit de ces contradictions internes qui ont leurs racines dans les personnalités des penseurs et dans les premiers postulats positifs de leurs systèmes, les doctrines de Fichte et de Hegel s'accordent sur un résultat décisif. Elles partent de l'analyse et de la déduction de la réalité spirituelle idéelle pour parvenir, au terme de cette tâche purement philosophique, à une nouvelle compréhension et à une nouvelle reconnaissance des puissances politiques et historiques concrètes de la vie. D'un côté, le système de Hegel reste encore entièrement dans le cadre des intuitions fondamentales de l'idéalisme classique allemand et, dans sa configuration originelle du concept d'État, reste entièrement attaché à cette image idéale du monde grec que Schiller, Humboldt et Hölderlin avaient dessinée ; mais d'autre part, ce système constitue en même temps, en accord avec la doctrine de l'État de Fichte, le nouveau fondement idéel de l'évolution des problèmes politiques et sociaux modernes des XIXe et XXe siècles. Cette double relation rend certes visibles les péripéties qui affectèrent alors le concept et l'histoire de l'idéalisme, mais, globalement, aucun aspect opposé entièrement nouveau ne vient affecter ce dernier ; seule une tendance qui était originairement présente dans cet idéalisme trouve chez Hegel son épanouissement complet et conscient. Humboldt lui-même part dans son mémoire sur la constitution allemande du principe que seule une nation au puissant rayonnement extérieur peut préserver en elle l'esprit qui dispense en son sein toutes sortes de bénédictions ; mais, chez lui comme chez Schiller, existe en même temps, dans une corrélation indissociable, la conviction diamétralement opposée que l'Allemand est l'élu de l'esprit du monde pour

continuer à travailler pendant le combat temporel au chantier sans fin de la formation humaine ; non pas pour briller dans le moment présent et jouer son rôle, mais pour sortir justifié aux yeux du grand tribunal du temps [1].

Quant à savoir si cette corrélation, telle qu'elle fut promue par nos grands et nos plus grands hommes comme l'accomplissement du concept de la germanité, peut s'affirmer et faire ses preuves, ou encore si cette idée de l'Allemagne conservera la force nécessaire pour maîtriser les tâches politiques et matérielles entièrement nouvelles qui l'attendent, sans pour cela trahir les principes fondamentaux sur lesquels reposent l'unité et la teneur de la culture spirituelle allemande, ce sont là les questions auxquelles nous renvoie sans cesse toute réflexion critique historique et philosophique avec une urgence chaque jour plus grande. Nous sentons de plus en plus qu'il reste à l'idée d'un État allemand, telle qu'elle fut comprise et formulée par les penseurs des XVIIIe et XIXe siècles, à subir sa véritable épreuve historique la plus difficile et la plus profonde. L'avenir devra décider si cette idée est appelée, en tant que puissance « substantielle », à intervenir dans le devenir historique effectif sans perdre néanmoins ni la pureté originelle ni la liberté idéelle grâce auxquelles la détermination simplement contingente et empirique du donné sera surmontée. Si nous renonçons dans notre examen à ce regard jeté sur l'avenir de l'esprit en Allemagne et de l'histoire allemande, et si nous nous sommes contentés de l'image réfléchie par leur histoire passée, nous n'en restons pas moins conscients que cette plongée dans le passé est en même temps destinée à nous conduire au-delà, tant du point de vue de la pensée que du point de vue du vouloir et de l'agir. Étant donné qu'il s'est avéré possible de déceler une tendance commune dans le principe religieux selon Luther et le concept de vérité philosophique selon Leibniz, dans la doctrine du génie chez Lessing et dans l'idée de la spontanéité et de l'autolégislation de l'esprit chez Kant, dans la forme de l'œuvre littéraire de Goethe et dans sa vision du monde, ainsi que dans la doctrine de la liberté de Schiller et de Fichte, on peut être assuré que la force qui était à l'œuvre là n'est pas morte mais sera à la hauteur de la tâche à chaque nouveau tournant décisif de l'histoire allemande. Les forces qui semblent maintenant nous entraîner irrésistiblement vers un but encore obscur et inconnu apparaîtront un jour intérieurement

---

1. Fr. von Schiller, *Der Antritt des neuen Jahres* (*Début du nouveau siècle*) ; Cassirer reprend ici une partie de la citation du début de ce chapitre vi (N.d.T.).

proches de ces puissances sur lesquelles reposent la cohérence et la perfection internes les plus intimes de l'ensemble de l'histoire de l'esprit en Allemagne. Si nous ressentons aujourd'hui plus intensément que jamais l'impérieux désir de nous plonger dans l'intuition de cet ensemble, nous ne cherchons pas ainsi à nous évader des combats et contradictions de la vie historique immédiate, au sein de laquelle nous nous trouvons, vers un passé idéal, un paradis perdu de l'Idée. L'authentique nostalgie doit ici aussi être et agir « de manière créatrice », selon le mot de Goethe ; elle ne doit rechercher ce qui a été que pour le comprendre et l'interpréter comme le symbole d'une réalité existante et permanente. Qu'une seule nation ou même une seule époque ne puisse ni saisir ni épuiser dans toute son ampleur une telle teneur, les plus grands justement, parmi ceux qui ont aidé à la découvrir, en sont certes toujours restés conscients, mais l'histoire de l'esprit en Allemagne gardera le mérite d'avoir conquis, dans son édification, une clarté nouvelle et décisive dans les idées fondamentales qui seront toujours la base nécessaire à une compréhension de plus en plus profonde de cette teneur.

Table des matières

Avant-propos 7

Introduction 13
   1. Le développement du concept de personnalité dans les nations cultivées des Temps modernes. – La Renaissance en Italie, en France et en Allemagne. – Dante et Pétrarque. – Les Essais de Montaigne. – Érasme et l'humanisme allemand 13
   2. Le système de la vision du monde et de l'organisation de la vie au Moyen Âge. – La hiérarchie des substances. – Le concept de foi et le concept de liberté chez Luther. – Luther et la mystique allemande. – L'« œuvre » et le « maître d'œuvre ». – Les formes fondamentales de l'individualisme religieux ; Luther et Zwingli 18

I. Leibniz 31
   1. Les débuts de la science en Allemagne. – Paracelse et Kepler. – Le concept du savoir en tant que problème. – La fondation de la logique leibnizienne et de la *« scientia generalis »*. – L'analyse du concept de vérité comme point de départ du système leibnizien 31
   2. Le problème de la conscience et de l'individu. – Les catégories fondamentales de la réalité spirituelle et sa détermination dans la monadologie. – L'autonomie de la raison et l'autonomie de l'individu 43
   3. La monade comme unité des concepts de forme et de force. – La conception religieuse fondamentale de Leibniz et le problème de la théodicée. – Le concept de liberté chez Spinoza et chez Leibniz. – Les conceptions du monde mathématique et métaphysique 57

II. La découverte du monde de la forme esthétique 69
   1. Le problème esthétique dans la métaphysique de Leibniz 69
   2. Les débuts de la poétique en Allemagne. – Gottsched et les Suisses. – Les mondes « réels » et « possibles ». – Le concept de vérité poétique chez Bodmer et Breitinger 72

3. La fondation de l'esthétique philosophique par Baumgarten et Meier. – La sensibilité en tant que « faculté de l'âme » indépendante 80
   4. Le problème de la sensibilité dans la métaphysique de Leibniz. – Âme et corps, « intérieur » et « extérieur ». – Leibniz et Shaftesbury. – Le problème du « signe » et sa signification esthétique 86
   5. Lessing. – La forme fondamentale de la pensée de Lessing et son concept de vérité. – Le concept d'action. – Génie et règle. – La légalité de la création artistique et la forme dramatique. – Le concept de génie et le concept de finalité 96
   6. Hamann et Herder. – La sensibilité comme force fondamentale de l'âme et comme organe de compréhension du monde. – La vision symbolique du monde. – Leibniz et Herder ; le problème de l'individualité dans la métaphysique et dans l'histoire. – Les stades du concept de forme chez Herder. – La philosophie de l'histoire. – La poétique. – La théorie de l'origine du langage 112
   7. Winckelmann. – Concepts de forme « plastique » et « dynamique ». – Le platonisme de Winckelmann et la doctrine du « beau intelligible » de Plotin 131

III. L'idée de liberté au sein du système de l'idéalisme critique 145
   1. La place du système kantien dans l'histoire de l'esprit en Allemagne. – Autonomie et liberté. – Le concept éthique d'autonomie et la fondation de l'éthique critique. – L'unité de la « liberté » et de la « forme » dans le principe d'autonomie 145
   2. La critique de la raison pure. – Autonomie et apriorité. – La révolution du concept de vérité. – La spontanéité de la connaissance et l'objet 159

IV. Goethe 175
   1. La place nouvelle de la « subjectivité » dans la vision goethéenne du monde et de la vie. – Goethe et Rousseau. – L'imagination artistique comme organe de compréhension de la réalité 175
   2. Conception du monde et forme de vie chez le jeune Goethe. – L'édification de la vision de la nature et de l'histoire. – Poésie lyrique et œuvre dramatique chez le jeune Goethe 180
   3. « Liberté » et « nécessité ». – Le concept de destin. – Infinité et mesure 187
   4. Le voyage en Italie et le développement du concept de forme « classique ». – Position par rapport à Winckelmann

et à l'Antiquité. – Le concept de « style » chez Goethe. – Le reflet du concept de forme classique dans la poésie lyrique de Goethe – Le symbolisme lyrique dans la poésie du jeune Goethe et du Goethe de l'âge mûr – Le Divan occidental-oriental 197

5. Conception de la nature et théorie de la nature. – Les antinomies du concept de nature. – La forme de l'examen goethéen de la nature. – L'idéal de la « connaissance intuitive ». – L'« universel » et le « particulier ». – Le dépassement du concept de classe des sciences de la nature. – Concept de développement et concept de constance. – Le problème de la « figure » et l'idée de métamorphose. – La plante primordiale comme réalité et comme symbole 208

6. Le concept de métamorphose et l'édification du monde de l'esprit. – L'intuition et l'« imagination créatrice ». – Figure et transformation des figures dans la poésie lyrique de Goethe. – Le devenir dans la nature et dans l'esprit. – Cohésion et constance des fonctions fondamentales de l'esprit. – L'« idée » comme unité de l'être et du devenir. – La nature de l'« instinct de formation poétique » chez Goethe. – Le rapport de l'analyse et de la synthèse dans l'œuvre de Goethe 231

7. La méthode de l'examen goethéen de la nature et son concept de vérité. – L'« anthropomorphisme » de Goethe. – Position envers la philosophie et la religion. – Le problème de l'« absolu ». – Phénomène et essence ; le phénomène originaire 252

8. La tragédie de Faust ; Faust et Hélène 260

V. Schiller. Le problème de la liberté et le problème de la forme dans l'esthétique classique 271

1. L'idée de liberté dans les œuvres dramatiques du jeune Schiller. – Les phases du développement de l'esthétique de Schiller 271

2. La « Théosophie de Julius » ; Schiller et Leibniz. – L'univers comme œuvre d'art divine. – Le problème de l'organique. – La correspondance avec Körner ; l'« autonomie de l'organique ». – La découverte du principe « objectif » de beauté. – L'idée de liberté comme principe esthétique. – Rapports avec Kant et Goethe 278

3. Schiller et Fichte. – L'idée de liberté dans la « Doctrine de la science » de Fichte. – L'aspiration infinie et sa limitation. – Ressemblance et opposition des conceptions fondamentales de Schiller et de Fichte. – La beauté comme « figure vivante ». – Concepts de forme classique et romantique 292

VI. L'idée de liberté et l'idée d'État 303
   1. Le concept de germanité chez Schiller et Fichte. – Les débuts de la théorie politique moderne. – Le développement de l'idée d'État en Italie et en France. – Machiavel et Richelieu. – Le caractère philosophique fondamental des théories allemandes de l'État 303
   2. La théorie de l'État de l'idéalisme allemand. – Leibniz et Wolff. – Le concept d'État et de personnalité de l'État chez Frédéric le Grand 311
   3. La position de Kant dans le développement du problème de l'État. – Opposition à Lessing et Herder. – La conclusion et le dépassement méthodiques du droit naturel. – L'idée de contrat comme principe régulateur 319
   4. Wilhelm von Humboldt. – L'idéal esthétique de l'humanisme allemand et le concept d'État. – Les changements dans la conception fondamentale de Humboldt. – État et nation. – La déduction du concept d'État dans la philosophie de l'histoire 326
   5. Fichte. – La loi morale et le concept de « Moi pur ». – Le rapport entre éthique et droit. – La déduction du rapport de droit – L'« État commercial fermé » ; L'État et ses tâches sociales. – La signification « intelligible » de l'idée d'État 336
   6. La doctrine de l'État chez Schelling. – L'État comme harmonie de la nécessité et de la liberté. – La doctrine de l'État dans le romantisme. – Les « Éléments de l'art politique » d'Adam Müller 347
   7. Hegel. – Le développement de la doctrine de l'État chez Hegel. – L'idéal politique de l'Antiquité. – Rapports avec Schelling et l'École historique du droit. – La place de l'État dans le système de l'« esprit objectif » 354

« PASSAGES »

COLLECTION DIRIGÉE PAR HEINZ WISMANN

Initiation rituelle ou découverte scientifique, la connaissance humaine se fonde sur l'expérience du passage. Celle-ci structure et, par là même, valide les certitudes dont nous sommes capables. En son absence, le savoir se sclérose et finit par devenir sa propre négation, mythe ou idéologie. D'où la nécessité, quels que soient l'horizon et le niveau des opérations intellectuelles, de restituer sans cesse l'écart qui sépare la connaissance finie de ses objets. Ce n'est qu'à ce prix que la pensée reste féconde, apte à avancer de nouvelles hypothèses, en prenant appui sur les limites mêmes que lui assigne la réflexion. Pour défétichiser les traditions savantes et redonner vigueur au projet dont elles se réclament, il est ainsi indispensable de rappeler le caractère expérimental, essentiellement provisoire, de la science. Mais au-delà de cette mise en garde qui reste, quant à son développement approfondi, du ressort de la philosophie, il convient d'encourager les recherches concrètes, tournées vers l'exploration du réel sous toutes ses formes, afin de contribuer au nécessaire renouvellement des problématiques. Critique et constructive à la fois, une telle démarche conduit à multiplier les ouvertures, sans crainte de bousculer la hiérarchie des questions admises, à libérer l'imagination méthodologique, au risque de transgresser les règles institutionnalisées, bref, à laisser l'expérience plaider pour elle-même.

La collection « Passages » accueillera les tentatives les plus exigeantes, récentes et moins récentes, de briser l'enchaînement de la routine scientifique, en proposant une triple orientation prioritaire :

1) contre le cloisonnement des compétences et des corporations savantes, mettre l'accent sur le *passage entre disciplines* ;

2) contre la rivalité néfaste des civilisations et des paradigmes collectifs, faire valoir le *passage entre cultures* ;

3) contre la fiction paresseuse d'une histoire linéaire et d'un progrès continu, rendre manifeste le *passage entre époques.*

Déjà parus :

— Heinz Wismann (éd.), *Walter Benjamin et Paris.* Actes du colloque international des 27-29 juin 1983.
— Bernard Guibert, *L'Ordre marchand.*
— Martine Broda (éd.), *Contre-jour. Études sur Paul Celan.*
— Jürgen Habermas, *Morale et communication.* Traduction et introduction par Christian Bouchindhomme.
— *Devant l'Histoire. Les documents de la controverse sur la question de la singularité de l'extermination des Juifs par le régime nazi.* Préface par Luc Ferry. Introduction par Joseph Rovan.
— Tibor Papp et Pierre Pica (éd.), *Transparence et opacité. Littérature et sciences cognitives.* (Hommages à Mitsou Ronat.)
— Peter Szondi, *Introduction à l'herméneutique littéraire.* Traduit de l'allemand par Mayotte Bollack. Avec un essai sur Jean Bollack.

- Edmund Leites, *La Passion du bonheur*. Traduit de l'anglais par Sylvie Courtine-Denamy.
- Friedrich Daniel Ernst Schleiermacher, *Herméneutique*. Traduit de l'allemand par Christian Berner.
- Manfred Frank, *Qu'est-ce que le néo-structuralisme ?* Traduit de l'allemand par Christian Berner.
- Wilhelm Dilthey, *Œuvres*, t. III. *L'Édification du monde historique dans les sciences de l'esprit*. Traduction, présentation et notes par Sylvie Mesure.
- Walter Benjamin, *Paris, capitale du XIXe siècle. Le livre des Passages*. Traduit de l'allemand par Jean Lacoste.
- Ernst Cassirer, *L'Idée de l'histoire*. Présentation et notes par Fabien Capeillères. Traduction par F. Capeillères et Isabelle Thomas.
- Jean Seidengart (éd.), *Ernst Cassirer. De Marbourg à New York, l'itinéraire philosophique* (actes du colloque de Nanterre, 12-14 oct. 1988).
- Ernst Cassirer, *Logique des sciences de la culture*. Traduit de l'allemand par Jean Carro et Joël Gaubert.
- Yannis Thanassekos et Heinz Wismann (éd.), *Révision de l'histoire. Totalitarisme, crimes et génocides nazis*. Présentation par Jean-Michel Chaumont.
- Hans Jonas, *Le Principe Responsabilité*. Traduit de l'allemand par Jean Greisch.
- Éric Fauquet, *Michelet ou la Gloire du professeur d'histoire*.
- Jürgen Habermas, *Écrits politiques*. Traduit de l'allemand par Christian Bouchindhomme et Rainer Rochlitz.
- Éric Alliez, *Les Temps capitaux*, t. I. *Récits de la conquête du Temps*.
- Pier Cesare Bori, *L'Interprétation infinie. Écriture, lecture, écriture*. Traduit de l'italien par François Vial.
- Jacques Poulain (éd.), *Critique de la raison phénoménologique*.
- Jean Greisch et Richard Kearney (éd.), *Paul Ricœur. Les métamorphoses de la raison herméneutique* (actes du colloque de Cerisy-la-Salle, 1er-11 août 1988).
- Jacques Jaffelin, *Le Promeneur d'Einstein. Vers une théorie de l'information générale*.
- Jean-Marc Ferry, *Les Puissances de l'expérience*, t. I, *Le Sujet et le Verbe* ; t. II, *Les Ordres de la reconnaissance*.
- Ludwig Feuerbach, *Pensées sur la mort et l'immortalité*. Présentation, traduction et notes par Christian Berner. Préface par Alexis Philonenko.
- Shmuel Trigano, *Philosophie de la Loi. L'origine de la politique dans la Tora*.
- Maurice de Gandillac, *Genèses de la modernité*.
- Heinrich Grätz, *La Construction de l'histoire juive* suivi de *Gnosticisme et judaïsme*. Introduction et traduction par Maurice-Ruben Hayoun. Préface par Charles Touati.
- Wilhelm Dilthey, *Œuvres*, t. I, *Critique de la raison historique. Introduction aux sciences de l'esprit et autres textes*. Présentation, traduction et notes par Sylvie Mesure.
- Otfried Höffe, *Principes du droit*. Traduit de l'allemand par Jean-Christophe Merle. Préface par Paul Ricœur.
- Jürgen Habermas, *De l'éthique de la discussion. Que signifie Diskursethik ?* Traduit de l'allemand par Mark Hunyadi.
- Peter Koslowski (éd.), *Imaginer l'Europe. Le marché européen comme tâche culturelle et économique*.

- Gérard Nahon, *Métropoles et périphéries sefarades d'Occident : Kairouan, Amsterdam, Bayonne, Bordeaux, Jérusalem.*
- Éric Alliez, *La Signature du monde ou Qu'est-ce que la philosophie de Deleuze et Guattari ?*
- Jacek Trznadel, *La Honte. Des intellectuels polonais face au communisme.* Traduit du polonais par Maria Rodowicz-Heninger.
- Robert A. Pois, *La Religion de la nature et le national-socialisme.*
- Alfred North Whitehead, *Aventures d'idées.* Traduit de l'anglais par Jean-Marie Breuvart et Alix Parmentier.
- Ernst Tugendhat, *Être juif en Allemagne.* Traduit de l'allemand par Rainer Rochlitz.
- Françoise Proust, *L'Histoire à contretemps. Le temps historique chez Walter Benjamin.*
- Guitta Pessis-Pasternak, *Dérives savantes ou les Paradoxes de la vérité.*
- Christine, reine de Suède, *Apologies.* Texte présenté, établi et annoté par Jean-François de Raymond.
- Hermann Cohen, *L'Éthique du judaïsme.* Texte présenté, traduit et annoté par Maurice-Ruben Hayoun.
- Jonas Cohn, *Histoire de l'infini.* Texte présenté et traduit par Jean Seidengart.
- Alexis Philonenko, *Bergson ou de la philosophie comme science rigoureuse.*
- Georg Rusche et Otto Kirchheimer, *Peine et structure sociale. Histoire et « Théorie critique » du régime pénal.* Texte présenté et établi par René Lévy et Hartwig Zander. Traduit de l'allemand par Françoise Laroche.
- Jürgen Habermas, *Textes et contextes. Essais de reconnaissance théorique.* Traduit de l'allemand par Mark Hunyadi et Rainer Rochlitz.
- Wilhelm Dilthey, *Écrits d'esthétique* suivi de *La Naissance de l'herméneutique.* Édition et annotation par Sylvie Mesure, présentation par Danièle Cohn, traduction par Danièle Cohn et Évelyne Lafon.
- Charles Sanders Peirce, *Le Raisonnement et la logique des choses. Les conférences de Cambridge (1898).* Édition anglo-américaine et introduction par Kenneth Laine Ketner, traduction par Christiane Chauviré, Pierre Thibaud et Claudine Tiercelin.
- Christian Berner, *La Philosophie de Schleiermacher. « Herméneutique », « Dialectique », « Éthique ».*
- Ernst Cassirer, *Écrits sur l'art.* Édition et postface par Fabien Capeillères, présentation par John M. Krois, textes traduits par Christian Berner, Fabien Capeillères, Jean Carro et Joël Gaubert.
- Ernst Cassirer, *Le Problème de la connaissance dans la philosophie et la science des temps modernes,* IV. Textes traduits de l'allemand par Jean Carro, Joël Gaubert, Pierre Osmo, Isabelle Thomas-Fogiel.
- François Lurçat, *L'Autorité de la science. Neurosciences, espace et temps, chaos, cosmologie.*
- Pierre-Henri Tavoillot, *Le Crépuscule des Lumières. Les documents de la « querelle du panthéisme » (1780-1789).*
- Pierre-André Stucki, *La Clarté des intentions. Savoir, devoir, croire.*
- Ernst Cassirer, *Éloge de la métaphysique. Axel Hägerström. Une étude sur la philosophie suédoise contemporaine.* Présentation par Joël Gaubert. Traduit de l'allemand par Jean Carro et J. Gaubert.
- Ernst Troeltsch, *Histoire des religions et destin de la théologie, Œuvres III.* Édition établie et commentée par Jean-Marc Tétaz. Taduction par J.-M. Tétaz, Alfred Dumais et Paul Goerens.

- Pierre-Yves Bourdil, *Faire la philosophie.*
- Karl-Otto Apel, *Discussion et responsabilité. I. L'Éthique après Kant.* Traduit de l'allemand par Christian Bouchindhomme, Marianne Charrière et Rainer Rochlitz.
- Knut E. Løgstrup, *Norme et spontanéité. Éthique et politique entre technocratie et « dilettantocratie ».* Traduit du danois par Bernard Vergote.
- Enzo Traverso, *L'Histoire déchirée. Essai sur Auschwitz et les intellectuels.*
- Ernst Cassirer, *Trois essais sur le symbolique.* Traduit de l'allemand par Jean Carro, avec la collaboration de Joël Gaubert.
- Peter Kemp, *L'Irremplaçable. Une éthique de la technologie.* Traduit de l'allemand par Pierre Rusch.
- Antoine Vergote, *La Psychanalyse à l'épreuve de la sublimation.*
- Georges Hobeika, *Lessing. De la révélation à l'âge adulte de la raison.* Préface de Jacques Colette.
- Françoise Proust, *De la résistance.*
- Friedrich D. E. Schleiermacher, *Dialectique.* Présentation, traduction de l'allemand et notes par Christian Berner et Denis Thouard, avec la collaboration scientifique de Jean-Marc Tétaz.
- Heinz D. Kittsteiner, *La Naissance de la conscience morale.* Traduit de l'allemand par Jean-Luc Evard et Joseph Morsel.
- Pierre-Yves Bourdil, *L'Écriture et la Pensée. Spinoza et le problème de la métaphysique.*
- John Laurence Hylton Thomas, *En quête du sérieux. Carnets philosophiques.*
- Nestor Capdevila, *Las Casas : une politique de l'humanité. L'homme et l'empire de la foi.*
- Dick Howard, *Pour une critique du jugement politique. Comment repolitiser le jeu démocratique.*
- Peter Koslowski, *Principes d'économie éthique.* Traduit de l'allemand par Anne Saada.
- Charles Taylor, *Hegel et la société moderne.* Traduit de l'anglais par Pierre R. Desrosiers.
- Ernst Cassirer, Hermann Cohen, Paul Natorp, *L'École de Marbourg.* Préface par Massimo Ferrari. Textes traduits de l'allemand par Christian Berner, Fabien Capeillères, Marc de Launay, Carole Prompsy, Isabelle Thomas-Fogiel.
- Jacques Poulain, Françoise Gaillard et Richard Schusternan (éd.), *La Modernité en questions. De Richard Rorty à Jürgen Habermas.*
- Karl-Otto Apel, *Discussion et responsabilité. II. Contribution à une éthique de la responsabilité.* Traduit de l'allemand par Christian Bouchindhomme et Rainer Rochlitz.
- Jacques Poulain, *Les Possédés du vrai ou l'Enchaînement pragmatique de l'esprit. Exorcismes philosophiques.*
- José Maria Aguirre Oraa, *Raison critique ou raison herméneutique ? Une analyse de la controverse entre Habermas et Gadamer.* Préface par Jean Ladrière.
- Denis Müller, *L'Éthique protestante dans la crise de la modernité. Généalogie, critique et reconstruction.*
- Hyam Maccoby, *L'Exécuteur sacré.* Traduit de l'anglais par Elsa Rooke.
- Nicolaus Sombart, *Les Mâles vertus des Allemands. Autour du syndrome de Carl Schmitt.* Traduit de l'allemand par Jean-Luc Evard.
- H. R. Kedward, *À la recherche du maquis.* Traduit de l'anglais par Muriel Zagha.

- Salomon Maïmon, *Commentaires de Maïmonide*. Textes édités, traduits de l'allemand et de l'hébreu avec une introduction et des notes par Maurice-Ruben Hayoun. Préface par Jean Jolivet.
- Wilhelm Dilthey, *Conception du monde et analyse de l'homme depuis la Renaissance et la Réforme*. Édition, présentation et annotation par Sylvie Mesure. Traduction et annotation par Fabienne Blaise.
- Éric Alliez, *Les Temps capitaux*, t. II. *La Capitale du Temps, 1. L'État des choses*.
- Friedrich D. E. Schleiermacher, *Le Statut de la théologie*.
- Coll., *Charles Taylor et l'interprétation de l'identité moderne*.
- Jean-Guy Sarkis, *La Notion de grand événement*.
- Hubert Bost, *Théologie et histoire*.
- Hermann Cohen, *Commentaire de la « Critique de la raison pure »*.
- Ernst Cassirer, *Le Problème de la connaissance dans la philosophie et la science des temps modernes*, III. Traduit de l'allemand par Christian Bouchindhomme.
- Hans Joas, *La Créativité de l'agir*. Traduit de l'allemand par Pierre Rusch. Préface par Alain Touraine.
- Axel Honneth, *La Lutte pour la reconnaissance*. Traduit de l'allemand par Pierre Rusch.
- Karl-Otto Apel, *Expliquer-comprendre*. Traduit de l'allemand par Sylvie Mesure.
- Ernst Cassirer, *La Théorie de la relativité d'Einstein. Éléments pour une théorie de la connaissance*. Traduction de l'allemand et présentation par Jean Seidengart.
- Thierry Simonelli, *Lacan. La théorie. Essai de critique intérieure*.
- Jean Greisch, *L'Arbre de vie et l'Arbre du savoir. Les racines phénoménologiques de l'herméneutique heideggerienne (1919-1923)*.
- Farhad Khosrokhavar, *L'Instance du sacré. Essai de fondation des sciences sociales*.
- Jean-Marc Ferry, *De la civilisation. Civilité, Légalité, Publicité*.
- Hermann Cohen, *La Théorie kantienne de l'expérience*. Traduit de l'allemand par Éric Dufour et Julien Servois. Avant-propos par Éric Dufour.
- Jacques Poulain, *De l'homme. Éléments d'anthropobiologie philosophique du langage*.
- Massimo Ferrari, *Retours à Kant. Introduction au néo-kantisme*.
- Pierre Bourdil, *La Raison philosophique. Comment croire au sens des choses*.
- Ernst Cassirer, *Liberté et forme*. Traduit de l'allemand par Jean Carro, Martha Willmann-Carro et Joël Gaubert.

Composition : Facompo, Lisieux
Achevé d'imprimer en octobre 2001
dans les ateliers de Normandie Roto Impression s.a.
61250 Lonrai
N° d'impression : 012534

N° d'édition : 11599
Dépôt légal : octobre 2001